PAUL ARCHER & JOHNO ELLISON

DREI FREUNDE, EIN TAXI, KEIN PLAN ...
ABER EINMAL UM DIE WELT

Aus dem Englischen von Anja Fülle

Die englische Originalausgabe ist unter dem Titel
»It's on the meter« bei Summersdale Publishers Ltd. erschienen
© 2016 by Paul Archer & Johno Ellison
This translation is published by arrangement with Summersdale Publishers Ltd.
Dieses Buchprojekt wurde vermittelt durch Arrowsmith, Hamburg.

1. Auflage Oktober 2016
2. Auflage Dezember 2016
© 2016 für die deutsche Ausgabe: DuMont Reiseverlag, Ostfildern
Alle Rechte vorbehalten
Übersetzung: Codex Global/Anja Fülle
Gestaltung: FAVORITBUERO, München
Fotos Umschlag und Innenteil: Paul Archer & Johno Ellison
Printed in Spain
ISBN 978-3-7701-8282-4
www.dumontreise.de

INHALT

Kurze Ansage der Autoren 9
Vorwort 10

Kapitel 1: Plane niemals eine Expedition im Pub 15
Kapitel 2: Hartherzige Hannah 21
Kapitel 3: No U-Turns 28
Kapitel 4: Rollige Katzen und Tulpentänzer 32
Kapitel 5: Wo ist das Taxi? 40
Kapitel 6: Happy Hippies 45
Kapitel 7: Hipster-Elfen 49
Kapitel 8: Auf nach Osten 58
Kapitel 9: Russian Traditiyyy-shon 63
Kapitel 10: Ein Hoch auf die internationale Freundschaft! 73
Kapitel 11: Moskau Prison Blues 79
Kapitel 12: Geisterstadt 85
Kapitel 13: Nacktenstein! 90
Kapitel 14: Montag ist Heavy-Metal-Tag 97
Kapitel 15: Die grüne Versicherungskarte,
die nicht grün genug war 101
Kapitel 16: Galmajuice 105
Kapitel 17: Stepantsky-Dingsbums 111
Kapitel 18: Rechts ab in den sicheren Tod 117
Kapitel 19: Guerilla-Camping 124

Kapitel 20:	Ein ganz spezielles Bier in einem alkoholfreien Land	127
Kapitel 21:	GPS-Supergau	133
Kapitel 22:	Die Geheimpolizei, dein Freund und Helfer	140
Kapitel 23:	Ein todgeweihter Mann in der Wüste	149
Kapitel 24:	Abschiebung aus dem Iran	156
Kapitel 25:	Begleitschutz	161
Kapitel 26:	Wilde Verfolgungsjagd im wilden Osten	167
Kapitel 27:	Entführt in Belutschistan	173
Kapitel 28:	Kein Stress!	179
Kapitel 29:	Unvermeidliche Tatsachen über das Leben in Indien	188
Kapitel 30:	Leigh – verzweifelt gesucht	196
Kapitel 31:	Bond, Hindi Bond	202
Kapitel 32:	Leighs Listen	208
Kapitel 33:	Mount Everest	213
Kapitel 34:	Hallo – Danke – Diesel	222
Kapitel 35:	Rekordhöhen	229
Kapitel 36:	Die Entführung des Fred Jin	235
Kapitel 37:	Volleyball-Diplomatie	240
Kapitel 38:	Tuben in Vang Vieng	248
Kapitel 39:	Laos Krankenhaus-Chaos	255
Kapitel 40:	Einmal hin ... und zurück?	263
Kapitel 41:	So nagelt man einen Business-Deal fest	269
Kapitel 42:	Das Swansea-Steroid-Monster	274
Kapitel 43:	Quarantäne	279
Kapitel 44:	Mit seinem Mechaniker sollte man auf gutem Fuß stehen	285
Kapitel 45:	Kein Ende in Sicht	290
Kapitel 46:	Chimichangas und Vierziger	298

Kapitel 47:	Geht schon in Ordnung – ihr seid ja Briten!	300
Kapitel 48:	Pornostars und Hamburger	305
Kapitel 49:	Die bestbewaffnete Redaktion der Welt	310
Kapitel 50:	Ringkampf mit Krautsalat	318
Kapitel 51:	Fahrpreis: 100.000 $	322
Kapitel 52:	Ein Städtchen namens Bethlehem	326
Kapitel 53:	Ärger an der Grenze	334
Kapitel 54:	Der versiffte Rave Club – zweiter Versuch	340
Kapitel 55:	Auf dem Heimweg	345

Nachwort 354

Anhang:
Der Cheers-Guide – Ein Sprachführer zum Zuprosten 358
Danke! 360

KURZE ANSAGE DER AUTOREN

Wir haben diese Reise zu dritt unternommen. Zwei von uns erzählen sie auf den folgenden Seiten. Johno wird dabei diese Schrift benutzen und Paul diese. Zwei Erzähler in einer Geschichte unter einen Hut zu bringen war schon schwierig genug – drei Erzähler hätten definitiv den Rahmen unserer Möglichkeiten gesprengt. Also bleibt Leigh, der Dritte im Bunde, bis auf das Nachwort stumm, obwohl sein Beitrag zu diesem Abenteuer ebenso groß war wie unserer, wenn nicht sogar größer.

Unsere Story erzählt, was passiert, wenn sich drei junge Freunde Anfang zwanzig in einer alten Kiste auf Abenteuerfahrt begeben. Die Reise war weder gut geplant noch gemütlich oder smart und sollte wahrscheinlich als Anleitung gelten, wie man *nicht* die Welt bereist, aber alle folgenden Begebenheiten sind (leider) wahr. Es wurden allerdings die Namen einiger Leute, die wir unterwegs getroffen haben, geändert – zu ihrem Schutz.

VORWORT

Die Soldaten sahen verunsichert aus, wahrscheinlich hatten sie sich noch nie in einer solchen Situation befunden.

»LASST UNS EINFACH ÜBER DIE GRENZE, IHR AR...!«

Der Soldat, der direkt bei unserem Auto stand, sprang zurück, um aus der Reichweite des schreienden, rotgesichtigen Australiers zu gelangen, der aus meinem Fenster heraus zum Schlag ausholte. Die anderen, weitaus weniger von ihm beeindruckten Soldaten drängten nach vorn, ihre AK-47 fest im Anschlag.

Wie war ich nur hier gelandet? Wie kam ich in ein zwanzig Jahre altes Londoner Taxi, mitten in der Wüste von Belutschistan, an der Grenze Iran–Pakistan, mit einem wild gewordenen Australier als Beifahrer, der versuchte, einen Faustkampf mit den – bewaffneten – Grenzsoldaten anzufangen?

Ach ja, richtig, jetzt erinnerte ich mich wieder – ich hatte auf meinen Freund Paul gehört. Und wo war Paul jetzt? Weit weg.

Ich schloss die Augen und versuchte, mich mental von diesem Chaos zu entfernen, wenn auch nur für einen Moment.

Als ich sie wieder öffnete, war das Panorama unverändert – hinter der dreckigen, gesprungenen Windschutzscheibe starrte ich immer noch auf Stacheldrahtrollen, die die für uns so wichtige Grenze markierten, unseren heiligen Gral.

Schweiß tropfte aus meinem fransigen Bart.

Ich linste müde auf das Armaturenbrett, die Temperatur schien sich nicht geändert zu haben, aber die Tankanzeige war bereits unter die Hälfte gerutscht. Der bevorstehende Grenzübergang hing vor allem davon ab, dass dieses Taxi, diese alte Kiste, nicht den Geist aufgab. Jenseits der Grenze lagen fünfhundertfünfzig Kilometer Wüste, ein fünfzig Grad heißer Backofen, fest in der Hand der Taliban. Meine beiden besten Freunde waren Hunderte von Kilometern entfernt und meine Aufgabe war es, diese gottverlassene Gegend, in der es in letzter Zeit eine wahre Flut von Entführungen, Drogenschmuggel und Raubüberfällen gegeben hatte, in Begleitung eines wild gewordenen Beifahrers zu durchqueren, der alles daransetzte, dass man uns zumindest festnahm.

Der Aussie nahm noch einmal Anlauf: »ICH BRING DICH UM, DU KLEINES ARSCHG...«

Wie um alles in der Welt war ich hier gelandet?

Drei Jahre vorher und Tausende von Kilometern entfernt raste ein anderes schwarzes Taxi den verregneten Birmingham Expressway entlang:

»Und, war was los heute Nacht?«

Wie oft hatte man den armen Kerl wohl schon mit dieser Frage gequält?

Seine Antwort war mir eigentlich ziemlich egal, und das wusste er auch. Ich war mir sicher, dass ihm das Ganze auch egal war, und doch spielten wir die Farce bis zum Ende durch – er antwortete mit den Standard-Floskeln, die er wohl jedem auftischte, der dieselbe blöde Frage durch die Öffnung in der Plastiktrennscheibe zwischen Fahrer und Passagier lallte: Ein unverfänglicher Kommentar zum Verkehr, eine Bemerkung zu dem Nachtclub, der die meisten Kunden ausspuckte, und ein allgemeines Gejammere über die neuesten Baustellen.

Ich trug meinen Beitrag zur Konversation bei: »Cool!«, sagte ich und hing dann wieder meinen alkoholvernebelten Gedanken nach, hauptsächlich, um ihn nicht zu fragen, wann seine Schicht endete.

Ich hatte mein Weltraum-Outfit an. Ich konnte mich zwar nicht mehr erinnern, warum, aber es tröstete mich, dass alle anderen bei der Party sich auch verkleidet hatten. Ich hatte mich in diesem angenehmen Angeschickert-Stadium befunden, bis jemand die erste Runde Schnäpse ausgab ... inzwischen war ich jenseits von Gut und Böse, extrem leicht begeisterungsfähig und zu allen Schandtaten bereit.

Der gelbe Filz meines Outfits war dank des Fußbodens des Pubs, der aus einer Mischung aus Schweiß, Bier, Erbrochenem, Blut und blauem Alkopop bestand, inzwischen schwarz. Wie konnten diese Bestandteile des Fußbodenbelags, von denen kein einziger schwarz war, am Ende eine schleimige, schwarze Masse produzieren? Ich grübelte ein paar Sekunden über diese Frage nach, auf die es offenbar keine Antwort gab. Dann kehrten meine Gedanken zurück zu diesem Taxi, das unglaublich lange brauchte, um mich nach Hause zu bringen, wo mich mein warmes Bett – und der unausweichliche Kater am nächsten Tag – erwarteten. Der Fahrpreis stieg in unermessliche Höhen ...

Ein paar Stunden früher hatte ich mit meinem besten Freund Leigh besprochen, was wir nach Abschluss der Uni tun würden. Je mehr Bier floss, desto mehr Ideen wurden gewälzt. Er wollte eine Reise mit dem Auto machen, denn, so seine Worte, »diese Einmal-um-die-Welt-Flugtickets, bei denen man gerade einmal an sechs Orten zwischenlandet, sind etwas für Luschen« – und ich stimmte ihm zu.

Fünf Minuten später waren der Taxifahrer und ich immer noch auf dem Expressway und meine Gedanken kreisten nun um die längste Taxifahrt der Geschichte, vielleicht hatte man ja einmal einen Weltrekord aufgestellt. Das wäre doch mal ein netter Rekord! Vielleicht nicht ganz so nobel wie der schnellste 100-Meter-Sprint oder eines dieser Gletscher- oder Bergsteiger-Abenteuer, aber immer noch besser als der Rekord für die längsten Fingernägel oder die Rekord-Badezeit in einer mit gebackenen Bohnen gefüllten Badewanne, aber ...

»WAS macht das?«

Wir waren endlich vor meiner Studentenbude angekommen und ich fühlte mich auf elegante Weise ausgeraubt. Ich zog kurz in Erwägung, sofort bei Guinness anzurufen, um ihnen mitzuteilen, dass ich gerade den Rekord der teuersten Taxifahrt der Welt gebrochen hatte.

Ich ging hinein und hörte Greg in seinem Zimmer schnarchen. Johnos Zimmer war verschlossen. Wenn Johnos Zimmer verschlossen war, sollte man am besten erst gar nicht darüber nachdenken, was er da drinnen gerade anstellte – geschweige denn, ihn dabei stören –, also ging ich in die Küche, um den Kühlschrank zu plündern.

Das Zusammenleben mit Paul konnte manchmal schwierig sein. Er hat diese unglaublich laute Stimme, die alle anderen Geräusche um ihn herum übertönt. Er hatte im letzten Jahr ein paar Mal zu später Stunde Freunde mitgebracht. Und wenn sie dann in unserem armseligen Wohnzimmer alle Probleme dieser Welt lösten, konnte ich ihre Stimmen nur als ein Murmeln wahrnehmen, bis auf Pauls Stimme, die klar und deutlich sogar noch einen Stock tiefer auszumachen war.

Aber heute Nacht war es anders. Es schien eine völlig andere Stimme die Treppe hinunter und in meinen Schlaf zu dringen. Ich war mir nicht ganz sicher, ob ich richtig hörte, die Stimme sagte gerade:

»... das Leben in Gruppen kann zu bestimmten Problemen führen ...«

Ich setzte mich im Bett auf und spitzte die Ohren, um etwas mehr von der Unterhaltung mit dem Unbekannten mitzubekommen.

»... anstatt Eier zu legen ...«

Eier legen? Ich fröstelte und zog mir meinen verschlissenen Bademantel über. Ich musste wissen, was da los war.

»... ziehen es über das Fell der Mutter in ihren Beutel ...«

Ich öffnete müde die Tür und stieg die Treppe nach oben – was war da bloß los?

»... die jungen Kängurus der letzten Saison sind inzwischen schon fast selbstständig.«

Auf den Anblick, der sich mir bot, als ich die Tür zum Wohnzimmer öffnete, war ich nicht vorbereitet.

Da saß mein bester Freund und Mitbewohner, ein erwachsener Mann, als John Tracy verkleidet vor dem Fernseher, verschlang eine Pizza und eine Doku von David Attenborough über Kängurus.

Meine Geduld war um diese Zeit aufs Äußerste strapaziert.

»Was zum Teufel machst du da? Geht das auch ein bisschen leiser?«

Seine Augen blieben fest auf den Bildschirm gerichtet.

»Sorry, Kumpel, aber die Fernbedienung ist weg ... aber Mensch, diese Kängurus, der Hammer! Wusstest du, dass die Babys in den Beuteln ihrer Mütter leben, bis sie neun Monate alt sind?«

»Das ist mir im Moment total egal, Paul. Ich hatte schon geschlafen!«

»Hey, mein Freund«, sagte er und schaute mich endlich an, »lass uns mit dem Taxi nach Australien fahren!«

Also tat ich, was man eben so macht, wenn man sich einem betrunkenen Astronauten gegenübersieht, der einem an einem Dienstag um zwei Uhr morgens vorschlägt, mit einem Taxi um die halbe Welt zu kurven – ich sagte ihm, er solle die Klappe halten und ins Bett gehen.

KAPITEL 1

PLANE NIEMALS EINE EXPEDITION IM PUB

Paul war der Erste, den ich an der Uni kennengelernt hatte, und in den drei Jahren, die wir gemeinsam studierten, kam er immer wieder mit den verrücktesten Ideen an, die er aber nie durchzog. Ich hatte schnell gelernt, dass es einfacher war, Ja und Amen zu allem zu sagen und dann abzuwarten, bis er die Sache vergaß, als mich mit ihm darüber zu streiten, warum es vielleicht keine so gute Idee war, die Nordsee per Wasserski zu überqueren oder zur Vorlesung in einem schnieken Fünfzigerjahre-Anzug kostümiert zu erscheinen.

Als ich Paul am nächsten Morgen an sein unverständliches Gefasel über eine Taxifahrt nach Australien erinnerte, bereute ich meinen Fehler sofort – wie ein kleiner Schuljunge war ich in die Falle getappt. Mein Herz sank mir in die Kniekehlen, als ich sah, wie sich seine Augen bei der Erinnerung an seinen Plan weiteten und wie sie dann aufleuchteten, ob all der Möglichkeiten, die sich vor ihm auftaten. Ich wappnete mich für eine nachmittägliche Diskussion.

Es war ohnehin schon ein wirklich schwerer Tag für mich gewesen: Ich hatte ein paar Hundert Mal Facebook gecheckt, mir meine tägliche Dosis »Neighbours« im Fernsehen geholt, hatte ein paar Scheiben Brot getoastet, aus dem Fenster geschaut und auf der PlayStation gespielt. Jetzt ging mir langsam der Stoff aus, was ich als Nächstes tun könnte.

Ich warf einen Blick auf das verstaubte Maschinenbau-Lehrbuch auf meinem Schreibtisch. Aber so verzweifelt war ich doch wohl nicht, dass ich jetzt auch noch etwas für die Uni getan hätte? Ich suchte nach einer adäquaten Alternative, aber mir fiel nichts ein.

Ich griff im Zeitlupentempo nach dem Buch, aber gerade, als mein Schicksal besiegelt zu sein schien, stürmte Paul in mein Zimmer. Er trug seinen abgewetzten, schmutzigen Bademantel und hatte eine Schüssel Müsli in der Hand.

»Also, diese Idee mit dem Taxi ...«, begann er und ließ sich auf mein Bett fallen, »bist du dabei?«

Obwohl ich nicht die geringste Absicht hatte, bei einem derart blöden Unternehmen mitzumachen, beschloss ich, Paul bei Laune zu halten und ihm jeden einzelnen Grund aufzuzählen, warum er diese Reise nicht durchziehen könnte. Sein blanker Enthusiasmus brachte es jedoch fertig, allen meinen Argumenten etwas entgegenzusetzen.

»Wie willst du das bezahlen?«

»Keine Ahnung, vielleicht mit Sponsoren oder so.«

»Aha. Und wann wirst du Zeit dafür haben?«

»Wir könnten es nach unserem Abschluss machen, dann hätten wir noch zwei Jahre, um alles zu planen.«

»Und wo zum Teufel nimmst du ein schwarzes Taxi her?«

»Gebrauchtwagenhändler, Kleinanzeigen, eBay, wir fragen einen der Taxifahrer, die uns nachts nach Hause chauffieren ... Es gibt jede Menge Möglichkeiten!«

»Warte mal«, sagte ich triumphierend, denn ich war überzeugt, ich hätte endlich ein unschlagbares Gegenargument gefunden: »Du hast nicht die geringste Ahnung von Autos!«

Er wurde zum ersten Mal etwas unsicher, zögerte kurz, hatte dann aber die Sache sofort wieder im Griff: »Leigh!«, rief er freudestrahlend aus. »Leigh sagt, er kann Autos reparieren, und er wollte schon immer so etwas unternehmen! Komm, Mensch, das wird ein irrer Spaß!«

Ich wusste, dass sowieso nie etwas daraus werden würde. Aber um ihn aus meinem Zimmer zu bekommen, damit ich mir weiter »Greatest Fails of the Year« auf YouTube ansehen konnte, musste ich irgendetwas sagen.

»Okay«, seufzte ich, »ich mache mit. Aber jetzt lass mich in Ruhe, ich muss eine Abhandlung schreiben.«

Es hatte mich ein wenig irritiert, dass Johno nicht sofort völlig aus dem Häuschen war, dem Projekt seine ganze Hingabe schwor und danach die Genialität meiner Idee mit einer schönen Tasse Tee feiern wollte, also rief ich Leigh an. Er war zwar nicht der kühnste Reisende aller Zeiten (seine abenteuerlichste Reise hatte ihn bisher nur ins Camp America geführt, wo er pummeligen amerikanischen Kindern beibrachte, wie man Wände hinaufklettert), aber er war ein klasse Kumpel und er konnte Autos reparieren.

Er meldete sich in vornehmster Midlands-Manier:

»Was geht ab, Alter?«

»Alles klar, war geil gestern, oder?«

»Ja, super, denke ich zumindest ... Wer hatte denn die Schnapsidee mit den Schnäpsen?«

»Keine Ahnung. Also, du, ähm ... erinnerst du dich daran, dass du gesagt hattest, du wolltest auf einen Trip gehen? Wie wäre es mit einem Trip nach Australien in einem Black Cab, sobald wir den Abschluss in der Tasche haben?«

»Okay, gebongt!«

»Super!«

»Alles klar, dann bis bald.«

»Bis bald ... Ach, ja, noch was: Du hast gestern gesagt, du könntest Autos reparieren, richtig?«

»Ja, genau, kein Problem.«

Er legte auf. Ich hatte einen Teamkollegen – und sogar einen, der Autos reparieren konnte.

Oder zumindest einen, der sagte, er könne Autos reparieren.

Leigh hatte auch einmal behauptet, er könne Snowboarden, aber nach einem etwas schmerzhaften Tag, der mit einem gebrochenen Daumen endete, kam heraus, dass er zuvor eigentlich noch nie auf einem Snowboard gestanden hatte.

Ich legte meine Zweifel an seinen automechanischen Fähigkeiten erst einmal beiseite – wichtig war nur, dass er ohne zu überlegen zugesagt hatte, als ob es eine ganz normale Sache sei, dass dich ein Kumpel nach einer durchzechten Nacht anruft und vorschlägt, in einem Londoner Kult-Taxi ans andere Ende der Welt zu fahren.

Jetzt konnten die Vorbereitungen beginnen.

Der Planungsprozess für ein Unternehmen dieser Größenordnung ist höchst komplex. Also machten wir uns ein paar Tage später mit einer Landkarte und einem Laptop bewaffnet auf den Weg in den Pub. Johno, Ex-RAF-Pilotenanwärter und heutiger Student, der sich kein Bier und kein Abenteuer durch die Lappen gehen ließ, stand uns als »Berater« zur Seite.

Und genau das war unser erster – und wahrscheinlich gravierendster – Fehler: Man sollte weder Expeditionen noch sonst irgendetwas in einem Pub planen.

Wir waren uns sofort einig, dass ein schwarzes Taxi auf jeden Fall das geeignete Vehikel sei. Es gab keine andere Möglichkeit, außer vielleicht einem New Yorker Yellow Cab, was aber definitiv zu unbritisch war. Dann machten wir uns daran, die Route festzulegen: Eine Reise von London nach Sydney war so gut wie jede andere, denn keiner von uns war jemals in Australien gewesen und wir hatten alle Lust, Kängurus anzugucken. Als wir uns die Landkarte ansahen und eine quasi direkte Strecke nach Sydney anlegten, erwähnte ein besonders heller Kopf, dass ein Taxifahrer, der etwas auf sich hielt, auf gar keinen Fall den direkten, sondern eher den längstmöglichen Weg nehmen würde, um das Taxameter so richtig in die Höhe zu treiben.

Es dauerte nicht lange, und schon hatten wir auf der Landkarte mit einem Filzstift eine Route durch Europa, Russland, Afrika, den Mittleren Osten, Indien, China, Südostasien und Australien gezogen, die irgendwo in Kambodscha wegen eines Bierflecks ein wenig verwischt war.

Die Idee war einwandfrei, absolut perfekt und vor allem umwerfend witzig – wenigstens zum damaligen Zeitpunkt.

Und je länger wir darüber nachdachten (was in direktem Verhältnis zu der von uns konsumierten Menge Bier stand), desto witziger fanden wir sie, und wir konnten sogar Johno als offiziellen Expeditionsfotograf an Bord lotsen, denn schließlich besaß er eine gute Kamera (grundlegende Voraussetzung für den Job). Leigh war der Mechaniker und ich, da ich weder spezielle Expeditionskenntnisse noch eine gute Kamera aufweisen konnte, würde mich um die Grenzübergänge kümmern. Was konnte dabei noch schiefgehen?

Paul und Leigh hatten die Reise nun schon mehrfach erwähnt und mir wurde langsam – mit Entsetzen und mit Begeisterung – klar, dass sie tatsächlich stattfinden könnte. Meine Euphorie wurde immer größer, und bevor ich mich versah, hatte ich allen möglichen Leuten davon erzählt. Amüsierte Freunde und Familienmitglieder und ungläubige Kollegen reagierten darauf meist mit Augenrollen und Geschmunzel, und es wurde uns klar, dass wir bald etwas vorweisen mussten, um unseren Worten Nachdruck zu verleihen: Wir mussten uns so bald wie möglich ein Taxi zulegen.

Nach langem Suchen im Internet und den Kleinanzeigen der lokalen Presse fanden wir das perfekte Modell: den LTI FX4, das klassische London Black Cab, bekannt in aller Welt. Leigh hatte tatsächlich, nachdem er auf eBay Angebote von iPod-Imitaten, alten CDs und Toastern, die das Antlitz Jesu in den Morgentoast brannten, durchforstet hatte, ein solches Taxi gefunden, zum unglaublichen Preis von 1350 Pfund. Leigh meinte, dass das 1990er Arbeitstier ein wirklich guter Deal sei, konnte aber leider nicht nach London fahren, um es sich anzusehen. Also machten Paul und ich uns auf den Weg – mit eindeutigen Instruktionen und jeweils 450 Pfund, die wir von unseren Studiendarlehen abgezweigt hatten, in der Tasche.

Da waren wir also, liefen in einem Londoner Vorort mit einer Tasse Tee in der Hand um einen Wagen herum, in dem wir zwar schon unzählige Male gesessen, ihn uns aber ansonsten nie genauer angesehen hatten. Hier und da kickten wir ein wenig gegen die Reifen, um den Anschein zu erwecken, wir wüssten, wovon wir sprachen.

»Hmm, der Tacho zeigt 999.999 Meilen an«, sagten wir mit Kennerblick auf das steinalte Armaturenbrett. »Ist das nicht ein bisschen viel?«

»Ach, darum müsst ihr euch gar nicht kümmern«, erwiderte der Verkäufer mit Cockney-Akzent. »Der Tachometer funktioniert nicht.«

»Und wie viele Meilen hat er dann auf dem Buckel?«

Er zog die Augenbrauen zusammen und dachte kurz nach: »So um die dreihunderttausend, würde ich sagen.«

Paul und ich sahen uns an und zuckten die Schultern – was machte das schon?

»Wir nehmen ihn!«

KAPITEL 2

HARTHERZIGE HANNAH

Ungeduldig sah ich auf die Netzanzeige meines Handys. Ich hatte soeben mein Abschlussexamen an der Uni – wahrscheinlich mein letztes Abschlussexamen überhaupt – hinter mich gebracht und somit einen triumphalen Schlussstrich unter meine überwältigend durchschnittliche akademische Laufbahn gesetzt.

Theoretisch gesehen hatte ich seit meinem fünften Lebensjahr auf diesen Augenblick hingearbeitet. Wäre ich nicht so hartnäckig darauf fixiert gewesen, endlich Empfang für mein Handy zu bekommen, um meine Freunde für eine gigantische Feier zusammenzutrommeln, wäre wahrscheinlich die Erkenntnis dessen, was vor mir lag, über mir zusammengebrochen: Akademiker-Job, das wirkliche Leben, erwachsen werden, heiraten, Kinder, Haustiere, in Rente gehen und sterben.

Ich sah, wie zuerst ein, dann zwei Balken anzeigten, dass ich nun Empfang hätte, und schon klingelte das Telefon. Auf dem Display erschien eine Londoner Nummer.

Oh nein, sag bloß nicht, die sind nach London zum Feiern gefahren? Und ich stecke hier in Birmingham fest!

»Hallo?«

»Hallo, Paul, hier spricht Matt«, sagte eine männliche Stimme mit einem starken Essex-Akzent.

Matt ... Matt ... welcher Matt? Ich kannte keinen Matt.

»Mensch, Matt! Wie geht's dir?« Ich hoffte, aus seiner Antwort einen Hinweis auf die Identität des Essex-Mannes namens Matt, der mich sofort nach meinem Abschlussexamen anrief, herauszufinden.

»Gut, danke, und dir?«

Matt, das war keine große Hilfe.
»Ja, super sogar, ich habe gerade eben mein Abschlussexamen hinter mich gebracht, ich bin endlich fertig mit dem Studium!«
»Das ist ja fantastisch, Mann, Glückwunsch!«
Das half mir auch nicht weiter, *Matt.*
»Ja, danke!«
Sein munterer Ton wurde plötzlich ernst, fast schon feierlich.
»Also, Paul, wir haben eine Entscheidung getroffen.«
»Äh, ja ... welche Entscheidung denn?«
»Na, zum Non Standard Award!«
Ooooh – *der* Matt!

Die Taxi-Idee war ein bisschen in den Hintergrund gerückt inmitten der Abschlussexamen und der Einsicht, dass wir, obwohl wir das Taxi erstanden hatten, nicht genügend Geld für die Reise an sich hatten. In einem allerletzten verzweifelten Versuch hatten wir uns für die Non Standard Awards von Performance Direct beworben. Performance Direct unterstützt die Finanzierung von außergewöhnlichen – insbesondere außergewöhnlich blöden – Projekten, die etwas mit Autos zu tun haben. Nachdem wir die Vorauswahl durchlaufen hatten, hatten wir ihnen vor ein paar Monaten in ihren Geschäftsräumen unser Projekt präsentiert.

Es war zwar nur ein Schuss ins Blaue, aber was hatten wir schon zu verlieren? Also ließen wir unseren Slogan »It's on the Meter« auf ein paar Polo-Shirts drucken, zogen die Bier-verwischte Linie über Kambodscha auf unserer Landkarte nach und legten uns ein Spielzeug-Black-Cab zu.

Unser Plan für die Präsentation war genial einfach: Wir würden ihnen die Karte auf den Tisch legen und von unserem Plan erzählen, mit einem Londoner Taxi nach Australien zu fahren. Sollte das nicht klar genug sein, würden wir das Spielzeug-Taxi auf der Karte die

Strecke entlangschieben und dabei Autogeräusche machen. Außerdem würden wir ihnen ein Foto des richtigen Taxis zeigen, um den Ernst unseres Vorhabens zu unterstreichen, plus ein Bild von einem Känguru, um die Tierwelt zu veranschaulichen, die uns auf der Reise begegnen würde. Danach hieß es nur noch, uns einen Muffin des sicherlich auf dem Konferenztisch bereitgestellten Häppchentellers einzuverleiben und geduldig darauf zu warten, dass Lobpreis und Geld auf uns herniedergingen.

Leider lief es dann ein klein wenig anders: Johnos Autogeräusche hörten sich eher nach einem Rennwagen an, was ja nun völlig unzutreffend war; sie hatten alle Muffins schon aufgegessen, bevor wir ankamen, und anstatt Lobpreis und Geld hagelte es Fragen über Fragen.

Nach zweijähriger Vorbereitung waren wir auf diese gut vorbereitet und Leigh konnte auch die meisten technischen Fragen beantworten, aber als der Reise-Experte sich unsere verrückte Idee genauer ansah, schien er nicht besonders beeindruckt.

»Und ihr wollt tatsächlich durch Pakistan? Wenn ihr mit diesem Ding versucht, durch Pakistan zu fahren, werdet ihr umkommen ... Also, genau genommen, werdet ihr umkommen, egal, womit ihr durch Pakistan fahrt.«

Wir verließen die Besprechung mit sehr gemischten Gefühlen. Die Zeit verging, und da wir nichts mehr von ihnen hörten, hatten wir sie als Sponsoren abgeschrieben. Jetzt rief Matt also an, um mir die schlechte Nachricht zu überbringen.

Matts Tonfall bestätigte meine Befürchtung.

»Also, wir haben beschlossen ...«

Okay, jetzt sag schon! Ich legte mir bereits bescheidene Worte für den Abgang nach der Niederlage zurecht.

»... euch den Non Standard Award zu geben.«

Wir hatten ihn! Diese Idioten (sorry, Matt & Co!) glaubten tatsächlich, wir drei würden es in einem zwanzigjährigen Black Cab nach Sydney schaffen. Ihr Glaube ging sogar so weit, dass sie uns einen Scheck ausstellten. Das war eine unglaubliche Nachricht: Unsere Expedition würde tatsächlich stattfinden!

Obwohl wir jeden Penny in die Expedition steckten, fehlte uns doch noch jede Menge Geld. Der Non Standard Award war genug, um die Kosten für Benzin und ein paar Visa zu decken, außerdem hatten wir das letzte Jahr nonstop durchgearbeitet und einiges auf die Seite gelegt. Diese Ersparnisse plus ein, zwei Überziehungskredite pro Teilnehmer würden die Reise wohl finanzieren können, aber es fehlte trotzdem noch Geld.

Das Black Cab und das Absurde der Reise an sich, zusammen mit einem möglichen Weltrekord für die längste Taxifahrt, machte unsere Expedition einzigartig – das war uns schnell klar geworden. Auf der Reise würden fantastische Fotos und Storys entstehen, mit denen wir die Aufmerksamkeit der Medien erregen könnten. Die Auflage von Performance Direct für den Award war es, Publicity für die Expedition zu machen und den Wagen mit ihren Stickern zuzukleistern. Wenn sie uns schon eine Menge Kohle gaben, um ihre Marke in die Medien zu bekommen, dann würden es andere bestimmt auch tun. Also versuchten wir, mehr Sponsoren an Land zu ziehen.

Und dann war da noch unser Taxi: Wie bereitet man eine alte Rostbeule auf eine Weltumrundung vor?

Die Vorbereitung des Taxis zog sich unendlich in die Länge, aber Gott sei gedankt für die Wunder des Sponsorings: Wenn du ein Unternehmen nach Geld fragst, bekommst du fast immer eine Absage, fragst du nach einer Sachspende, bekommst du zwei! Wir bekamen Winterreifen von MaxSport in Irland, Kameras aus Korea, und die netten Jungs bei WOSP Racing bauten uns einen Race-Spec-Anlasser samt Lichtmaschine ein. Samco spendete einen Satz spezialgefertigter Schläuche für den Motor, und ein riesiger Kamei-Dachkoffer kam von der Roof Box Company.

Die Aufhängung des Taxis würde nie und nimmer durchhalten, also besorgte Paul doppelt so starke Blattfederungen bei einem Traktoren-Friedhof in Staffordshire und Frontfederungen bei einem Hersteller in Sheffield. Wir kauften einen gebrauchten Land-Rover-Dachgepäckträger in Kidderminster, den wir aufs Dach schweißten. Auch eine Riesenmenge persönlicher Ausrüstungsteile wie Taschen, Kameras, Sonnenbrillen und Bekleidung kamen mit der Post.

Leigh hatte zahlreiche Ersatzteile bestellt, und neben dem Taxi stapelten sich Kartons in allen möglichen Größen. Vor allem ein ungewöhnlich großer, schwerer Karton machte uns neugierig: »Was ist denn das da?«

»Das ist eine Winde.«

»Eine was? Ich dachte, wir hätten vereinbart, keine Winde zu kaufen«, wunderte ich mich.

»Doch, wir haben gesagt, wir brauchen eine.«

»Nein, haben wir definitiv nicht gesagt«, schaltete Paul sich ein.

»Was hat sie denn gekostet?«

»Fünfhundert.«

»Bist du wahnsinnig? Wir müssen sie zurückschicken! Mann, wir brauchen sie nicht und wir können sie uns nicht leisten – von dem Geld kann man in Asien zwei Monate lang leben!«

»Nichts zu machen, das ist eine Spezialanfertigung«, gab Leigh zurück.

»Also keine Rückgabe möglich?«

»Nö.«

»Mann! Die brauchen wir doch niemals. Aber wenn es eine Spezialanfertigung für ein Black Cab ist, dann kann man sie einfach so aufsetzen, richtig?«

»Richtig.«

Zweieinhalb Wochen später war die Winde angebracht. Wir bohrten, schweißten, verbolzten und fluchten – Letzteres vor allem Leighs Freundin –, und dann war das Ding da, wo es hingehörte. Das hieß für uns über zwei Wochen Verzug, uns blieben nur noch zwei Wochen für alles andere.

In den Monaten vor unserer Abreise waren Leigh und ich so sehr damit beschäftigt, den Wagen startklar zu machen, dass wir uns maximal ein paar Stunden Schlaf pro Nacht auf dem harten Fußboden bei einem Freund gönnten, der in der Nähe unserer provisorischen Werkstatt im Keller der Aston University wohnte. Paul kümmerte sich tagsüber um die Sponsoren und die Presse und half uns nachts am Wagen. Unsere Laune wie auch unsere Freundschaft wurden auf eine harte Probe gestellt, da wir ununterbrochen arbeiteten; einmal schoben Leigh und ich eine Fünfzig-Stunden-Nonstop-Schicht. Wir beschlossen erst, eine Pause einzulegen, als ich mit einer laufenden Heavyduty-Bohrmaschine in den Händen im völlig demontierten Taxi einschlief.

Eines späten Abends, als wir an dem Chassis des Wagens arbeiteten, kam unser Sound-System an. Natürlich war uns klar, dass ein Sound-System auf der Liste notwendiger Dinge weit hinter Reifen und Sitzen kam. Aber, hey, wenn JBL sagt, sie lassen ein Sound-System springen, dann sagt man nicht Nein. Wir betonten allerdings, dass es eines der kompakten Modelle sein müsste, da unser Platz sehr beschränkt sei. Der Karton, der ankam, war alles andere als kompakt – sie hatten uns einen Eintausend-Watt-Subwoofer, zwei gigantische Verstärker, eine iPod-kompatible Haupteinheit und passende Lautsprecher geschickt.

Pete, einer der fantastischen Menschen, die die Ärmel hochkrempelten und uns im Endspurt halfen, sagte, es wäre unmöglich, das alles im Wagen unterzubringen, denn jeder Zentimeter musste für Werkzeug und Ersatzteile genutzt werden. Er hatte recht. Wir sahen uns an und stellten uns im Stillen die Frage: Wollten wir etwa zu diesen idiotischen Typen gehören, die später in der Wüste festsaßen, weil sie wertvolle Werkzeuge und Ersatzteile einem überdimensionalen Sound-System geopfert hatten?

Ohne ein Wort begannen wir, Werkzeug aus dem Auto zu nehmen, während wir gleichzeitig schon einmal unsere iPods nach den basslastigsten Songs durchsuchten.

Eins war klar: Wir gehörten zu diesen idiotischen Typen!

Unser Taxi wurde von Tag zu Tag mehr zu einem Unikat, aber wir hatten ihm immer noch keinen Namen gegeben. Ich hatte kurz zuvor »Hard Hearted Hannah (the Vamp of Savannah)« gehört, ein Song aus den Zwanzigerjahren über eine berühmte Femme Fatale aus Georgia, die Männer hasste und sich an ihrem Leiden ergötzte. Zu der Zeit schien mir der Name Hannah geradezu perfekt für unser kleines Taxi – wenn wir auch nur geahnt hätten, wie sehr sie ihrem Namen Ehre machen würde, ein ums andere Mal.

KAPITEL 3

NO U-TURNS

Unser Trip begann hochoffiziell am London Transport Museum an der Covent Garden Piazza am 17. Februar 2011. Das eigens dafür angefertigte Taxameter wurde feierlich eingeschaltet und es waren sogar Leute von der Presse dabei. Die Berichterstattung war für uns und das Rote Kreuz, zu dessen Gunsten unsere Reise Spenden sammelte, sehr wichtig.

Unter Tränen und Jubel zugleich winkten uns Freunde und Familie hinterher, als wir mit einer Parade Taxis aus der Vorkriegszeit im Gefolge über die Tower Bridge fuhren. Wir verließen London und fuhren südlich Richtung Dover – und Hannahs erstem Ziel auf nichtbritischem Boden entgegen. Alles schien gut zu laufen und niemand schien zu bemerken, dass wir keine Ahnung hatten, was in aller Welt wir taten.

Im selben Moment, in dem Hannah auf die Fähre nach Frankreich fuhr, fiel der ganze aufgestaute Stress von uns ab: Monatelang hatten wir für ein Projekt gearbeitet, das voller Ungewissheiten steckte. Mehr als einmal hatte einer von uns die Beherrschung verloren. Versprechen wurden gebrochen und die Probleme schienen nie enden zu wollen – unsere Freundschaft wurde aufs Äußerste strapaziert. Aber dieser Moment zeigte uns, dass sich all dies gelohnt hatte; er ließ uns die belanglosen Streitereien der vergangenen Monate vergessen. Wir waren wieder beste Freunde, wir hatten es geschafft, wir hatten unseren Traum verwirklicht.

Um auf den Boden der Tatsachen zurückzukommen: Unsere Probleme waren natürlich noch nicht gelöst. Aufgrund fehlender Geldmittel, und vor allem aus Zeitmangel, war das Taxi nicht wirklich verkehrstauglich. Die Bremsen griffen nicht richtig und funktionierten so schlecht, dass es an Leichtsinn grenzte. Die Blinker funktionierten nur ab und an und der Sicherheitsgurt auf der Fahrerseite verklemmte sich öfter, was es dem Fahrer unmöglich machte, den Kopf zu drehen, um zu sehen, was im toten Winkel vor sich ging.

Wir hatten auch keine funktionierenden Nebelleuchten und keine Heizung. Erst als wir auf der düsteren französischen Autobahn Richtung Paris in undurchdringliche Nebelbänke gerieten, wurde uns bewusst, wie wichtig diese Dinge doch waren. Ich saß zitternd auf dem Rücksitz und machte mich ununterbrochen auf einen Auffahrunfall durch einen der französischen Sattelzüge gefasst, während Paul und Leigh durch die Lücken spähten, die sie auf der beschlagenen Windschutzscheibe freiwischten.

Meine Angst war jedoch unbegründet, und nach einer wie mir schien viel zu kurzen Fahrt verließ Leigh, den Anweisungen des Navis folgend, die Autobahn, obwohl die Autobahnschilder unmissverständlich die Route nach Paris anzeigten. Wir setzten die Fahrt auf nebelverhangenen Landstraßen fort. Nachdem wir auf Kopfsteinpflasterstraßen an netten Pâtisserien vorbei in immer kleinere Dörfer und Dörfchen fuhren, dämmerte uns, dass etwas nicht stimmte. So hübsch Les Hamlets auch war, war es bestimmt nicht der direkte Weg nach Paris.

Wir bremsten abrupt vor einer versteckten Ampel und versuchten, das Problem zu finden. Eine uralte Madame schlurfte an unserem Taxi – im Leerlauf und mit beschlagenen Scheiben – vorbei und sah uns belustigt dabei zu, wie wir uns an den schwer zu findenden Einstellungen des Navis zu schaffen machten.

»Wir hatten recht, das Ding ist Müll!«, schimpfte ich, »der Scheiß steht auf ›*No U-turns*‹!«

Obwohl wir auf Abwege geraten waren, waren wir zumindest in die richtige Richtung gefahren und unserem ersten Ziel schon sehr nahe. Wir hatten es tatsächlich geschafft, uns bereits im Anfangsstadium der Vorbereitungen unserer Reise auf eine Route festzulegen. Australien war zwar letztendlich das Ziel, aber es gab ja verschiedene

Wege dorthin. Abgesehen von ein paar Umwegen, um andere Länder kennenzulernen, gab es drei Hauptrouten, unter denen wir wählen konnten (und bei denen zumindest Afghanistan umfahren wurde). Die nördliche Route durch Europa, Sibirien und Kasachstan und weiter nach China gefiel uns gut, aber wir hatten gehört, dass die Straßen fast durchweg miserabel waren, wenn man sie überhaupt als Straßen bezeichnen konnte. Die Strecke mittendurch ging durch die Türkei, Turkmenistan und den Rest der »Stans«, auch auf dieser Route waren die Straßen ziemlich schlecht und es taten sich zahlreiche Visa-Hürden auf. Dann war da noch die südliche Route durch den Iran, Pakistan, Indien, Nepal und Tibet – bei Weitem die gefährlichste Route, aber auch die interessanteste. Sie führte durch unglaublich interessante und unterschiedliche Länder *und* den Himalaja. Und was noch wichtiger war: Alle Straßen dieser Route waren – zumindest in der Theorie – befestigt, was für ein Taxi mit Zweiradantrieb, konzipiert für den Verkehr in der Londoner Innenstadt, ein unschlagbarer Vorteil war.

Nach einem langen Tag an der Universität hatten wir mithilfe von Google Maps und einem Laptop einen ersten Entwurf der Route erstellt, der uns allen akzeptabel schien, obwohl sie später noch verändert wurde, als wir nach und nach neue Erkenntnisse erhielten: Wir mussten uns auf geschlossene Grenzen zwischen einigen afrikanischen Ländern und Schwierigkeiten bei der Grenzüberschreitung von Israel in die benachbarten arabischen Staaten gefasst machen, und wir mussten einsehen, dass der Umweg über die Mongolei zu kostspielig, zu unpraktisch und zu schwierig werden würde. Die Route an sich blieb jedoch mehr oder weniger dieselbe, die wir von Anfang an im Sinn gehabt hatten: eine Schlangenlinie von London nach Sydney durch die unterschiedlichsten und extremsten Landschaften der Erde, von der Arktis bis hin zu den heißesten Wüstengegenden des Planeten.

Nach unserem ersten Ziel Paris wollten wir nordwärts weiterfahren nach Skandinavien und zum nördlichen Polarkreis, von dort weiter nach Russland. Danach wieder zurück Richtung Westen durch einige

ost- und mitteleuropäische Länder, bevor wir uns auf den Weg durch den Mittleren Osten machten, um auf der Seidenstraße über den Iran und Pakistan nach Indien zu gelangen.
Wir hatten geplant, danach Richtung Norden durch Nepal und China zu fahren. In China würden wir unser Taxi gen Südostasien wenden und es von Singapur mit der Fähre nach Australien schippern. Die letzte gefahrene Strecke wäre die Ostküste Australiens hinunter nach Sydney. Wir hofften, die Harbour Bridge der australischen Metropole ungefähr neun Monate und achtundvierzigtausend Kilometer nach unserer Abreise aus England zu überqueren – das würde problemlos den bisherigen Rekord von 21.691 Meilen (34 908 Kilometer) brechen, der 1994 von drei Bankern aufgestellt worden war, die von London nach Kapstadt und zurück fuhren.

Warum war Paris unser erster Stopp? Wir wussten es nicht genau, aber meine Tante wohnte dort und hatte uns Champagner zur Ankunft versprochen – wenn das kein Grund für einen Umweg von vierhundert Kilometern ist! Außerdem konnten wir dort ein paar fantastische Bilder schießen, das wollten wir uns nicht entgehen lassen.

KAPITEL 4

ROLLIGE KATZEN UND TULPENTÄNZER

Nach sieben Stunden Fahrt im Schneckentempo durch Pariser Vororte kamen wir um vier Uhr morgens endlich bei meiner Tante an. Erschöpft legten wir uns schlafen – nach Wochen die erste durchgeschlafene Nacht. Am nächsten Morgen frühstückten wir Croissants und Baguettes und kamen endlich dazu, den Wagen richtig zu packen. Der Wagen war zwar geräumig, aber da sich unser guter Freund Chops für die Strecke London–Berlin als Mitfahrer angemeldet hatte, war der Haufen Reisetaschen und Ersatzteile noch größer geworden.

Am Tag darauf machten wir uns noch vor Morgengrauen auf den Weg, um das erste Erinnerungsfoto von Hannahs Reise zu schießen. Wir sahen das Bild bereits vor uns: Hannah würde stolz vor dem hell erleuchteten, majestätischen Eiffelturm stehen. Wir hatten nur für einen einzigen Touristen-Stopp in Paris Zeit eingeplant. Also dachten wir, der Eiffelturm wäre der geeignete Hintergrund für ein fotografisches Andenken an unseren kurzen Aufenthalt in der Stadt der Liebe und des Lichts. Als wir jedoch dort ankamen, lag der Eiffelturm im Dunkeln und war in Nebel gehüllt. Da wir uns nicht so leicht unterkriegen ließen und auch keine Sicherheitskräfte zu sehen waren (es war halb fünf morgens), öffneten wir den Zaun mit der Aufschrift ›*Piétons seulement*‹ *(Fußgängerzone)* und fuhren das Champ de Mars hinunter. Dort machten wir die beste Aufnahme, die wir trotz der Dunkelheit bekommen konnten, und setzten unsere Reise fort.

Einer der Punkte auf unserer endlosen To-do-Liste, der während der verrückten letzten Woche vor unserer Abfahrt in Vergessenheit geraten war, war die Buchung eines Hotelzimmers für unseren nächsten Stopp: Amsterdam, die europäische Hauptstadt der Prostitution, Drogen und Junggesellenabschiede. Nach einem der hektischsten und stressigsten Monate unseres Lebens waren wir zu allen Schandtaten bereit. Eine Suche im Internet nach einem Hotelzimmer, kurz bevor wir aus Paris abfuhren, hatte uns jedoch eine kalte Dusche verpasst: Die Preise für Jugendherbergen waren, vor allem an den Wochenenden, horrend. Der Gedanke, über einhundert Euro für eine Nacht in einem schäbigen Hotel, in dem es vor britischen Saufkumpanen nur so wimmelte, zu zahlen, bewegte meine Freunde dazu, sich für die Idee des Couchsurfings zu erwärmen.

Ich betrieb Couchsurfing schon seit ein paar Jahren und hatte mindestens ebenso lange versucht, es den Skeptikern unter meinen Freunden schmackhaft zu machen. Ich fand die Idee, einen Gastgeber zu finden, der einen umsonst bei sich übernachten lässt, in einer Art Karma-basierten Gemeinschaft, äußerst ansprechend. Die Suche nach einem gleichgesinnten Gastgeber kann nach allen möglichen Faktoren definiert werden, von Alter über Geschlecht und Musikgeschmack bis hin zu Lebensphilosophie, und ein Feedback-System sorgt für Sicherheit.

Ich begann mit dem Couchsurfing bei einem Trip ins überteuerte Helsinki, eigentlich, um Geld zu sparen. Dann fand ich aber bald heraus, dass die Gastgeber fast immer interessante und freundliche Menschen waren, die es liebten, den Surfern die Seite ihrer Stadt zu zeigen, die in keinem Reiseführer zu finden ist. Es war keineswegs komisch oder unangenehm, im Zuhause einer fremden Person zu übernachten, sondern eine großartige Reisemöglichkeit, die ich seither für alle Reisen in ganz Europa benutzt hatte.

Wir waren gerade in Belgien angekommen, als mein Handy vibrierte: Ein holländischer Couchsurfer namens Jasper schickte eine SMS und lud uns ein, bei ihm zu übernachten. Er schickte uns seine Postleitzahl, damit wir sie in das Navi eingeben konnten. Bei meinen vorherigen Couchsurfing-Trips hatte ich immer gezielt Gastgeber ausgesucht, die dieselben Interessen hatten. Aber da wir kaum Zeit hatten, hatte ich eine Anfrage in einer Last-Minute-Gruppe gestellt, die quasi an die gesamte Amsterdamer Couchsurfing-Community ging.

Neue Couchsurfer kennenzulernen ist an und für sich schon eine nervenaufreibende Angelegenheit. Aber es wird noch viel ominöser, dachte ich so bei mir, als wir gen Norden heizten, wenn man mit skeptischen Freunden im Schlepptau den Gastgeber für eine Nacht trifft, von dem man nur den Namen, die Adresse und die Telefonnummer kennt. Als das Navi uns schließlich in ein baufälliges Industriegelände außerhalb von Amsterdam lotste, wurden natürlich hämische Stimmen laut:

»Bist du sicher, dass wir hier richtig sind, Johno?«

»Hier ist weit und breit nichts.«

Sie hatten recht. Alles, was wir sahen, waren niedrige Fabrikgebäude mit verrosteten Rollläden und einige leerstehende, zweistöckige Bürogebäude, bei denen die weiße Farbe abblätterte und der Parkplatz mit Gras überwachsen war. Es schien, als ob sich jemand einen schlechten Scherz mit uns erlaubt hatte.

Der Gedanke, bei jemandem aufzutauchen und auf dessen Sofa zu schlafen, war einfach schräg. Sosehr Johno auch versuchte, Leigh und mich dafür zu begeistern, für mich war das nur eine weitere seiner skurrilen Ideen. Er kommt eben aus dem Norden und ist ein treuer Anhänger des Freeganismus – er behauptet, das wäre gut für die Umwelt oder so. Aber so geizig zu sein, dass man im Supermarkt nach kostenlosen Produkten suchte, ging mir dann doch etwas zu weit, egal wie abgebrannt ich war.

Ich machte mir Sorgen, dass das Schläfchen auf dem Sofa eines Fremden auch nur wieder so eine seiner Erfindungen war.

Und nachdem inzwischen berechtigte Zweifel an den Fähigkeiten des Navis aufgetaucht waren, glaubte keiner daran, dass der leerstehende Firmenkomplex der richtige Ort war.

»Sie haben Ihr Ziel erreicht.«

»Das ist nicht unser verdammtes Ziel, sondern ein verlassenes Bürogebäude«, korrigierte Leigh die Navi-Stimme. Genau in diesem Moment steckte ein sehr holländisch aussehender Mann mit schütterem Haar den Kopf aus einem Fenster und winkte uns zu.

»Hi, ich bin Jasper, das ist mein Zuhause«, begrüßte er uns und führte uns in ein gigantisch großes Wohnzimmer. »Ich zahle nicht sehr viel Miete, weil ich Hausbesetzer fernhalte.«

Klassische Elektro-Orgeln standen aneinandergereiht neben durchgesessenen Sofas an den Wänden. Wir warfen unsere Reisetaschen mitten im Zimmer auf einen Haufen und machten es uns gemütlich. Nach der Vorstellungsrunde tranken wir Tee und Jasper fragte: »Was habt ihr denn so vor in Amsterdam?«

Wir hatten auf der Fahrt beschlossen, uns voll in die holländische Kultur einzubringen. Also sagte Leigh, vermutlich in dem Versuch, sich bei diesem Stereotypen eines Holländers beliebt zu machen: »Wir wollen uns so richtig zukiffen!«

»Ach, echt? Tja, dann: Den hier habe ich vorhin erst gedreht«, sagte Jasper und zog einen enormen Joint hervor.

Die nächste Stunde lauschten wir regungslos, wie Jasper auf der Orgel improvisierte, zwischendurch über das Leben an sich philosophierte und uns dann erklärte, warum es seine Katze mit Chops Tasche trieb.

»Sie ist rollig, also will sie raus und will es mit den Katern draußen treiben ... aber da sie nicht raus darf, treibt sie es eben mit deiner Tasche, verstehst du?«

Er jammte noch ein wenig auf der Orgel, bevor er sich wieder der Katze zuwandte. Sie war wirklich sehr rollig und rieb sich jetzt an Johnos Bein.

»Könnt ihr euch vorstellen, so geil zu sein? Sie ist so geil, dass sie gar nichts anderes mehr auf die Reihe kriegt.«

Wir kicherten wie Vollidioten, und nach einer undefinierbar langen Zeit war uns klar, dass wir alle ziemlich stoned waren und schon extrem lange kein Wort mehr gesagt hatten. Wir waren offensichtlich zu unerfahren, um in Holland einen Joint zu rauchen, also beschlossen wir, in die Stadt zu fahren und uns einer Substanz zu widmen, mit der wir mehr Erfahrung hatten: Bier!

Als der Alkohol floss und wir langsam die Sprache wiedererlangt hatten, war unsere Gruppe von fünf auf zehn und dann auf fünfzehn angewachsen. Einige davon waren Jaspers Freunde, andere einfach reguläre Kneipenbesucher und wieder andere Freunde von Freunden. Dann wurde beschlossen, dass jeder etwas Alkohol mitnehmen und die Party bei jemandem zu Hause weitergehen sollte. Wir landeten in einer großen, offenen, sehr hübsch möblierten Dachwohnung. Es war proppenvoll, Gitarren wurden hervorgezaubert und Joints wurden mit billigem Wein und schlechten Songs hinuntergespült.

Ich machte der Eigentümerin Komplimente zu der tollen Wohnung. Sie bedankte sich und nahm einen Schluck aus der Rotweinflasche.

»Die Wohnung wird oft als Film-Location verwendet.«

»Echt? Das ist ja klasse! Also, fürs Fernsehen und so?«, fragte ich total beeindruckt.

»Nein, nicht fürs Fernsehen – für Pornos. Erst gestern haben sie hier gedreht«, fügte sie ganz beiläufig hinzu.

»Da drüben auf dem Tisch waren zwei Mädels zugange und genau da, wo du jetzt sitzt, haben sie eine Männlein-Weiblein-Szene gedreht ...«

»Ah, das ist ja ganz ... ganz wunderbar!«

Ich fühlte mich plötzlich unglaublich britisch, als ich mich auf dem Sofa nach vorne lehnte. Jetzt wusste ich nicht mehr so recht, wohin mit meinen Händen.

Was mir von diesem Abend am lebhaftesten in Erinnerung geblieben ist, ist der Ausdruck in Pauls Augen. Während der fünf Jahre, die ich ihn kannte, hatte ich ihn noch nie so verängstigt gesehen. Er saß mir gegenüber und brabbelte vor sich hin, dass wir diesen Ort sofort verlassen müssten.

Ich saß auf einem hellroten Ledersofa, eingeklemmt zwischen einem gepflegten, gut gekleideten Typ Mitte zwanzig und seiner deutlich älteren Partnerin, der wohl diese Luxuswohnung gehörte. Beide hatten eine Hand vertrauensvoll auf meinen Oberschenkel gelegt. Die letzten zwanzig Minuten hatte ich damit verbracht, herauszufinden, ob die beiden mich nun anmachten oder ob meine Einweihung in die holländische Coffeeshop-Kultur mich endgültig paranoid gemacht hatte.

Als sich zwischen einem der Gäste und unserem neuen Freund und Gastgeber, Jasper, eine hitzige Diskussion entfachte, vergaßen sie mich einen Moment.

Paul nutzte die Gelegenheit, dass das Pärchen einen Moment abgelenkt war, und zischte mir zu: »Alter! Wir müssen hier weg, dieser Typ hat mir gerade damit gedroht, mich umzubringen!«

Ich versuchte, einen klaren Gedanken zu fassen, und ließ im Geiste die letzten paar Minuten noch einmal Revue passieren: Soweit ich es beurteilen konnte, hatte der streitsüchtige Partygast sich auf einmal das T-Shirt vom Leib gerissen, die Hose heruntergelassen und sich ein Exemplar des Inbegriffs der holländischen Flora, sprich eine Tulpe, aus der Vase auf dem Beistelltisch geschnappt. Selbige steckte er sich dann dahin, wo man sich eine Tulpe schon aus Respekt niemals hinstecken sollte, tanzte nackt im Zimmer herum und versuchte, die anderen Gäste per Tulpenschlag niederzustrecken.

Paul und Leigh wollten unbedingt ein paar Ereignisse unserer Reise aufnehmen, also nahmen sie unsere vom Sponsor zur Verfügung gestellten Mini-Camcorder heraus und begannen, schlau wie sie waren, das Ganze aus entgegengesetzten Seiten des Zimmers zu filmen. Leider ging Paul dabei nicht ganz so geschickt vor.

Im nächsten Augenblick sahen wir, wie Jasper, auf einmal unerklärlicherweise auch Oben-ohne, verzweifelt versuchte, den immer wütender werdenden Tulpentänzer zu besänftigen. Er versprach ihm, dass Leigh und Paul – Letzterer schwitzte inzwischen aus allen Poren – die Videos auf jeden Fall löschen würden.

Mit einem Ruck kehrte ich wieder in die Realität zurück, stieß die beiden Hände von meinen Oberschenkeln und sagte bestimmt:

»Okay, Jungs, es wird Zeit für uns zu gehen. Vielen Dank für die Einladung!«

Ich war am Boden zerstört, als man mich zwang, das Video zu löschen. Da war man einmal in Amsterdam in einem Schuppen, in dem Pornos gedreht wurden, auf einer Party, bei der sich ein Typ splitternackt auszog und mit einer Tulpe im Arsch durch die Gegend tanzte, und dann hatte man keine Beweise dafür! Das glaubte uns doch kein Mensch!

Jasper hatte sein T-Shirt endlich gefunden und kam hinter uns aus dem Haus.

»Die können mich mal! Zur Strafe habe ich ihnen den Wein geklaut!«, rief er lachend. Die Flasche Wein wurde sofort geköpft.

Wir waren kaum ein paar Schritte gegangen, als uns zwei Polizisten auf Fahrrädern aufhielten und darüber informierten, dass das Trinken alkoholischer Getränke in dieser Gegend verboten war. Sie forderten uns auf, den Wein wegzuwerfen. Jasper wurde sofort zum Rowdy, ließ eine unverständliche niederländische Schimpftirade los und schüttete einen großen Schluck frech in sich hinein. Die Polizisten warnten ihn: Wenn er weitertrinken würde, würden sie ihn festnehmen.

»Okay, okay, okay«, räumte Jasper ein und lief lässig auf einen Papierkorb zu. Kurz bevor er den Wein hineinwarf, schaute er auf, sah einem der Polizisten in die Augen, trank einen heldenhaften Schluck aus der Flasche und schmetterte sie in den Müll.

Sofort waren die Handschellen gezückt. Bald war auch ein Polizeiauto an Ort und Stelle, um Jasper mitzunehmen. Wir standen unbeholfen herum – was sollten wir jetzt tun? Während sie Jasper unsanft in den Wagen hievten, brachte er es fertig, uns die Schlüssel zuzuwerfen und mit gepresster Stimme »Wir seh'n uns später in der Wooohnuung« zuzurufen.

Dank der Horden randalierender Touristen – hauptsächlich Engländer und Amerikaner – hatte die Amsterdamer Polizei reichlich Erfahrung mit »asozialem Verhalten«. Schon nach kurzer Zeit erhielten wir eine SMS von dem sehr verärgerten Jasper, dass er sich auf dem Heimweg befände. Seine Eskapade hatte ihn siebzig Euro und ein angeknackstes Ego gekostet.

Kaum war er zu Hause, öffnete er die Flasche französischen Wein, die wir als Dankeschön aus Paris mitgebracht hatten. Er erzählte uns, dass das eigentliche Problem gar nicht der Wein gewesen sei, sondern seine Weigerung, seinen Ausweis vorzulegen – etwas, das er aus Prinzip nicht tat.

Proportional zum sinkenden Pegel in der Weinflasche legte sich auch Jaspers Wut – bis er sich plötzlich kerzengerade aufrichtete: »Jungs!«, rief er alarmiert. »Wo ist die Katze?«

KAPITEL 5

WO IST DAS TAXI?

Das Highlight der dreizehnstündigen Fahrt nach Berlin war, als das Taxameter die ersten eintausend Pfund ohne irgendwelche Millennium-Bug-Katastrophen erreichte. Ansonsten ließen wir die deutsche Landschaft mit ihren kleinen Dörfern und grünen Feldern einfach vor unseren verkaterten Augen vorbeiziehen, ohne ihnen große Beachtung zu schenken. Wir hatten ausgemacht, bei einer Freundin meines Bruders zu übernachten – sie hieß Anne und lebte in Berlin, also tauften wir sie kurzerhand »Anne Berlin«, was sie etwas verwirrte. Leider kamen wir erst um ein Uhr morgens an.

Da wir es nach drei Jahren endlich geschafft hatten, unseren Trip zu verwirklichen, waren wir schon wieder völlig aufgedreht – das musste gefeiert werden! Aber an einem Sonntag um diese Zeit waren bestimmt alle Kneipen bereits geschlossen.

Anne machte sich über unsere Unwissenheit lustig: »Mein Gott, Jungs, ihr seid in Berlin! Hier geht alles. Die Clubs sind durchgehend geöffnet.«

»Sogar die versifften Rave-Clubs?«

»Ja, Paul, sogar die *versifften Rave-Clubs*«, antwortete sie leicht genervt.

»Müssen wir uns irgendwie aufmotzen, Schuhe anziehen?«

»Du hast wirklich keine Ahnung, wie es hier in Berlin läuft«, sagte sie. »Wir gehen, wie wir sind, und fertig.«

So wie es aussah, hatte auch Anne Berlin keine Ahnung von Berlin. Nachdem wir in drei verschiedenen Clubs abgewiesen worden waren, weil wir nicht »hip« genug waren, fanden wir endlich eine Bar, wo man uns reinließ – eine deutsche Reggae-Bar einschließlich künstlichem Strand auf dem Parkplatz. Wir orderten ein paar typisch deutsche Drinks und plötzlich drehte sich die Unterhaltung um Tätowierungen. In einer Mischung aus Gruppenzwang und Alkohol machten wir Chops die Idee schmackhaft, sich unser Taxi als Tattoo zuzulegen. Nachdem wir seine Zusage auf Video hatten, gingen wir nach Hause, mit einer klaren Mission für den nächsten Tag vor Augen.

Wir hatten die Mittagszeit verpennt, als wir wieder zu uns kamen – fünf in Schlafsäcke gemümmelte Alkoholleichen in einer winzigen Ein-Zimmer-Wohnung –, und es stank erbärmlich nach Alkohol. Als wir Chops an sein Versprechen erinnerten, stöhnte er verzweifelt auf. Noch lauter war jedoch Leighs Stöhnen, als er an einem Spiegel vorbeikam und bemerkte, dass ihm jemand, während er im Ethyl-Koma lag, einen sehr unvorteilhaften Haarschnitt verpasst hatte.

Am frühen Nachmittag waren wir alle endlich angezogen und ausgehfertig. Jetzt hieß es ab ins Taxi, ein bisschen Sightseeing und dann ein Tattoo-Studio finden.

Paul kam als Erster an die Straßenecke und drehte sich mit einem Grinsen zu uns um: »Okay, Leute ... wo ist das Taxi?«

»Ha-ha, unglaublich witzig!«, knurrte Leigh, dem es nach seinem unfreiwilligen Haarschnitt nicht unbedingt nach Scherzen zumute war.

»Nein, echt jetzt, das Taxi ist weg.«

»Was gibt's dann zu grinsen?«, konterte Leigh.

»Ich grinse ja gar nicht, also, ich meine ... was soll ich denn sonst machen?«, sagte Paul auf einmal sehr ernst. »Ich schwöre, ich habe das Taxi nicht vom Fleck bewegt.«

Jetzt wurden wir alle bleich und ein unheilvolles Grummeln machte sich in unseren Magengruben breit, als wir auf den Platz starrten, an dem wir am Vorabend noch unser Taxi geparkt hatten. Wie konnten wir den Wagen nach nur fünf Tagen Reise verlieren? Wer sollte überhaupt Interesse daran haben, einen so auffälligen Wagen zu stehlen? War bereits alles vorüber, bevor es richtig begonnen hatte?

Als wir an der Polizeidienststelle ankamen, sagte man uns, dass der Wagen nicht gestohlen, sondern abgeschleppt worden sei, da er im Halteverbot stand. Dann verlangten sie einhundertfünfzig Euro von uns, damit wir den Wagen wiederbekämen. Das überstieg sogar die Summe, die wir für Chops' Tattoo zusammengelegt hatten. Leicht deprimiert und sehr beunruhigt darüber, dass wir den Wagen bereits einmal fast verloren hätten, bevor wir überhaupt Westeuropa hinter uns gelassen hatten, fuhren wir Chops zum Flughafen. Für ihn war das Abenteuer vorüber, er flog – ohne Tattoo – nach Hause, während wir zu unserem nächsten Stopp weiterfuhren: Kopenhagen.

Es war kalt. Verdammt kalt. Je länger wir an surrenden Windkraftanlagen vorbei gen Norden fuhren, desto kälter wurde es, was uns nicht überraschte. Wir bedauerten aber, die Heizung im hinteren Teil des Wagens nicht repariert zu haben, als wir uns noch in wärmeren Gefilden befanden. Leigh saß, eingemummt in Skiwäsche und Schlafsack, aus dem nur seine Augen und seine Wollmütze hervorlugten, auf dem Rücksitz, als er eine SMS von unserem Couchsurfing-Gastgeber für diese Nacht bekam. Leider war ihm etwas dazwischengekommen und er musste uns absagen. Also war es wieder an der Zeit, eine Emergency-Couchsurfing-Message loszulassen. Schon nach zwanzig Minuten kam eine Antwort:

> Hi, wir haben genügend Platz für euch, zwei Extra-Zimmer, und heute Abend gibt's Pizza. Hier ist unsere Adresse, bis später!

Super, das war perfekt! Dann kam eine weitere SMS:

> Übrigens: Wir sind ein gleichgeschlechtliches Paar und wir bestellen eine Pizza Hawaii, ist das O.k.?

Das war ein bisschen seltsam und nicht wirklich okay für einen von uns: Leigh mochte keine Ananas, aber wir wollten auch niemanden vor den Kopf stoßen, noch bevor wir angekommen waren.

Schon bald danach erreichten wir Lars und Kian in ihrem sehr skandinavischen Heim und freuten uns auf den Pizza-Abend. Umso mehr, als wir feststellten, dass eine Schinken-Pizza in Dänemark mit ebenso viel Schinken wie Käse belegt ist. Leigh pickte einfach die Ananasstücke heraus und verzog sich später mit einer Schere ins Badezimmer, um dem Berliner Desaster-Haarschnitt etwas Form zu geben.

Wir verbrachten einen tollen Tag mit Lars und Kian in Kopenhagen. Sie zeigten uns alle Sehenswürdigkeiten der Stadt: den Königspalast, das Museum des Guinness-Buchs der Rekorde (es war zwar geschlossen, aber wir posierten trotzdem für ein Erinnerungsfoto vor dem Gebäude) und die berühmte Statue der kleinen Meerjungfrau, die auf einer Mini-Insel aus dem Meer ragte. Leigh stellte die Szene für die Kamera nach, und dann war es auch schon wieder Zeit, weiterzufahren.

Unter heftigem Zittern hatten wir eine dicke Schicht Schnee vom Taxi geschaufelt und stiegen ein – nur um festzustellen, dass es drinnen noch kälter als draußen war. Jetzt reichte es – wir würden die Heizung reparieren!

Der 1992er LTI FX4 hat ein sehr spezielles Heizungs- und Kühlsystem. Dabei wird Wasser zur Kühlung um den Motor herumgepumpt; dann läuft das durch den Motor erhitzte Wasser durch ein Rohrsystem und erwärmt so den Wagen. Nur leider hatten wir, als wir den Wagen wieder zusammenbauten, diese Rohre entfernt, um Platz für ein hölzernes Fach zu schaffen, das wir »die Bar« tauften. In der »Bar« waren die fünfzehn Flaschen französischen Weins untergebracht, die als Bestechungsmaterial für die Polizei und als Geschenke für Couchsurfing-Gastgeber vorgesehen waren.

Drei Stunden lang lagen wir auf dem Parkplatz eines Heimwerkerladens im Schnee unter dem Auto. Wir fluchten und sägten und versuchten, nicht mit Frostschutzmittel getränkt zu werden – dann lief unsere provisorische Heizung: In der Mitte des Armaturenbretts ragten zwei Metallrohre heraus, die um die Handbremse herum in das Gebläse liefen. Das Gebläse war auf dem Deckel der »Bar« angebracht und dann mit der Elektrik verkabelt, sodass dem Passagier auf dem Rücksitz himmlisch heiße Luft ins Gesicht geblasen werden konnte.

Jetzt konnten wir getrost nach Schweden weiterfahren, ohne zu erfrieren.

KAPITEL 6

HAPPY HIPPIES

Man erkannte sofort, dass Anders in einer Band spielte. Nicht etwa, weil wir ihn in einem Aufnahmestudio trafen oder weil ihm eine Gitarre um den Hals hing, sondern einfach, weil er die personifizierte Coolness war. Sein langes, blondes Haar, das Samthemd und das Goldmedaillon – es passte einfach alles perfekt.

Unser neuer Gastgeber begrüßte uns in seinem heimelig warmen Studio und bot uns sofort Rotwein aus einem Tetrapack an.

»Und was spielst du so?«, fragte ich, um ein wenig Konversation zu treiben.

»In meiner Band meistens Bass, aber meine Liebe gehört eigentlich der Sitar.«

Hätte ich mir denken können.

Der Rest der Band war genauso cool wie er und sie wären wahrscheinlich problemlos in jeden versifften Rave-Club der Welt gekommen. Einer von ihnen zauberte einen Beutel hervor, dessen Inhalt verdächtig nach Hasenkot aussah.

»Das ist schwedischer Snus, müsst ihr unbedingt probieren!«

Wider besseres Wissen klemmten wir jeder ein kleines, braunes Beutelchen zwischen Lippen und Zahnfleisch, wie sie es uns gezeigt hatten, und warteten auf den kribbelnden Nikotin-Effekt, der die Größenordnung von drei Zigaretten hatte.

Nach einer kurzen Jamsession verließen wir die Band, damit sie ihre Aufnahme zu Ende bringen konnten, und fuhren zu der Farm, auf der Anders und seine Freunde wohnten.

Wir hielten vor einer kleinen Holzhütte mitten im Wald, ungefähr fünfundvierzig Minuten außerhalb von Göteborg.

In der Küche trafen wir einen waschechten John Lennon aus den Sechzigern, komplett mit Lokführerkappe, die über der runden Purple-Haze-Brille hing, seine Hände tief in einem riesigen Berg Teig versunken.

»Ich finde es verdammt geil, Brot zu backen, wenn ich stoned bin«, sagte er zur Begrüßung.

Er bot uns gebutterte Brötchen an, die gerade frisch aus dem Ofen kamen, und wir langten zu.

Anders kam herein, sein Hemd war bis zum Bauchnabel offen, das Medaillon hing ihm in den langen blonden Locken und seine Schlaghose schlurfte über den Boden. Es kam mir so vor, als sei ich in einem Cartoon gelandet – gleich würde Roger Rabbit zur Tür hereinkommen und sich mit Anders und John Lennon, dem Bäcker, unterhalten.

»Oh Mann, ey, dieses Kräuterbrot wird dir den Rest geben«, sagte Lennon und starrte uns über den Rand seiner Imagine-Brille an.

Kräuterbrot! Das würde erklären, warum sich alles auf einmal so unwirklich anfühlte.

Anders nahm uns mit ins Wohnzimmer, wo er uns dem Rest der Summer-of-Love-Enthusiasten sowie einer Truppe Mädchen in seltsamen Wollkostümen vorstellte. Bei den Mädels handelte es sich um eine litauische Folk Band auf Tour, wie wir bald mitbekamen. Die Wände waren mit verschiedenen Stoffbahnen und Wandteppichen sowie ungefähr zehn Gitarren behängt; in der Ecke stand ein alter Plattenspieler. Wir machten es uns auf den tiefen Sofas, die mit Überwürfen bedeckt waren, gemütlich.

»Heute Abend werden wir ausschließlich The Doors hören«, verkündete er seinem Publikum, schubste die Nadel auf eine Platte und Jim Morrisons gefühlvoller Gesang begann – willkommen in der Zeitmaschine!

Als Jim ausgesungen hatte, überließ er das Feld zunächst einer Gitarre, dann einer Mandoline. Auch ich hielt auf einmal eine Gitarre in den Händen und spielte mit. Dann begann jemand, auf eine Bongo einzutrommeln, und Lennon zog eine Flöte hervor und bewies allen, dass er keinen Schimmer hatte, wie man das Instrument spielte. Die litauischen Mädels untermalten das Ganze mit seltsamen kehligen Lauten. Irgendwann begann Lennon sich zu langweilen und drehte sich einen Joint. Er zündete ihn an und gab ihn an mich weiter.

»Für mich nicht, Alter, das Kräuterbrot war schon genug!« Ich fühlte mich ziemlich spaced-out.

»Mein Rosmarinbrot hat dir also geschmeckt, ja? Yeah, es ist echt gut, wenn du erst einmal angefangen hast, kannst du mit dem Essen nicht mehr aufhören. Aber möchtest du draufkommen oder nicht?« Ah, so war das.

Ich hatte meine Lektion in Amsterdam gelernt, also lehnte ich höflich ab und blieb beim Tetra-Wein und begutachtete aus sicherer Distanz die anderen mit dem pseudo-wissenschaftlichen Auge des Party-Anthropologen.

Das ganze Haus war zugequalmt und jetzt spielte fast jeder auf irgendeinem Instrument. Sogar Leigh, und wenn es jemanden gab, der ums Verrecken kein Instrument spielen konnte, dann Leigh. Die Mädels aus Litauen sangen und saßen mit geschlossenen Augen im Schneidersitz auf dem Fußboden. Nach zehn Minuten hielten sie in ihrem Gesang inne, um uns die Liedtexte Wort für Wort auf Englisch zu übersetzen. Der Großteil der Themen schien sich um jungfräuliche Feen zu handeln, die ohne Sattel auf Pferden durch mystische Gefilde ritten.

Anders hörte einem auffallend hübschen Mädchen mit blonden Zöpfen zu und hing scheinbar fasziniert an ihren Lippen. Er fing meinen Blick auf und zwinkerte mir verstohlen zu. Ich musste mich schwer zusammenreißen, um nicht laut loszulachen, doch dann unterbrach Gott sei Dank einer der Mitbewohner die angespannte Situation.

»Auf geht's, Leute!«, rief er, sprang auf und blickte in die Runde. »Holt eure Jacken, es ist Zeit für den unheimlichen Nachtspaziergang durch den Wald!«

Anders und seine neue Begleiterin entschuldigten sich von dem Ausflug, während der Rest von uns versuchte, einigermaßen aufrecht durch den stockdunklen Wald an einem gefrorenen Bach entlangzulaufen.

Dann erzählte man uns in der stillen, eiskalten Luft allerlei Storys von Kobolden, die aus Norwegen kamen, das elektrische Licht der Städte hassten und haufenweise Gold in den Bergen oder unter Brücken horteten und stets bereit waren, hübsche Jungfrauen, die gerade des Weges kamen, verschwinden zu lassen.

Irgendwann in den frühen Morgenstunden fielen wir ins Bett. Aus dem nahe gelegenen Schuppen dröhnte immer noch Rock 'n' Roll.

Es war wie in einem Traum, als wir am nächsten Morgen aus dem warmen, dunklen Haus in die schneeweiße Stille traten. Lange bevor die anderen Nachtschwärmer aus dem Schlaf erwachten, waren wir schon wieder auf dem langen Weg gen Norden zum Polarkreis. Unser nächster Stopp war Stockholm.

Während wir den Anweisungen des Navis folgten, um zurück zur Hauptstraße zu finden, bekam ich eine SMS. Sie war von Jasper:

> Hey Jungs, wollte euch nur kurz mitteilen, dass die Katze heute wieder aufgetaucht ist – und sie sieht sehr zufrieden aus!

KAPITEL 7

HIPSTER-ELFEN

Bei unserer Ankunft in Stockholm gaben wir die Adresse, die wir bekommen hatten, in das Navi ein:
Lönnvägen, Stockholm.
Lönnvägen schien ein sehr geläufiger Straßenname in Schweden zu sein – allein in Stockholm-Mitte gab es vier davon. Nachdem uns eine ältere Dame darauf hingewiesen hatte, dass wir an der falschen Adresse wären und sie außerdem geweckt hätten – zumindest interpretierten wir so ihren ärgerlichen Wortschwall auf Schwedisch und das Nachthemd, das sie trug – machten wir uns auf zum nächsten Lönnvägen, am entgegengesetzten Ende der Stadt. Doch auch das war die falsche Adresse.

Also fuhren wir zu Lönnvägen Nummer drei; brav folgten wir den Anweisungen des Navi einen steilen Hang hinauf. Es war Ende Februar und in den letzten Tagen waren wir so weit in den Norden Europas vorgedrungen, dass Schnee unser ständiger Begleiter wurde. Über der Stadt lag eine meterhohe Schneeschicht, aber Hannah schaffte es den Hang hinauf. Oben angekommen, bemerkten wir, dass wir in einer Sackgasse gelandet waren und wir den schneebedeckten Abhang wieder hinunterfahren mussten.

Das Rote Kreuz hatte uns vor unserer Abfahrt einen Offroad-Fahrkurs versprochen, aber dann stellte sich heraus, dass der Fahrlehrer damals im Sudan weilte und Leben rettete – und wahrscheinlich sehr geschickt außerhalb befestigter Straßen fuhr. Ohne fundierte Vorkenntnisse wendete ich also das Taxi und versuchte, mit meinen rudimentären Offroad-Kenntnissen und dem 20-Sekunden-Kurs, den mir Leigh oben gab, das Zwei-Tonnen-Taxi ohne ABS, Winterreifen, geschweige denn Schneeketten von einem verschneiten Hügel mit dreiunddreißig Grad Neigung zu manövrieren. Auf beiden Seiten waren Autos geparkt und die Straße endete in einer T-Kreuzung. Ein Holzhaus stand am Fuße des Hangs und schien geradezu darauf zu warten, unser außer Kontrolle geratenes Taxi aufzuhalten. Ich fuhr an den Straßenrand, legte den ersten Gang ein und nahm die Füße von den Pedalen, um mit dem Motor zu bremsen und nicht ins Schleudern zu kommen. Durch das Fenster des Hauses konnte ich die Familie erkennen, wie sie sich gerade zum Abendessen an den Tisch setzte.

Während wir immer schneller wurden, drehte sich der Motor im Leerlauf und bremste so gerade genug ab. Aber just in diesem Moment gab das Getriebe ein lautes BONK von sich und der Gang sprang heraus. Aus Angst vor einem Zusammenstoß mit einem der Volvos auf beiden Straßenseiten traute ich mich nicht, auf die Pedale zu treten, und das Taxi näherte sich in rasendem Tempo der friedlich dinierenden Familie. Leigh wiederholte immer schneller und immer lauter: »Paul, Gang einlegen, Paul, Gang einlegen, GANG EINLEGEN!!« Während ich genau dies verzweifelt versuchte, wurde Hannah immer schneller. Ich konnte fast schon sehen, was bei der Familie auf den Tellern lag.

Den ersten Gang konnte man vergessen und wir waren bereits zu schnell für den zweiten. Also knallte ich den dritten Gang rein und der Motor wurde unter lautem Röhren etwas langsamer, gerade als wir am Ende des Hügels ankamen. Ich zog den Wagen scharf nach rechts und unser Taxi scherte aus und schlitterte. Gott sei Dank bewahrte der lockere Schnee uns davor, umzukippen, stattdessen kamen wir endlich an der Straßenecke zum Stehen. Uns klopfte das Herz bis zum Hals und wir sahen zu, wie es sich die Familie drinnen schmecken ließ; sie hatten von ihrem Beinahe-Ableben absolut nichts mitbekommen.

Zu guter Letzt fanden wir Johans Adresse: Er war der Housesitter einer kleinen Villa, komplett mit Sauna und zugefrorenem Garten. Er hieß uns willkommen und wir erzählten ihm von unserer Nahtod-Erfahrung bei einem gemütlichen Abendessen.

Das Couchsurfen war aus zwei Gründen einfach genial für uns: Erstens kochten die meisten Gastgeber das jeweilige Nationalgericht für uns und zweitens zeigten sie uns all die coolen Plätze, die wir alleine niemals gefunden hätten. Johan tat beides, und nachdem wir uns ausgeschlafen hatten, fanden wir uns auf Schlittschuhen auf einem riesigen gefrorenen See wieder.

Die ganze Runde um den See war ungefähr sechzehn Kilometer lang, überhaupt kein Problem für uns – so dachten wir jedenfalls, als wir uns auf den Weg machten. Vier Kilometer und viele, viele Ausrutscher später stürzte ich am Wegesrand; acht Kilometer später setzte sich Leigh neben mich in ein Straßencafé am See und meinte lachend, ich sähe aus wie »Forrest Gump on Ice«.

Wir saßen in dem Café, aßen ein paar der allgegenwärtigen schwedischen Hot Dogs und warteten auf Paul, bis er verschwitzt und stolzgeschwellt auftauchte: Er hatte die gesamte Runde gedreht.

Abends gab's ein paar Drinks auf einer Party an der Uni, zu der Johan uns einlud, und wir tanzten zu Abba-Songs. Danach in die Sauna zu gehen war vielleicht nicht die allerbeste Idee nach den dehydrierenden Aktivitäten des Abends. Am folgenden Morgen bestätigten sich unsere Befürchtungen, dass uns die Hitze der Sauna nicht allzu gut getan hatte. Unter Stöhnen hievten wir uns aus den Betten und traten die Elfhundert-Kilometer-Tour nach Finnland an den Polarkreis an.

Man hat uns oft gefragt, warum wir anstatt des direkten Weges die lange Route nahmen; warum wir zuerst an den nördlichsten Zipfel der Welt, den nördlichen Polarkreis fuhren und dann einen Schlenker über Russland und Nordafrika, den Mittleren Osten, Indien, China und Südostasien machten, um nach Australien zu gelangen. Am

Anfang fanden wir es noch witzig, den Leuten zu antworten, dass kein Taxifahrer der Welt jemals den kürzesten Weg nahm. Aber nachdem wir dieselbe Erklärung ein ums andere Mal wiederholt hatten – und besonders nach stundenlangen Fahrten durch die riesigen vereisten Pinienwälder im Norden Skandinaviens –, fanden wir unsere Antwort nicht mehr so witzig.

Tagsüber reizten wir unsere iPod-Sammlungen bis zum letzten Song aus und unterhielten uns über Gott und die Welt. Wir ernährten uns von »Road-Sandwiches«, die inzwischen zu unserem Hauptnahrungsmittel geworden waren. Die einzige Zutat dabei waren die »Ost«-Tuben, die mit verschiedenen Pasten zweifelhafter Herkunft gefüllt waren. Ost fand man in jedem skandinavischen Lebensmittelladen, ihr Inhalt reichte von Rentier bis Krabben. Nach den ersten paar Test-Mahlzeiten hatten wir unseren Favoriten gefunden: Bacon Ost.

Die Sonne hatte sich um neun Uhr morgens mühsam den Horizont hinaufgekämpft und ging um vier Uhr nachmittags schon wieder unter, was unausweichlich hieß, dass wir im Dunkeln fahren mussten. Bei Nacht fuhren wir lange, einsame Strecken durch völlige Dunkelheit, die nur ab und an durch die blendenden Scheinwerfer riesiger entgegenkommender Laster unterbrochen wurde. Diese Power-Scheinwerfer waren schon aus einer Entfernung von Hunderten von Metern zu sehen, um den großen Waldtieren wie Elchen und Hirschen die Chance zu geben, ihnen auszuweichen und noch ein wenig länger zu leben.

Als wir die Grenze zu Finnland überschritten, auf ca. fünfundsechzig Grad nördlicher Breite, waren die Straßen besser befestigt und wurden auch breiter. Wir befanden uns nun auf dem letzten Stück nach Rovaniemi, der Hauptstadt von Lappland – auch bekannt als der Heimatort des Weihnachtsmanns.

Wir hatten inzwischen den Bogen raus im Couchsurfing. Es war billig und einfach und wir hatten jede Menge Spaß. Als wir in Rovaniemi ankamen, begrüßten uns unsere Gastgeber, Taina und ihre Familie, sehr herzlich. Wir wurden augenblicklich in Tainas zahlreiche Brut aufgenommen, aßen uns satt an ihrem wundervollen Essen und spielten Lego mit ihren Kindern. Auf dem Weg hatten wir zwei Schneemobile beobachtet, wie sie an einer Flussbank entlanggeflitzt waren. Beim Abendessen erwähnte Leigh, wie gerne er einmal mit so einem Mega-Jetski-Gerät fahren würde. Wir fragten unsere Gastgeber, wo wir eines mieten könnten, aber Taina und ihr Mann Tony tauschten nur Blicke aus und sagten, sie hätten keine Ahnung.

Nach dem Abendessen kehrten wir wieder zu den Lego-Bauarbeiten mit den Kindern zurück, als vor dem Fenster ein unmissverständliches »wrom ... wrom ... wrom ... wromabababababab« eines Zweitaktmotors zu hören war. Ich blickte hinaus und sah Tony auf einem riesigen Schneemobil.

»Du kannst gerne mal damit fahren, wenn du möchtest«, sagte Taina und strahlte.

Das ließ ich mir nicht zweimal sagen, und noch bevor sie ausreden konnte, war ich dabei, mir Schneestiefel, Ski-Jacke und Mütze anzuziehen – und schon war ich draußen. Die Bedienung war ganz einfach: Es gab einen Hebel zum Gasgeben und einen zum Anhalten. Ich fuhr im Kreis herum und grinste wie ein kleines Schulmädchen auf einem Pony.

»Wenn du möchtest, fahr doch einfach den Weg hinunter, er führt zu einer Viehweide. Du solltest aber diese Schutzbrille aufsetzen«, sagte Tony und musste angesichts meiner Begeisterung lachen.

Meine Scheinwerfer beleuchteten einen Weg direkt in den dunklen Wald hinein. Zwischen den Bäumen gab es kaum ausreichend Platz für mich, geschweige denn für das Schneemobil. Vorsichtig tastete ich mich nach vorne, um ein Gefühl für den Gasgriff zu bekommen. Vor mir gab es nichts als Bäume und Dunkelheit. Nach einer Weile konnte ich aber schon eine schmale Viehweide ausmachen. Zaghaft erhöhte ich die Geschwindigkeit ein wenig, und sofort peitschte der Wind gegen meine Jacke und meine Mütze, Schnee schlug mir gegen die Schutzbrille. Jetzt stand mir nichts mehr im Wege, also konnte ich noch einen Zahn zulegen, und dann noch einen. Als ich am Ende der Strecke angelangt war, drehte ich um und gab Vollgas. Die Beschleunigung riss mir schier die Arme ab, und innerhalb weniger Sekunden bretterte ich mit fast 60 Stundenkilometern durch völlige Dunkelheit auf einer Maschine, die ich noch nie zuvor gefahren hatte. Als ich wieder am Haus ankam, rannte ich sofort zu meinen Kumpels.

»Jungs, ihr MÜSST das ausprobieren!«

Leigh sprang sofort auf und lief nach draußen. Inzwischen war ein zweites Schneemobil aufgetaucht, also raste ich los in die Dunkelheit hinein, während Leigh sich langsam vortastete, so wie ich es vor einer Weile erst getan hatte.

Wir hatten fast eine halbe Stunde Riesenspaß da draußen, bevor wir zurückfuhren und versuchten, Johno dafür zu erwärmen.

»Maaaannn, echt, komm raus und mach mit, ECHT JETZT.«

»Aber es ist eiskalt«, protestierte er, »... und außerdem bin ich hier mit Lego beschäftigt.«

Während wir uns draußen vergnügt hatten, hatte er ein ziemlich eindrucksvolles Haus-Auto-Schiff aus Lego gebaut, das Tainas Dreijähriger mit seinem Haus-Auto-Schiff niederzumachen versuchte. Nach einer Weile gefühlvoller Überzeugungsarbeit war Johno aber mit dabei und schon bald genauso Feuer und Flamme wie wir.

Durch den dichten Wald um Tainas und Tonys Haus herum zogen sich Zickzack-Spuren von Schneemobilen. Ihre älteste Tochter Santra und ihr Freund hatten die Rolle der Fremdenführer übernommen und so fuhren wir, sobald wir den Dreh mit den Schneemobilen raushatten, fast so schnell wie mit Hannah auf ihnen durch die Gegend.

Es war wie in einem Computerspiel, als die schummrigen Scheinwerfer die schneebedeckten Zweige und koboldhaften Schneehügel in der tiefschwarzen Nacht beleuchteten. Als wir an diesem Abend endlich ins Bett fielen, hatten wir bereits einen weiteren Tag mit dem Schneemobil eingeplant. Es bedurfte keinerlei Überredungskünste, unsere Abfahrt nach Helsinki zu verschieben.

Am nächsten Morgen fanden unsere Pläne, nach Rovaniemi zu fahren, ein abruptes Ende: Wenige Meter von der Scheune entfernt versanken wir mitsamt den schweren Maschinen in einer Schneeverwehung. Wir steckten bis zur Brust in Pulverschnee. Man hatte uns geraten, nicht auf den Straßen zu fahren, aber die Pfade gleich daneben wurden nur selten genutzt und waren mit einer schweren Schicht frisch gefallenen Schnees bedeckt. Wir brauchten zwei Stunden, um die Schneemobile wieder auf die altbewährten Pfade, die fast achthundert Meter entfernt waren, zurückzuschleppen.

Doch die Mühe hatte sich gelohnt und am Nachmittag rasten wir drei wieder mit fünfundsechzig Stundenkilometern auf den Schneemobilen durch die Gegend. Wir wechselten uns beim Fahren ab, sodass jeder mal drankam. Es war das perfekte Ventil, um Luft abzulassen, nachdem wir wochenlang in einem Taxi eingepfercht gewesen waren. Doch plötzlich, als Paul und ich um eine Ecke bogen, sahen wir weiter vorne Leighs Schneemobil auf der Seite liegen, neben einem umgestürzten Baum. Ungefähr vier Meter davor lag Leigh auf dem Rücken im Schnee. Er bewegte sich nicht.

Wir schlitterten und kamen zum Stehen. Ich bemerkte, dass wir uns auf einer riesigen, weit offenen Fläche befanden, auf der im Umkreis von Hunderten von Metern nur ein paar Bäume standen. Ausgerechnet gegen einen dieser Bäume war Leigh gefahren. Er hatte es also fertiggebracht, volle Pulle gegen einen völlig einsam dastehenden Baum zu rasen, sich über den Lenker zu katapultieren und bei der ganzen Aktion gleich noch den Baum zu fällen.

»Schnell, mach ein Foto!«, schrie Paul, als Leigh zu sich kam und sich aus dem Schnee hochrappelte.

»Jungs, das Schlimmste daran war ...«, gluckste Leigh, nachdem wir festgestellt hatten, dass sowohl er als auch das Schneemobil unversehrt geblieben waren, »also das Letzte, woran ich mich erinnern kann, ist, dass ich den James-Bond-Titelsong vor mich hingesummt habe!«

Wir waren überglücklich nach unserem Schneemobil-Tag und relaxten noch ein wenig in der Sauna, bevor wir uns die unglaublichste Nordlicht-Show vom Dach der Scheune aus ansahen – eine Schönheit, die man fast nicht beschreiben kann, nichts in der Welt hätte uns auf eine solche Farbenpracht vorbereiten können. In diesem Moment vermissten wir die langen Tage und Nächte an der Uni in den Eingeweiden des Fachbereichs Maschinenbau kein bisschen.

Am nächsten Tag besuchten wir den »richtigen« Weihnachtsmann im Weihnachtsmanndorf, er unterschrieb sogar in unserem Beweisbuch für den Weltrekord. Leider hatten seine Elfen – ganz gewöhnliche Sterbliche mit Skinny Jeans und Hipster-Haarschnitten – etwas dagegen, dass er sich mit uns im Taxi ablichten ließ.

Taina hatte dann noch eine weitere Überraschung für uns bereit – Santra war nach Hause gekommen mit ihren Schlittenhunden. Diese brauchten Auslauf, also nahm sie uns mit auf eine Schlittenfahrt. Es war der krönende Abschluss unseres Aufenthalts in Rovaniemi. Taina und ihre Familie hatten uns so herzlich aufgenommen, dass wir eigentlich gar nicht abreisen wollten. Die paar Tage am Nordkap waren schnell zu einem Highlight unserer Tour geworden.

Wir hatten geplant, die Strecke durch Finnland nach Helsinki in zwei Tagen zurückzulegen, aber die Schneemobil- und Schlittenhunde-Eskapaden der letzten Tage hatten uns viel Zeit gekostet. Die galt es nun aufzuholen. Glücklicherweise waren die Verkehrslage und das Wetter uns gnädig gestimmt, jedenfalls bis ein paar Stunden nördlich der Stadt ein starker Schneesturm losging und unsere winzigen Scheibenwischer just in diesem Moment den Geist aufgaben.

Eines der Wischerblätter hatte sich gelöst, hing schlaff am Ende des Wischerarms und lief Gefahr, jederzeit in den Matsch zu fliegen. Also fuhren wir rechts ran, um die Sache zu beheben. Da stand ich also im schneidenden Wind, während 18-Tonner an uns vorbeirasten, und versuchte, mit klammen Fingern das Blatt wieder einschnappen zu lassen. Plötzlich rutschte mir das gefederte Blatt aus der Hand und knallte gegen die Windschutzscheibe, worauf sich sofort ein Riss spinnennetzartig über die ganze Scheibe ausbreitete.

Ich blickte entsetzt auf die Jungs hinter der Scheibe, Sekunden, die endlos schienen – dann brachen wir alle in Gelächter aus. Noch vor einem Monat wäre Leigh mir womöglich ins Gesicht gesprungen, jetzt lachte er nur über meine Tollpatschigkeit.

Glücklicherweise war das Glas nicht ganz zersplittert, aber den Rest der Fahrt zerbrachen wir uns den Kopf darüber, wo man in Finnland wohl eine Ersatz-Frontscheibe für ein Londoner Taxi bekommen würde.

KAPITEL 8

AUF NACH OSTEN

Nach einer weiteren Party und einer weiteren Nacht Couchsurfing waren wir wieder unterwegs, nun in Richtung der russischen Grenze. Dank der neuen Heizung schwitzten Leigh und ich den Alkohol vom Vorabend aus allen Poren; wir waren bei einem Konzert eines finnischen Folk-Punk-Duos namens Jaakko & Jay gewesen. Sie waren schon mit einigen meiner Lieblingsbands durch die ganze Welt getourt, und als wir uns im Club mit ihnen über das Leben »on the road« unterhielten, fühlte ich, wie mein Celebrity-Status ein wenig anstieg. Ihre Touren waren unseren ersten drei Wochen durch Europa nicht unähnlich – am Tag unterwegs und am Abend betrunken, jeden Tag in einer neuen Stadt, mit neuen Bekanntschaften.

Es war uns durchaus bewusst, dass jeder Tag, den wir wegen eines Katers verschliefen, eine verpasste Gelegenheit war, den kulturellen Reichtum Europas kennenzulernen – aber wir hatten einfach so viel Spaß dabei! Wir waren eben ein paar ganz gewöhnliche Jungs Anfang zwanzig, die seit Jahren von diesem Trip geträumt hatten. Da war es nur natürlich, dass wir ab und zu ein wenig Dampf ablassen mussten, und wir hatten ja noch jede Menge kulturelle Highlights vor uns. Im Moment waren wir glücklich, wenn wir so viel wie möglich auf die europäische Art einen draufmachen konnten.

Wir fuhren auf glatt asphaltierten Straßen durch die schneeweiße Landschaft, die von dem blendend hellen Sonnenlicht durchflutet war, das man so nur frühmorgens im skandinavischen Frühling erleben kann. Es war ein komisches Gefühl, Finnland hinter uns zu lassen, wo wir eine fast schon zu zivilisierte Gesellschaft angetroffen und einige der nettesten Leute der Welt kennengelernt hatten. Noch komischer war der Gedanke, dass wir in Kürze in Russland sein würden, einem Land, das uns dreien wirklich absolut fremd war und das mir persönlich immer ein bisschen wie ein anderer Planet vorkam.

Auf unserer Reise war dies Land Nummer neun und die erste richtige Grenze – und somit das erste Mal, dass unsere Dokumente gecheckt wurden. Ein mürrischer Grenzschützer mit Wollmütze und Trenchcoat sah sich unsere Pässe an. Er sah aus wie aus einer Szene aus *Golden Eye* und wir waren richtig aufgeregt, dass wir jetzt tatsächlich den Boden der Ex-Sowjetunion betreten würden. Wir hatten in unserem Budget einen Tag an der Grenze eingerechnet und waren daher freudig überrascht, als man uns einfach durchwinkte und wir an der langen Schlange von Lastwagen vorbeifuhren, die warteten, um die Grenze in die andere Richtung zu überqueren.

»Na, das war doch mal ein angenehmer Grenzübergang«, freute ich mich, als man uns unsere Pässe zurückgab und wir die Landstraße voller Schlaglöcher zwischen graugrünen Tannen hinunterfuhren. »Wie wär's, wenn wir hier anhalten und versuchen, eine russische Autoversicherung zu bekommen?«

In dem fensterlosen Verschlag waren billige Zigaretten und Wodkaflaschen in allen nur erdenklichen Größen und Formen aufgereiht, aber unser Anliegen einer »machina insurance« erntete nur verwirrte Blicke. Ein Englisch sprechender Passant bemerkte unser Dilemma und informierte uns so ganz nebenbei, dass dies nur ein Duty-Free Shop zwischen den Grenzen sei, aber noch nicht das Mutterland selbst.

»Das ist nicht Russland. Das ist Niemandsland. Russland: zwei Kilometer!«

Paul und Leigh verfluchten mich, weil ich mich zu früh gefreut hatte.

»Johno! Bei deinem Pech werden sie uns jetzt wahrscheinlich total auseinandernehmen!«, motzte Leigh.

Die Landstraße wand sich durch ein Waldstück; vor uns sahen wir eine lange Schlange Lkws. Wir reihten uns ein, man sah sich unsere Pässe an, man begutachtete unsere Visa und dann händigte man uns ein Formular aus. Ich übernahm die Führung, da der Wagen und die dazugehörigen Papiere auf meinen Namen ausgestellt waren. Außerdem hatten wir ja vor Abfahrt beschlossen, dass ich alle Grenzformalitäten erledigen sollte, da ich keine anderen nennenswerten Fähigkeiten oder eine große Kamera vorweisen konnte.

Mein Englisch kann sich mehr oder weniger sehen lassen, mein Französisch ist furchtbar und mein Russisch beschränkt sich auf das Wort »Prost« – und das auch nur, weil es mir einmal ein Barkeeper beigebracht hatte (eine höchst zweifelhafte Quelle: Er kam aus Bristol und war noch nie in Russland gewesen). Noch schlechter als mein gesprochenes Russisch ist meine Kenntnis des kyrillischen Alphabets, in dem das Formular geschrieben war. Wir lachten über die groteske Situation, immer noch euphorisch angesichts unseres ersten Grenzübergangs in ein aufregendes Land. Aber je länger ich das Formular betrachtete, desto unlösbarer erschien mir das Problem. Der Grenzschützer sah mich an und zuckte nur gleichgültig die Schultern, als ich ihn um Hilfe bat. Nach einer Weile erbarmte sich eine ältere Dame, die aus einem schrottreifen Lada ausstieg. Sie deutete auf ein altes Formular, das an eines der Fenster geklebt war. Es war in lateinischen Lettern geschrieben, aber immer noch auf Russisch. Ich verglich das Formular mit unserem V5-Fahrzeugschein und schaffte es tatsächlich, es auszufüllen. Mit einem triumphierenden Grinsen hielt ich es dem Grenzer hin.

Er entnahm den Tiefen seines Trenchcoats einen roten Kugelschreiber und begann, hier etwas durchzustreichen, dort etwas hinzuzufügen und auf dem ganzen Blatt Sachen zu umkringeln. Dann gab er mir das Formular zurück. Ich schaute ihn verwirrt an. Erst als er ein neues aus dem Stapel nahm und es mir mit einem Grunzen an die Brust drückte, verstand ich: Ich sollte es noch einmal ausfüllen. Ich war mir nicht ganz sicher, was genau ich falsch gemacht hatte, also versuchte ich einfach, deutlicher zu schreiben. Die Szene wiederholte sich, nur dass er dieses Mal andere Abschnitte rot umrandete. Ich füllte das Formular ein drittes Mal aus, machte einen Fehler (bei Temperaturen unter dem Gefrierpunkt ist es schwierig, deutlich zu schreiben), strich ihn durch und korrigierte ihn. Dann händigte ich ihm das Formular erneut aus.

Fehler sind hier nicht erlaubt, also alles noch einmal von vorne.

Dieses Spielchen durchliefen wir so sieben bis acht Mal, bis er das Formular endlich annahm und uns erlaubte, über die Grenze zu fahren. Die Wagen vor uns in der Schlange stoppten kurz an einem letzten Checkpoint und fuhren dann weiter. Der Erfolg unseres ersten Grenzübergangs war zum Greifen nahe.

Doch schließlich wurden wir aus der Reihe der wartenden Wagen in eine Lagerhalle gewinkt. Als die erste Grenzpolizistin eintrat, leuchteten unsere Augen auf: Sie sah haarscharf aus wie Tatiana Romanova, die Femme fatale aus *Liebesgrüße aus Moskau*. Ihr Kollege, der ganz klar der Wortführer war, brachte uns aber schnell wieder auf den Boden der Tatsachen zurück. Er sah aus wie ein klassischer Bond-Bösewicht aus den Achtzigern, der zum einarmigen Bankdrücken Kleinwagen benutzte. Hinter ihnen kamen ein Spürhund, sein Betreuer und noch mehr Zollbeamte herein.

Einer der Beamten bellte uns auf Russisch an, was übersetzt wahrscheinlich »Sie wurden aufgrund Ihres ungewöhnlich guten Aussehens und Ihrer überaus charmanten Persönlichkeit für eine besondere Zollkontrolle ausgewählt« hieß. Als sie das Taxi, das sich in seinem üblichen chaotischen Zustand befand, gründlichst untersuchten, wurde uns klar, dass sie uns vielleicht doch nicht so wohlgesonnen waren. Jede einzelne Kiste wurde herausgenommen und dem Spürhund vorgeführt. Jedes einzelne Panel wurde mit Fäusten bearbeitet und sie steckten ihre Nase in alle Ecken und Ritzen. Wir wussten nicht genau, was sie suchten; ihr Eifer verwirrte uns eher: Wer würde schon versuchen, illegale Substanzen von Finnland nach Russland zu schmuggeln, wenn es doch eher umgekehrt Sinn machen würde? Vielleicht waren sie aber auch so perplex, ein Black Cab an ihrer Grenze zu sehen, dass sie einfach hineinsehen mussten.

Man bedeutete uns, dass alles in Ordnung sei – es war beruhigend zu wissen, dass meine beiden Reisebegleiter nicht heimlich Drogen schmuggelten –, bis einer der Grenzschützer unseren Erste-Hilfe-Kasten fand, den Leighs Eltern, die bei der britischen Gesundheitsbehörde arbeiteten, für uns zusammengestellt hatten.

Er begann, jedes einzelne Medikament mit seinem kleinen Leitfaden »Medikamente, die legal nach Russland eingeführt werden können« zu vergleichen. Uns dämmerte, dass Medikamente, die in Großbritannien erlaubt waren, in Russland noch lange nicht legal sein mussten. Das war's, das Ende unserer Reise: Wir würden in Russland wegen Medikamentenschmuggel im Knast versauern. Er hielt den Stein des Anstoßes in die Höhe und gab uns eine letzte Chance zur Reue. Wir waren auf alles gefasst, es hätte alles Mögliche sein können: die Spritzen, das Amoxicillin, das Dextropropoxyphen oder was auch immer. Aber nein. Das war es nicht. Er hielt eine unscheinbare Schachtel Tesco-Everyday-Value-Antihistaminika in der Hand.

Nachdem es mit der Übersetzung ins Russische nicht so ganz klappte, versuchte Leigh, die Anwendungsgebiete schauspielerisch darzustellen: Er mimte theatralische Niesanfälle, putzte sich die Nase, rieb sich die Augen ... Johno und ich fanden das unglaublich komisch und brachen in hysterisches Gelächter aus. Die Grenzer fanden es nicht so witzig und sahen uns verärgert an – sie mussten uns gehen lassen. Dann waren wir endlich, nachdem wir uns sechs Stunden lang im Schnee die Beine in den Bauch gestanden hatten, auf dem Weg nach St. Petersburg und hofften, die nächsten Grenzübergänge würden sich einfacher gestalten.

KAPITEL 9

RUSSIAN TRADITIYYY-SHON!

Zentimeterweise bahnten wir uns unseren Weg durch die ersten Vororte von St. Petersburg. Zwischen den schmutzigen Schneehaufen zu beiden Straßenseiten konnten wir durch die dreckigen, beschlagenen Fensterscheiben einzig und allein die allgegenwärtigen viereckigen Betonblöcke, aufgereiht wie Zinnsoldaten, ausmachen. Seitdem wir die finnische Grenze überschritten hatten, hatten wir all unser Vertrauen in das Satnav gelegt. Ab und an bekamen wir eine SMS von unserem nächsten Gastgeber. Die letzte lautete:

> Jungs, beeilt euch! Es ist Mardi Gras, kommt nicht so spät.

Diese neue Information spornte uns bei der Weiterreise durch die verstopften Straßen an – Visionen von leicht bekleideten Mädchen mit paillettenbesetzten Masken und bunten Perlensträngen um den Hals beflügelten unsere Fantasie.

»Genau! Ich werde mir ein paar Perlenketten besorgen und so richtig Spaß haben!«, brüllte Leigh.

»Aber – Mardi Gras HIER?«, fragte Paul. »Es hat draußen mindestens minus zehn Grad!«

Leigh und ich ignorierten ihn und schwelgten weiterhin in unserer Fantasiewelt.

Ich stieg aus dem mollig warmen Wagen aus und stampfte durch die klare Abendluft auf das Gebäude zu. Auf dem abgewetzten Metallschild suchte ich nach der richtigen Wohnungsnummer und klingelte. Wir starrten an der Hauswand des Betonklotzes nach oben in die dicken Schneeflocken. Dann ertönte ein gewaltiger, metallischer Summer und die schwere Tür sprang auf – so musste die Eingangstür eines Atombunkers aussehen. Ich wuchtete sie auf und wir gingen in den feuchten und spärlich beleuchteten Hauseingang hinein.

Ein muffiger Geruch stieg mir in die Nase, als wir zögernd in den knarrenden Aufzug stiegen. Ich drückte beherzt auf den dicken Resopalknopf mit der Nummer elf. Der Aufzug ächzte sich nach oben und ich versuchte, die Graffiti an den Wänden zu entziffern. Als sich die Tür des Aufzugs wieder öffnete, entfuhr mir ein Seufzer der Erleichterung. Vor uns stand unsere Gastgeberin für diese Nacht und lächelte uns an.

Wie so viele unserer Couchsurfing-Gastgeber kam Sasha aus einer relativ gut situierten Familie des bürgerlichen Mittelstands, und meine Vorurteile über ihre Wohnung wurden in dem Moment zunichte gemacht, in dem wir durch die beiden Sicherheitstüren ins Innere der hellen, warmen Wohnung gelangten. Sie war voller Krimskrams, den eine Familie so über die Jahre zusammenträgt. Sasha erklärte uns, dass die Wohnung zwar ihren Eltern gehörte, diese aber den Großteil ihrer Zeit in der Datscha auf dem Land verbrachten und sie die Wohnung benutzen ließen.

Kurz darauf saßen wir in der Küche und sahen dabei zu, wie Sasha Eier und Mehl in einer Schüssel verrührte.

Leigh, der die Vorstellung von spärlich bekleideten Mädels mit bunten Perlensträngen einfach nicht aus dem Kopf bekam, fragte: »Also gibt es hier einen Umzug an Mardi Gras?«

»An Mardi Gras? Nein, an Mardi Gras gibt es bei uns einfach Pfannkuchen ... du weißt schon, um die Fastenzeit einzuläuten«, erklärte sie und deutete auf den Teig.

Wir mussten lachen, als wir unseren Fehler bemerkten: Mardi Gras war ganz einfach Faschingsdienstag in Russland und hatte absolut nichts gemein mit dem jährlichen Umzug in New Orleans. Unsere Träume lösten sich in Luft auf.

Wir fanden schnell heraus, dass Sasha und ihre Freunde total anglophil waren: Sie waren entzückt von den britischen Comedy-Shows, die wir ihnen auf YouTube zeigten, und absolut begeistert von Hannah. Sie beschlossen kurzerhand, den Kulturaustausch zu erwidern und uns in die ihrige einzuführen.

Das führte uns in eine Wodka Bar, in der die letzten fünf Minuten jeder vollen Stunde zu »very happy five minutes« wurden, in denen jeder Wodka nur noch halb so viel kostete. Nach kürzester Zeit hatten wir die russische Kultur intus, und bevor wir uns versahen, stiegen wir auch schon wieder aus zwei nichtoffiziellen Taxis vor Sashas Wohnung aus – alle außer Paul.

»Ist er denn nicht in eurem Taxi mitgefahren?«, fragte ich Leigh.

»Ich dachte, er wäre bei euch mitgefahren!«

Obwohl wir gerade erst in Russland angekommen waren und schon den ersten Mann verloren hatten, machte ich mir keine allzu großen Sorgen, denn ich dachte mir, Paul weiß sich immer zu helfen. Jedes Mal, wenn wir in einer neuen Stadt ankamen, war Paul derjenige, der fast automatisch die Zügel in die Hand nahm, während Leigh und ich ihm einfach nachtrotteten. Wenn es jemanden gab, der den Weg nach Hause fand, dann Paul! Außerdem konnte ich am Ende dieser durchzechten Nacht, nachdem wir den Herausforderungen des russischen Straßenverkehrs acht Stunden getrotzt, die gefürchtete russische Grenze überschritten und eine halbe Wodka-Destillerie leergetrunken hatten, nur noch an eines denken: Schlaf!

Als ich aus dem Klo schwankte, konnte ich weder Johno noch Leigh finden, also tat ich, was jeder Mann, der etwas auf sich hält, eben macht, wenn er seine Freunde verliert: Ich ging an die Theke. Ein Bier später waren sie immer noch nicht aufgetaucht und gingen auch nicht an ihre Handys. Die Kneipe machte langsam zu und sie fingen an, uns rauszuschmeißen. Ich hatte Sashas Adresse nicht, die ich einem Taxifahrer hätte geben können. Ich wusste zwar, wie man von der Metro zu ihrer Wohnung kam, aber die Metro fuhr um diese Uhrzeit nicht mehr. Obwohl ich den Namen der Station in kyrillischen Lettern bestimmt auf einer Karte entziffern konnte, konnte ich den Namen nicht aussprechen und wusste auch nicht, wie man auf Russisch ein Taxi ruft. Da mir also nicht allzu viele Möglichkeiten offen blieben, lief ich eine Weile planlos herum, fand ein billiges Hotel, checkte ein und legte mich schlafen.

Als sich am nächsten Morgen langsam der Schleier vor meinen Augen lüftete und das russische Wohnzimmer Formen annahm, wurde mir mit Schrecken bewusst, dass Paul immer noch nicht zurück war. Was war bloß passiert? Es war fast Mittag und er hatte sich noch nicht gemeldet. Dank einer Heizung, die eher einem Hochofen ähnelte, hatten wir uns in der gemütlich warmen Wohnung ausgeschlafen, während die Außentemperaturen bis weit unter den Gefrierpunkt gefallen waren.

Leigh schien davon völlig unberührt, was hauptsächlich daran lag, dass er aus dem Ethyl-Koma, in das er sofort nach unserer Ankunft fiel, noch nicht erwacht war. Den riesigen Teddybären, an den er sich jetzt kuschelte, musste Sasha ihm letzte Nacht untergejubelt haben. Schnaufgeräusche in die haarige Bärenbrust und genuschelte Koseworte an den riesigen Plüschgefährten waren aber ein sicheres Zeichen dafür, dass er noch lebte. Als ich bemerkte, dass der Akku meines Handys leer war, überfiel mich eine leichte Panikattacke und ich begann, wie wild meine Tasche auf der Suche nach dem Ladegerät und dem Netzteil zu durchwühlen. Sasha war mir aber zum Glück bereits zuvorgekommen: Sie hatte zwar nicht mit Paul sprechen können, hatte ihm aber per SMS ihre Adresse geschickt. Sie war sich sicher, er würde die kyrillischen Zeichen entziffern und den Weg finden können.

Als ich aufwachte, sah ich eine SMS von Sasha, die sich offensichtlich sehr viel mehr um mich sorgte als meine sogenannten Freunde. Also machte ich mich auf zur nächsten Metro-Station und fuhr bis in die Nähe ihrer Wohnung. Ich stieg aus und nahm den Bus an derselben Haltestelle, an der wir am Tag zuvor eingestiegen waren. Ich ließ mir die strahlende arktische Sonne durch die schmuddeligen Scheiben des Busses ins Gesicht scheinen und hoffte, damit ein wenig die Nachwehen der gestrigen Cranberry-Schnäpse zu besänftigen. Ich war mir ziemlich sicher, ich würde das Gebäude, in dem Sasha wohnte, wiedererkennen – es war dieses Beton-Fertigbau-Wohnsilo neben den rot-weiß gestreiften Schornsteinen ...

Nach dem fünften Beton-Fertigbau-Wohnsilo, das fast haargenau aussah wie das vorhergehende, wurde mir klar, dass ich nicht die geringste Ahnung hatte, wo ich aussteigen musste. Ich fragte eine ältere Dame, indem ich ihr freundlich lächelnd die SMS zeigte. Sie sah mich mit ernster Miene an und zeigte in die Richtung, aus der ich gekommen war. Ich stieg also aus und fragte einen vorbeikommenden Herrn auf dieselbe Art und Weise. Er begann, aufgeregt auf Russisch auf mich einzureden. Ich stoppte seinen Redefluss mit der neuesten Errungenschaft meines russischen Sprachschatzes: »Nay par Ruski.«

»Americanski?«, hakte er nach.

»Nein, nein, ich bin Engländer.«

»Engländer? Anglaiski? LONDON! LONDON!«

Er hüpfte freudig von einem Bein aufs andere und deutete dann mit breitem Grinsen auf seine Brust: »St. Petersburg!«

Ich bejubelte diese Auskunft, was ihn dazu veranlasste, mich zu umarmen. Er roch nach Wodka, aber das tat ich ja schließlich auch.

Er zeigte auf mich und lächelte: »LONDON!« Jetzt wurde mir klar, wie das Spiel lief, also machte ich mit; ich zeigte auf ihn und sagte: »ST. PETERSBURG!« Erneuter Jubel seinerseits, erneuter Jubel meinerseits und dann umarmten wir uns wieder, voller Stolz, dass wir diese neue Form des Stadt-Land-Fluss erfunden und gemeistert hatten. Das änderte leider gar nichts an der Tatsache, dass ich immer noch nicht den geringsten Schimmer hatte, wo ich mich in dieser unendlich großen Stadt befand. Ich zeigte ihm noch einmal die Adresse und er lächelte wieder, drehte sich auf dem Absatz um und lief mit ausgebreiteten Armen geradewegs auf die Fahrbahn, mitten in den Verkehr hinein.

Ich stieß einen kleinen Schrei aus.

Gott sei Dank hielt der entgegenkommende Lada an und mein Stadt-Land-Fluss-Freund redete auf den Fahrer ein, während ich weiterhin verwirrt auf dem Bürgersteig stand. Die Beifahrertür öffnete sich und er gab mir ein Zeichen, einzusteigen.

Meine Mutter hatte mir als Kind beigebracht, niemals in das Auto eines Unbekannten einzusteigen. Aber sie hatte kein Wort darüber verloren, was zu tun sei, wenn man in einer unbekannten Stadt aufgefordert wurde, in den Wagen eines Unbekannten einzusteigen, der von einem anderen Unbekannten angehalten wurde, den man eben erst kennengelernt hatte und mit dem man ein neues Spiel erfunden und den man bereits zweimal umarmt hatte. Kein Wort.

Ich dachte mir, dass die Spiele-Erfindung und die Umarmungen alles Unbekannte wettmachten, also stieg ich in den Lada ein. Wir fuhren los und mein neuer Freund-Schrägstrich-Kidnapper gestikulierte in Richtung meines Handys; er brauchte die Adresse. Ich gab ihm das Handy, er las die Adresse und behielt mein Handy weiterhin fest umklammert. Jetzt, da mich die Morgensonne nicht mehr blendete, konnte ich mir meinen Kidnapper etwas genauer ansehen: Er war vom Kinn abwärts bis zu den Fingern tätowiert, er trug einen Jogginganzug und er hatte mein Handy.

»Oh Mann! Du wirst gerade ausgeraubt, wie kann man nur so blöd sein?«, ging es mir durch den verkaterten Kopf.

Tatsache war, dass ich gerade ausgeraubt *und* entführt wurde. Und ich war auch noch völlig freiwillig eingestiegen!

Was war ich für ein Trottel! Wer um Himmels willen steigt freiwillig in den Wagen seiner Kidnapper?

Wir waren schon eine Weile gefahren und ich bekam Panik. Ich zeigte auf die Adresse. Mein Kidnapper sagte etwas zum Fahrer des Fluchtautos und beide lachten.

»RUSSIAN TRADITIYYY-SHON."

Kidnapping war also eine russische Tradition? Hätte ich doch bloß den *Lonely Planet Russland* vor der Abfahrt gelesen!

»ST. PETERSBURG!«, brüllte mein tätowierter Kidnapper und schlug sich auf die Brust.

»London!«, gab ich schwach zurück.

Ich versuchte ein Lächeln – vielleicht würde das meine Kidnapper besänftigen, sodass sie mich nicht allzu hart in die Mangel nahmen.

»RUSSIAN TRADITIYYY-SHON!«

Wir fuhren weiter. Ein gesichtsloses Beton-Fertigbau-Wohnsilo mit rot-weiß gestreiftem Schornstein nach dem anderen flog am Fenster vorbei. Ich hatte einmal gelesen, man sollte bei einer Entführung versuchen, sich den Weg der Kidnapper einzuprägen, damit man wieder zurückfände ... aber wohin zurück? Zum hundertfünfzigsten rot-weiß gestreiften Schornstein? Ich war heillos verloren!

Wir fuhren ungefähr zwanzig Minuten, immer weiter weg von dem Ort, an dem man mich zuletzt gesehen hatte, aber da wir noch ein paar Runden unsere Version von Stadt-Land-Fluss spielten, verlief die Entführung recht angenehm und freundschaftlich. Der Lada hielt in einem dreckigen Parkhaus, direkt neben einer Treppe. Mein Kidnapper gab dem Fahrer einhundert Rubel, ungefähr zwei Pfund, und stieg aus. Er hielt immer noch mein Handy in der Hand. Das war meine Chance zu entkommen, aber er hatte mein Handy, meine einzige Hilfe, um den Weg nach Hause zu finden, also ging ich mit ihm mit.

Das nasskalte Treppenhaus roch nach Pisse, wie die meisten Treppenhäuser auf der ganzen Welt – die Verwechslung mit Pissoirs ist ein altbekanntes, globales Problem der Treppenhäuser.

An einer schweren Eisentür im obersten Stock hielten wir an. Weit und breit kein Mensch.

»Russian TRADITION!«, gab er erneut von sich, und mit diesen Worten stieß er mich durch die Tür.

Drinnen war es dunkel. Ich hörte russische Stimmen und roch russischen Wodka (obwohl dieser Geruch auch von mir ausgehen konnte ... oder von ihm). Als sich meine Augen langsam an die Dunkelheit gewöhnt hatten, konnte ich einen Billardtisch erkennen, dann noch fünf weitere.

Und einen Tresen.

Mein Kidnapper drängte an mir vorbei zum Tresen und klopfte einladend auf den Barhocker neben sich, während er ein kleines Glas klarer, dreifach gefilterter »russischer Tradition« hervorzauberte.

»WOD-KAHHH!"

Das war keine Entführung – das war eine Einladung zu einem Drink!

Um neun Uhr morgens.

Ich war so erleichtert und wollte auf keinen Fall unhöflich sein, also trank ich. Und dann noch einen und noch einen, denn ich war schließlich Engländer und Engländer sind höflich. Als noch ein Wodka serviert wurde, zeigte ich auf die Adresse auf dem Handydisplay. Er übergoss die hübsche Bedienung mit einem Wortschwall auf Russisch, und sie übersetzte für mich:

»Ja, ja, er wird bringen, aber vorher trinken, ist russische Tradition, du verstehen?"

Ich verstand, und ich trank.

Und noch einen. Er gab der Bedienung einen Klaps auf den Hintern und zwinkerte mir zu. Ich nickte, um meiner Zustimmung Ausdruck zu verleihen, was für ihn Grund genug war, noch einen Wodka zu bestellen.

»Bitte keinen Wodka mehr, ich muss gehen«, sagte ich und zeigte auf die Adresse.

»NO! Russian tradition«, sagte er und sah sehr gekränkt aus, als er uns noch einen eingoss. Da ich seine Gastfreundschaft nicht beleidigen wollte, sah ich mich gezwungen mitzutrinken.

Er zeigte auf seine Brust: »ST. PETERSBURG.«

»London!«, gab ich zurück, und mir wurde klar, dass unser Spiel mit diversen Wodka intus *noch* witziger war.

So gegen zehn Uhr lag ich unterm Tisch.

Um halb elf erinnerte ich ihn daran, dass ich wirklich gehen *musste*, und so brachte mich mein neuer bester Freund – der definitiv kein Kidnapper war – nach unten. Wir gingen um das nächste Wohnsilo herum und siehe da: Vor mir stand ein schwarzes Londoner Taxi aus dem Jahre 1992. Die Kneipe befand sich direkt hinter Sashas Wohnung.

Als wir uns zum Abschied umarmten, sah mein neuer Freund sehr traurig aus. Er fragte mich, ob er noch mit hochkommen könne, aber ich sagte Nein. Obwohl wir ein neues Spiel erfunden hatten und unsere neu gefundene Freundschaft alle paar Minuten mit einer Umarmung bekräftigten, war er doch ein völlig Unbekannter, den ich auf der Straße aufgegabelt hatte, der von oben bis unten tätowiert war und einen Jogginganzug trug. Ich sah ihm nach, wie er auf die Straße stolperte und sich nach dem nächsten arglosen Touristen umsah. *Tja, in Russland ticken die Uhren anders,* sagte ich zu mir, als ich die Treppe hinaufstolperte, um in der Wohnung meinen unerwarteten Morgen-Rausch wegzuschlafen.

Sasha und ihre Freundin Anna waren so begeistert von der Taxi-Idee, dass sie, als wir uns wieder auf den Weg machten, beschlossen, uns kurzerhand bis zur nächsten größeren Stadt zu begleiten. Zuerst konnte ich nicht verstehen, warum sie sich vier Stunden lang in einen unbequemen, muffigen Wagen Richtung Süden setzten, nur um sofort wieder den nächsten Bus zurück nach Hause zu nehmen. Aber als ich ihre glücklichen Gesichter sah, als wir sie in Nowgorod absetzten, verstand ich. Es ging ihnen – wie theoretisch ja auch uns – viel mehr um die Reise selbst, nicht um das Ziel. Die Fahrt in einem Londoner Taxi durch den Norden Russlands war die perfekte Erfahrung für ein

Mädchen mit einem England-Faible: Ihr Verlobter war Brite, sie studierte Englisch an der Universität und arbeitete als Übersetzerin für Englisch. Gleichzeitig war es auch eine Möglichkeit, uns für ihre Gastfreundschaft zu bedanken.

Die Reise war genau so, wie wir versprochen hatten: halsbrecherisch rumpelig. Bei unserer Fahrt durch Schweden hatten wir einen Vorgeschmack davon bekommen, was ein strenger Winter mit den Straßen eines der reichsten Länder der Erde anstellte, also hatten wir keine großen Hoffnungen für den Zustand der russischen Landstraßen. Diese waren mit einer Unmenge tiefer Schlaglöcher übersät, und so mussten wir uns schnell an den »Russischen Fahrstil«, kurz RFS, gewöhnen, der hauptsächlich darin bestand, in abrupten Ausweichmanövern bei größtmöglicher Geschwindigkeit den besten Weg um die Krater herum zu finden und so unsere Position unter den Ladas zu behaupten. Alles, was wir je über korrektes Fahrverhalten gelernt hatten, konnten wir hier über den Haufen werfen: Beide Fahrspuren samt Seitenstreifen wurden zum Schauplatz gewagter Ausweichmanöver.

Nachdem der Bus der Mädchen abgefahren war, wurde uns erst bewusst, dass wir uns zum ersten Mal nachts in einer fremden Stadt befanden, ohne die geringste Vorstellung zu haben, wo wir übernachten könnten. Überraschenderweise hatte die Zweihunderttausend-Einwohner-Stadt keine Emergency-Couchsurfer, auf die wir zurückgreifen konnten, was sich aber als wahrer Segen entpuppte: Nachdem wir fast einen Monat auf den verschiedensten Sofas fremder Leute genächtigt hatten, gab uns ein richtiges Hotel die Möglichkeit, unsere russischen Visa hochoffiziell zu registrieren und versäumten Papierkram nachzuholen. Außerdem konnten wir so endlich eine Nacht durchschlafen, ohne uns dabei entschuldigen zu müssen: Couchsurfen war zwar klasse und wir waren unseren Gastgebern sehr dankbar, aber manchmal war es anstrengend, die Neugier eines neuen Gastgebers zu stillen, wie wir auf die Idee dieser Reise gekommen waren oder was wir studierten. Manchmal ist eine Nacht ununterbrochenen Schlafs der pure Luxus.

KAPITEL 10

EIN HOCH AUF DIE INTERNATIONALE FREUNDSCHAFT!

Moskau: Kreml, Roter Platz, Basilius-Kathedrale, Bolschoi-Theater und Menschen mit lustigen Pelzhüten, nicht zu vergessen Dostojewski, Kandinsky und Anna Kournikova – eine der unglaublichsten Städte der Welt.

Doch in Moskau gab es auch jede Menge sowjetischer Betonfertigbauten, und eine davon sollte unser Lager für die Nacht werden, denn Couchsurfing war wieder angesagt – dieses Mal in einer Kommune vor den Toren der Stadt. Wir stellten uns eine russische Version freiheitsliebender Beatles-Imitatoren vor, die bei unserer Ankunft Brot für uns backen würden. Als wir jedoch die Tür zum Haupteingang aufstießen, standen wir in einem spärlich beleuchteten Treppenhaus, in dem es nach Urin stank und sich leere Flaschen stapelten – hauptsächlich Wodka und hochprozentiges Bier.

Im obersten Stockwerk angekommen, wurden wir sehr herzlich begrüßt von unserem Gastgeber und seinem schmuddeligen Kleinkind. Der Vater gab uns eine Führung durch seinen Palast: zwei Zimmer und eine Küche, die kaum mehr Platz boten als unser Taxi. Durch ein Loch im Mauerwerk konnte man eine Mini-Dusche ausmachen.

»In der Dusche wird nicht gebumst«, sagte unser Gastgeber mit einem breiten Grinsen; es war klar, dass er sich den Satz für die Führungen durch seine Gemächer zurechtgelegt hatte. Die Art, wie er es sagte, ließ darauf schließen, dass ein emsiges Pärchen es tatsächlich einmal geschafft haben musste.

Wie sich herausstellte, wohnte er hier mit seiner Frau Dina und ihrer Tochter sowie vier weiteren Gästen, zu denen wir nun noch hinzukamen. Sie gehörten alle einer »Tramper-Community« an, die eine Vorliebe für superbilliges Reisen und eine Abneigung gegen Möbel hatte: Sie besaßen nichts außer Isomatten, die den gesamten Fußboden bedeckten. Eine Isomatte war die dreiteilige Couchgarnitur, eine andere die Chaiselongue und eine dritte der Tisch. Wir schmunzelten über ihren Witz und wollten es uns bequem machen, wurden aber sofort zurückgepfiffen, weil wir auf den Tisch gestiegen waren. Sie machten also doch keine Witze.

Wir waren einerseits sehr dankbar, dass sie uns für die Nacht aufgenommen hatten, andererseits aber total erschöpft nach der 14-Stunden-Fahrt. Die Stunden, bis wir endlich schlafen gehen konnten, gingen frustrierend langsam vorbei.

Der Mangel an Platz, Möbeln und leiblichem Wohl in Dinas und Sashas Apartment wurde hundertfach wettgemacht durch ihre Herzlichkeit und Liebenswürdigkeit. Kaum hatten wir uns unter übertriebenen Gähngeräuschen niedergelassen und uns gefragt, wo wir wohl alle schlafen würden, standen drei weitere Personen vor der Tür und drängten in das Wohnzimmer. Einer hielt eine große Flasche Wodka unter dem Arm, die bald auf alle möglichen Tassen, Becher und Gläser verteilt wurde, während wir im Schneidersitz auf den Isomatten saßen. Eine Flasche Wodka ist in Russland nicht viel für zwölf Personen und ich war insgeheim erleichtert, als der, der den Wodka mitgebracht hatte, uns erzählte, dass es illegal sei, in Russland Hochprozentiges nach zweiundzwanzig Uhr zu kaufen – es war bereits kurz vor elf.

»Trotzdem kein Problem«, grinste er, »ich kenne den Ladeninhaber!«

Etwas widerwillig zückten wir die Geldbeutel und bald darauf kam er mit mehreren Flaschen Wodka zurück, die sofort geköpft wurden. Wir tranken und stießen an auf die Queen und auf die »internationale Freundschaft«.

Wir stürzten den Wodka hinunter und aßen dazu Gewürzgurken, die wir direkt aus einem übergroßen Einweckglas fischten. Mit sinkendem Wodka- und Gewürzgurkenspiegel nahm auch die Sprachbarriere ab, die uns bei der Ankunft noch etwas verlegen gemacht hatte. Die Menge des hochprozentigen Wodkas, den wir zu uns genommen hatten, machte auch das Platzproblem null und nichtig, und wir schliefen wie die Murmeltiere.

Wir hatten einen Couchsurfer in Moskau-Mitte gefunden, der scharf drauf war, drei muffige Jungs bei sich aufzunehmen, also fuhren wir los. Moskau hat den wohl übelsten Verkehr der Welt. Die letzten Kilometer konnten wir nur im Schneckentempo zurücklegen, was unser erstes Zusammentreffen mit der örtlichen Polizei nicht angenehmer machte.

Ein Polizist winkte uns zur Seite – und zwar mit einer Kelle, wie sie die Einwinker am Flughafen für ankommende Flugzeuge benutzen – und begab sich zur Beifahrertür des Taxis. Er brauchte einen Moment, um festzustellen, dass die Person, die er gerade befragte, kein Lenkrad vor sich hatte. Dann trottete er auf die andere Seite. Er sah aber nicht so aus, als würde er die Komik der Situation erfassen.

»*Machina passport?*«, fragte er; sein Atem roch nach Wodka, was seine langsame Reaktion auf einen Rechtslenker erklärte.

Ich übergab ihm den V5-Fahrzeugschein und den Rest der Fahrzeugdokumente sowie unsere Pässe. Dann warteten wir, während er die Papiere in seinem Wagen eingehend prüfte. Als er zurückkam, sagte er etwas zu mir auf Russisch. Ich lächelte ihn an und hob wie zur Entschuldigung die Hände:

»*Nay par Ruski.*«

Eine weitere Dokumenten-Analyse folgte – ein Versuch, auch nur den geringsten Fehler zu entdecken, der mit einer Geldstrafe geahndet werden könnte. Nachdem er aber leider nichts finden konnte, war es wohl Zeit für Plan B. Er sah mich an und machte dann eine Geste mit der flachen Hand gegen seinen Hals. Soviel ich wusste, bedeutete diese Geste auf der ganzen Welt, jemanden einen Kopf kürzer zu machen. Mehr verwirrt als beunruhigt sah ich ihn nur an. Er wiederholte die Geste. Drohte dieser Polizist wirklich damit, uns den Kopf abzuschlagen? Waren unsere Papiere in einem so furchtbaren Zustand? Dann begann er, mit dem Mittelfinger gegen seine Kehle zu schnippen.

Wieder konnte ich ihn nur ratlos ansehen.

»Wod-ka?«, fragte er und hackte sich erneut den Hals ab.

Jetzt verstand ich – in Russland wird die Geste des Kopfabhackens mit »Haben Sie getrunken?« übersetzt. Es war ein Uhr mittags und die Nachwirkungen des gestrigen Abends waren schon lange abgeklungen.

»*Njet, njet!*«, beteuerte ich.

So leicht wollte er dann doch nicht aufgeben. Er blies in einen fiktiven Alkoholtester und drohte damit, uns auf die Wache mitzunehmen (was ziemlich ironisch war, wenn man seine eigene Fahne bedachte). Es sei denn ... er ließ den Rest des Satzes verhängnisvoll in der Luft hängen, wie es alle korrupten Polizisten tun, wenn sie einen dezent darauf hinweisen wollen, dass man auch eine andere Einigung finden könnte.

Sein Gedankengang war vollkommen klar: Er dachte, ich würde es darauf ankommen lassen; daher versicherte er uns, dass er wirklich einen Alkoholtest mit mir machen würde. Für ihn war klar, dass wir etwas getrunken hatten, denn hier trank ja schließlich jeder. Der einzige Unterschied war, dass er uns geschnappt hatte und uns dafür drankriegen würde, es sei denn, wir regelten das auf andere Weise.

Da ich mir absolut sicher war, dass ich einen Alkoholtest bestehen würde, und ich mich außerdem weigerte, ihm Bestechungsgeld zu bezahlen, saßen wir erst einmal fest. Nach 45 Minuten war ihm wohl der Gedanke an den ganzen Papierkram, den er damit am Hals hätte, zu viel und er ließ uns endlich gehen.

Sechseinhalbtausend Kilometer durch das raue Klima Skandinaviens in nur vier Wochen hatte Hannahs von Anfang an heikle Elektrik vollends ramponiert, und jeden Morgen zitterten wir, welches Teil wohl als Nächstes den Geist aufgeben würde.

Denn jedes Mal, wenn wir ein Problem behoben hatten, schien an einer anderen Stelle ein neues aus dem Boden zu schießen. Das einzige Langzeitproblem waren die Blinker. Abgesehen von der kurzen Zeit, in der Leigh einmal die Elektrik notdürftig zusammengeflickt hatte, fuhren wir bereits seit London ohne linken Blinker, eine Tatsache, die mich als Blinker-Pedanten so richtig stresste. Zu Hause in England hatte ich den Blinker selbst für die allerkleinsten Manöver benutzt, also ging mir die blinkerlose Fahrt durch Frankreich, Belgien und die Niederlande so richtig auf die Nerven. Als wir dann durch Deutschland und Dänemark kamen, begann ich mich daran zu gewöhnen, und bis wir am nördlichen Polarkreis eintrafen, fand ich die Idee, bis nach Australien ohne Blinker zu fahren, sogar witzig. Jedes Mal, wenn Leigh von der Reparatur der Blinker zu reden anfing, lenkte ich geschickt vom Thema ab, was Paul immer mehr nervte.

Ich änderte meine Meinung jedoch schlagartig, als wir uns im Moskauer Verkehrschaos zurechtfinden mussten. Der schmutzig-graue Matsch hatte, vermischt mit den Abgasen, die die Autos und Lastwagen um uns herum ausspuckten, eine dicke Dreckschicht auf unseren Scheiben hinterlassen. Unsere winzigen, nur halbherzig funktionierenden Scheibenwischer schafften es nur, ein winziges Stückchen freizubekommen, durch das wir hindurchspähten. Ich erkannte zu spät, dass Blinker tatsächlich eine Notwendigkeit und kein Luxus waren, als ich mich durch den Moskauer Verkehr kämpfte, bei dem sich Fahrzeuge aus allen möglichen Richtungen in eine Fahrspur einfädelten, die es vorher noch gar nicht gegeben hatte. Die Moskowiter hätten meine Blinker zwar so oder so ignoriert, aber trotzdem.

Uns blieb nichts anderes übrig, als den Arm aus dem Fenster zu halten, wenn wir abbiegen wollten. Die Fahrt durch den dichten, schnellen Verkehr wurde zu einer halbblinden, Furcht einflößenden Tortur, die ab und an durch den Aufschrei »Arm raus!« unterbrochen wurde.

Der horrende Verkehr und die unendlichen Polizeikontrollen bedeuteten, dass wir, ganz typisch für uns, zu spät kamen zu dem Treffen mit unserer nächsten Gastgeberin: einer Studentin namens Anna. Das wäre weiter kein Problem gewesen, da wir uns sowieso auf eine ruhige Nacht eingestellt hatten – wir hatten unserem Tagesbudget und unserer Leber doch sehr zugesetzt in den letzten Wochen.

Natürlich gaben wir den verschiedenen Polizeikontrollen die Schuld an unserem Zuspätkommen. Anna versicherte uns, dass sie und so gut wie jeder Einwohner von Moskau die notorisch korrupte Polizei hasste. Sie forderte uns auf, uns einfach hinzusetzen und es uns gemütlich zu machen.

»Na«, sagte sie dann, »habt ihr denn schon irgendwelche guten Storys auf eurer Reise gesammelt?«

KAPITEL 11

MOSKAU PRISON BLUES

Die Türen schlugen hinter uns zu. Ich saß mit angezogenen Knien auf dem Boden. Leigh hockte mir in derselben Stellung gegenüber. Sein gespenstisch weißes Gesicht war ganz nah an meinem. Nach dem penetranten Gestank nach Scheiße und dem Stacheldraht zu urteilen, befanden wir uns in einem Hundekäfig.
Um genau zu sein, im Hundekäfig eines russischen Polizeiwagens. Auf dem Weg ins Gefängnis.

Um unser räumlich etwas eingeschränktes neues Zuhause zu erklären, müssen wir die Uhr ein paar Stunden zurückdrehen. Kurz nachdem wir Anna getroffen hatten, hatten wir ihr erzählt, wie wenig unser Budget hergab, woraufhin sie nur sagte, wir sollten uns auf eine Geburtstagsparty in einer Bar am Abend vorbereiten. Sie wüsste schon ein paar Tricks, mit denen wir unseren Spaß haben könnten, ohne dafür eine Unmenge Geld auszugeben.

Annas Idee war es, mit ein paar Flaschen billigem Wodka und Cognacs vorzuglühen, und zwar auf dem Roten Platz, direkt vor dem Kreml, einem der bekanntesten Touristenattraktionen und Russlands Regierungszentrum zugleich. Danach würden wir in die Bar zur Geburtstagsfeier gehen.

»Bist du sicher, dass das erlaubt ist?«, fragten wir und sahen uns den grellbunt beleuchteten Kreml an, der im Moment eher wie ein Weihnachtsmarkt aussah.

»Ja, ja, natürlich, ihr wisst schon: *Russian Traditiyyshon*«, gab sie sarkastisch zurück.

Das überzeugte uns nicht hundertprozentig, wir befanden uns

schließlich an einem der wichtigsten Denkmäler des Landes und es war offensichtlich, dass Anna eine Flasche versteckt hielt. Ein paar Drinks später waren aber alle Bedenken beseitigt und wir sangen fröhlich einen, wie wir fanden, unglaublich witzigen Song, den wir uns passend zur Location ausgedacht hatten: »We're the kings of the Kremlin, you're a dirty gremlin!«

Als die Flaschen ungefähr zur Hälfte geleert waren, gingen wir weiter, an den grellbunt beleuchteten Zwiebeltürmen der Basilius-Kathedrale vorbei, und riefen einen letzten Toast auf die »Kings of the Kremlin« aus, als ein Polizeiauto mit quietschenden Reifen neben uns hielt. Jetzt sahen wir aus wie Schulkinder, die man beim Schwänzen erwischt hatte.

Anna drehte sich zu uns um, auch ihr Gesichtsausdruck hatte sich verändert. »Das sieht nicht gut aus. Tut ganz genau, was sie sagen. Ich werde versuchen, das wieder ins Lot zu bringen.« Das Lachen war uns vergangen.

Trotz der Situation, in der wir uns befanden, war ich komischerweise weder verängstigt noch nervös. Ich fühlte mich gefährlich unbezwingbar – was entweder an der Arroganz des Westeuropäers mit britischem Pass lag oder (sehr viel wahrscheinlicher) an der Tatsache, dass nicht mehr allzu viel Wodka in der Flasche übrig war. Auf jeden Fall war ich überzeugt davon, dass wir mit einem blauen Auge davonkommen würden.

»Was können sie uns schon anhaben?«, versuchte ich irrsinnigerweise mich selbst zu überzeugen.

In diesem Moment kam mir ein Satz des Holländers Jasper in den Sinn. In einem Augenblick von Klarheit war er aus dem Amsterdamer Dope-Nebel aufgetaucht und hatte uns an einem Porno-Set, umgeben von Swingern und Verrückten, an seiner Weisheit teilhaben lassen: *Solange alles nach Plan läuft, bekommst du keine guten Storys ...*

Er hatte recht: Man erzählte Storys von den Dingen, die total schiefliefen, nicht von Erfolgen. So oder so, ich hätte noch jahrelang eine gute Story auf Lager, wenn ich den Leuten von »damals, als ich vor dem Kreml wegen Wodka-Saufens verhaftet wurde« erzählen könnte.

Leigh schien meine Begeisterung darüber nicht gerade zu teilen, er war leichenblass.

»Junge, Junge, das gibt so 'ne klasse Story!«, grinste ich.

Leigh grinste nicht.

»Ich habe immer noch Wodka in meiner Jackentasche«, kiekste er und klopfte auf die Ausbeulung in seiner Ski-Jacke. Er sah aus wie jemand, den man wegen Schmuggels einer Schiffsladung Kokain oder Waffen (oder, noch schlimmer, Antihistaminika!) einbuchtete, aber nicht wegen eines Fläschchens heimischen Alks in der Jackentasche. Wie wir von unseren bisherigen Erfahrungen mit den Moskauer Jungs in blauer Uniform wussten, hatten die Polizisten, die uns jetzt davonkarrten, bestimmt selbst einen Flachmann in der Jackentasche. Aber natürlich ist es einfach, flapsige Bemerkungen zu machen, wenn man nicht derjenige ist, der das belastende Beweisstück bei sich trägt.

Auf der Wache wurden wir an offenen Zellen in bester Wildwest-Manier vorbeigeführt, aus denen uns Moskauer Verbrecher die Hände entgegenstreckten und um Zigaretten bettelten. Ich fühlte mich wie in einem schlechten Film. Wir waren alle dankbar, als man uns in einen separaten Verhörraum schickte und uns vier bat, auf einer harten Zwei-Mann-Bank Platz zu nehmen.

Zwei ernst aussehende Polizisten, die beide ihrem Staatsoberhaupt, Vladimir Putin, ähnlich sahen, traten ein und das Verhör begann.

Anna war unsere Übersetzerin und teilte uns mit, dass wir nun durchsucht würden. Wir hatten von einem allseits bekannten Trick gehört, bei dem russische Polizisten ausländischen Besuchern die Pässe wegnahmen und diese nicht wieder rausrückten, bis ein beachtliches Schmiergeld gezahlt worden war. Gott sei Dank hatten wir unsere Pässe in Annas Wohnung gelassen. Ich war zuerst dran und legte meinen Geldbeutel und mein Handy auf den Tisch und wurde daraufhin oberflächlich untersucht. Johno war der Nächste und entledigte sich der vier Kapuzenjacken, die er gegen die Kälte angezogen hatte (er war zu geizig gewesen, sich vor der Abfahrt eine richtige Winterjacke zuzulegen). Aus den zahlreichen Jackentaschen brachte er seinen Geldbeutel, sein Handy, einige Papierfetzen und ... eine Zahnbürste hervor. Er war wohl sehr optimistisch über den Ausgang des Abends gewesen, was selbst die Polizisten zum Lachen brachte.

Danach war Anna an der Reihe, dann Leigh. Er war inzwischen, wenn das überhaupt möglich war, noch blasser geworden, und es wurde mucksmäuschenstill im Raum. Er stand auf. Seine ganze Haltung drückte tiefstes Schuldgefühl aus. Einen Moment lang dachten wir, er würde sich weigern, den Reißverschluss seiner Jacke zu öffnen, aber der grimmige Blick eines Polizisten belehrte ihn eines Besseren und er zog zögernd die fast leere Wodkaflasche heraus. Er stieß einen unglaublich schuldbewussten Seufzer aus.

»Oooooohhhhhhhhhh«, entfuhr es dem älteren Polizisten. Beide Beamten gaben nun ihren besten missbilligenden Blick ob des ach-so-furchtbaren Verbrechens aus ihrem Repertoire zum Besten, während wir versuchten, unser angeschwipstes Gekicher unter Kontrolle zu halten.

Was darauf folgte, war die schlechteste und absurdeste Good-Cop-Bad-Cop-Darstellung, die ich je gesehen hatte. Ich hatte zwar noch nie eine live erlebt, aber ich hatte genügend Episoden von *The Wire* und *Police Academy* gesehen, um den Ablauf zu verstehen.

Anna übersetzte:

»Das ist ein sehr schwerwiegendes Verbrechen«, sagte der jüngere Beamte; der andere nickte ernst. »Es muss bestraft werden. Mein Kollege wird jetzt Ihre Personalien aufnehmen.«

Der Ältere der beiden stand auf, ging hinaus und schloss die Zellen-Büro-Tür hinter ihm ab. Der jüngere Beamte grinste uns freundlich an und fragte, welche Fußballmannschaft wir unterstützten.

Dazu muss man sagen, dass ich, sehr zum Bedauern meines Vaters, noch nie ein großer Fußballfan gewesen bin. Ich würde mir eher eine Seifenoper als ein Fußballspiel ansehen. Auf Reisen kann Fußball aber ein fantastisches Gesprächsthema abgeben, vor allem, wenn man nur eine Handvoll Wörter in der anderen Sprache spricht. Sobald dein Gegenüber erfährt, dass du aus England kommst, ist die nächste Frage, hinter welchem Verein du stehst. Das Konzept, dass man als Engländer keinen Lieblingsverein vorzuweisen hat, führt oft zu Bestürzung und allgemeiner Verwirrung, also ist meine Standardantwort »Manchester United«, was stets zu einem befriedigten Lächeln führt, da der Name den meisten bekannt ist. Aus Erfahrung weiß ich, dass mein örtliches Team, Swindon Town, nicht im Mindesten dieselbe Reaktion hervorruft.

Meine Kumpels hegten ähnliche Gefühle, was den Fußball angeht, daher hatten wir uns auf die unseren Wohnorten geografisch am nächsten gelegenen Mannschaften geeinigt: Johno war für Manchester United, Leigh für Aston Villa und ich für Chelsea, der einzige Name, der mir sonst noch einfiel.

Der Beamte nickte wohlwollend, als wir ihm unsere Mannschaften nannten, bevor er zu einer langen Litanei über das geringe Einkommen der russischen Polizei bei immens hohen Lebenshaltungskosten in Moskau überging. »Das stimmt zwar«, fügte Anna ihrer Übersetzung hinzu, »aber sie bekommen gleichzeitig so viele Schmiergelder, dass sie mehr als die meisten Menschen in Moskau verdienen – ganz sicher aber mehr als ich!«

Sein Kollege wolle auf jeden Fall einen Bericht über uns schreiben, fuhr er fort und deutete auf das Formular auf seinem Schreibtisch, aber da er uns so sehr mochte, würde er uns am liebsten gehen lassen.

Das war das Stichwort: Der zweite Beamte betrat wieder den Raum. Mit strengem, unnachgiebigem Blick fing er an, unsere »Verbrechen« zu Protokoll zu nehmen.

»Name?«, wollte er wissen.

Sein Partner ging dazwischen und sagte etwas, das ihm ein Ächzen und Stöhnen entlockte, dann ging er hinaus. Der andere wiederholte seinen Appell.

Dieses Schauspiel wurde noch ein paar Mal wiederholt – und wurde langsam langweilig. Wie es aussah, gab es keine andere Möglichkeit, eine Übernachtung in einer von Moskaus feinsten Gefängniszellen zu vermeiden, also ließen auch wir diverse Anspielungen fallen.

»Wir fragten uns gerade«, übersetzte Anna, »ob es vielleicht eine Möglichkeit gäbe, das alles ... ungeschehen zu machen?«

Normalerweise bezahlen wir aus Prinzip keine Schmiergelder. Egal wie sehr jemand versucht, uns das Leben schwer zu machen – wenn wir nichts Unrechtmäßiges getan hatten, zahlten wir keine Schmiergelder an korrupte Beamte. Es sei denn, natürlich, dass man uns vor dem Regierungsgebäude mit zwei Flaschen Hochprozentigem erwischte, während wir trottelige, selbst erfundene Kinderlieder sangen und noch dazu bei einer wichtigen Party erwartet wurden – in dem Fall muss man den Dingen einfach etwas nachhelfen.

Sie schickten uns drei nach draußen, während Anna drinnen mit ihnen verhandelte. Zehn Minuten später kam sie heraus und sagte uns, dass wir jeweils eine Strafe von fünfhundert Rubel (zehn Pfund) zu zahlen hätten, damit keine Anzeige erstattet werden würde. Wenn sie das doch einfach vor eineinhalb Stunden gesagt hätten! Also bezahlten wir und sofort waren unsere Geiselnehmer sehr viel freundlicher gestimmt, hatten wir doch gerade ihren Tageslohn verdoppelt. Als wir uns umdrehten und uns von dem älteren Beamten mit *do svidánija* verabschiedeten, rief er mich zurück. Ich ging auf ihn zu und er hielt mir unsere halbvolle Wodkaflasche hin. Da ich dachte, es sei eine Finte, fragte ich ihn witzelnd: »Für mich?«

»*Da!*«, sagte er nur.

Ich streckte die Hand aus, nahm den Wodka an mich und tat so, als ob ich mich damit entfernen würde – ich dachte, er würde die Flasche mit einem überheblichen Glucksen wieder an sich reißen. Aber nichts davon geschah, er nickte nur und ging weg. Mit dem Wodka in der Hand rief ich uns ein Taxi und wir fuhren zu der Bar.

KAPITEL 12

GEISTERSTADT

Ich schäle mein Gesicht vom Ledersitz des Ford Cortina – abgewetzt von all den Hintern, die in den letzten dreißig Jahren darauf gesessen hatten –, den wir für Extra-Passagiere eingebaut hatten. Neben uns ließ ein enormer Laster seinen Motor aufheulen. Ich weckte die anderen auf, die in ähnlich unbequemer Lage die Nacht auf dem Rücksitz verbracht hatten, und wir fuhren los Richtung Minsk. In der Nacht zuvor waren wir über die Grenze Russland–Belarus gedüst. Nachdem kein einziges Hotel unsere Kreditkarten akzeptieren wollte, waren wir gezwungen, Hannah zu unserm Nachtquartier zu machen.

Minsk war für mich immer ein Buch mit sieben Siegeln gewesen. Ich hatte fälschlicherweise angenommen, es sei eine praktisch unbewohnbare Stadt in der entferntesten Ecke Sibiriens; diese Annahme basierte auf einer Episode von *Friends* (ich bin wahrscheinlich nicht der Einzige, der diesem Fehler aufgesessen ist).

Denn tatsächlich ist Minsk die Hauptstadt von Belarus.

Belarus wird oft als »Weißrussland« übersetzt und ist eine Diktatur auf der europäischen Seite von Russland, nördlich der Ukraine. In den Fünfzigerjahren wurde Minsk von Stalin wieder aufgebaut, als Vorzeigestadt für die Produktionsfähigkeit der UdSSR. Es ist auch heute noch eine Vorzeigestadt, wenn auch mehr eine Geister-Vorzeigestadt. Belarus hat die einzige totalitäre Regierung auf europäischem Festland, und sie versucht verzweifelt, aller Welt zu beweisen, dass das Land aus eigener Kraft auf der internationalen Bühne mithalten kann.

Warum wir ausgerechnet dorthin wollten? Ganz einfach: Keiner von uns kannte jemanden, der bereits einmal dort gewesen war, und es hörte sich einfach nach einem guten Abenteuer an. Wir übernachteten bei einer Couchsurfer-Gastgeberin namens Tania, die Kunst und Betriebswirtschaft studieren wollte, was beides, wie auch sonst alles in diesem Land, unter staatlichem Einfluss stand. Es war nun Tag und Leigh hatte endlich die Blinker repariert, wir konnten uns also auf eine Stadtrundfahrt begeben. Wir trennten uns, um jeder für sich die seinem Geschmack entsprechenden Stalin-Denkmäler, Show-Seen und bewohnten Betonsilos zu besuchen – all das eine skurrile Kombi aus westlicher Vorzeigestadt und Ex-Sowjet-Kulisse.

Als es an der Zeit war, uns auf den Weg zu machen, gaben wir Tania unsere letzte Flasche französischen Couchsurfing-Gastgeber-Wein. Wir füllten den Bestand der *Bar* wieder auf – dieses Mal mit dem berühmten Belarus-Wodka. Ich stellte in der Wodka-Abteilung (doch, eine ganze Abteilung!) eine wahllose Sammlung verschiedener Sorten zusammen. Die zwölf Flaschen des Gesöffs kosteten mich gerade einmal zwanzig Pfund. Wir mochten Belarus.

Fernab der Hauptstadt präsentierte uns Belarus seine natürliche Seite: idyllische Dörfer und sich unendlich hinziehende, üppig grüne Hügellandschaften, durch die kerzengerade Landstraßen führten. Der Grenzübergang in die Ukraine ging bedeutungslos vorüber, da wir den geschmuggelten Wodka mit keinem Wort erwähnten. Wir schafften es, den Klauen der Versicherungsschlepper zu entkommen, und rollten aus dem Grenzbereich hinaus auf die etwas ebeneren Straßen. Es ist immer wieder seltsam, wie mit dem Überqueren einer Linie, die nur auf der Landkarte sichtbar ist, vollkommen alltägliche Dinge auf einmal anders aussehen, und dieser Grenzübergang war da keine Ausnahme. Die weiten Felder wurden augenblicklich von diagonalen Reihen rötlicher Kiefern abgelöst, deren lange Schatten in der untergehenden Sonne über die Landstraße fielen.

Wieder einmal war es bereits dunkel, als wir an unserem Ziel, Kiew, ankamen. Bisher waren wir in allen Ländern, in denen wir uns geschworen hatten, nicht nachts zu fahren, immer nach Einbruch der Dunkelheit angekommen. Aber selbst das hielt die ukrainische Polizei nicht davon ab, uns zu erspähen und sofort anzuhalten. Sie wollten unsere Papiere sehen und fragten uns, ob wir Waffen im Wagen hätten.

Die Polizisten führten ihre Fragerei unerbittlich fort und wir fürchteten schon, sie würden unseren Wodka-Vorrat entdecken, als der Beamte, der etwas besser Englisch sprach, auf einmal den Sinn und Zweck unserer Reise verstand und seinen Kollegen erklärte. Schlagartig änderte sich die Stimmung: Zigaretten wurden herumgereicht und sie schenkten uns ein kleines Holzspielzeug als Glücksbringer. Dann beschrieben sie uns noch den Weg zur nahe gelegenen Jugendherberge.

Ein junges Mädchen Anfang zwanzig öffnete die Tür. Sie sah mich argwöhnisch an, als ich sie fragte, ob sie noch Platz für drei Jungs aus England hätte. Zweifelsohne hatte sie sich von jungen Engländern bereits ein Bild gemacht aufgrund der zahlreichen britischen Junggesellenabschiede, die hier gefeiert wurden.

»Ach, ja ... und wo könnten wir den Wagen parken? Wir sind, ähm, wir sind nämlich mit einem Black Cab von London nach Sydney unterwegs«, fügte ich noch schnell hinzu.

Sie strahlte übers ganze Gesicht. »Was? Ich glaub's ja nicht! Das muss ich sehen!« Sie zog sich rasch die Schuhe an und ging mit mir nach unten.

Sobald sie Hannah erblickte, wusste ich, dass deren Fangemeinde gerade um ein Mitglied erweitert worden war – und dass wir einen Platz zum Übernachten gefunden hatten. Johanna war hin und weg von Hannah. Während sie uns aufgeregt zu einem versteckten Parkplatz in einer Gasse in der Nähe der Jugendherberge führte, fragte sie uns über unsere bisherige Reise aus. In der gemütlichen kleinen Herberge fühlten wir uns sofort zu Hause, wie unter Freunden. Wir lernten auch bald die übrigen Gäste kennen und erzählten ihnen und Johanna von unserem nächsten Meilenstein: Am folgenden Tag feierten wir den ersten Monat unserer Reise und Pauls vierundzwanzigsten Geburtstag.

Es war nicht so, dass wir den Tag lieber in einer radioaktiven Sperrzone verbrachten, anstatt mit ihm seinen Geburtstag zu feiern, aber das war Paul nur sehr schwer zu erklären. Leigh und ich wollten uns Tschernobyl auf jeden Fall ansehen, und dies war vielleicht unsere einzige Chance. Doch Paul konnte nicht verstehen, warum wir genau an seinem Geburtstag siebzig Pfund ausgeben wollten, um, wie er sagte, »zerstörte Gebäude anzuschauen und Krebs zu kriegen«.

»Wir haben sogar ein Geburtstagsgeschenk für dich!« Mit diesen Worten weckten wir ihn am nächsten Tag um sieben Uhr morgens, kurz bevor wir losfuhren.

Sein verschlafenes Gesicht hellte sich für einen Moment auf, verdunkelte sich aber sofort wieder, als er sein Geburtstagsgeschenk sah: ein Schnapsglas Belarus-Wodka und ein Kaktus, den wir bei einer winzigen Babuschka in einer nahe gelegenen Unterführung erstanden hatten. Er verfluchte uns kurz, nahm die Sache dann aber gelassen. Wir versprachen, mit ihm abends gebührend zu feiern, sobald wir wieder zurück wären.

Nachdem wir einer zwielichtigen Gestalt namens Igor eintausend Hrywnja ausgehändigt hatten, stiegen wir in den steinalten Minibus ein und fuhren los zum Schauplatz der schlimmsten Nuklearkatastrophe der Welt. Die Explosion von Block Vier des Kernkraftwerks Tschernobyl im Jahr 1986 hatte die Evakuierung der Region zur Folge gehabt, einschließlich der Stadt Pripyat und ihrer fünfzigtausend Einwohner. Der daraufhin entstandene radioaktive Niederschlag ging auf den gesamten europäischen Kontinent nieder. Selbst Schafe, die nichts ahnend im walisischen Hochland grasten, waren davon betroffen. Noch bis heute wird oft das Fünfundsiebzigfache normaler Radioaktivität in einigen Gegenden um Tschernobyl gemessen.

Dicke, graue Wolken und schwere Schneeflocken lieferten den perfekten Background, als wir in die menschenleere, zerfallene Metropole einfuhren. Im Stadtzentrum stand noch der Jahrmarkt, der eine Woche nach dem Unfall eröffnet werden sollte, einschließlich eines verblassenden Riesenrads und vor sich hin rostenden Autoscooters. Jetzt moderte er vor sich hin. Den Einwohnern wurde damals gesagt, sie hätten zwei Stunden, um ihren Pass und das Nötigste zusammenzupacken, sie würden für einige Tage evakuiert werden. Doch sie durften nie mehr zurückkehren.

Einer der gruseligsten Orte der Stadt war eine Schule, in der nach einem Vierteljahrhundert noch immer Kinderzeichnungen an der Wand hingen – neben unbenutzten Gasmasken und Postern, die die Sowjetunion in ihrer ganzen Pracht feierten. Alles blieb unberührt seit jenem Unglückstag – eine ernüchternde und aufschlussreiche Erfahrung für uns beide. Nachdem sie uns wieder in die Minibusse verfrachtet hatten, fuhren wir schweigend am zerstörten Reaktor und den Erdhügeln, die ganze Dörfer unter sich begraben hatten, vorbei. Wir fragten uns, was Paul wohl derweil in Kiew getrieben hatte.

KAPITEL 13

NACKTENSTEIN!

Manchmal flogen die Kilometer nur so an uns vorbei ... und manchmal zog sich die Fahrt endlos dahin – die Fahrt Richtung Polen war zum Beispiel so eine. Auch die Polizei hier war nicht so freundlich wie in Kiew. Hier bekamen wir keine Glücksbringer geschenkt, sondern sie verlangten Bares. Gott sei Dank war es überraschend einfach, sie herunterzuhandeln: Pauls »Bußgeld« belief sich am Ende gerade noch auf sechs Pfund, und bei mir gaben sie sich mit Pauls Geburtstags-Kaktus zufrieden. Leigh war der Einzige von uns, der bisher weder angehalten worden war noch ein Bußgeld zahlen musste.

Nach einer schnellen Fahrt durch Österreich kamen wir in Liechtenstein an, wo wir uns die Zeit mit einem Spiel vertrieben, das Hannahs neuer Passagier, Pauls Freund Wikey, erfunden hatte. Wikey war uns nachgeflogen, um mit Paul Geburtstag zu feiern. Als besonderen Zeitvertreib schlug er vor, wir sollten das Land nackt durchqueren. Ein Land, das gerade einmal ein Hundertstel der Größe der Grafschaft Yorkshire hat, hat seine Vorteile: Man muss nicht allzu viel Zeit nackt verbringen, um es zu durchqueren – also stimmten wir zu.

Als wir eine Brücke überquert hatten, die wir für die Grenze zu Liechtenstein hielten, rief die Taxigemeinschaft einstimmig: »Nacktenstein!«

Wir entledigten uns aller Klamotten und zockelten splitterfasernackt an grünen Alpenwiesen vorbei.

Die seltsamsten Dinge geschehen mit einem, wenn man einen Monat zusammen in einem Taxi verbracht hat ...

»Moment mal ...«, sagte ich mit einem Blick aus dem Fenster, »das sind immer noch österreichische Verkehrsschilder. Das war die falsche Brücke!«

Alle stöhnten und wir zogen uns wieder an. Wir blieben aber nur gefühlte neunzig Sekunden bekleidet, bis wir die richtige Brücke zur Hälfte überquert hatten und das Liechtensteiner Wappen sahen. Sofort riefen wir wieder im Chor: »Nacktenstein!«

Die Schweiz hatte mich schon immer beeindruckt, die perfekte Ordnung und fast unerreichbare Sauberkeit des Landes zogen mich an. Die wunderschönen, lupenreinen Alpendörfchen sahen fast aus wie Filmkulissen. Leider hat all dies auch seinen Preis – unverschämte Preise, um genau zu sein. Selbst eine einfache Mahlzeit in einem einfachen Restaurant und ein schnelles Bier in einer Kneipe sprengte unser Budget von zehn Pfund pro Tag.

Später trafen wir uns mit alten Freunden aus der Unizeit, was eine interessante Erfahrung für uns war: Sie hatten nach dem Abschluss sofort den Sprung in die Geschäftswelt geschafft und zahlten ohne mit der Wimper zu zucken fünfzig Pfund für eine Runde Drinks, bevor sie sich wieder in ihr stinkvornehmes Appartement in der Stadtmitte zurückzogen.

Während wir uns einen Laib Brot mit Speck aus der Tube zum Mittagessen auf der Motorhaube des Taxis teilten, schlemmten diese Jungs in den exklusiven Cafés am Genfer See. Während wir auf dem Fußboden zugiger Bauernhäuser übernachteten, rekelten sie sich in Kingsize-Betten in Junggesellenbuden, die mit allen Finessen ausgestattet waren. Wir konnten einen Anflug von Neid nicht unterdrücken, als wir uns mit diesen Jungs unterhielten, aber sobald wir wieder unterwegs waren, wurde uns klar, dass wir um nichts in der Welt mit ihnen tauschen würden. Wir hatten so viel Spaß wie noch nie.

Dann waren wir wieder in Frankreich. Inzwischen war es März und unser Weg in den Süden hatte uns das fantastische Wetter beschert, das man von der Riviera erwartet – ein starker Kontrast zu der eisigen Kälte, die wir Anfang des Jahres in den Pariser Vororten erlebt hatten. Wir beschlossen, dass es nun warm genug war für unsere Wurfzelte. Wir hatten sie mitgenommen, um in wärmeren Gefilden wild zu campen und damit etwas Geld zu sparen. In den Seitentälern der Alpenausläufer fuhren wir immer höher und höher hinauf, bis wir zu einer Wiese kamen, die als »Städtischer Campingplatz« gekennzeichnet war. Während wir die Zelte aufstellten, sah ich, wie Leigh vor sich hin grummelte und unentwegt den Kopf schüttelte, während er sein Zelt aufbaute. Als wir die Zelte kauften, hatte der Laden leider nur noch zwei in Tarnfarbe und eines in Hellrosa auf Lager. Leigh hatte uns wochenlang verflucht dafür, dass er das rosa Zelt nehmen musste.

»Wenn wir jemals nachts angegriffen werden, bin ich bestimmt als Erster dran«, sagte er oft, halb scherzend, halb im Ernst. »Mein quietschrosa Zelt sieht man doch meilenweit!«

Da wir überstürzt aus England aufgebrochen waren, hatten wir es tatsächlich fertiggebracht, die Tasche mit der halben Campingausrüstung liegen zu lassen. Also hatten wir jetzt jeder nur noch einen Schlafsack und ein Zelt, und das war's. Einen alten Teppich, den wir irgendwo gefunden hatten, hatten wir in Isomatten-gerechte Stücke geschnitten und ein Haufen dreckiger Wäsche diente als Kopfkissen. Ohne die notwendige Ausrüstung zitterten wir die ganze Nacht hindurch vor Kälte, wurden aber am nächsten Morgen mit einem atemberaubenden Sonnenaufgang über den Bergen in der Ferne belohnt. Unser Camping-Appetit war trotz der Kälte geweckt.

Es war zwar erst Ende März, aber schon richtig sonnig. Die Fahrt durch die Serpentinen der Französischen Riviera von Nizza nach Monaco ist eine der weltbesten Strecken überhaupt, mit der perfekten Szenerie: Die Sonne spiegelte sich im sanft kräuselnden Mittelmeer wider, auf dem gelegentlich eine Superjacht auftauchte. Ich fühlte mich wie Cary Grant, nur dass ich anstatt in einem italienischen Sportwagen in einem Taxi saß, das zwanzig Jahre auf dem Buckel hatte, und statt Grace Kelly und ihrem in der kühlenden Brise wehenden Kopftuch saß Johno in obszönen Daisy-Duke-Shorts neben mir und kratzte sich im Schritt.

Kaum in Monte Carlo angekommen – Tummelplatz der superreichen Steuerhinterzieher –, fanden wir uns auch schon auf der Formel-1-Rennstrecke wieder. Wir drehten ein paar Runden auf den öffentlich zugänglichen Rennstrecken, rasten in einen der Tunnel mit sage und schreibe knapp fünfzig Stundenkilometer und genossen den typischen Formel-1-nneeeeeeeaaaaaaaarrrrrrmmmph-Sound – oder zumindest war das der Sound, den ich von mir gab, um das traktorenähnliche Brummen unseres Dieselmotors zu übertönen. Ich meisterte die gefährliche *Schikane* ohne Probleme und brauste mit zwanzig bis fünfundzwanzig Sachen an Luxusjachten vorbei.

Ein Motorroller fuhr heran. Der Fahrer, auf dessen Arm ich ein riesiges Abzeichen einer Sicherheitsfirma ausmachen konnte, bedeutete mir anzuhalten. Ich dachte, wir seien mal wieder in Schwierigkeiten – was inzwischen schon ganz normal war –, und fuhr auf den Seitenstreifen. Doch dann stellte sich heraus, dass er nur ein Fan unserer Reise war, die er online verfolgte, und er uns unbedingt kennenlernen wollte.

Wir wechselten uns ab und jeder kam an die Reihe, auf der Rennstrecke zu fahren und die dazugehörigen Geräusche zu machen. Dann ging es weiter zum Kasino. Es gab zwei Parkmöglichkeiten: unterirdisch für gewöhnliche Sterbliche und auf dem Show-Parkplatz für die Superautos der Superstars gleich vor dem Kasino. Der Parkplatzwächter schenkte unserem schäbigen, alten Taxi nur einen kurzen Blick, bevor er uns in den »normalen Bereich« winkte, aber wir lächelten ihm zu und fuhren schamlos an ihm vorbei in den »exklusiven Bereich«.

Seit Hannah von der Fähre auf französischen Boden gerollt war, hatte sie überall Aufsehen erregt: Sowjetische Polizisten bekamen Dollarzeichen in den Augen, sobald sie sie sahen, und in der Tschechischen Republik verursachte sie ein breites Grinsen und freundliches Zuwinken bei fast allen Fahrern. Wir parkten also in einer Reihe mit unbezahlbaren Karossen, stiegen aus und fingen an, Fotos zu schießen. Wir waren überrascht zu sehen, dass auch alle anderen Touristen, die auf dem Gelände herumschlenderten, Erinnerungsfotos machten – und zwar von unserem über und über mit Stickern beklebten, rostigen Black Cab! Es interessierte sie mehr als die millionenschweren Autos, die es sonst noch zu sehen gab. Sehr zu unserer Freude posierten wir auch schon bald mit Hannah für eine deutsche Touristengruppe. Selbst die Polizei, die aufkreuzte, um zu sehen, was es mit dem Tumult auf sich hätte, war bald mit Leigh in ein freundliches Geplänkel über unsere Reise verwickelt.

In Italien verursachte Hannah die bis dahin beste, wenn auch sehr stereotypische Reaktion: Auf einer Autobahn wurden wir, wie gewohnt, von allen überholt. Ein heiserer Ferrari fuhr langsam neben uns her und holte zentimeterweise auf, während die Insassen eine Spazierfahrt im offenen Cabrio genossen.

Als wir auf gleicher Höhe waren, bemerkte die Beifahrerin, ein hübsches Mädchen mit dunklen Augen, das ramponierte Londoner Taxi mit einem Dachgepäckträger voller Müll. Sie starrte uns mit offenem Mund an und lächelte.

Der Fahrer, sehr wahrscheinlich ihr Freund, hatte uns noch nicht bemerkt und gefiel sich in seiner Coolness, wie er so seinen Sportwagen auf der Autobahn spazieren fuhr. Doch die Coolness war mit einem Schlag vorbei, als er uns sah oder vielmehr den Blick seiner Freundin verfolgte. Ihm fiel vor lauter Abscheu die Kinnlade herunter und er brachte es fertig, uns alle drei gleichzeitig anzuglotzen. In einer unbeabsichtigt komischen Geste übertriebener Männlichkeit legte er den Arm um seine Begleiterin und röhrte mit hundertsechzig Sachen davon.

Zu Beginn hatten wir, total betrunken, entschieden, dass wir Australien auf dem längstmöglichen Weg erreichen wollten, um das Taxameter so richtig hochzutreiben. Diesem Plan wollten wir treu bleiben, und das würde Nordafrika mit einschließen. Doch leider hatte sich ungefähr eine Woche, nachdem wir London verlassen hatten, ein Student in Tunesien selbst verbrannt und so eine Revolution in der arabischen Welt entfacht. Was er nicht wissen konnte: Er hatte damit auch die Pläne dreier Kumpels in einem Black Cab zunichtegemacht.

Anstatt also im Süden Italiens eine Fähre nach Nordafrika zu nehmen und dann über den Mittleren Osten in die Türkei weiterzufahren, hatten wir ein neues Ziel ins Auge gefasst: den Balkan.

Das erste Land auf unserer neuen Route war Slowenien. Es war so klein, dass wir es in nur zwei Stunden durchquerten. Als wir über die Grenze nach Kroatien fuhren, fanden wir ein gemütliches kleines Hostel, wo wir übernachteten.

Am nächsten Morgen wachten wir ausgeschlafen und relaxt wie schon lange nicht mehr auf. Auf jeden Fall waren wir relaxt, bis wir aus dem Fenster sahen – Hannah stand direkt vor dem Hostel, und selbst aus dem dritten Stock konnte man sehen, dass etwas nicht stimmte: Eine große Pfütze einer bislang nicht identifizierten Flüssigkeit hatte sich unter ihr gebildet, und als wir hinuntergingen, um die Sache zu untersuchen, stellte Leigh fest, dass der altersschwache Benzintank an den Nähten leckte und unser Diesel langsam auslief. Das hieß, wir bräuchten entweder einen komplett neuen Tank – der in Kroatien wahrscheinlich sehr schwer aufzutreiben war – oder einen sehr talentierten Schweißer, der den Tank wieder zusammenflicken könnte. Der Hotelbesitzer kannte zum Glück den richtigen Mann, und innerhalb weniger Stunden hatte Leigh ihm erklärt, was Hannah fehlte. Wir überließen sie seinen sicheren Händen und hofften, dass er sie wieder auf Vordermann bringen würde.

Aus unserer Zwangs-Auszeit von Hannah beschlossen wir das Beste zu machen und ließen uns von unserem Couchsurfing-Gastgeber Igor die Stadt bei Tag und die Kneipen bei Nacht zeigen.

Wir blieben noch ein paar Tage bei Igor, bis der Wagen wieder startklar war; dann fuhren wir weiter. Und erneut hatten wir Schwierigkeiten, einen anständigen Platz zum Zelten zu finden. Wir fuhren einen verlassenen Weg hinunter, der in einen unheimlichen Wald führte. Leigh beschrieb uns alle ihm bekannten Szenen aus Horrorfilmen, in denen Leute im Wald zelteten, besonders diejenigen, die dem neuesten Kinotrend zufolge in Osteuropa spielten. Als wir dann auch noch an einer besonders gruseligen, verlassenen Hütte vorbeifuhren, war das Maß voll, und da ich gerade am Steuer saß, wendete ich und fuhr aus dem Wald heraus.

Natürlich nicht, weil ich Angst hatte!

Schlussendlich campierten wir auf einem Grünstreifen in einem Industriegebiet, nur um auf Nummer sicher zu gehen!

KAPITEL 14

MONTAG IST HEAVY-METAL-TAG

Nach einem herrlichen Tag an den Plitvicer Seen kamen wir in Split an. Wenn man jeden Tag stundenlang fährt, kann das unweigerlich etwas langweilig werden. Musik hören ist dabei so ziemlich der einzige Weg, nicht den Verstand zu verlieren. Johno und ich sind beide große Musikfans – Leigh hingegen bringt es gerade auf drei Black-Eyed-Peas-Alben auf seinem iPod, also waren wir uns einig, dass er in diesem Punkt nichts mitzureden hatte. Da jeder seinen eigenen Musikgeschmack hat, sollte man meinen, das würde schnell zu Streiterei führen, aber eine simple Taxi-Regel hielt Handgreiflichkeiten in Schach: Der Fahrer hat das Sagen!

An diesem Punkt unserer Reise waren wir jedoch bereits ziemlich gelangweilt von unserer Auswahl und so beschlossen wir, das Ganze etwas aufzupeppen, indem wir Thementage einlegten. Der Samstag, an dem wir unseren improvisierten Campingplatz auf der Grünfläche eines Industriegebiets verließen, um nach Split in Kroatien zu fahren, war Reggae-Samstag. Unsere Reggae-Songs in einer Playlist zusammenzubringen war einfach – dass diese einen ganzen Tag füllte, war schon ein wenig schwieriger. Also fügten wir bald schon Ska hinzu und dann jede Punk-Band, die irgendwann einmal irgendetwas Ähnliches wie Ska gespielt hatte. Eins war aber klar: Unsere thematischen Musiktage waren ein Hit!

Wir fuhren durch Bosnien in Richtung Sarajewo. Dabei folgten wir der Wegbeschreibung zu einem, wie man uns versichert hatte, perfekten Plätzchen, um zu campen. Schon bald bewegten wir uns auf einem schmalen Pfad einen steilen Hügel hinauf, weit unter uns lag der Fluss. Wortlos lösten wir gleichzeitig unsere Sicherheitsgurte und öffneten die Fenster – eine stillschweigende Sicherheitsmaßnahme für den Fall, dass Hannah ins Rutschen kam und in den reißenden Fluss stürzte. Der Ausblick in das beeindruckende Tal belohnte uns jedoch für die riskante Fahrt, obwohl wir uns wegen des starken Windes und der kühlen Temperaturen auf eine weitere ziemlich schlaflose Nacht gefasst machten.

Nach einem kurzen Stopp in Sarajewo – viel zu kurz, um die geschichtsträchtige Stadt gebührend zu erkunden – machten wir uns auf den Weg zur Grenze nach Montenegro.

Montag war Heavy-Metal-Tag, also konnte ich meine alten Trash-Metal-Alben auskramen, Leigh wartete mit Limp Bizkit auf und Johno stellte uns die Austrian Death Machine vor: eine brutale Heavy-Metal-Band, die mit einem gefakten österreichischen Akzent ausschließlich über Arnold-Schwarzenegger-Filme sang.

Es war der perfekte Soundtrack, um uns durch die steilen Montenegro-Schluchten zu schlängeln. Hier und da sah man Indiana-Jones-Seilbrücken. Die schmalen, aber gut ausgebauten Straßen durchschnitten die zu einer Seite fast senkrecht abfallenden Felswände; große Betonklötze schützten die Fahrer vor dem Absturz.

Montenegro kam und ging wieder, und plötzlich befanden wir uns auf einem riesigen Pass und reisten in den Kosovo ein. Wir ließen den Mittelmeer-Frühling hinter uns und es begann heftig zu schneien. Die Fahrt durch den Kosovo war grau und feucht, und als wir an die Grenze zu Mazedonien gelangten, goss es wie aus Eimern.

Unsere Generation war in einer Ära offener innereuropäischer Grenzen und Discounter-Flugtickets aufgewachsen. Dadurch hatten wir aber auch, bis zu unserem Trip mit Hannah, noch nie erfahren, was es heißt, einen Grenzposten zu Land zu überschreiten. In den letzten

Monaten hatten wir jedoch unseren Erfahrungsschatz dahingehend mehr als genügend erweitern können.

Alle Grenzposten, die wir bis dahin hinter uns gebracht hatten, hatten ein paar unschöne Details gemeinsam: Sie waren in das harte Licht fluoreszierender Neonröhren getaucht, die aber nie ganz den grauen, allgegenwärtigen Nieselregen durchdringen konnten. In den stallartigen Gebäuden mit ihren Zäunen und Betonböden und einem ständigen Gewimmel kam man sich vor wie in einer Menschenfabrik – aber man kam trotzdem mit niemandem wirklich in Kontakt. Obwohl Tausende von Menschen täglich die Stacheldrahtanlagen passierten, schienen alle nur ihr eigenes Ziel vor Augen zu haben: auf die andere Seite zu gelangen.

Die Beamten waren wie Roboter, entmenschlicht durch die monotone, nicht enden wollende Einteilung menschlichen Materials in die Kategorien »bewilligt« oder »abgelehnt«. Auch die Mazedonier waren da keine Ausnahme. Der Grenzbeamte warf einen schnellen Blick auf unsere grüne Versicherungskarte und lehnte sie ab, da sie nicht auf grünem Papier gedruckt war.

Also mussten wir weitere fünfunddreißig Pfund für eine mazedonische Versicherung zahlen. Es wurde bereits Abend, als wir die Grenze passierten.

Nach zweieinhalb Stunden Fahrt durch Dunkelheit und Regen hatten wir Mazedonien hinter uns gelassen. Den Regen bekam der Fahrer auch im Wageninneren zu spüren: Durch ein Loch in der Gangschaltung wurde er jedes Mal, wenn wir durch eine Pfütze fuhren, nass gespritzt und über dem Gaspedal tropfte es ständig auf seinen Fuß. Leigh, der das gesamte Land verschlafen hatte, streckte seinen Kopf aus dem Schlafsack, als uns der Grenzbeamte nach Griechenland durchwinkte.

Leigh wurde immer unruhiger bei dem Gedanken, was wohl in der Türkei erlaubt war und was nicht. Er sagte, dass es ihm dabei hauptsächlich um das Schweinefleisch ging, mit dem wir uns in Bosnien eingedeckt hatten, aber Johno und ich wussten ganz genau, dass er sich auch noch wegen anderer Dinge, die in einem muslimischen Land vielleicht nicht so gern gesehen waren, den Kopf zerbrach.

»Alk haben wir ja keinen mehr dabei, oder?«

»Leider nein. Außerdem ist Alkohol in der Türkei nicht verboten, es ist also alles in Ordnung«, beruhigte ich ihn.

Als wir noch in Tschechien waren, hatte Leigh seine Freundin Charlotte furchtbar vermisst. Also hatte ich, als guter Freund, der ich nun einmal war, das Bedürfnis, ihn aufzuheitern. Die Tankstelle, an der wir hielten, bot leider keine allzu große Auswahl, also erstand ich die schrägste (und billigste) Hardcore-Porno-Zeitschrift, die ich finden konnte, und bat die Dame an der Kasse, sie nett als Geschenk zu verpacken – sie fand das sehr amüsant. Dann gab ich Leigh das kleine Aufmunterungspräsent, das seitdem die Runde im hinteren Teil des Taxis machte und ein neues Spiel auf den Plan gerufen hatte: das Porno-Zeitschrift-Versteckspiel. Dabei ging es darum, die Zeitschrift an einem Ort zu verstecken, wo sie in einer möglichst unpassenden Situation wieder auftauchte – was häufig die Mappe mit den Papieren war, die bei jeder Grenze und jeder Polizeikontrolle ihren Auftritt hatte ...

»Oh je ... habt ihr eigentlich meinen, ähm, also habt ihr diesen Tschechen-Porno weggeworfen?«

»Na klar.« (Hatten wir nicht.)

»Ganz sicher?«

»Ganz sicher!«

»Gut, denn wenn sie den finden, könnten wir ernsthafte Schwierigkeiten bekommen.«

Zu diesem Zeitpunkt war die Zeitschrift in Leighs Tasche versteckt.

KAPITEL 15

DIE GRÜNE VERSICHERUNGSKARTE, DIE NICHT GRÜN GENUG WAR

Die Zeitschrift blieb bei unserem Grenzübergang unentdeckt, wir hatten aber immer noch Hoffnung, Leighs Freundin würde sie bei ihrem Besuch ein paar Tage später finden. Als wir die Grenze überquerten, weigerten sich die Beamten, unsere grüne Versicherungskarte anzuerkennen, da sie ihrer Logik nach nicht grün war, obwohl »Green Card« und »Carte Verte« gut sichtbar oben aufgedruckt war. Einem deutschen Paar in einem Wohnmobil widerfuhr dasselbe Schicksal, und trotz des heftigen Protestes des beleibten, schweißgebadeten Mannes »we already have zee GWEEEEN Card« mussten wir beide heftig nachzahlen für eine Zusatzversicherung.

Wir kamen gut voran bis Istanbul, brauchten dann aber geschlagene zwei Stunden, um zu unserem Hotel zu finden. Wir hatten uns mit einem Paar aus Irland verabredet, das wir in einem Hotel in der Ukraine kennengelernt hatten. Die beiden waren wahnsinnig witzig und hatten als Fotografen wirklich etwas drauf, ihre Wegbeschreibung ließ allerdings einiges zu wünschen übrig.

Irgendwann fanden wir das Hotel doch und der Besitzer öffnete uns: ein türkischer Rastafari mit einer Flasche Jack Daniel's in der Hand. Er trug ein Unterhemd mit der Aufschrift *Thai Chang Beer*, das auch schon bessere Zeiten gesehen hatte. Obwohl das Gebäude in den nächsten Monaten abgerissen werden sollte, war das Hotel ausgebucht und unsere Betten hatte man sogar doppelt vergeben. Nachdem wir so lange gebraucht hatten, um das Hotel überhaupt zu finden, waren wir nicht bereit, etwas anderes zu suchen, also bot der Rastafari uns den Küchenboden inklusive Frühstückstoast für ein Pfund fünfzig pro Nase an, was wir gerne annahmen.

Am nächsten Tag machten wir einen Stadtrundgang und gaben uns eine Dosis türkische Kultur: Wir besuchten die Blaue Moschee, aßen Kebabs, rauchten Shisha, unterhielten uns mit netten Türken und wanderten durch den Großen Basar, wo wir Zeugen eines Streits wurden, bei dem ein Kebab-Holzkohlegrill umfiel und beinahe alles in Schutt und Asche gelegt hätte.

Unser Abstecher in die Stadt war viel zu schnell vorbei, und eher, als uns lieb war, mussten wir wieder aufbrechen. Wir waren seit fast drei Monaten unterwegs, und außer den vier Tagen in Rovaniemi und weiteren vier Tagen in Kroatien wegen des lecken Benzintanks hatten wir nirgends länger als zwei Nächte gehalten. Wir waren total erschöpft und hatten beschlossen, uns eine Woche Auszeit an einem türkischen Strand zu gönnen – eine Woche ohne Auto, ohne uns von der Stelle zu bewegen, ohne Camping und – vor allem – eine Woche Urlaub voneinander.

Wir hatten diese Auszeiten in unsere Reise eingeplant, um nicht vollends den Verstand zu verlieren. So lange in einer Sardinenbüchse aufeinanderzuhocken schafft unweigerlich Spannungen – aber keine, die nicht mit einem kurzen Urlaub behoben werden könnten. Als Unterstützung für unseren Strandurlaub hatten wir unsere Freundinnen bzw. Mädels, die wir in einer Bar in Prag kennengelernt hatten und die aus unerfindlichen Gründen bereit waren, einen Urlaub mit uns zu verbringen, eingeladen. Sie würden in ein paar Tagen aus diversen Richtungen auf dem achthundert Kilometer entfernten Flughafen eintreffen.

Die Fahrt durch Istanbul bereitete uns auf den unberechenbaren Fahrstil des Orients vor. Die Sonne schien und wir schlängelten uns mit offenen Fenstern durch den dichten Verkehr zu der Brücke, die uns über den Bosporus und auf den asiatischen Kontinent bringen sollte. Als wir die Brücke überquerten, sahen wir tief unter uns winzige Segelboote auf dem Wasser.

Es war sehr erfrischend, endlich wieder in einem Land zu sein, das von Grenze zu Grenze mehr als nur ein paar Hundert Kilometer maß. Die Fahrt am Mittelmeer entlang war eine nette Abwechslung für uns: Eine grüne Hügellandschaft rollte an uns vorbei und es war angenehm warm. Alle Straßen hatten entweder einen brandneuen Belag oder wurden gerade asphaltiert. Bei jedem Tank-Stopp – Diesel fürs Auto, kohlensäurehaltige Drinks und Kebabs für die Insassen – trafen wir auf freundliche Tankwarte, Kassierer und Bedienungen, die Sprachbarriere schien sich einfach in Luft aufzulösen. Einmal wurde eine örtliche Moped-Gang auf uns aufmerksam. Sie begrüßten uns, bewunderten das Auto und verschwanden, nur um kurz darauf mit Geschenken zurückzukehren: einer Flasche Efes-Bier, einer Schachtel Nudeln und einem Laib Brot.

Unsere Woche Freiheit war ein absoluter Segen. Anstatt muffiger Zelte oder beengter Dreibettzimmer genossen wir Vier-Sterne-Luxus zu Nebensaison-Preisen und beschränkten uns darauf, am Swimmingpool zu faulenzen und am Strand spazieren zu gehen. Es stimmte uns zwar traurig, die Mädchen nach einer Woche wieder gehen zu lassen, aber gleichzeitig juckte es uns auch in den Fingern, die Reise fortzusetzen. Wir lebten unseren Traum und konnten es kaum erwarten, den nächsten Abschnitt der Reise zu erkunden: den Mittleren Osten.

Seitdem wir die Route geändert hatten, um Libyen zu umgehen, diskutierten wir ständig über neue Routen durch den Mittleren Osten. Am einfachsten wäre es gewesen, durch den Süden der Türkei in den Iran weiterzufahren und dann auf die ursprüngliche Route nach Pakistan zurückzukehren. Ich wollte aber auf keinen Fall die in Fels gehauene Stadt Petra verpassen. Aber um nach Jordanien zu kommen, mussten wir zuerst Syrien durchqueren. Leigh und Paul waren nicht besonders begeistert von der Idee, durch das unsichere Syrien zu fahren, wo es in den größeren Städten ständig Demonstrationen und Unruhen gab. Unsere Meinungen dazu gingen weit auseinander, was unweigerlich zu unterschwelligen Spannungen führte.

Die Nachrichten aus Syrien waren sehr widersprüchlich: Öffentliche Medien berichteten von gewalttätigen Demonstrationen und hielten alle ausländischen Besucher dazu an, das Land zu verlassen, während Berichte von unabhängigen Reisenden und Couchsurfern sagten, dass es keine Probleme gäbe, solange man die notwendigen Vorsichtsmaßnahmen ergriff und sich von größeren Menschenansammlungen in den Städten fernhielt. Als wir in Bodrum eintrafen, hatten wir uns immer noch nicht geeinigt. Paul sagte, ich würde zu leichtsinnig mit unseren gemeinsamen Plänen umgehen, und meiner Meinung nach ließ Paul sich viel zu sehr von Freunden und Familie beeinflussen, deren Meinung wiederum auf Zeitungsberichten basierte. Leigh saß zwischen allen Stühlen.

Also einigten wir uns darauf, weiterhin ostwärts grob in Richtung Australien zu fahren und eine Entscheidung zu treffen, sobald wir konkretere Informationen hätten.

KAPITEL 16

GALMAJUICE

Ein Taxi, das zwanzig Jahre auf dem Buckel hat und von Amateurmechanikern mit hausgemachten Ersatzteilen versehen und komplett umgebaut wurde, ist wie ein Kleinkind: Es braucht viel Liebe und Aufmerksamkeit. Auf dem Weg nach Süden hatten wir bemerkt, dass die Aufhängung, die die Fahrt schon von Anfang an etwas rumpelig gestaltete, sich noch ungemütlicher anfühlte. Nach genauerer Inspektion fand Leigh das Problem: Wir hatten zwar die Aufhängung mit brandneuen, doppelt so starken Federn versehen, diese waren aber an den original 1990er-Verschraubungen angebracht, und eine davon war aus der unteren Halterung gesprungen, was dazu führte, dass uns die kleinste Unebenheit jedes Mal mit einem schauderhaften Geräusch im Taxi Pogo-mäßig übereinanderwarf.

Also brauchten wir ein sehr spezielles, sehr kleines und sehr unscheinbares Ersatzteil. Wir fanden eines in England, dessen Versand einige Tage brauchen und uns eine ungeheuerliche Summe kosten würde. Also nutzten wir die Gelegenheit, um uns so lange den Nationalpark Kappadokien anzusehen.

So gut wie jeder, den wir in der Türkei kennengelernt hatten, hatte uns Kappadokien wärmstens empfohlen, und bald wussten wir auch, warum. Die Landschaft bestand aus unglaublichen Felsformationen, die wie phallusähnliche Feenkamine aussahen, und in der Gegend gab es unzählige unterirdische Städte. Wir fanden ein billiges Hotel, das teilweise in eine dieser Termitenhügel-ähnlichen Formationen integriert war, und brachten uns auf den neuesten Stand. Unser Visa-Agent im Iran hatte uns per E-Mail informiert, dass es weitere zwei Wochen dauern würde, bis wir unsere Visa bekämen. Das Ersatzteil würde am nächsten Tag eintreffen, also hatten wir auf einmal sehr viel Freizeit.

Syrien und Jordanien hatten gerade die Grenzen dichtgemacht, also fiel dieser Teil unseres Abenteuers schon einmal flach, und wir sahen uns nach Alternativen um. Wir hatten eine Freiwillige des Roten Kreuzes aus Glasgow namens Annaka getroffen, die in Armenien lebte und uns zu sich eingeladen hatte. Aufgrund unlogischer Grenzpolitik mussten wir durch Georgien einreisen, um nach Armenien zu gelangen. Über Georgien wussten wir nur, dass es einst zur ehemaligen UdSSR gehört hatte und kürzlich in einen Krieg mit Russland verwickelt gewesen war. All das hörte sich nicht sehr einladend an und keiner von uns hatte große Lust, sich noch einmal mit irgendeiner russischen Obrigkeit herumzuschlagen. Es gab eine heftige Diskussion, was wir als Nächstes tun sollten.

»Georgia?«, mischte sich eine Amerikanerin ein, die gerade hektisch ihr Gepäck im Schlafsaal zusammenpackte.

»Ja, genau, Georgia, das LAND«, erklärten wir ihr, da wir annahmen, sie könnte es mit dem US-Bundesstaat verwechseln.

»Oh ja, Georgien – ein klasse Land!«

»Ach, du warst da schon einmal?«, fragte ich sie überrascht.

»Na klar! Und ich war noch keine zwei Stunden im Land, da hatten sie mich in einem kleinen Dorf schon mit hausgebranntem Schnaps abgefüllt und ich durfte Schießübungen mit einer Kalaschnikow machen!«

Nach dieser Auskunft wurde das Kofferpacken im Schlafsaal noch etwas chaotischer – Georgien war genau nach unserem Geschmack, das würden wir uns auf keinen Fall entgehen lassen!

Ein paar Tage später kamen wir in der Hauptstadt Tiflis an und suchten unseren Couchsurfing-Gastgeber bei der Arbeit auf. Dann fuhren wir im Zickzack durch den abendlichen Hauptverkehr zu seiner Wohnung, vorbei an bröckelnden Fassaden der einst prächtigen Stadthäuser. Die gesamte Stadt schien sich inmitten eines gigantischen Wiederaufbau-Projekts nach dem Krieg 2008 zu befinden; jedes einzelne Gebäude war entweder im Verfall oder im Wiederaufbau begriffen, aber nichts schien wirklich zu Ende geführt zu sein.

Es war schier unmöglich, unseren Gastgeber George nicht zu mögen, und wir fühlten uns sofort wie zu Hause bei ihm. Er lief ständig mit einem verschmitzten Grinsen im Gesicht herum, das zu einem viel größeren George zu gehören schien. Außerdem hatte er offensichtlich eine Abneigung gegen das Tragen von Oberteilen innerhalb des Hauses. Dadurch hatten wir stets einen guten Blick auf sein Cannabisblatt-Tattoo, das er sich bestimmt in einem unüberlegten Moment in seiner Jugend genau über dem Bauchnabel hatte stechen lassen. Seine Wohnung fiel in die Kategorie der noch nicht renovierten Gebäude von Tiflis. Sie befand sich im dritten Stock eines Wohnblocks, der einem Roman von Dickinson entsprungen schien und vor Seele, Holzwürmern und Moder nur so triefte. Es hatte auch das Flair einer besetzten Wohnung. Man hatte den Eindruck, die eigentlichen, aristokratischen Besitzer würden jeden Moment aus ihrer Sommerresidenz zurückkehren und ihr Anrecht auf die Wohnung geltend machen. Oder das Ganze könnte glatt als Hipster-Bar im Londoner Stadtteil Shoreditch durchgehen. Die bunt zusammengewürfelten Möbel verschiedener Generationen wurden spärlich von einer Glühbirne, die aus einem Kronleuchter hing, beleuchtet. Die Wände waren voller Textmarker-Graffiti – ganz offensichtlich in volltrunkenem Zustand hingekritzelt – und gerahmter Zeichnungen befreundeter Künstler, einige davon zeigten eindrucksvolles Talent, während der Ruhm anderer wohl nie über Georges Wände hinausgehen würde.

Laut dem *Lonely Planet* war die Hauptattraktion Georgiens die Gastfreundschaft seiner Einwohner, was ich eher so interpretierte, dass sie ein wenig langweilig seien. Wie wir später feststellten, war dies der Code für »betrinken Sie sich auf jeden Fall mit den Einheimischen«, was in der Tat das Beste ist, was man in Georgien tun kann. Bald darauf wussten wir auch, dass »*galmajuice*« sowohl »Hallo« als auch »Prost« hieß – und das sagt mehr über Georgiens Kultur aus als jeder Reiseführer.

George kam von der Arbeit nach Hause und brachte ein paar Liter Bier, eine Flasche hausgemachten Wein und eine Wasserflasche mit einer unidentifizierbaren, hochprozentigen Flüssigkeit mit.

»So, und jetzt trinken wir erst mal einen!«

Einige seiner Freunde gesellten sich dazu und so lernten wir an diesem Abend die georgische Gastfreundschaft aus erster Hand kennen. Wie sich herausstellte, wurde der Schnaps, auch *Cha-Cha* genannt, aus Wein hergestellt und hatte einen Alkoholgehalt von vierzig bis siebzig Prozent. Der Brand war berühmt dafür, Leute blind zu machen, »aber nur kurzzeitig«, wie man uns beruhigte. Nachdem wir jeder ein Gläschen davon getrunken hatten, entschieden wir, dass wir nun guten Gewissens sagen konnten, wir hätten diese georgische Spezialität ausprobiert – einer war genug.

Nachts zogen wir uns auf unsere jeweiligen Sofas zurück und George verschwand mit einem der weiblichen Partygäste in seinem Zimmer.

Am nächsten Tag stiegen wir auf einen Hügel, von dem man eine gute Aussicht über Tiflis hatte. Oben angekommen, entdeckten wir einen im Rohbau befindlichen Vergnügungspark. Auf Anzeigentafeln wurde die Fertigstellung mit neuen, aufregenden Fahrten für das Jahr 2008 versprochen. Dank unserer grundlegenden Geschichtskenntnisse wussten wir, dass das genau um die Zeit gewesen war, in der die Russen das Land besetzt hatten, was verständlicherweise auch den Bau des Vergnügungsparks etwas gehemmt hatte.

Wir gingen nach Hause und fanden George wieder in weiblicher Begleitung in seinem Zimmer – doch es war ein anderes Mädchen als in der Nacht davor – also verzogen wir uns diskret aus der winzigen Wohnung und versuchten ein Restaurant für das Abendessen zu finden. Ich fühlte mich ein wenig gerädert und das Letzte, wonach mir der Sinn stand, war Alkohol. Meine Freunde waren derselben Meinung, also beschlossen wir, etwas zu essen, George genügend Zeit für seinen Spaß zu lassen und dann früh schlafen zu gehen. Genau das war unser Plan – bis wir uns in einem Schiffscontainer auf dem Parkplatz von Georges Wohnkomplex wiederfanden. In den Händen hielten wir etwas, das verdächtig nach einem mit Flüssigkeit gefüllten Bockshorn aussah. Gegessen haben wir an diesem Abend nichts mehr.

Am nächsten Morgen tauchte ein weiterer Couchsurfer auf, der zufällig ein örtlicher Fernsehmoderator war und uns für seine Show interviewen wollte. Wir hatten es sehr lustig gefunden, dass unser Gastgeber in Georgien George hieß, aber als sich auch noch der Moderator mit »George« vorstellte, wurde die Sache doch ziemlich bizarr – hießen denn alle Männer in Georgien George? Hatte das Land daher seinen Namen?

Nach dem Interview lud uns Georg der Zweite aus Georgien zu einem Weinfest ein. Man hatte uns schon mehrfach gesagt, dass Wein quasi in Georgien erfunden worden war und der hiesige Wein der beste der Welt sei. In einem ruhigen Park in einem Waldstück über der Stadt war eine Reihe kleiner Zelte in den Lichtungen aufgebaut. In jedem dieser Zelte versuchte ein Weingut dem Publikum zu beweisen, dass sein Wein der beste war, indem sie diesen literweise kostenlos ausschenkten. Wir kamen zwar ziemlich spät auf dem Weinfest an und die Reserven waren schon relativ angegriffen. Dennoch mussten wir feststellen, dass es in Georgien fast unmöglich war, längere Zeit mit einem leeren Glas in der Hand herumzustehen. Bald schon teilten wir uns Weinflaschen mit Gruppen ganzer Familien, die Volkslieder sangen und uns immer wieder Gegrilltes aufdrängten.

Ich bin mir nicht mehr sicher, zu welchem Schluss wir hinsichtlich des Primatsanspruches des georgischen Weins kamen, aber eins ist sicher: Wir hatten aktiv an diesem wichtigen Forschungsprojekt teilgenommen!

Weder ich noch meine Leber hatten jemals etwas mit Georgien Vergleichbares erlebt. Einer der Jungs der Schiffscontainer-Party hatte uns erklärt, dass man aus Hörnern trank, weil man diese nicht absetzen konnte, solange sie Flüssigkeit enthielten. Diese Aussage, zusammen mit dem Gruß »*galmajuice*«, bringt die Mentalität des Landes perfekt auf den Punkt. Vier Tage in Georgien waren genug, um jemanden dazu zu bringen, sich die nächsten vier Monate in einem Land, in dem Alkohol verboten war, davon zu erholen.

Und genau das, wenn auch unfreiwillig, taten wir.

KAPITEL 17

STEPANTSKY-DINGSBUMS

Um etwas Zeit totzuschlagen, bis wir unsere Visa für den Iran bekamen, beschlossen wir, Annaka in Jerewan, der Hauptstadt Armeniens, zu besuchen. Wir hatten von Anfang an geplant, den Rummel, den unser Rekordversuch verursachen würde, zu Werbezwecken für eine wohltätige Einrichtung zu nutzen und für diese Spenden zu sammeln. Das Britische Rote Kreuz schien uns dafür am geeignetsten, da sie nicht nur in Großbritannien, sondern auch im Rest der Welt enorm große Hilfe leisteten. Außerdem dachten wir, dass das Rote Kreuz uns sicher auf internationaler Ebene unterstützen und uns zu den etwas riskanteren Strecken der Reise beraten könnte.

Da wir davon ausgingen, dass wir auf unserer Reise über dreißigtausend Kilometer – zwanzigtausend Meilen – zurücklegen würden, setzten wir das Ziel unserer Spendenaktion auf zwanzigtausend Pfund fest. Von diesem Zeitpunkt an nahmen wir aktiver an der Arbeit des Roten Kreuzes teil und trafen wenig später im Londoner Hauptquartier die Beauftragte für Sicherheitsfragen zu einem Beratungsgespräch. Sie gab uns hilfreiche Ratschläge zu Strecken, die wir meiden sollten, und ein Handbuch mit dem beunruhigenden Titel *How to Stay Alive*.

»Hmmm, Pakistan«, sagte sie mit einem Blick auf die Route, die wir ausgedruckt hatten, »das sollte in Ordnung sein, solange ihr die Region Belutschistan meidet. Ihr wollt nicht nach Belutschistan, oder?«

Wir scharrten verlegen mit den Füßen. »Tja, ähm, wir müssen eigentlich durch diese Region fahren, es ist die einzige Grenze, die offen ist.« Mit einem lauten Seufzer antwortete sie: »Okay, ich gebe euch noch ein paar zusätzliche Exemplare von dem Buch.«

Die über dreihundert Kilometer lange Fahrt von einer Hauptstadt zur anderen ging nur sehr langsam voran. Wir hatten ein paar georgische Bauern kurz vor der Grenze nach dem Weg nach Armenien gefragt und waren in blindem Vertrauen ihrer Wegbeschreibung gefolgt.

Danach rumpelten wir vier Stunden lang über eine einspurige, mit Schlaglöchern übersäte Landstraße und kamen endlich an einen winzigen Grenzposten, der kurz zuvor mit einem handgeschriebenen Schild am Straßenrand angekündigt worden war. Wir dachten an diese verdammten Bauern, die uns den Weg falsch beschrieben hatten und sich jetzt bestimmt ins Fäustchen lachten, weil sie diese naiven Westler in ihrem albernen Auto in die Irre geführt hatten – sehr wahrscheinlich feierten sie das Ganze gerade mit ein paar Gläschen Cha-Cha.

Unsere Stimmung wurde auch nicht gerade besser, als man uns sagte, dass wir fünfundsechzig Pfund blechen mussten, um den Wagen kurzzeitig ins Land einzuführen. Ein heftiger Preis für nicht einmal eine Woche, die wir in diesem Land verbringen würden, vor allem angesichts unseres Minibudgets. Einen Moment lang überlegten wir ernsthaft, nach Tiflis zurückzukehren, aber allein schon der Gedanke an die furchtbare Vier-Stunden-Strecke hielt uns davon ab; außerdem hatten wir uns schon mit Annaka verabredet und wir hatten einen zusätzlichen Passagier dabei – ein deutscher Tramper namens Felix, der von Georgien nach Jerewan mitfahren wollte.

Dank unserer Verhandlungskünste konnten wir den Preis ein wenig drücken, bezahlten die Gebühr und fuhren weiter, in der Hoffnung, noch vor Mitternacht in der Stadt anzukommen. Nur leider waren die armenischen Straßen schlechter als alle anderen, die wir bisher befahren hatten. Wo immer sich kleinere Schlaglöcher auftaten, hatte man ein Riesenstück der Straße herausgerissen, um es irgendwann mit Asphalt aufzufüllen – was jedoch lediglich zu noch größeren Schlaglöchern führte. Der krönende Abschluss des Tages war, als ich bei einem Fahrerwechsel meinen iPod samt Kopfhörern verlor. Irgendwo im Norden Armeniens sitzt jetzt wahrscheinlich ein Schäfer und bewacht des Nachts seine Herde, während er Avril Lavigne auf meinem iPod hört.

Als wir an der schicken Wohnung von Lilly und Annaka ankamen, verbrachten wir die ersten Tage damit, den Berg Papierkram abzuarbeiten, der sich so anhäuft, wenn man einmal um die ganze Welt fährt: Wir mussten noch mehr Formulare für die pakistanischen Visa ausfüllen, die Visa-Bedingungen für Plan B ausarbeiten, eine Unmenge Formulare und Fotos des Taxis aus jedem nur erdenklichen Winkel für die Einreise nach China einschicken und außerdem noch zwei Staffeln *Battlestar Galactica* ansehen (zumindest stand das noch auf Leighs Plan).

Leigh und ich hatten keine pakistanischen Visa bekommen – Johno, der alte Yorkscher, wohnte in einem Konsulatsbezirk, in dem sie eher gewillt waren, Visa zu vergeben, aber wir beide waren immer noch visalos, trotz zahlreicher Botschaftsbesuche vor unserer Abreise und weiteren Versuchen einer Gruppe ausnehmend geduldiger Freunde, die versuchten, zu Hause mit unseren Zweitpässen die Visa zu bekommen. Unser eigentliches Problem lag darin, dass der Wagen auf mich angemeldet war, also musste ich bei jeder Grenzüberschreitung anwesend sein, und damit der Weltrekord Gültigkeit hatte, mussten sich den Auflagen von Guinness zufolge immer mindestens zwei Personen im Wagen aufhalten. Deswegen konnten Leigh und ich nicht einfach Pakistan überfliegen und Johno und Hannah in Indien treffen. Uns blieben drei Möglichkeiten:

An der Visa-Geschichte dranbleiben und Pakistan in brüderlicher Eintracht durchqueren (was ein wenig kompliziert war, denn erstens ist Pakistan Kriegsgebiet, zweitens ein Kidnapping-Hotspot, und drittens wurde Osama Bin Laden erst vor ein paar Wochen hier getötet).

Nach Norden über den Iran in die »Stans« fahren und von dort nach China einreisen (wodurch wir Indien, Nepal und Tibet verpassen würden).

Das Taxi auf ein Schiff verfrachten, zweitausend Pfund blechen (die wir nicht hatten) und auf dem Seeweg nach Indien fahren.

Wir selbst und die gesamte Expedition hingen etwas in der Luft.

Ich war scharf darauf, durch die »Stans« zu fahren – es war zwar nicht die amüsanteste Route, aber diejenige, die den Erfolg der Expedition und das Ziel Sydney am wahrscheinlichsten machte. Aber Leigh und Johno blieben standhaft dabei, dass Indien und der Himalaja zwar eine riskantere, aber auch interessantere Route sei.

Also warteten wir, was bei unserem letzten Versuch, die Visa für Pakistan zu erhalten, herauskäme. Wir machten uns Sorgen. Einige Tage, nachdem wir in Jerewan angekommen waren, erhielten wir jedoch die Nachricht, dass wir die Visa abholen könnten – zwei Wochen früher als erwartet. Also fuhren wir pflichtgemäß zurück in die Türkei, dann Richtung Norden nach Georgien zur Georgischen Heerstraße.

Die Straße, die tief in den Kaukasus hineinreicht und die Hälfte des Jahres wegen Schnee geschlossen ist, zählt zu den beeindruckendsten Straßen der Welt.

Sie schlängelt sich in Serpentinen an alten Klöstern vorbei. Wir legten einen Stopp ein, um ein verlassenes Schloss zu besuchen, und fanden sogar ein altes Skiresort fast auf der Spitze des Passes, die Straße ging aber noch weiter. Wir kamen auf eine unbefestigte staubige Piste, die zur Hälfte durch schmale Tunnel unter Gerölllawinen hindurch verlief. Diese waren zwar nicht groß genug für einen Lastwagen, aber für unser Taxi reichte es so gerade eben. Die ausgefahrenen Tunnel wurden nur gelegentlich, wenn Licht durch einen Riss im Beton fiel, ein wenig erleuchtet. Als wir am anderen Ende wieder hinausfuhren, sahen wir eine Schlange Lastwagen, die auf der Straße, die um den Tunnel herumführte, warteten, dass der Schnee und Steinschlag vom Winter entfernt wurde. Sie standen dort bereits seit Tagen, und es war noch nicht abzusehen, wann sie weiterfahren konnten.

Statt uns in die Schlange einzureihen, beschlossen wir, in das nahe gelegene Dorf Stepantsminda, das wir auf dem Navi entdeckt hatten, auf die andere Seite des Passes zu fahren. Von den Bergen gelangten wir taleinwärts zu einer grasbedeckten Ebene, die auf beiden Seiten von hohen Klippen und Hügeln umgeben war. Dabei passierten wir eine kleinere Stadt. Es wurde schon dunkel und die Straße, jetzt wieder asphaltiert, führte in eine enge Schlucht, die sich gefährlich an eine Klippe klammerte. Dann sahen wir wieder eine Schlange Lastwagen, die versuchten, einen reißenden Sturzbach zu durchqueren.

Plötzlich tauchte aus dem Nichts ein Kerl in schwarzer Robe mit ungewöhnlicher Kopfbedeckung auf. Er sprach uns in gebrochenem, aber verständlichem Englisch an und wir erklärten ihm, warum ein London Black Cab mitten in der georgischen Wildnis parkte. Wir fragten ihn, was es mit dem Checkpoint weiter vorne auf sich hatte und wie weit es noch wäre. Er sagte uns, dass er Mönch sei, dass der Checkpoint die Grenze zu Tschetschenien war und das Stepantsky-Dingsbums sechzehn Kilometer hinter uns lag.

Die nächsten zwei Tage quälten wir uns zurück in die Türkei. Wir fuhren ohne anzuhalten auf gut asphaltierten Straßen, die sich immer höher wanden. In den hügeligen Bergtälern trafen wir nur auf Kuh- und Schafherden. Die Namen auf den Wegweisern fielen unserer Maulfaulheit zum Opfer: So wurde aus Erzurum schnell »Er-zuudings«, das weit entfernte Doğubayazıt an der Grenze zum Iran wurde »Doggy-biscuit« und aus Noyemberyan wurde die klassische 1990er-Ballade »November Rain«. Dann entdeckten wir irgendwann die ersten Schilder, die »Irak« anzeigten.

»Ähm, sagt mal, was ist denn das für ein Ticken?«, fragte Paul plötzlich und bereitete damit der Unterhaltung über die derzeitige Situation des Irak ein jähes Ende.
»Welches Ticken?«
»Na, dieses Ticken eben. Der Motor fühlt sich auch komisch an ... Oh, Scheiße!«
Mit einem Blick auf die Temperaturanzeige des Motors war alles klar: Die Nadel war weit über den roten Bereich ausgeschlagen – wir waren am Arsch!
Wir hatten die Nacht davor gezeltet und vor Kälte fast kein Auge zugetan – als wir bei den Hügeln ankamen, waren unsere Füße gerade eben erst wieder aufgetaut, und so hatte Paul natürlich überhaupt nicht an eine Überhitzung des Motors gedacht.
Und schon sprang die Motorhaube auf und Dampf zischte aus allen Ritzen – die klassische Autopanne.
Der Kühler war geplatzt.
Nach einigen notdürftigen Reparaturen fuhren wir im Schneckentempo weiter, vorbei an unzähligen Checkpoints und immens großen, militärischen Kasernen, in denen sich jugendliche Wehrpflichtige die Zähne an kurdischen Rebellen ausbissen. Sie schienen nur ungenügend ausgebildet und sahen sehr unmotiviert und gelangweilt aus. Es war das erste Mal, dass wir uns in der Warteschlange eines Checkpoints schutzlos fühlten.
Die Nacht verbrachten wir in dem Grenzstädtchen Cidre, das offenbar am Fuße des Berges, auf dem die Arche Noah strandete, errichtet worden war. Wir übernachteten in einem schäbigen Rasthaus. Der Preis für drei Einzelzimmer war derselbe wie für ein gemeinsames Zimmer, also vergaßen wir für einen Moment unsere Zelte und verbrachten eine herrliche Nacht, jeder für sich – das erste Mal, seitdem wir uns von den Mädchen in Bodrum verabschiedet hatten.

KAPITEL 18

RECHTS AB IN DEN SICHEREN TOD

Die Landstraße war glatt, nahezu leer und sehr heiß.

Johnny Cash tönte aus dem iPod, und mit jedem Kilometer, den wir uns der Grenze zum Irak näherten, schien die Luft heißer und die Landschaft spartanischer und wüstenhafter zu werden.

Dann sahen wir die Grenze in der Ferne. Wie bei allen Grenzübergängen standen auch hier Lastwagen Schlange, um ihre Waren auf die andere Seite zu bringen. Kapitalismus in seiner reinsten Form: Sie transportierten alles Mögliche, von Speiseeis über Motoröl bis hin zu Ketchup und billigen Badezimmerarmaturen Made in China. All dies Beweis dafür, dass die Menschen für Plastik-Zahnbürstenhalter mit eingebautem Spiegel ihr Interesse am Zeitgeschehen verdrängten und selbst den Krieg, der im Süden des Landes tobte, vergaßen.

Mr. Cash grübelte gerade über die Trink- und Rauchgewohnheiten wohlhabender Passagiere im Eisenbahnverkehr, als wir die türkische Seite der Grenze passierten. Wir hielten an, um die Fahrzeugformalitäten mit einem typisch türkischen Grenzpolizisten, der in seinem Häuschen saß, zu erledigen. Er ging mit geübtem Blick die verschiedenen Fahrzeugpapiere durch und ich sah aus dem Augenwinkel, wie seine Zigarette langsam bis auf den Schriftzug MARLBORO herunterbrannte und dabei die Holzfarbe des Fensterbretts, auf dem er sie abgelegt hatte, anfing Blasen zu werfen und leicht dampfte. Er ließ die Zigarette liegen, wo sie war, und trat aus dem Häuschen heraus. Er kam auf uns zu und seine üppige Körpermitte sprengte dabei fast das billige Imitat eines Ted-Baker-T-Shirts. Ich erwartete eine komplette Untersuchung des Wagens, als ich sah, wie seine ernste Miene plötzlich einem breiten Grinsen wich und einen guten Blick auf sein etwas unvollständiges Gebiss freigab. Er wollte, dass wir ein Foto von ihm mit dem Taxi machten.

»Welche Marke, Mercedes?«
»Nein, LTI, es ist ein Taxi aus London.«
»Ah ja, Mercedes ...«
»Ähm ...«
»Wie alt? Fünfzig Jahre?«
»Zwanzig.«
»Oh, es sieht älter aus«, sagte er leicht enttäuscht und winkte uns durch. Da wurde mir auf einmal klar, dass Leigh, Johno und ich gerade mal aus den Windeln waren, als Hannah vom Band lief.

Ein Teil des nördlichen Gebiets des Irak gehört zu Kurdistan. Die Kurden wurden ununterbrochen von Saddam Hussein unterdrückt, bis in den 1990ern eine Flugverbotszone eingerichtet wurde. Seit dem Sturz von Saddam sind die Einwohner der nun teilautonomen Region Kurdistan seit Jahrzehnten zum ersten Mal frei. Reisen ist in dieser Region sicherer als im Rest des Landes und es ist einer der wenigen Orte, an denen sowohl George Bush Senior als auch Junior als Helden gefeiert werden.

Sobald wir das irakische Zollgebäude betraten, zeigte man mir, was kurdische Gastfreundschaft bedeutete: Man drückte mir eine Tasse süßen Tee in die Hand und ließ mich auf einem komfortablen Ledersofa in einem Raum mit Klimaanlage Platz nehmen. Ein Mann mit Wolverhampton-Akzent stellte sich mir vor: Er lebte in England, war aber zum Begräbnis seiner Mutter, das am nächsten Tag stattfinden sollte, nach Kurdistan gekommen. Ich gab der Situation angemessene Geräusche von mir, wurde aber sofort unterbrochen durch seine Einladung, bei seiner Familie zu Mittag zu essen und zu übernachten. Das war an und für sich schon ein sehr großzügiges Angebot, und ich fand es umso großzügiger, mich am Vorabend der Beerdigung seiner Mutter einzuladen. Wie es scheint, kann der berühmten kurdischen Gastfreundschaft nichts und niemand etwas anhaben. Leider musste ich ablehnen – eine trauernde Familie konnte leicht zu unbehaglichen Momenten führen; außerdem mussten wir in die Hauptstadt weiterfahren.

Der nächste Schritt war, den Wagen in den Irak einzuführen. Dazu musste ich an acht verschiedene Schalter mit acht verschiedenen Beamten, bewaffnet mit acht roten Kugelschreibern, Tagesstempeln und Durchschlagpapier – dieses Szenario fühlte sich inzwischen weitaus beängstigender an als ein Soldat mit einer Kalaschnikow.

Aber die kurdische Gastfreundschaft gewann wieder die Oberhand. In Sekundenschnelle hatte mich ein kleiner Mann mit glänzenden Augen und berechnendem Blick am Arm gepackt und zu einem der Schalter gezerrt. In perfektem Englisch sagte er mir kurz und knapp, dass ich hier ohne seine Hilfe aufgeschmissen wäre. Er flitzte mit mir von Schalter zu Schalter und bot mir an, ich könne ihn bei Problemen zu jeder Tages- und Nachtzeit anrufen. Dann schrieb er mir ein paar Telefonnummern auf und erwähnte beiläufig, dass sein Vetter einen Grenzposten Irak–Iran leitete. Ich checkte die Nummern dreimal und winkte ihm zum Abschied zu – es war definitiv von Vorteil, auf einer Reise durch ein Land, das sich immer noch im Krieg befand, jemanden wie ihn zu kennen. Ich kam auch nicht umhin, daran zu denken, dass ich noch nie einen britischen Geschäftsmann gesehen hatte, der sich auf dem Flughafen Heathrow um die problemlose Einreise einer kurdischen Familie gekümmert hätte.

Bei unserer Reise durch die Region kam es oft vor, dass Ladeninhaber sich weigerten, Geld für unsere Einkäufe anzunehmen, und ständig bot man uns etwas zu essen oder zu trinken an. Eines der besten kurdischen Sprichwörter, die wir hörten, war »Ein Kurde hat niemals einen vollen Magen«.

Wir waren auf dem Weg in die Hauptstadt, wo wir ein paar Tage verbringen und den geflickten Kühler reparieren wollten. Sie war als Erbil, Arbil, Urbil, Hawler, Hawla oder deren arabischen Entsprechungen ausgeschildert – je nachdem, von welcher Seite man das Schild betrachtete.

Man hatte uns von einer bestimmten Abzweigung auf einer Fernstraße mit schlechter Ausschilderung erzählt – die Nebenstraße ging ab in das relativ sichere Erbil, während die Hauptstraße weiterführte in das extrem gefährliche Mossul, bekannt für häufige Selbstmordattentate und extreme Gewalttätigkeit. Wir konsultierten das Navi und Google Maps und dachten, wir hätten die Sache im Griff. Unglücklicherweise blickte Leigh genau in dem Moment von seinem Buch auf, als wir an einem Schild mit der Aufschrift »Mossul« vorbeikamen.

»Johno, stopp! Wir können nicht nach Mossul, das weißt du doch!«

»Wir fahren ja auch nicht nach Mossul. In ein paar Kilometern teilt sich die Fernstraße. Rechts geht es nach Mossul und links nach Erbil.«

»Halt sofort an! Wir können nicht nach Mossul fahren!«

»Mann, ich habe den ganzen Weg das Navi benutzt, ich schwöre, wir fahren nicht nach Mossul ...« Es nützte alles nichts, er war so beharrlich, dass selbst ich an meinem internen GPS zu zweifeln begann. Zur Sicherheit hielten wir an, um einen vorbeikommenden Lkw-Fahrer zu fragen.

»Erbil?«, fragte ich vorsichtig und deutete abwechselnd in beide Richtungen.

Er sah mich ausdruckslos an.

»Arbil?«, wagte es Paul.

Nichts.

»Irbil?«, versuchte es Leigh.

»Ah! Orbil!«, rief er aus. »Yes, yes, Orbil.« Er deutete in die Richtung, in die wir gefahren waren.

»Nicht Mossul?«, fragten wir nach.

»Orbil«, sagte er und deutete nach vorne links. »Mossul«, sagte er mit einer Geste nach vorne rechts. »Ihr«, sagte er todernst und deutete auf uns, »nicht Mossul«, dann fuhr er sich mit dem Finger über die Kehle.

Als wir an der berühmt-berüchtigten Kreuzung ankamen, sahen wir nach rechts und konnten in der Ferne den größten Militär-Checkpoint, den wir jemals gesehen hatten, ausmachen. Ich bezweifle, dass sie uns überhaupt durchgelassen hätten, selbst wenn wir gewollt hätten, aber der Anblick genügte, um uns an die Unruhen zu erinnern, die das Land durchmachte. Wir waren froh, dass wir nach links Richtung Erbil abfahren konnten.

Erbils Wahrzeichen ist eine Zitadelle auf einem Hügel mitten in der Hauptstadt. Sie gilt als die älteste kontinuierlich bewohnte Siedlung der Welt. Bis vor ein paar Jahren wurde die Siedlung von mittellosen Familien bewohnt – eine Art historische Hausbesetzer –, bis die Regierung befand, dass sie die antiken Gebäude beschädigen könnten. So siedelten sie alle Familien bis auf eine um (um den Status der ältesten kontinuierlich bewohnten Siedlung der Welt beizubehalten). Die Stadt breitet sich vom Zentrum ausgehend ringförmig aus: Die ältesten Siedlungen liegen im Stadtkern, die neueren Wohngebiete siedeln sich im Kreis um diese herum an.

Es hieß, wir könnten unsere Visa für den Iran in ihrer Botschaft in der Stadt abholen, da sie unsere Einladungen dorthin geschickt hätten. Also machten wir uns pflichtbewusst am Tag nach unserer Ankunft auf den Weg in die Botschaft, die wir nach einer Stunde Fußmarsch in der sengenden Mittagshitze am Ende einer Straße in einer netten Wohngegend fanden, nur um zu erfahren, dass sie unsere Einladungen nicht erhalten hatten. Sie telefonierten ein wenig herum und baten uns, am nächsten Tag wiederzukommen. Dieses Spielchen wiederholte sich die folgenden vier Tage. Die Zeit, die wir nicht an der Botschaft verbrachten, hielten wir entweder Mittagsschläfchen, um der Hitze zu entkommen, oder wir erkundeten den schier endlosen Basar.

Der Irak ist als die Wiege der Zivilisation bekannt, das Betrachten des alltäglichen Treibens um mich herum wurde zu einem spannenden Zeitvertreib. Ich schlenderte durch die engen, verschlungenen Gässchen und trank mit den älteren Leutchen zuckersüßen schwarzen Tee, der in kleinen Gläsern serviert wurde.

Im Basar ging es hektisch zu. Auf den ersten Blick schien er ziemlich chaotisch zu sein, aber je mehr Zeit man dort verbrachte, desto mehr konnte man die Ordnung der Dinge erkennen. Die Waren, die verkauft wurden, waren überall ungefähr dieselben: Babywiegen stapelten sich vor diversen Ladeneingängen, die dann nahtlos in Stände für Kupferleitungen und Bettwäsche übergingen, und dann stiegen einem auch schon die aromatischen Düfte aus den Säcken vor der Tür des Gewürzhändlers in die Nase. Kebabs, Obst, Honig, Käse, iPod-Imitate und Damenunterwäsche – egal, was man braucht, auf dem Basar kann man es bekommen. Man muss nur wissen, wo sich die jeweiligen Stände befinden, was allerdings nicht das einfachste Unterfangen ist in den Gässchen des Basars von Erbil.

Plötzlich stürzte Leigh schweißgebadet in unser himmlisch kühles Hotelzimmer.

»Habt ihr mich denn nicht gehört?«, keuchte er. »Ich dachte, die kidnappen mich da draußen!«

Leigh hatte sich in der Mittagshitze abgeschuftet, um Hannahs diverse Wehwehchen zu reparieren, als ein weißer Lieferwagen mit quietschenden Reifen neben ihm hielt, drei Männer heraussprangen und versuchten, ihn mit Gewalt in den hinteren Teil des Wagens zu zerren. Leigh wehrte sich und begann zu schreien – bis die drei Männer in schallendes Gelächter ausbrachen. Der Besitzer des Hotels stieg auf der Fahrerseite aus und grinste ihn unverschämt an. Es war wahrscheinlich der schlechteste Streich, den sich jemals jemand diesseits von Bagdad ausgedacht hatte.

Die Spaßvögel erklärten uns den Weg zum Auto-Basar – ein Haufen Lehmhütten, in denen jede erdenkliche Kfz-Reparatur auf Erden ausgeführt wurde. Es wimmelte von Werkstätten, in denen ölverschmierte Mechaniker hämmerten, schweißten und reparierten; überall stapelten sich Unmengen von Schrottautos.

Ein metallenes Geklapper und der Geruch von Auspuffgasen hing in der Luft. Kleine Jungs rannten zwischen den hart arbeitenden Mechanikern hin und her, um sie mit Tee zu versorgen, der zur Hälfte aus Zucker bestand.

Genau wie auf dem anderen Basar gab es auch hier Gruppen von Spezialisten für jedes Ersatzteil, vom Keilriemen bis zum Auspuff, und nach einer Weile fanden wir sogar die Kühler-Abteilung.

Leigh hatte schnell einen Preis ausgehandelt und unser kochend heißer, leckender Kühler wurde sofort von den Asbest-Händen eines abgebrühten Mechanikers ausgebaut. Er hielt den maroden Kühler in der Hand, ließ den letzten Tropfen Kühlflüssigkeit auslaufen und begutachtete ihn einen Wimpernschlag lang. Dann griff er sich einen anderen Kühler aus einem Haufen heraus und brachte alle notwendigen Anschlüsse nach Augenmaß an.

Eine halbe Stunde später hatte Hannah einen neuen Kühler, und am Tag darauf hatten wir unsere iranischen Visa. Wir konnten weiterfahren.

KAPITEL 19

GUERILLA-CAMPING

Nachdem wir unsere Visa erhalten hatten, verbrachten wir den ganzen Tag an der Britischen Botschaft, die in einem der wenigen blitzblanken Fünfsternehotels untergebracht war, die ab und an aus der Wüste in den Vororten von Erbil ragten. Wir hatten das Buffet, kostenloses WLAN und die Waschräume ausgenutzt, so gut wir konnten, aber leider war es nur dem Botschaftspersonal erlaubt, auch über Nacht zu bleiben, also machten wir uns bei Einbruch der Dämmerung wieder auf den Weg. Aber schon nach kurzer Zeit hatten wir erneut eine Panne und Hannah humpelte vor sich hin, sie brauchte dringend einen Mechaniker. Wir beschlossen, einfach irgendwo unterwegs zu campen und uns am nächsten Tag darum zu kümmern.

Es war fast ein Uhr morgens, als wir einen Platz fanden, der uns geeignet schien – ein Wüstenstreifen voller Dornenbüsche abseits der Hauptstraße.

Wir nahmen die Zelte vom Dach und fanden ein paar dornenbuschfreie Plätzchen. Wir wollten es uns gerade gemütlich machen, als ein alter Mann auf einem altersschwachen Motorrad aus der Dunkelheit auf uns zufuhr.

Nach kurzem Smalltalk zog er sein Handy heraus. Während seines Gesprächs hörten wir ihn des Öfteren »Inglisey« sagen. Dann gab er uns ein Zeichen, dass wir ihm folgen sollten.

Unser Tag hatte ohnehin schon gut angefangen, als man uns eröffnete, dass wir vermutlich zusätzlich zu den iranischen Visa weitere Einreisepapiere für den Grenzübergang benötigten.

»Hatten Sie wirklich gedacht, drei junge Briten könnten ohne spezielle Genehmigung in einem Black Cab vom Irak in den Iran einreisen?«, hatte uns der Botschaftsmitarbeiter mit einem herablassenden Blick gefragt. Er sah uns an, als ob wir ihm gesagt hätten, wir wollten splitterfasernackt an einem Einrad-Marathon durch Nordkorea teilnehmen.

Nachdem wir also die Botschaft verlassen hatten, war es unsicher, ob wir am nächsten Tag das Land verlassen konnten, und wir waren verständlicherweise nicht allerbester Laune. Als dann Hannah auch noch eine Panne hatte und ein aus dem Nichts auftauchender Mann auf einem Motorrad uns befahl, ihm zu folgen, dachten wir nur: »Schlimmer kann es nicht werden!«

Der Motorradfahrer führte uns aus der Wüste heraus und über einen Feldweg hinauf in ein Dorf. Am Fuß eines Hügels beschleunigte er und fuhr um die Ecke. Als wir ihn einholten, sahen wir, dass sich ein zweiter Mann dazugesellt hatte.

Beim Näherkommen bemerkten wir, dass der zweite eine Kalaschnikow bei sich hatte.

Er gab uns ein Zeichen, dass einer von uns aussteigen sollte.

»Nur über meine Leiche!«, riefen Leigh und ich wie aus der Pistole geschossen. Die Wortwahl war zwar etwas fragwürdig, aber nun blieb es an Paul hängen. Er öffnete fluchend die Tür und lief mit unseren Entführern in spe den Weg hinunter, dabei schaute er ständig über seine Schulter, um sicherzustellen, dass Leigh und ich immer noch in gebührendem Sicherheitsabstand hinter ihnen herfuhren.

Eigentlich ein total unsicherer »Sicherheitsabstand«, denn wir befanden uns immer noch in Reichweite der Kalaschnikow.

Wir folgten ihnen in einen Innenhof, wo ein Riese mit schlohweißem Haar auf uns wartete – er sah aus wie Jeremy Clarksons sehr viel älterer Bruder. Neben ihm stand ein weiterer gewehrschwingender Fremder, und nach einer kurzen Unterredung winkten sie uns zu: Wir sollten ihnen folgen, einen weiteren Trampelpfad hinunter. Paul trottete los und Leigh und ich nannten ihn nervös witzelnd das

Opferlamm unserer Expedition, obwohl wir wussten, dass wir im Inneren von Hannah auch nicht sehr viel sicherer waren.

Sie brachten uns zu einem Gebäude, das aussah wie ein verlassenes Gemeindezentrum, und geleiteten uns hinein. Wir hielten die Luft an, als sie uns die Räumlichkeiten zeigten – wir wussten ja nicht, ob sie uns gerade in einen Folterkeller oder eine Gefängniszelle führten. Zu guter Letzt kamen wir in einen Raum voller Betten. Sie verabschiedeten sich schnell und wir waren allein. Wie es aussah, hatten sie uns gerade eine kostenlose Übernachtungsmöglichkeit verschafft.

»Es ist mir total egal, ob sie uns gekidnappt haben oder nicht«, rief Leigh, »hier haben wir eine Klimaanlage!«

Wir passierten die irakische Grenze ohne Probleme. Man hatte uns sogar Tee angeboten, um uns die Wartezeit zu versüßen, bis alle Stempel in unsere Pässe eingetragen waren. Aber wir wussten ja, dass diese Seite der Grenze nicht das eigentliche Problem war, sondern die Einreise in den Iran, und nun näherten wir uns dem iranischen Grenzposten in nervöser Vorahnung.

Als Paul und ich bei unserer Ankunft langsam aus dem Wagen ausstiegen, sahen uns die Beamten nur wortlos mit durchdringendem Blick an. Dann drückte Leigh sich fest mit der Schulter gegen die schwer zu öffnende Beifahrertür – und knallte sie mir direkt an den Kopf.

»AUTSCH! WAS MACHST DU DENN DA?«, schrie ich ihn ärgerlich an. Ich sprang zurück und hielt mir den Kopf.

Die Grenzbeamten sahen sich nur an und lachten laut los. Unsere Slapstick-Performance hatte uns wohl gerade gerettet.

Gott sei Dank waren die Beamten sehr freundlich und effizient; sie empfahlen uns sogar einige Sehenswürdigkeiten des Landes. Dann fuhren wir ohne Weiteres die Bergstraße hinunter, auf dem Weg nach Piranschahr und unserem dreißigsten Land.

KAPITEL 20

EIN GANZ SPEZIELLES BIER IN EINEM ALKOHOLFREIEN LAND

»Keine Ahnung, Mann, ich sehe hier nur Schnörkel.«

Wir waren restlos überfragt – die iranische Grenzstadt war zwar relativ nichtssagend, konnte aber mit einem einzigen Wort beschrieben werden: Neon. Überall Neon.

Wenn man wie wir in England aufwächst, assoziiert man arabische oder persische Neon-Schriftzeichen immer sofort mit Fast-Food-Restaurants, aber hier schien jeder, vom Schuhmacher über den Friseur bis hin zum Anwalt, ein Neonschild zu haben. Alle – bis auf die Hotels.

Wie um alles in der Welt sollten wir je eine Unterkunft finden, wenn keiner von uns auch nur die geringste Ahnung hatte, was »Hotel« auf Persisch hieß? Wir rätselten noch, als ein netter junger Mann auf uns zukam und uns in perfektem Englisch zu sich nach Hause und auf ein Abendessen in einem Restaurant einlud. Langsam dämmerte es uns, dass wir uns ja theoretisch gesehen noch auf gutem altem kurdisch-gastfreundlichem Boden befanden.

Beim Abendessen in einem der besten Restaurants der Stadt erfuhren wir, dass Ali und seine Freunde so eine Art fliegende Händler zwischen Iran und Dubai waren. Sie boten uns ihre Büros für einige Tage als Unterkunft an. Was uns aber noch mehr als dieses Angebot überraschte, war, als sie mit einer Plastiktüte voller Bierdosen, einem hochprozentigen Lager, ankamen. Das hatten wir in einem angeblich alkoholfreien Land nicht erwartet! Bei jedem Schluck hatten wir Schuldgefühle, als sie uns erklärten, wie das Bier ins Land kam: Es wurde von armen Irakis, die auf schnelles Geld aus waren, durch die mit Landminen übersäten Berge geschmuggelt. Ein hoher Alkoholgehalt war daher umso wichtiger, damit es sich für sie lohnte – vor allem, wenn man bedachte, dass die Strafe für diejenigen, die geschnappt wurden, Tod durch Erschießen war.

Der Iran kommt in den westlichen Medien selten gut weg. Wenn man jemandem erzählt, dass man in den Iran fährt, könnte man ihm genauso gut erzählen, man würde einen Segeltörn an der somalischen Küste machen, die Reaktion wäre dieselbe. Doch obwohl die Regierung und ihre internationale Politik angeblich eine der größten Bedrohungen für den Westen darstellen, haben wir es als sicheres und angenehmes Reiseland erfahren, mit einigen der schönsten Sehenswürdigkeiten, die wir auf unserer Reise erleben durften.

Das Regime ist jedoch allzeit präsent. Einige Wochen vor unserer Ankunft hatte Präsident Ahmadinedschad bekannt gegeben, dass England am fehlenden Regen im Iran schuld sei, England hätte den Regen praktisch von den Iranern gestohlen. In einer anderen Rede lud er zu einer Feier ein, da das Land endlich komplett von Homosexuellen gesäubert sei.

Die iranische Bevölkerung hingegen ist das genaue Gegenteil dessen, was in den Medien verbreitet wird. Sie sind unglaublich stolz darauf, Perser zu sein und nicht Araber – wenn man den Fehler begeht, diese beiden Dinge durcheinanderzubringen, erntet man empörte Blicke! Sie sind wortgewandt und intelligent, und soweit wir das beurteilen konnten, verachteten sie ihre Regierung. Die Männer kleiden sich in westlicher Manier, mit Seidenhemden im persischen Stil. Die Frauen tragen Skinny Jeans, schichtenweise Make-up und sind perfekt frisiert, was durch den obligatorischen Hidschab-Schleier aber leider verhüllt wird; ihre Figur verschwindet unter dem Manto – eine Art überlanges Hemdkleid, um der gesetzlichen Kleiderordnung für Frauen Genüge zu tun. Aber sobald man das Heim einer liberalen iranischen Familie betritt, fallen Schleier und Umhang; im Fernsehen laufen illegale Satellitenprogramme aus dem Ausland, die das eigentliche Persien zeigen; wie es wäre, wenn seine Einwohner frei wären und tun könnten, was sie wollten. Persische Shows, in London aufgenommen, bieten den Leuten eine Abwechslung von den ewigen Wiederholungen der Ajatollah-Reden und der Propaganda auf den nationalen Sendern. Dank BBC Persien werden Nachrichten aus einem anderen Blickwinkel beleuchtet; Fernsehkanäle aus den Emiraten senden die beste Hollywood-Auslese in die iranischen Wohnzimmer, und Seifenopern aus Südamerika, Australien und den USA bieten eine schlecht synchronisierte Ablenkung für iranische Hausfrauen.

Zwar schlängelten sich die Straßen nach Teheran, der Hauptstadt, wie sanfte Asphaltbändchen durch die Landschaft, aber das Fahrverhalten war das verrückteste, das wir bisher gesehen hatten, besonders in den Städten und Ortschaften. Fahrzeuge stürmten aus allen möglichen Richtungen auf uns ein und wir mussten ständig aufpassen, Fahrrädern, Autos und Lastwagen auszuweichen, die alle um einen Platz im dichten Verkehr kämpften. Die Geschwindigkeitsbegrenzungen auf den Schildern schienen eher die Mindestgeschwindigkeit anzugeben, mit der man ein ausländisches Fahrzeug zuerst überholen und dann schneiden sollte, um sich in die winzige Lücke davor hineinzuzwängen. Es schien normal zu sein, mit halsbrecherischer Geschwindigkeit zu fahren, um auch ja keine wertvolle Sekunde zu verlieren.

Auf Anraten eines Freundes, der vor einigen Jahren in den Iran gereist war, beschlossen wir, dem nicht enden wollenden Verkehr Teherans für ein paar Tage zu entfliehen, und fuhren ans Kaspische Meer.

Als wir mit den Reisevorbereitungen begannen, hatten wir überrascht festgestellt, dass man im Iran Ski fahren konnte. Es gab Ski-Resorts mit Liften und allem Drum und Dran, denn die Hügel außerhalb Teherans waren so hoch, dass sie im Winter die meiste Zeit schneebedeckt waren.

Im Sommer aber war es sehr heiß.
Und diese Hügel waren auch im Sommer noch sehr hoch.
Und genau in der Mitte zwischen Teheran und dem Kaspischen Meer.
Und wenn der Kühler deines Wagens die in einem irakischen Hinterhof eingebaute Mini-Version des Originals ist und du eine halbe Stunde bergauf fährst, wird der Motor unweigerlich überhitzen.
Also hielten wir an einem der zahlreichen Restaurants am Straßenrand.

Das Restaurant, das mit farbenfrohen Plastiktischen und -stühlen ausgestattet war, bot einen guten Ausblick über das wunderschöne Tal, das wir soeben hinaufgefahren waren. Wir ließen uns auf den Kissenbergen nieder und fragten nach dem Preis der Kebabs, die auf der Speisekarte abgebildet waren.
»Zweihunderttausend Rial«, antwortete der Kellner.
In der Woche, die wir bereits im Iran verbracht hatten, hatten wir in unzähligen Gastwirtschaften gegessen, vom Straßenstand bis hin zum Luxusrestaurant in Teheran, und kannten uns also mit den Preisen aus. Der Preis dieser Kebabs war annehmbar – nicht unbedingt superbillig, aber auch nicht teuer, also gaben wir unsere Bestellung auf.
Man brachte uns das gegrillte, scharf gewürzte Lammfleisch auf einem Fladenbrot, das quasi den ganzen Tisch einnahm, sowie Joghurt und Salat. Wie es Brauch war, wurde das Essen geteilt, und so brachen wir das Brot und hauten rein, während Hannahs überhitzter Motor sich im Schatten eines Baumes abkühlen durfte.
Dann brachte man uns die Rechnung, die sich auf vierhunderttausend Rial belief, also ungefähr zweieinhalb Pfund, was mehr als annehmbar war. Als wir ihn zuerst nach dem Preis gefragt hatten, hatte der Kellner uns wohl irgendeinen Preis aufs Geratewohl genannt. Wir gaben ihm die vierhunderttausend Rial.
»Nein, nein, nein«, sagte er, »vierhunderttausend Toman!«
Ein Rial entspricht weniger als 0,0001 Penny, und um die Sache zu vereinfachen, stutzen die Perser die Zahl um eine Null und nennen

es dann Toman. Leider wurde dieses Verfahren aber nicht einheitlich oder in einer logischen Form angewandt. In diesem Land, das strikten Handelssanktionen unterlag, kosteten manche Dinge, wie zum Beispiel Eier, ein kleines Vermögen, andere dagegen, wie zum Beispiel Benzin, so gut wie nichts. Als Faustregel gilt: Immer zuerst fragen, ob Toman oder Rial gemeint sind, selbst wenn man dadurch Gefahr läuft, etwas dumm dazustehen.

Wir hatten auch immer noch nicht genau herausgefunden, wie das uns absolut fremde arabische Nummernsystem funktionierte, weswegen wir stets nachfragten, bevor wir etwas kauften. Nach ein paar Minuten Rechenübungen, zu denen wir unsere Finger, Papier und Bleistift zu Hilfe nahmen, wurde klar, dass er uns übers Ohr hauen wollte. Er verlangte umgerechnet fünfundzwanzig Pfund für das Essen, das eigentlich nicht mehr als einen Zehner kosten sollte. Johno und ich gingen vor zum Wagen, während der Kellner weiterhin Leigh anschrie; sein Gesicht wurde von Minute zu Minute roter. Zu guter Letzt knallte Leigh zwanzig Pfund auf den Tisch und sprang in den Wagen.

Jetzt drehte der Kellner komplett durch und folgte Leigh zum Auto. Während wir schon losfuhren, quetschte er sich durch das geöffnete Fenster und wollte mir ins Gesicht schlagen, seine Beine hingen dabei in der Luft. Er ließ nicht nach und versuchte weiterhin, mir eine zu verpassen, fast den halben Berg hinauf. Als er endlich aufgab, atmeten wir alle erleichtert auf.

Eine halbe Stunde später – wir hatten den Vorfall schon fast vergessen – sahen wir plötzlich, wie eine alte, blaue Limousine unter lautem Hupen langsam aufholte.

Es war der Kellner.

Und er hatte Verstärkung mitgebracht.

Wir lieferten uns also eine Chaplin-reife Verfolgungsjagd in zwei kriechend langsamen Autos, die jederzeit wegen Überhitzung schlappmachen konnten – und alles wegen ein paar Kebabs. Ich wollte mich eigentlich nicht von diesen Schlitzohren zum Anhalten zwingen lassen, aber die Blinklichter eines Polizeiwagens überzeugten mich dann doch. In Sekundenschnelle waren wir von einer wütenden Menge umzingelt, Rädelsführer war der Kellner. Es war uns ein Rätsel, woher all diese Menschen auf einmal kamen, aber sie waren wild entschlossen, es den drei Jungs in dem komischen Auto so richtig zu zeigen. Die Polizei bahnte sich einen Weg durch die Menge zu unserem Auto, sie sprachen aber kaum Englisch, also konnten wir ihnen nicht erklären, dass man uns übers Ohr hauen wollte. Der einzige Weg, den Tumult aufzulösen und Hannah vor einer Prügelei zu schützen, war die altbekannte Methode: ein Bündel Cash an jemanden auszuhändigen, der es nicht verdient hatte. Die Polizei versuchte, die Menge zu verscheuchen, als wir dem Kellner das Geld gaben, aber das hielt sie nicht davon ab, unserer armen alten Hannah noch ein paar Fußtritte zu verpassen, als wir abfuhren.

Während des ganzen Vorfalls, völlig unbeeindruckt von dem Aufruhr, der sich zusammenbraute, unterhielt sich ein Typ mit Johno durch die Heckscheibe – er fragte ihn, woher er komme und ob es ihm im Iran gefalle.

KAPITEL 21

GPS-SUPERGAU

Trotz der Bemühungen einiger hilfsbereiter Freunde zu Hause hatten Leigh und Paul immer noch keine Visa für Pakistan. Das bedeutete, dass sie – zur enormen Erleichterung ihrer besorgten Mütter und Freundinnen – diesen Abschnitt der Reise auslassen mussten. Die naheliegendste Möglichkeit war nun für uns, Hannah vom Iran nach Indien zu verschiffen – eine Ausgabe, die unser Budget dermaßen strapazieren würde, dass wir wahrscheinlich bis ans Ende unserer Tage in Australien bei der Obsternte aushelfen müssten, um die Kosten wieder hereinzuholen.

In Anbetracht dieser Tatsachen hatte ich schon daran gedacht, allein per Zug und Bus durch Pakistan zu reisen und die Jungs in Indien wiederzutreffen – nach all den Mühen, die es mich gekostet hatte, das Visum zu erhalten, wäre es eine Schande, es nicht zu nutzen.

Leigh schien mein Vorschlag nicht allzu viel auszumachen; Paul versuchte gelassen zu wirken, aber ich wusste, dass er überhaupt nicht glücklich darüber war, ausgerechnet diesen Teil der Reise zu verpassen.

Ich versuchte gerade, ihnen meine Entscheidung zu erklären, und wir gingen die verschiedenen Optionen durch, als uns eine Stimme mit einem bekannten Akzent unterbrach: »Hey Jungs, wo kommt ihr her?«

Mohammed war Anfang zwanzig und hatte bis zu seinem fünfzehnten Lebensjahr in der Nähe Londons gelebt, bevor er nach Teheran zurückkam, um zu studieren. Wie so viele Iraner, die wir kennengelernt hatten – vor allem die verwestlichten –, sprach er offen über das Versagen der Regierung. Er erzählte uns auch, dass seine allzu laut geäußerte Kritik ihm in der strikten Hauptstadt Probleme mit der Religionspolizei eingebracht hatte. Um sein Studium zu beenden, zog er deshalb in eine kleinere Küstenstadt – genauer gesagt, er »wurde umgezogen«. Hier konnte er weniger politische Wellen schlagen, aber die Wellen direkt vor seinem Haus am Strand waren ihm genug.

Er lud uns in eine typisch versiffte Studentenbude ein, die er mit drei Freunden und einem Deckenventilator teilte, der bei jeder Umdrehung dermaßen bebte, dass er wahrscheinlich schon bald in ein frühes Grab segeln würde. Während wir einmal in einem Imbiss auf unser Essen warteten, erzählte er uns, dass seine Vermieterin, eine verrückte alte opiumabhängige Dame, vor Kurzem während eines religiösen Festivals verstorben war. Seitdem hatte sich niemand gemeldet, um die Miete zu kassieren, und das war ihnen gerade recht.

Am nächsten Morgen schraubte Leigh wie gewohnt am Auto herum. Wann immer wir für eine Weile anhielten, musste er sofort am Wagen herumfummeln. Manchmal ging es dabei um Wartungsarbeiten, die weder Paul noch ich ausführen konnten oder wollten (die ständig zusammenbrechende Elektrik, die Alarmanlage, ein Ölwechsel), aber oft waren es auch nur unnötige Fummeleien (Münzen an den Überrollkäfig kleben, neue Schalter für das Armaturenbrett, ein neuer Teppich für den Fußraum).

Für unseren Rekordversuch verlangte Guinness verschiedene Beweise, die belegten, dass wir tatsächlich überall dort unterwegs waren, wo wir behaupteten, gewesen zu sein. Dazu gehörten unter anderem das »Beweisbuch«, das von Polizei- und anderen Beamten (einschließlich dem Weihnachtsmann) unterschrieben wurde, sowie Zeitungsartikel über unsere Reise. Der wichtigste Beweis waren jedoch die Aufzeichnungen eines zweiten GPS-Geräts, das genau Buch führte über alle Strecken, die wir seit dem Start in London gefahren waren. Bisher hatte es knapp über 22.500 Kilometer verzeichnet. Das einzige Problem war, dass es batteriebetrieben war und wir ständig vergaßen, die Batterien wieder aufzuladen. Jedes Mal, wenn die gefürchtete »Battery low«-Anzeige aufleuchtete, mussten wir den Saft von Kameras und anderem Gerät abzweigen.

Aus diesem Grund wollte Leigh versuchen, beide GPS-Geräte mit der Elektrik des Wagens zu verknüpfen. Ich sah zu ihm hinüber und bemerkte, dass er einige Drähte in der einen und das offene GPS-Gerät in der anderen Hand hielt, und fragte alarmiert: »Hast du ein Back-up gemacht?«

»Ja, ja, na klar«, antwortete er. Er versicherte mir, dass er ein Back-up der Daten auf seinem Computer gespeichert hatte.

Ein paar Minuten später sah ich, wie sich sein Gesichtsausdruck mit einem Schlag verdunkelte und er hektisch in Mohammeds Haus hineinlief und mit verschiedenen Schraubenziehern in der Hand wieder herauskam – ich bekam einen Mordsschrecken.

»Leigh, was ist los?«

Keine Antwort.

»Leigh, ist mit dem GPS alles in Ordnung?«

»Nein, das geht einfach nicht an«, sagte er und blätterte hastig in der Gebrauchsanleitung.

»Aber du hast ein Back-up gemacht, stimmt's?«

Immer noch keine Antwort; er blätterte einfach hektisch weiter.

»Leigh, du hast ein Back-up, ODER?«

Die GPS-Aufzeichnungen über Tausende von Kilometern für den Weltrekord waren verloren. Außerdem hatten wir kein GPS-Gerät mehr für die Weiterfahrt. Es war nur verständlich, dass Johno ausflippte.

Leigh machte den einzigen Laden in ganz Teheran ausfindig, der GPS-Geräte verkaufte und reparierte, aber er sagte uns, wir müssten am nächsten Morgen dort sein, denn der Laden machte übers Wochenende zu. Also fuhren wir nach einem viel zu kurzen, eintägigen Halt an der Küste wieder über die Passstraße in die Hauptstadt zurück.

Ich manövrierte uns gerade durch den ungewöhnlich geringen Teheraner Verkehr. Wir kamen an einen Kreisverkehr, der ironischerweise *Freedom Square* hieß – wenig später fanden wir uns Auge in Auge mit einem Bataillon der Bereitschaftspolizei wieder. Ein junger Mann auf einem Moped zischte an uns vorbei und schrie durch das geöffnete Fenster: »Schlechtes Timing, Freunde!«

Wie es aussah, waren wir versehentlich mitten in einen Pro-Demokratie-Protestmarsch geraten.
Im Iran.
Mitten im Arabischen Frühling.

Wir waren nur noch zehn Minuten vom GPS-Laden entfernt und an jeder Kreuzung hielten wir ängstlich Ausschau nach einem Anzeichen von Unruhe – Menschen schlenderten in Gruppen herum und ab und an sahen wir eine Mannschaft der Bereitschaftspolizei, die durch die Visiere ihrer Schutzhelme starrte. Als wir an die letzte Kreuzung vor unserem Ziel kamen, war ich ein wenig nervös und übersah den uniformierten Verkehrspolizisten, von denen es in der Stadt nur so wimmelte. Sie trugen eine schnieke, weiße Uniform mit einer roten Kappe, außerdem verspiegelte Sonnenbrillen und einen modischen Dreitagebart. An fast allen Kreuzungen der Stadt stand einer von ihnen anstatt einer Verkehrsampel, sodass man sie mit der Zeit einfach nicht mehr richtig wahrnahm.

Der Verkehrspolizist stand unübersehbar auf der Kreuzung, die Sonne spiegelte sich in seiner Fliegersonnenbrille. Per Handzeichen bedeutete er uns, anzuhalten. Er stach vor dem tristen Hintergrund deutlich ins Auge.
  Doch Johno ignorierte ihn.

Als ich den Polizisten endlich sah, der uns bedeutet hatte, anzuhalten, um den Bussen, Autos und Fahrrädern der sechs von rechts kommenden Spuren die Weiterfahrt über die Kreuzung zu ermöglichen, stand ich schon mittendrin und war vollauf damit beschäftigt, mich durch die Tonnen Stahl zu kämpfen, die von jeder Seite auf uns zukamen.

Wer hatte nicht schon einmal einen dieser Momente erlebt, in denen man sich absolut sicher ist, gleich das Zeitliche zu segnen? Ich nicht – bis Johno uns durch Teheran kutschierte. Der Verkehr drängte von allen Seiten auf uns ein und als Leigh »Scheeeeeeeiße« brüllte, duckte ich mich, schloss die Augen und wartete auf den unvermeidlichen Zusammenstoß – Metall gegen Metall, Metall durch Fleisch und Knochen, und dann das helle Licht am Ende des Tunnels … war unsere Reiseversicherung auch im Iran gültig?

Vielleicht.

Vielleicht würde sie die Kosten für die Überführung unserer geschundenen Leichen nach England decken. Vielleicht.

Ich stieg auf die Bremse und wartete auf das anscheinend unvermeidbare Krachen, aber es blieb aus. Wie in einem Actionfilm hatte ich es irgendwie geschafft, allen anderen Autos auszuweichen (es war eher so, dass alle anderen Autos es irgendwie geschafft hatten, den Idioten in dem Londoner Taxi auszuweichen).

Paul hatte sich auf dem Beifahrersitz ausgeruht, aber als das Hupkonzert um uns herum um einige Dezibel anstieg, wir eine Vollbremsung machten und ein Zehn-Tonnen-Bus nur Zentimeter vor uns mit quietschenden Bremsen zum Halten kam, fuhr er senkrecht in die Höhe. Auf dem Rücksitz klammerte sich Leigh mit solcher Kraft an die Haltegriffe, dass es ein Wunder war, dass sie nicht abbrachen.

Eine Sekunde lang trat Ruhe ein – die Fahrer starrten nur perplex das Black Cab an, das sich in sie verkeilt hatte – doch dann brach ein rachelustiges Hupkonzert ohnegleichen los; eine Gruppe Polizisten rannte ärgerlich schimpfend und wild gestikulierend auf uns zu.

Doch das Schlimmste war die Reaktion meiner entsetzten Beifahrer.

»Was verdammt noch mal machst du denn da? Du solltest anhalten, du Idiot!«, rief ich aus (ungefähr mit diesen Worten, vielleicht auch etwas derber …).

Mein Adrenalinspiegel war kurz vorm Überkochen und der Kühler des Busses direkt vor meiner Nase.

»Ich habe ihn nicht gesehen!«

»Er musste zur Seite springen, um von der Scheiß-Karre nicht überfahren zu werden, Mann, was heißt hier, du hast ihn nicht gesehen?«

Die Polizisten schrien uns auf Persisch an und mir stand vor Schock immer noch der Mund offen. Johno sagte in bester britischer Manier: »Terribly sorry«, ignorierte sie unverfroren und fuhr aus dem Verkehrsknäuel heraus. Sekunden später befanden sich bereits sechs Spuren dichten Verkehrs zwischen uns und den aufgebrachten Polizisten – sie würden uns niemals kriegen.

Kurz darauf fuhr ich vor dem GPS-Laden vor und blieb zitternd im Wagen sitzen, während Paul und Leigh hineingingen, um zu sehen, ob es für unser GPS-Gerät noch Rettung gab. Erst jetzt begriff ich, wie knapp wir einem Unfall entkommen waren. Passanten liefen vorbei und gafften verwundert unser Auto an.

Der Techniker erklärte uns, dass er den Großteil der Daten wiederherstellen konnte, dass aber das Gerät an sich absolut hinüber sei. Also blieb uns nichts anderes übrig, als unser schwindendes Budget anzugreifen. Es war ohnehin schon knapp, aber im Iran konnten wir aufgrund der strengen UN-Sanktionen und Währungseinschränkungen kein Geld abheben. Also hatten wir nur das, was wir in den Geheimfächern des Taxis ins Land geschmuggelt hatten, zur Verfügung. Nachdem wir das Ersatz-GPS bezahlt hatten, das uns umgerechnet einhundertfünfzig Pfund kostete, hatten wir gerade noch ungefähr sechs Pfund pro Tag und Nase zur Verfügung.

Ein weiteres Problem war, dass in dem neuen GPS-Gerät keine Karten installiert waren. Wir hatten also keine Ahnung, wo wir uns befanden, und folgten dem Kompass Richtung Süden, um heil aus Teheran herauszukommen, bevor wir den Demonstranten, der Bereitschaftspolizei oder (was sehr viel wahrscheinlicher war) Johnos Fahrstil zum Opfer fielen. Es funktionierte, und nach ein paar Stunden hatten wir Teheran hinter uns gelassen, ohne in eine Demonstration verwickelt zu werden, und beschlossen, den Abstand zur Stadt noch ein wenig zu vergrößern.

Bald waren wir in der Wüste – kilometerweit nichts als Sand und Felsen. Etwa achtzig Kilometer weiter nahmen wir eine Abfahrt und fuhren noch einen guten Kilometer auf einer leeren Straße weiter. Wir fuhren von der Straße ab und stellten unsere Zelte in der Dunkelheit auf. Unsere einzige Lichtquelle waren die Scheinwerfer auf der Schnellstraße in einiger Entfernung, die uns sachte in den Schlaf lullten.

KAPITEL 22

DIE GEHEIMPOLIZEI, DEIN FREUND UND HELFER

Am nächsten Morgen trat ich aus dem Zelt in die sonnenüberflutete iranische Wüste. Ich reckte und streckte mich, um die letzte Müdigkeit aus meinen Knochen zu vertreiben, und sah mich um. Weit und breit nur monotone Dürre, die ab und an durch einen kümmerlichen Busch aufgelockert wurde.

Aber dann sah ich es, nur ungefähr dreihundert Meter entfernt. »Sind das etwa ...«, fragte ich ungläubig, »sind das etwa Artilleriegeschütze?« Wobei meine Frage an niemand Bestimmtes gerichtet war.

Leigh streckte seinen Kopf aus dem Zelt und bestätigte mir, dass wir es tatsächlich geschafft hatten, unser Zelt auf dem Gelände der Flugabwehr aufzustellen. Er wies mich auch auf die halb fertige Öl-Pipeline weiter hinten hin. Locker und lässig erklärte er mir, dass wir uns knapp fünfzig Kilometer nördlich von Ghom befänden – die Stadt war nicht nur heilig, sondern auch Stützpunkt der Atomkraftanlagen Irans. Wir hätten uns im ganzen Land keinen sensibleren Ort für unser nächtliches Lager aussuchen können.

Leigh, der immer am langsamsten in die Gänge kam, war gerade dabei, sein Zelt auf dem Autodach zu verstauen, als wir einen der allgegenwärtigen weißen chinesischen Pick-ups sahen, der von der Landstraße abgebogen war und geradewegs auf uns zufuhr.

Das sah nicht gut aus – drei Jungs aus England, in einem englischen Auto, das mit Kameras und GPS ausgestattet war, inmitten einer der meistbehüteten Installationen des ganzen Landes, irgendwo in der Wüste.

Nur um die Sache noch ein wenig spannender zu machen, hatten Johno und ich Fotos von den Geschützen geschossen. Warum in aller Welt würde jemand auf die Idee kommen, militärische Anlagen zu fotografieren, die die iranischen Atomreaktoren vor einem israelischen Luftangriff schützen sollten? Nur WIR würden auf diese abstruse Idee kommen, erstens, weil wir es witzig fanden (jedenfalls bevor die Geheimpolizei auftauchte), und zweitens, weil wir einfach verdammte Idioten waren.

Zwei Männer sprangen aus dem Pick-up: Der erste war groß und fett und trug diese Art von klobigen Schuhen, in die Mütter ihre Zöglinge am ersten Schultag steckten, nur damit sie dann von ihren Mitschülern unbarmherzig den Rest der Schulzeit damit aufgezogen wurden. Der zweite war klein, dünn, Typ Bücherwurm, und glich eher einem Buchhalter als einem Polizisten. Während er mit einem redete, nahm er ununterbrochen seine Brille ab, um sie zu putzen. Er schielte und seine Augen blickten in verschiedene Richtungen, was sein Gegenüber in das Dilemma versetzte, nicht zu wissen, an welches Auge er sich denn nun zu wenden hatte. Sie trugen beide ärmlich geschneiderte Uniformen mit handgenähten Polizeiabzeichen. Ich wusste, dass man diese Uniformen auf jedem Wochenmarkt kaufen konnte und dass es im Iran nur so von falschen Polizisten wimmelte, daher vertraute ich ihnen überhaupt nicht.

»Pässe!«, forderten sie.

»Wer sind Sie denn?«, verlangte Paul seinerseits zu wissen. »Ihre Uniform sieht nicht echt aus, ich werde Ihnen meinen Pass nicht aushändigen!«

Ich stöhnte: »Paul, mach die Sache nicht noch schwieriger! Sie sind ganz offensichtlich echte Polizisten!«

Sie sahen unsere Pässe sorgfältig durch und gaben die Daten an einen unsichtbaren Komplizen am anderen Ende der Telefonleitung weiter. Dann lehnten sie sich zurück und warteten.

»Gibt es irgendein Problem?«, fragten wir unschuldig.
»Warten Sie, warten Sie«, war die einzige Antwort.

Nachdem wir eine halbe Stunde unruhig unter der heißen Sonne gewartet hatten, wussten wir, auf was wir warten sollten: Ein weiterer weißer SUV kam an, aus dem zwei weitere Männer ausstiegen. Der eine trug schwarze Hosen und ein makelloses weißes Hemd, während der andere typisch islamische Kleidung und einen langen Bart trug. Sie berieten sich kurz mit den Polizisten, bevor sie auf uns zukamen.

Der Dicke mit den hässlichen Schuhen hatte mich bereits gefühlte zwei Stunden verhört, als ihm plötzlich die Erleuchtung kam: »Sind Sie ... Moslem?«

Ich murmelte ein Nein.

»Sind Sie Christ?«

Die einzig richtige Reaktion wäre gewesen, energisch nickend in allen mir bekannten Sprachen JA zu sagen und dann auf die Knie zu fallen und ein paar Bibelverse zu zitieren. Denn für Moslems sind Christen Männer, die sich an die Regeln ihrer Religion halten und daher respektiert werden.

Ich zog kurz in Erwägung, meine katholische Erziehung, meinen derzeitigen Status als nicht praktizierender Katholik (einmal Katholik, immer Katholik?) und dessen Auswirkungen auf die Theologie-Landschaft des heutigen Großbritannien tiefgründig zu erörtern, fasste aber stattdessen meinen Gedankengang in einem simplen »Nein« zusammen.

Zur exakt selben Zeit stieg der Dünne mit unseren Pässen in seinen Pick-up ein. Er wollte im Stützpunkt Fotokopien davon machen, aber dorthin durfte ich ihn aus Sicherheitsgründen nicht begleiten. Als er versuchte loszufahren und ich mich weigerte, ihn gehen zu lassen, begann die Benny-Hill-Parodie:

Er setzte sich in den Pick-up, ich setzte mich in den Pick-up.

Er stieg wieder aus, ich stieg wieder aus.

Er stieg wieder ein, ich hinterher.

Er versuchte mir wiederholt klarzumachen, dass ich nicht mitkommen konnte. Ich stellte mich dumm. Auf jeden seiner Versuche reagierte ich mit dem Versuch, Blickkontakt mit einem seiner Augen zu halten und ihm klarzumachen, dass ich ihm nicht unsere Pässe überlassen würde. Nach langer Beratung kamen wir überein, dass sie die Kopien an einer Tankstelle machen würden und ich sie dabei begleiten durfte.

Ich stieg also mit ihm in den himmlisch klimatisierten Pick-up und wir fuhren durch die Wüste. Die Sonne stand inzwischen am Zenit und meine Kumpels blieben in Begleitung der Geheimpolizei schmorend zurück.

Leigh und ich blieben mit den etwas verwirrten Geheimpolizisten zurück, die sofort eine neue Salve Fragen auf uns abfeuerten: Wenn Paul also kein Christ war, musste er Jude sein. Und wenn er Jude war, musste er Israeli sein. Und wenn er Israeli war, dann musste er ein Spion sein.

Wir versuchten sie die nächste Viertelstunde davon zu überzeugen, dass Paul weder Jude noch Israeli noch ein Spion sei. Sie wechselten das Thema, als sie unseren *Carnet de Passage* entdeckten, auf dessen Rückseite in großen Buchstaben »Ex: Israel – Kenya – Iraq – Lebanon« stand, also die vier Länder, in die unser Gefährt nicht eingeführt werden durfte. Auch wenn die Englischkenntnisse des Geheimpolizisten eher dürftig waren, sei der Gerechtigkeit halber gesagt, dass auch jedem anderen das subtile »ex« hätte entgehen können.

»Aha! Ihr wart also doch in Israel, ja?«

Das war das Stichwort für eine weitere Stunde Überzeugungsarbeit unter der brennend heißen Sonne: Nein, Paul war immer noch kein Jude. Nein, wir waren nicht in Israel gewesen, und vor allem: NEIN, wir waren auf gar keinen Fall israelische Spione.

Währenddessen saß ich an einer Tankstelle, ließ mir den Schweiß von der Klimaanlage trocknen, trank ein alkoholfreies deutsches Bier mit Apfelgeschmack und aß Datteln mit einer sehr hübschen

Iranerin. Mein Buchhalter-Schrägstrich-Polizist lieferte den Beweis dafür, dass irgendwo im Iran jemand unfairerweise seinen Arbeitsplatz belegte: Er kopierte gewissenhaft jede einzelne Seite von jedem einzelnen Pass.

Als wir zurückkamen, hatten die Geheimpolizisten endlich aufgehört, die Jungs zu vernehmen, und widmeten sich nun einer gründlichen Inspektion des Wagens.

Ich hoffte, sie würden meine Nervosität nicht bemerken – was würde wohl geschehen, wenn sie auf der SLR-Kamera die Fotos der iranischen Militäranlagen finden würden? Erst vor ein paar Tagen hatte uns Leigh von einem britischen Touristen erzählt, der mehrere Monate in Haft verbracht hatte, weil er Landschaftsaufnahmen gemacht hatte, auf denen leider auch Leitungsmasten im Hintergrund zu sehen waren. Damals hatte ich mich noch gefragt, wie man nur so blöd sein könne, aber meine jetzige Situation war noch viel schlimmer.

Gott (der Moslems, der Juden, der Christen oder wer auch immer) musste es an diesem Tag gut mit uns gemeint haben, denn sie fanden weder Johnos riesige Kamera mit den verfänglichen Fotos noch das GPS-Gerät, das wir uns am Tag zuvor besorgt hatten. Wahrscheinlich war ihre Suche doch nicht so gründlich, allerdings muss man zu ihren Gunsten sagen, dass unser Taxi ein absoluter Saustall war.

Zum Glück war die einzige Kamera, die sie fanden, die von Leigh, bei der die Batterien fast aufgebraucht waren. Das Display flackerte kurz auf, gerade lange genug, dass sie einen Blick auf das letzte, völlig unverfängliche Foto werfen konnten, das Leigh vor über einem Monat auf einem Basar in Istanbul gemacht hatte.

Der Einsatzleiter wandte sich wieder an mich: »Was für elektrische Geräte haben Sie bei sich?«

Ich leerte meine Taschen: »Nur einen iPod und ein Handy.«

»Sonst nichts?«

«Sonst nichts«, log ich und betete zu meinem nicht existierenden Gott, dass er nicht auf die Idee käme, die Tasche im Auto neben sich zu untersuchen.

Er sah mir einen Moment lang fest ins Gesicht.

»Okay, ihr könnt gehen.«

Wir waren zwar gerade noch einmal davongekommen, aber man hatte uns auf jeden Fall als verdächtig eingestuft. Es würde mich nicht im Geringsten wundern, wenn ein armer junger Offiziersanwärter dazu abkommandiert würde, uns die nächsten zwei Wochen auf Schritt und Tritt zu folgen, und ausführliche Berichte darüber schreiben müsste, wie viele Tassen Tee wir täglich zu uns nahmen, während wir uralte Moscheen besuchten, Auto-Basare nach Ersatzteilen durchwühlten oder in einer der vielen Grünanlagen des Landes relaxten.

Da wir auf unseren dreizehnten und letzten Anlauf, Visa für Pakistan zu erhalten, noch keine Antwort erhalten hatten, mussten wir die Zeit im Iran irgendwie totschlagen. Zum Glück gibt es in Isfahan diverse Paläste, Basare, antike Brücken und Moscheen, die von oben bis unten mit Spiegeln besetzt sind; man kann also ständig etwas Neues und Interessantes entdecken. Ich traf ein paar durchgeknallte Holländer, die von Istanbul mit dem Fahrrad nach Isfahan gereist waren. Wir unterhielten uns eine Weile und beschlossen dann, eine der populärsten Freizeitvergnügungen des Iran auszuprobieren – das Picknick.

Alkohol, Kino, tanzen, mit Mädchen sprechen, offen reden, Halsketten tragen, eine Vokuhila-Frisur tragen (kein Witz!), in der Nähe von Mitgliedern des anderen Geschlechts schwimmen, Schweinefleisch essen, Shorts tragen, sich ein Tattoo zulegen, ein Haustier haben, eine Krawatte tragen oder sogar (die größte Sünde von allen) Facebook zu benutzen sind im Iran strikt untersagt. Man musste also andere Mittel und Wege des Entertainments finden. Wie es scheint, bleibt nur noch die Option, sich zu einem gemeinsamen Essen zu treffen, und wenn dieses Treffen nicht zu Hause stattfindet, dann wird daraus ein Picknick. Die Iraner sind die Meister des Picknicks. Sie picknicken überall und jederzeit.

Einer der beliebtesten Picknickplätze ist der Mittelstreifen einer Schnellstraße. Es geht ganz einfach: Man parkt sein Auto halb auf dem Mittelstreifen, halb auf der Überholspur, zaubert einen persischen Teppich, ein paar Snacks und eine Wasserpfeife hervor, dreht das Radio auf volle Lautstärke, isst und unterhält sich – über alles außer über Politik.

Währenddessen schlenderte ich durch baumgesäumte Straßen und fragte mich, wie es wäre, in einem Land zu leben, in dem es strafbar war, außereheliche Sex oder auch nur eine Freundin zu haben. Wie wurden bei diesen strikten Regeln Teenager-Hormone gezügelt? Denn die Biologie folgte nun mal keinen gesetzlichen Vorgaben. Während ich noch darüber nachgrübelte, sah ich ein außergewöhnlich hübsches Mädchen. Ich muss sie mit offenem Mund angestarrt haben, denn sie lächelte mich an und sagte »Hello« in dem süßesten Akzent, den ich jemals gehört hatte.

Ich war so verblüfft, dass ich nur ein Grinsen und ein »Hi« zustande brachte und weiterlief.

Dieses Zusammentreffen musste mich aber auf irgendeine Art empfänglich für andere gemacht haben, denn als ein eher kleinwüchsiger Typ auf mich zukam und sich vorstellte, lächelte ich ihn an, schüttelte ihm die Hand und stellte mich ihm als Johnathan aus England vor.

Bisher waren die Iraner bei Weitem die freundlichsten und kontaktfreudigsten Menschen gewesen, die wir getroffen hatten. Es kam oft vor, dass wir angesprochen und zu einer Tasse Kaffee eingeladen wurden, man wollte wissen, wie es uns in ihrem Land gefiel. Also dachte ich mir nichts dabei, als er mich ansprach und ein Stück mit mir ging.

»Kann ich ... dein Freund?«, fragte er zögernd. Meinem Gesicht war wohl anzusehen, dass ich ihn nicht verstand, also wiederholte er: »Kann ich sein ... dein Freund?«

»Na klar, warum nicht?«, sagte ich, denn ich dachte mir nichts bei seiner Frage.

»Bist du aus Isfa—?«, setzte ich an, aber er unterbrach mich.

»Du bist sehr hübsch, Johnathan!«, stieß er hervor.

»Oh, ähm ... danke.«

»Können wir«, traute er sich, »... Sex?«

»Nein«, stammelte ich völlig überrumpelt. »Ich, ähm, ich habe ... ich bin verheiratet!« Es war die erstbeste höfliche Ausrede, die mir einfiel.

»Aber wir können nehmen Taxi, gehen in Hotel, dann Sex?«, drängte er weiter.

»Nein, nein ... NEIN!«, erklärte ich mit Nachdruck. »Tschüss!«

Und mit diesen Worten zog ich ab; ich fühlte mich auf seltsame Weise geschmeichelt und war gleichzeitig verwirrt, denn Ahmadinejad hatte uns schließlich versichert, es gäbe keine Homosexualität im Iran.

Unser nächstes Ziel war Persepolis, die Stadt mit den meisten antiken Ruinen der Welt.

Wir verbrachten den Tag in den eindrucksvollen Ruinen, die unglaublich gut erhalten und sehr wohl das Eintrittsgeld von umgerechnet achtzehn Pence wert waren. Die Eingangstore waren mit zweihundertjährigen Graffiti britischer Offiziere, die hier durchgekommen waren, übersät, und es gab sogar Gerüchte, auch der große Entdecker Stanley hätte den Ort entweiht – ich konnte aber trotz hartnäckigen Suchens seinen Namen nirgends finden. Die Ruinen befinden sich mitten in der Wüste und bieten so gut wie keinen Schutz vor den fünfundvierzig Grad in der Sonne. Die Hitze in der iranischen Wüste ist so trocken, dass die Lippen rissig werden, der Schweiß auf der Stelle verdampft und das Auto ständig heißläuft. Die Pedale und die Gangschaltung wurden oft so heiß, dass man sie nicht mehr anfassen konnte, und die glühende Hitze kroch durch sämtliche Löcher in der Karosserie. Selbst wenn wir alle Fenster heruntergedreht hatten, brachte der Wüstenwind wenig Erfrischung, sodass wir alle ein, zwei Stunden anhielten, um eine weitere Zwei-Liter-Flasche Wasser und die siebte Flasche Zamzam-Cola des Tages einzukaufen.

Unser nächstes Ziel war Schiras; hier gibt es die schönsten Moscheen und das größte Crystal-Meth-Problem des Landes (es ist billiger als Opium, und da es keine Kneipen gibt ...). Wir sahen uns alle Sehenswürdigkeiten an und beschlossen dann, dass es an der Zeit war, den Wagen aufzuräumen, denn irgendetwas im Wagen stank ganz unerträglich. Die Ursache hatten wir schnell gefunden: ein Brathähnchen, dessen Verwesungsprozess durch eine Woche Wüstenhitze beschleunigt worden war.

Aber das Hähnchen war im Moment unser kleinstes Problem – wir waren auf dem Weg nach Yazd, wo wir bald schon eine Entscheidung treffen mussten, um unser Pakistan-Problem zu lösen.

KAPITEL 23

EIN TODGEWEIHTER MANN IN DER WÜSTE

»Wenn wir unsere Visa kriegen, fahren wir auch durch Pakistan – willst du mit?«

»YEEEAAH – wenn ich denen zu Hause erzähle, dass ich mit einem Black Cab durch Pakistan gefahren bin, flippen die aus!«

»Okay – aber du musst dir einen längeren Bart wachsen lassen. Wir wollen nicht auffallen, und hier tragen alle Männer lange Bärte.«

Craig war ein großer Australier mit halblangem Bart, Bierbauch, einem etwas unbedarften Gesichtsausdruck und einem scheinbar nur sehr selten aufflammenden Temperament. Er trug ein mit Schweißflecken übersätes T-Shirt, das aussah, als ob es schon hundert Mal von Hand gewaschen und in der Sonne getrocknet worden wäre. Craig hatte immer seine Kamera dabei, und wenn ihn etwas begeisterte, sah er aus wie ein zu groß gewachsenes Kind auf einem Zucker-Trip bei einer Geburtstagsparty. Er passte einfach genial zu unserer Truppe.

Wenn man monatelang in einem kleinen Taxi mit zwei Freunden eingeschlossen ist, birgt ein neuer Mitfahrer ungeahnte Möglichkeiten, den Teamgeist zu erneuern und das Nervenkostüm auf einem gesunden Level zu halten.

Ein weiterer Vorteil war, dass wir mit ihm auf der Fahrt durch Pakistan neben Johno noch ein zusätzliches Opferlamm für die Taliban hätten.

Wir hatten Craig im Silk Road Hotel in Yazd kennengelernt. Das Hotel war eine wahre Erholung, nachdem wir wochenlang in der

Wüste gezeltet oder auf dem Fußboden fremder Leute genächtigt hatten. Die Schlafsäle mit komfortablen Betten befanden sich in einem kühlen, unterirdischen Raum, und in dem schattigen Hof wimmelte es zu jeder Tageszeit von Backpackern und anderen Reisenden, die immer für ein Gespräch zu haben waren.

Dreitausend Jahre in der Wüste hatten der Stadt ihren Stempel aufgedrückt – die Altstadt war ein Labyrinth aus Lehmbauten mit ausgeklügelten Windtürmen, auch Bādgir genannt, durch die jede noch so seichte Brise pfeifen konnte, um die halb unterirdischen Räume in der mörderischen Hitze zu kühlen. Weit unter den engen Sträßchen, die selbst in der heißesten Mittagshitze stark belebt waren, floss Wasser durch ein ausgeklügeltes Kanalsystem, das Qanat genannt wird.

Unsere Reiseführerin, Langzeitgast des Hotels, führte uns zum Dach einer noch nicht fertiggestellten Moschee, von wo aus wir den Sonnenuntergang betrachten konnten. Sie war auch aus Australien, hatte sich aber bei einer Reise durch den Iran in einen Typen aus Yazd verliebt.

»Also du wohnst eigentlich gar nicht in dem Hotel?«, fragten wir sie. Wir wollten unbedingt mehr über die Lovestory erfahren.

»Nein, aber mein Göttergatte arbeitet dort. Ich wohne bei ihm«, zwitscherte sie.

»Dein Göttergatte?«, hakte Leigh nach. »Musst du ihn so nennen, damit die Religionspolizei keinen Anstoß nimmt?«

»Nein«, antwortete sie gelassen, »wir sind zum Imam gegangen, und der hat uns noch während des Frühstücks getraut, also werden wir hier unten keine Probleme bekommen.«

Sie erklärte uns, dass Yazd als sehr konservative Stadt galt, und eine Beziehung zwischen einem Ortsansässigen und einer Frau aus dem Westen würde zu viel Aufsehen erregen, wenn sie nicht offiziell abgesegnet wäre.

»Wenn ich irgendwann nicht mehr möchte«, fuhr sie in einem Ton fort, als ob sie uns von ihrer Mitgliedschaft im Fitnessstudio erzählte, »gehen wir einfach wieder zum Imam und er löst die Ehe auf.«

Dann erzählte sie uns von einem nahe gelegenen zoroastrischen Feuertempel, Chak, in dem eine ewige Flamme brannte. Der Legende nach floh während der arabischen Invasion von Persien im siebten Jahrhundert die Sassaniden-Prinzessin Nikbanou vor den vorrückenden Truppen und dem furchtbaren Schicksal, das sie ereilen würde, wenn man sie ergreifen würde. Sie drang immer weiter in die verdorrte Wüste vor, doch ihre Verfolger waren ihr dicht auf den Fersen; es schien hoffnungslos. Doch dann öffnete sich der Berghang und bot ihr Zuflucht in einer kleinen Grotte, in der sich auch eine Quelle befand, an der sie ihren Durst stillen konnte.

Heute beherbergt diese Höhle einen der bedeutendsten zoroastrischen Tempel der Welt, zu dem regelmäßig Pilgerreisen stattfinden. Die winzige Quelle ist mehr ein Rinnsal (Chak Chak heißt wörtlich übersetzt »tropf tropf«), aber selbst diese winzige Menge Wasser in einem sonst völlig trockenen Gebiet reichte aus, um einen enormen Baum am Berghang wachsen zu lassen.

Man hatte uns eine recht vage Wegbeschreibung dorthin gegeben und eine Weile folgten wir einfach den Wegweisern mit zwei identischen persischen Buchstaben – denn was außer Chak Chak könnten sie schon heißen? Aber auch diese Schilder verloren sich bald im heißen Wüstensand.

Wir fuhren weiter und hielten Ausschau nach jemandem, den wir fragen könnten. Dann sahen wir ihn. Ein alter Mann stand neben einem ramponierten Wagen, der wohl irgendwann einmal weiß gewesen sein musste, am Straßenrand. Wir hielten neben ihm an und er schien in keinster Weise überrascht zu sein, ein altes Londoner Taxi voller verwahrloster Ausländer zu sehen.

»*Salam*«, sagte Paul, der gerade hinter dem Steuer saß. »'tschuldigung ... Chak Chak?«

Der Mann strahlte und nickte heftig: »Chak Chak!«

Paul blickte sich Hilfe suchend nach uns auf dem Rücksitz um, erntete aber nur Schulterzucken. Er wandte sich wieder an den alten Mann.

»Chak Chak?«, wiederholte er und zeigte dieses Mal mit fragendem Blick nach vorne und nach hinten.

»Chak Chak!«, antwortete der Mann.

Paul sah verwirrt aus. »Ähm, tja ... ich glaube nicht, dass er weiß, wo es langgeht, Jungs.«

Er wandte sich wieder an den Mann: »Also, vielen Dank dann ... *shukran ... merci* ...«

Er wollte gerade losfahren, da zog der Mann sein Ass aus dem Ärmel: »Chak Chak!«, sagte er nachdrücklich und hob einen Finger in die Luft, was wohl »Warte!« bedeuten sollte.

Dann ging er um seinen Wagen herum, stemmte die hintere Tür auf und holte einen glänzenden Gegenstand heraus. Den brachte er zurück zu unserem Auto, gab ihn einem sehr verdutzten Paul durch das offene Fenster und dieser reichte ihn an mich weiter.

Ich sah mir das Ding kurz an. »Ist das vielleicht ein Teekocher?«, fragte ich unsicher.

Als ich aufsah, gab mir Paul noch etwas weiter: eine Tragetasche voller Zucker und kleinen Teetassen aus Glas.

»Jungs ... was geht hier ab?«, fragte Leigh, als der Mann sein Auto abschloss, die Taxitür öffnete und sich unbeirrt neben Craig auf den Rücksitz fallen ließ.

»Chak Chak!«, rief der Mann triumphierend aus und zeigte die Straße hinunter.

»Ach so, Sie möchten ...«, dämmerte es Paul.

»Chak Chak!«

»Also, ich fahre dann einfach ...«

»Chak Chak!«

Wir sahen uns nur an und fuhren los.

»Chak Chak!«

Während der Fahrt machte es sich unser neuer Passagier gemütlich, sang persische Volkslieder und rauchte neben Leigh eine Zigarette nach der anderen. Für jeden noch so zögerlich vorgebrachten Einwand wurde Paul von ihm kurzerhand mit seinem Zweiwort-Slogan und einem Klaps auf den Hinterkopf gemaßregelt.

Der Mann war ungefähr fünfundsechzig Jahre alt und nicht ganz ein Meter fünfzig groß. Seine Brust war mit EKG-Pflastern übersät; er trug das Patienten-Armband eines Krankenhauses an einem Arm, und auf seinem linken Ärmel war ein großer Blutfleck zu sehen, als ob er sich von einem Tropf losgerissen hätte. Er erzählte etwas auf Persisch in Maschinengewehr-Stakkato, zeigte auf seine Brust und machte dann die Kehle-durchschneiden-Geste.

So wie es aussah, hatten wir unbeabsichtigterweise einen todkranken Mann, der aus dem Krankenhaus geflohen war, im Auto und fuhren ihn tief in die Wüste, damit er dort noch ein letztes Gebet sprechen konnte.

Schwupps zog er noch eine Schachtel Zigaretten heraus und zündete sich eine an – er saß genau vor dem »Rauchen verboten«-Schild im hinteren Teil des Taxis. Dann bemerkte er wohl, wie unhöflich er war, und bot uns allen Zigaretten an (keiner von uns nahm eine), streute Asche in Leighs Ohren und beschimpfte mich, weil ich zu langsam fuhr. Ihm zu erklären, dass eine Fahrt bergauf mit fünf Passagieren in einem Taxi mit permanent überhitztem Motor einfach nicht schneller ging, sprengte unser persisches Vokabular, und so erntete ich weiterhin Klapse und Tadel wegen meiner »Langsamkeit«, und abwechselnd gab er entweder ein Lied zum Besten oder beklagte sich darüber, dass unser Sound-System nicht funktionierte.

Drei Zigarettenlängen später kamen wir in Chak Chak an und parkten das Taxi. Der Tempel war auf einem Hügel und wir begannen unseren Weg nach oben. Unser betagter Flüchtling hatte jedoch andere Pläne. Er bestand darauf, dass wir vor dem Aufstieg eine Tasse Tee mit ihm tranken, also würgten wir gehorsam die unsäglich süße Brühe hinunter. Als wir endlich losliefen, blieb er ziemlich schnell hinter uns zurück. Ich drehte mich nach ihm um und sah, wie er, wahrscheinlich kurz vor dem Exitus, würgte und sich krümmte. Ich ging zu ihm zurück, um ihn nicht allein zu lassen. Er zeigte auf seine Brust, hustete und prustete und begann dann den Aufstieg, nicht ohne mich vorher zu bitten, ein Foto von den EKG-Pflastern auf seiner Brust zu machen.

Der Aufseher saß vor dem Tempel unter einem Schild, das menstruierenden Frauen den Eintritt verbot. Er begrüßte uns herzlich, als wir auf die protzigen Bronzetüren zugingen.

»Ewige Flamme?«

Wir nickten.

»Ja, ja, hier entlang.« Er hielt einen Moment inne, dann machte er mit der Faust und dem Daumen ein Zeichen, wie jemand, der ein Feuerzeug anzündet. »Habt ihr Feuer?«

Wir hatten versucht, dem sterbenden Mann zu erklären, dass wir nach dem Tempelbesuch vorhatten, in der Wüste zu übernachten. Wir hatten ihn so verstanden, dass er damit einverstanden war und auch in der Nähe von Chak Chak übernachten würde, aber als der Nachmittag fortschritt, wurde klar, dass er zurück zu seinem Auto wollte, was zu einem kleinen Affentheater führte: Wir winkten alle heftig, wie um uns von ihm zu verabschieden, und liefen zum Auto. Er winkte freundlich zurück, aber sobald wir den Motor anließen, packte er hastig seinen Tee und Zucker zusammen und rannte zum Rücksitz unseres Wagens.

Wir konnten uns nicht einigen, was wir tun sollten.

»Hin und zurück sind das zwei Stunden Fahrt ...«

»... aber wir können einen sterbenden Mann doch nicht einfach in der Wüste zurücklassen ...«

»... niemand lässt hier einen sterbenden Mann in der Wüste zurück!«

»Aber wir haben nicht genügend Benzin!«

»Oh ...«

»Na ja, vielleicht könnten wir ...«

»Mann! Wir werden ihn nicht hier allein zurücklassen!«

»Tja, also wer fährt ihn dann zurück?«

Während wir über unsere moralischen Bedenken diskutierten, einen sterbenden Mann allein in der Wüste zu lassen, wurde mir mit einem Mal bewusst, dass unsere fröhliche Truppe bald schon auseinandergerissen werden würde: Leigh hatte eine E-Mail erhalten, dass unsere Bemühungen, Visa für Pakistan zu erhalten, erneut fehlgeschlagen waren. Glücklicherweise kannte ein Freund von uns, den Leigh in letzter Minute kontaktiert hatte, ein paar Leute an der pakistanischen Botschaft in Dubai. Er sagte, er könnte seine Beziehungen spielen lassen, damit wir nach Pakistan kämen. Leigh und Paul würden also am nächsten Morgen einen Bus nach Schiraz und von dort einen Flug nach Dubai nehmen. Und während wir noch versuchten, uns zu einigen, was wir mit unserem unerwarteten Beifahrer tun sollten, hielt dieser den einzigen vorbeikommenden Wagen an, stieg ein und weg war er. Nun gut, wenigstens ein Problem war gelöst.

KAPITEL 24

ABSCHIEBUNG AUS DEM IRAN

Raul wartete auf uns im Ankunftsbereich – cooler als cool, in einer schicken, modischen Skinny Jeans und schwarzer Weste. Leigh und ich hingegen waren keine zwanzig Stunden vorher in dem, wie es uns vorkam, abgelegensten Winkel der Erde gewesen und trugen schäbige Jeans, zerrissene T-Shirts, Palästinensertücher und Taliban-Bärte, die jeden Pakistani-Kämpfer vor Neid erblassen lassen würden.

Dubai ist eine großkotzige, geldgeile Vorzeigestadt, voller großkotziger, geldgeiler Menschen, die in ihren großkotzigen, superteuren Autos Ausflüge in großkotzige Einkaufszentren, Kino-Center und amerikanische Fast-Food-Restaurants machten. All dies hatte absolut nichts mit dem gemein, was wir in den letzten drei Monaten erlebt hatten, und wir erlitten beide einen Kulturschock, als ein Ferrari nach dem anderen an uns vorbeizischte.

Wir waren bei unserer Freundin Jane untergebracht – Kriegskorrespondentin und wahrscheinlich das taffste Mädel, das wir kannten. Sie wohnte im vierzehnten Stock eines Luxus-Hochhauses, und wir nutzten alle verfügbaren Annehmlichkeiten gebührend aus. Ein Kurier der Botschaft kam vorbei und holte unsere Pässe ab; auf einmal hatten wir unverhofft einen freien Tag vor uns. Da wir bald schon wieder in den Iran zurückkehren würden, wollte ich auf jeden Fall Johno, der im Moment mit dem Australier in der Wüste festsaß, an unserem Ausflug teilhaben lassen. Ich kaufte Kekse, Cadbury-Schokolade, Kartoffelchips, Kaffee, Käse, englische Zeitschriften und (am allerwichtigsten!) Müsli und kalte Milch – die größte westliche Errungenschaft, die jedoch noch nicht sehr weit in den Osten vorgedrungen war.

Nach einem ausführlichen Frühstück und einem Sprung in den Swimmingpool kam der Kurier zurück, übergab uns unsere Pässe und sagte, wir hätten keine Gebühr zu bezahlen. Nach sechs Monaten voller Ängste, erfolglosen Botschaftsbesuchen und verworfenen B-Plänen hielten wir endlich unsere Visa für Pakistan in Händen – und wir mussten nicht einmal dafür bezahlen!

Hannah hatte öfter Probleme mit dem Kühlsystem, seitdem wir es sechs Wochen zuvor zum ersten Mal im Süden der Türkei und im Norden des Irak mit extrem hohen Temperaturen zu tun gehabt hatten. Ein Wagen, der für die nasskalten Straßen Londons gebaut war, hatte einfach seine Schwierigkeiten in der Wüste und den Bergen des Mittleren Ostens – vor allem, wenn man Hannahs Alter bedachte.

Als wir nun immer weiter in den Süden fuhren, traten diese Probleme erneut auf und jede kleinste Steigung brachte die Nadel der Temperaturanzeige langsam der roten Gefahrenzone ein wenig näher. Die Temperatursensor auf Craigs Uhr zeigte 60 °C an, die Gangschaltung und die Pedale waren inzwischen zu heiß, um mit bloßer Haut berührt zu werden.

Leider sonnte sich das Automobil-Wunderkind Leigh an irgendeinem privaten Swimmingpool achthundert Kilometer entfernt. Er hatte mich aber vor seiner Abreise gewarnt, dass besagte Nadel unter keinen Umständen in den roten Bereich gelangen dürfte.

Während eines unserer häufigen Abkühl-Stopps spähten Craig und ich unter die Haube und taten so, als wüssten wir, was Sache ist. Da bemerkte ich, dass sich das große Kühlgebläse vorne am Motor auf irgendeine Weise an der Rückseite des Kühlers verkeilt und eine gefährlich aussehende Delle in den empfindlichen Kühlrippen hinterlassen hatte. Wir mussten uns etwas einfallen lassen, um über den Hügel zu kommen, der sich vor uns abzeichnete.

Ich sah nur eine Möglichkeit, wenn ich nicht das ganze Ding auseinandernehmen wollte: Ich musste das Kühlgebläse abschneiden, sodass der Kühler freigelegt war, und dann versuchen, es irgendwie wieder an der Kurbelwelle anzubringen. Eine halbe Stunde später waren meine zarten Mittelschichtler-Hände voller Blasen, aber ich hatte es fertiggebracht, das harte Plastik mit dem Seitenschneider zu durchtrennen, das Kühlgebläse vom Kühler zu lösen und diesen wieder an seinem angestammten Platz zu befestigen – Hannah konnte problemlos die Fahrt wieder aufnehmen! Anscheinend ging es auch ohne Leigh ganz gut.

Da ich die doppelte Staatsbürgerschaft besaß, bekam ich mit meinem irischen Pass das Visum für den Iran direkt bei der Einreise, aber Leigh, der Brite, würde sich wohl oder übel mit uns weiter unten, in Pakistan, treffen müssen. Also flog ich am nächsten Morgen nach Teheran. Mein Flug war das reine Vergnügen – ich saß eingezwängt zwischen Oma Omani und ihrer Familie, die in den Urlaub flogen. Keiner von ihnen wollte mit mir tauschen, damit sie näher zusammen sitzen konnten, denn dann hätten sie ihre Fensterplätze aufgeben müssen. Also unterhielten sie sich volle drei Stunden lang über meinen Kopf hinweg in lautem, Speichel versprühendem Persisch.

Nach der Landung ging ich zu dem Schalter, auf dem »Visa« stand, und wartete. Ein junger Iraner lächelte mich an und schob mir ein Formular zu, das ich pflichtgemäß ausfüllte und ihm wieder zurückgab, zusammen mit meinem Pass. Er trug beides in ein Büro im hinteren Teil. Ich wartete und wartete. Dann sah ich meinen jungen Freund wieder herauskommen, dicht gefolgt von einem Mann in einem gepflegten Anzug und blitzblanken Schuhen, der offensichtlich sein Boss war. Sie zeigten auf mich, sahen mich streng an und gingen dann, in ein ernsthaftes Gespräch vertieft, in das Büro zurück. Eine halbe Stunde später kam der Boss wieder heraus. Er fragte mich die typischen Visa-Fragen und nach meinem Grund für einen Besuch im Iran. Ich antwortete ihm und der Boss verschwand wieder eine Ewigkeit.

Eine weitere halbe Stunde verging, und dann sah ich ein zierliches, sehr attraktives Mädchen mit Hidschab vorbeigehen. Sie hatte meinen Pass in der Hand und suchte ganz offensichtlich nach jemandem.

»Hallo! Könnte ich bitte meinen Pass wiederhaben?«, fragte ich lächelnd.

»Oh. Sie sind Paul?«

Ich nickte.

»Ah! Ich dachte, Sie wären Iraner, sorry.« Sie sah mich fragend an. »Ich habe nach einem ... also, nach einem Iren gesucht.«

Wie es aussah, passte ich nicht in ihr Schema von Rotschöpfen, die sich Klee in die Hüte steckten und auf Goldpötten saßen.

»Ich hätte dann gerne zweihundert Euro«, fuhr sie nüchtern fort.

»Ich dachte, es wären fünfzig Euro?«

»Fünfzig? Die meisten kosten um die vierhundert, ich musste eine Menge Leute um Gefallen bitten, um einen für zweihundert zu bekommen.«

Ich war total verwirrt. »Aber überall steht doch, dass ein Visum fünfzig Euro kostet!«

»Visum? Das Geld ist für Ihren Flug.« Jetzt schien sie diejenige zu sein, die verwirrt war.

»Was für ein Flug?«

»Nach Hause.«

»Wie, nach Hause? Was heißt hier nach Hause?«, stotterte ich und wurde immer hektischer. Irgendetwas lief hier überhaupt nicht gut.

»Ich möchte in den Iran einreisen, nicht ausreisen«, erklärte ich ihr.

Sie sah mich mitleidig an: »Doch, das tun Sie.«

»Nein, das tue ich nicht, ich werde doch wohl noch wissen ...«

»Doch, Sie verlassen das Land, Sie werden ausgewiesen.«

»AUSGEWIESEN?«

Bis zu diesem Moment hatte ich nie diese Filmszenen verstanden, in denen jemand eine richtig schlechte Nachricht bekommt und sich dann auf einmal alles um ihn zu drehen beginnt – jetzt verstand ich sie. Das war's! Das war das Ende der Expedition, es war vorbei. Ich versuchte verzweifelt, mich auf das hübsche Mädchen mit meinem Pass in der Hand zu konzentrieren.

»Ist es, weil ich Ire bin?«

»Nein, natürlich nicht, wir geben ständig Visa an Iren aus.«

»Aber warum denn daaaannn?« Das letzte Wort glich eher einem Urschrei.

»Die Computerabfrage war negativ, Ihr Pass wurde mit einem Warnvermerk versehen und wir können Sie leider nicht einreisen lassen, es tut mir leid. Wenn es nach mir ginge ...«

Sie verstummte. Plötzlich sah ich wieder den leicht angetrunkenen Polizisten vor mir, der jede einzelne Seite meines Passes kopiert hatte; der uns gefragt hatte, warum wir ausgerechnet neben einer Militäranlage gezeltet hatten.

Jede einzelne Seite hatte er kopiert.

Letztendlich kapierte ich. Immer noch benommen, händigte ich ihr das Geld aus und wurde von meinem ganz persönlichen Wächter in meine Zelle gebracht.

Ich hatte noch ungefähr ein Pfund Guthaben auf dem Handy, also rief ich Leigh an. Er nahm nicht ab.

KAPITEL 25

BEGLEITSCHUTZ

Nach langem Suchen fanden wir in den verlassenen Straßen von Bam endlich ein Internetcafé. Craig und ich beschwatzten den Inhaber und er fuhr die illegale Proxy-Software hoch, damit wir trotz der nationalen Sperre unsere E-Mail- und Facebook-Accounts nach Neuigkeiten von Paul und Leigh checken konnten.

Es gab eine gute und eine schlechte Nachricht: Die gute war, dass sie endlich die Visa hatten, denen sie so lange hinterhergerannt waren; die schlechte war, dass Paul gerade ausgewiesen wurde.

Es blieb uns nur die Möglichkeit, uns in der pakistanischen Stadt Multan zu treffen – mehr als sechzehnhundert Kilometer entfernt! Da saß ich nun und mir wurde langsam klar, dass ich diesen immens langen und immens wichtigen Abschnitt unserer Reise ohne meine Freunde, mit denen ich in den letzten fünf Monaten durch dick und dünn gegangen war, antreten musste.

Da wir noch eine lange Fahrt bis zu unserem Treffpunkt vor uns hatten, trabten Craig und ich zurück zum Hotel, beluden Hannah und fuhren los Richtung Belutschistan.

Belutschistan ist der Name des langen Wüstenstreifens, der sich an der Grenze Pakistan–Iran entlangzieht. In dem trostlosen Stück Wüste hatte Pakistan vor knapp fünfzehn Jahren Atomwaffen getestet. In den letzten fünf Jahren hatten Separatisten und Banditen massenweise westliche Touristen entführt und Drogenschmuggel, Raubüberfälle und Entführungen waren an der Tagesordnung. Daher ordnete die Regierung an, dass alle ausländischen Besucher bewaffneten Begleitschutz erhielten. Wir hatten bereits einige widerliche Storys über diese bewaffneten Begleiter gehört und waren daher freudig überrascht, als unsere erste Gruppe, ein bunt gemischter Haufen von Lawrence-von-Arabien-Verschnitten, gut organisiert und freundlich zu sein schien. Trotzdem verstörte es uns ein wenig, ihnen unsere Pässe auszuhändigen, mit denen sie dann in einem aufgemotzten Geländewagen zum nächsten Checkpoint davonbrausten. Hannah tat, was sie konnte, um mit ihnen Schritt zu halten.

Als Bam im Rückspiegel immer kleiner wurde und auf den Straßenschildern der Countdown nach Zahedan begann, schienen die Waffen unserer Begleittruppen mit jedem Kilometer größer zu werden: Zuerst hatten sie Kalaschnikows, dann russische PK-Maschinengewehre, und irgendwann tauchte ein halbes Dutzend Soldaten mit auf die Ladefläche montierten 50-Kalibern auf.

Die Probleme begannen aber erst, als wir in die Stadt kamen. Anstatt über die Umgehungsstraße zackig die restlichen achtzig Kilometer bis zur Grenze zurückzulegen, führte uns unser Begleitschutz mitten in den verstopften Stadtverkehr, um uns an einer Polizeistation abzuliefern. Die nächsten sechs Stunden waren ein Albtraum und die Gemüter wurden immer hitziger: An jedem Polizei-Checkpoint wurde versucht, einen neuen Begleitschutz zu organisieren, der uns dann nur ein paar Kilometer bis zum nächsten Polizeiposten brachte, an dem genau dasselbe Spiel abging. Wir hatten jetzt auch keine Rambos mehr, sondern nervös aussehende, unbewaffnete Teenager, die bei uns auf dem Rücksitz mitfuhren.

Als wir durch den Verkehrskollaps vorwärts krochen, hielten wir die Uhr und die Benzinanzeige mit wachsendem Frust im Blick: Es wurde bereits viel zu spät, um die Grenze zu erreichen, bevor sie bis zum nächsten Tag dichtgemacht wurde, und die Benzinanzeige nahm gefährlich ab.

Je weiter wir nach Süden fuhren, desto schwieriger war es geworden, Diesel zu bekommen, und wir hatten gehört, dass die Situation auf der anderen Seite der Grenze, in Pakistan, noch schlechter war. Als die Benzinanzeige ins letzte Viertel unseres bescheidenen Tanks rutschte, begann ich mich immer hektischer nach einer Tankstelle umzusehen. Als ich eine erblickte, machte ich unserem mageren Polizisten ein Zeichen, dass wir anhalten und Diesel, oder *gazole,* wie er auf Persisch heißt, tanken müssten.

»No *gazole*!«, sagte er nur und zeigte nach vorne. »Geradeaus, geradeaus!«

Ich nahm an, er kannte eine bessere Tankstelle in der Nähe, und fuhr zögernd weiter geradeaus. Als er uns anwies, an der nächsten Polizeiwache anzuhalten, aus dem Wagen sprang und auf die Wache zulief, waren wir besonders glücklich. »Hey! Was ist mit unserem *gazole*?«, schrie ich ihm hinterher.

»Ja, ja, nach der Mittagspause«, schrie er zurück und verschwand mit unseren Pässen in der Wache.

»Moment, Mome...«, brachte ich gerade noch heraus, bevor er die Tür zuknallte.

Wir warteten geschlagene zwei Stunden und unser Frust wuchs mit jeder Minute. Vor allem Craig nahm es ganz schlecht auf, wenn ihn einer der Rekruten, die das Eingangstor bewachten, mit »Ja, ja, fünf Minuten« abspeiste.

Man konnte förmlich sehen, wie es in ihm brodelte.

Die britische Seele liebt Storys über beherzte Entdeckungsreisende, die ihr Leben für einen Traum an einem entfernten Ort aufs Spiel setzten. Uns Kindern der Achtziger und Neunziger sagen die heroischen – und grausigen – Enden der Abenteuer des Polarforschers Robert Falcon Scott oder eines Captain Cook gar nichts, aber wie es scheint, lagen uns gefährliche und (vor allem in unserem Fall) letztendlich unnötige Abenteuerreisen im Blut.

Obwohl es unzweifelhaft rücksichtslos und ein wenig selbstsüchtig war, unseren Leuten zu Hause Sorgen zu bereiten, nur damit wir unseren Spaß hatten, hatten wir doch die Route und die damit verbundenen Risiken sorgfältig abgewägt. Woran wir vielleicht nicht gedacht hatten, war, dass wir nun unseren örtlichen Begleitschutz und die Polizei wegen unserer Vergnügungsfahrt unnötigen Gefahren aussetzten. Damals wussten wir es nicht richtig zu schätzen, dass sie tatsächlich dazu da waren, uns zu helfen und uns zu beschützen; wir hätten definitiv etwas mehr Geduld und Dankbarkeit an den Tag legen sollen.

Wahrscheinlich waren die Wehrpflichtigen, die zu diesem Job – um den sie nicht gebeten hatten und den sie nicht genossen – verdonnert wurden, einfach nur gelangweilte und verärgerte junge Männer, die genauso genervt und unwissend wie wir selbst waren. Das führte dazu, dass sie uns regelrecht verarschten, und mir war klar, dass ich bald etwas unternehmen musste, sonst würde der zuvor so gelassene Craig explodieren.

»Bleib hier und pass auf unsere Pässe auf«, sagte ich leise zu Craig, »ich fahre so lange tanken.«

Noch bevor die Rekruten mich aufhalten konnten, sprang ich ins Auto und fuhr zu der Tankstelle, an der wir gerade vorbeigekommen waren.

Fast augenblicklich hatte ich einen Polizisten auf einem Motorrad an meiner Seite, der mir ärgerlich bedeutete, rechts ranzufahren. Gegen bessere Einsicht hielt ich die Augen stur auf die Straße gerichtet, bis wir nach einer gefühlten Ewigkeit an der Tankstelle ankamen.

Natürlich hatten sie kein *gazole*.

Die Situation sah ziemlich trostlos aus und ich bezweifelte, dass ich noch für mehr als fünfzig Kilometer Diesel im Tank hatte. Also bettelte ich den Polizisten im Außenbereich an, dass er mich zu einer anderen Tankstelle fahren lassen sollte, an der wir auf dem Weg zu seinem Revier vorbeigekommen waren. Ich versicherte ihm, dass sie höchstens zweieinhalb Kilometer entfernt war, und er gab schließlich nach.

Sechseinhalb Kilometer später, wovon vier unter wütenden Rechts-Ran-Zeichen vergingen, waren wir endlich an der Tankstelle angekommen, die *gazole* hatte, wie man unschwer an der langen Schlange Lastwagen, die an einer der Zapfsäulen stand, sehen konnte. Wir drängten uns vor, aber jetzt sah ich mich mit einem weiteren Problem konfrontiert: Wir hatten niemals eine der speziellen Tankkarten erhalten, die man für Diesel brauchte, und so mussten wir jedes Mal einen Fernfahrer beschwatzen, uns dreißig oder vierzig von den Hunderten von Litern, die ihre Schwerlaster fraßen, abzuzweigen. Hier stand ich also und versuchte, vor der Nase des Polizeichefs ein paar Fernfahrer zur illegalen Benutzung einer Tankkarte anzustiften. Sie waren erwartungsgemäß nicht so kooperationsfreudig wie sonst. Glücklicherweise sprang der Polizeichef ein und befahl einem Fahrer, mir etwas Diesel abzugeben, für das ich den unerhörten Preis von fünfundzwanzig Pence zahlen musste.

Als ich wieder bei einem sichtlich erleichterten Craig eintraf, dachte ich, dass mein neu gefundener Draht zum Polizeichef uns eine schnelle Weiterreise garantieren würde, aber weit gefehlt. Meine Dreistigkeit wurde mit einer weiteren Stunde Däumchendrehen bestraft. Das war zu viel für Craig – er kochte über und ließ eine unflätige Schimpftirade über den ungerührten jungen Polizisten nieder.

Irgendwann kam die neue Eskorte an und wir rasten zur Grenze, die wir unbedingt am selben Tag noch überqueren wollten. Leider war all die Aufregung etwas zu viel für Hannah und die Temperaturanzeige sprang wieder gefährlich in die Höhe, das Kühlergebläse hatte also nicht gehalten. Wir lahmten an den letzten Checkpoint, um ein letztes Mal die Begleitschutztruppe zu wechseln. Als der Beamte in die Wache hineinging, um unsere Daten aufzunehmen, sahen wir auf dem Polizeigelände eine lange Reihe staubbedeckter Männer, die mit erhobenen Händen auf dem Boden knieten. Ein junger Mann in Uniform stand auf den Stufen des Gebäudes und suchte nach Kieselsteinen, die er dann halbherzig nach den Männern warf. Ein bewaffneter Polizist schaute den Männern, von denen wir annahmen, sie waren Schmuggler, gelangweilt zu.

Dreizehn lange Stunden, nachdem unser Tag begonnen hatte, erreichten wir endlich die Grenze Iran–Pakistan. Der Grenzposten war menschenleer und geschlossen bis zum nächsten Tag. Der arme Teenager, der erst fünf Minuten vorher seine Begleitschicht angetreten hatte, bekam Craigs Wutanfall voll ab – nachdem die Schimpftirade verebbt war, informierte er uns mit Unschuldsmiene darüber, dass wir die Nacht in der nahe gelegenen Grenzstadt Mirjaveh verbringen mussten – die Stadt, die vom britischen Außenministerium als »besonders unsicher« beschrieben wurde ... es war nicht unbedingt einer der besten Tage unserer Reise.

KAPITEL 26

WILDE VERFOLGUNGSJAGD IM WILDEN OSTEN

Fünf Stunden wartete ich allein in meiner Zelle auf meine Abschiebung. Dann landete ich endlich im »Terroristen-Terminal« von Dubai – den Namen hatte es bekommen, weil es Ausgangspunkt für Orte wie Kabul und Mogadischu war. Ich hatte kaum noch Guthaben auf meinem Handy, und wenn Johno Hannah nicht über die Grenze bringen konnte, wäre unsere ganze Expedition in Gefahr. Ich begann zu rechnen. Würden wir genügend Kilometer für den Weltrekord zusammenbringen, wenn wir jetzt vom Iran zurück nach London fahren würden? Wahrscheinlich schon, aber ich könnte niemandem mehr guten Gewissens in die Augen sehen. Die Situation sah ziemlich düster aus.

In der Tat, sie war ziemlich düster.

Ich schickte Leigh eine SMS, ob er mich abholen könnte.

> Tut mir leid, Kumpel, sind im Kino am anderen Ende der Stadt und schauen uns Transformers 3 an, geht noch zwei Stunden. Treffen wir uns doch hier an der Emirates Mall.

Es war nicht Leighs Schuld, aber ich war fuchsteufelswild, stinksauer war ich.

Es war einer der schlimmsten Tage meines Lebens gewesen. Begonnen hatte der Tag mit der Aussicht auf ein Ende der sechsmonatigen Pakistan-Visa-Rangelei und endete mit meiner Abschiebung aus einem Schurkenstaat, da sie mich für einen israelischen Spion hielten. Um dem Ganzen noch eins draufzusetzen, hatte ich so gut wie kein Geld mehr, da ich für meine Abschiebung auch noch selbst bezahlen musste, und Leigh konnte mich nicht abholen, weil er sich unbedingt die verfluchten *Transformers* ansehen musste.

Letztendlich traf ich mich doch mit Leigh und wir gingen zu unserem zeitweiligen Zuhause. Ein alter Bekannter meiner Mutter, ein Geologe und Alleskönner, der gerade in Dubai arbeitete, hatte uns in sein Apartment im dreiundvierzigsten Stock des Radisson Hotel eingeladen, von wo aus man eine wunderbare Aussicht über den Pomp und Protz der Stadt hatte. Auf dem Dach gab es einen Swimmingpool, ein Fitness Center und sogar eine Sauna (eine etwas sinnlose Extravaganz in Dubai im Sommer, was mich aber nicht davon abhielt, sie auszuprobieren). Chris war ein ausgezeichneter und begeisterter Koch und Gastgeber; er bekochte und verwöhnte uns nach Strich und Faden. Sein gutes Essen war durchaus etwas, an das wir uns gewöhnen konnten, vor allem da wir in letzter Zeit nur Kameleintopf in der Wüste und meinen furchtbaren Campingfraß zu uns genommen hatten.

Hannahs Gesundheit war nicht die beste, also wollte ich die Nacht, die wir gezwungenermaßen an der Grenze verbringen mussten, dazu nutzen, einen Mechaniker zu finden, der das Kühlergebläse zusammenflicken konnte. Wir fuhren in die Stadt und ich öffnete die Motorhaube – Sekunden später war ich von neugierigen Männern in weißen Roben umringt, die Hannahs Eingeweide anstarrten. Ein Mann mit Vollglatze erkannte sofort das Problem; nervös folgte ich seinem Pick-up durch immer schmaler werdende Sträßchen. Kurz darauf standen wir vor einer kleinen Werkstatt und die Einzelteile des Kühlsystems lagen auf dem Boden verstreut herum.

Als es langsam Abend wurde, drückte mir jemand etwas zu trinken in die Hand und wir unterhielten uns ungezwungen. Ich kam nicht umhin, mich zu fragen, warum ich an so einem Ort bewaffneten Begleitschutz brauchte.

Eine junge Frau übersetzte für mich: »Nix Reparatur in Mirjaveh, Reparatur in Zahedan.«

Wie es aussah, mussten wir Hannah achtzig Kilometer zurück in die Stadt bringen, in der wir den Großteil des Tages völlig frustriert festgesteckt hatten.

Das einzige Hotel am Platz war zu teuer für unser Budget, also stellten wir unsere Zelte auf dem Parkplatz auf. Nach einer Nacht mit wenig Schlaf brachen wir zu der langen Rückreise auf. Derselbe Bürokraten-Scheiß vom Vortag wurde von hinten aufgerollt; wir mussten dasselbe Elend an denselben Checkpoints noch einmal durchlaufen. Bis wir an den gefürchteten Checkpoint kamen, der uns tags zuvor sechs Stunden gekostet hatte, war es bereits später Vormittag.

Geduldig versuchten wir den Wachen zu erklären, dass wir so schnell wie möglich einen Mechaniker finden und dann zurück an die Grenze fahren müssten, aber es war klar, dass wir etwas mehr Durchsetzungsvermögen aufbringen mussten. Sobald die Wachen ihre erste Pause einlegten, griff ich mir Hannahs kaputten Kühler und lief die Straße hinunter auf der Suche nach jemandem, der mitten in der Wüste ein Londoner Taxi reparieren konnte.

Ein Wunder geschah und gleich der erste Typ, dem ich begegnete, erkannte das kaputte Teil. Er hatte mir gerade eine Adresse aufgeschrieben, wo man uns helfen könnte, als der wutschnaubende Polizist mich einholte. Ich wurde im Polizeigriff zurück zum Checkpoint gebracht, und mir war nach Lachen und Weinen gleichzeitig zumute. Die ganze Situation war eine Farce.

Während Craig eine nicht gar so ruhige Debatte mit unserem Begleitschutz hatte, schienen die jüngeren Rekruten auf einmal mehr und mehr mit mir Probleme zu haben.

»Koola! Koola!«, sagten sie die ganze Zeit über und deuteten dabei auf einen Metallhelm, wobei mit jedem Mal ihre Gehässigkeit zuzunehmen und ihre Geduld abzunehmen schien. Es wurde klar, dass sie dachten, wir hätten ihnen am Vortag einen Helm gestohlen.

Ich zuckte die Schultern, um ihnen klarzumachen, dass ich keine Ahnung hatte, wovon sie sprachen, was sie noch wütender machte. Aus irgendeinem Grund waren sie überzeugt, dass wir die Helmdiebe waren. Einer der Polizisten ging sogar so weit, sich einen unschuldigen Passanten zu greifen und ihm unter weiteren Koola-Rufen Handschellen anzulegen, offensichtlich, um uns zu zeigen, dass wir entweder den Helm zurückgaben oder verhaftet wurden.

Die oberflächliche Durchsuchung des Taxis förderte auch keinen Helm zutage, was ihrer theatralischen Darstellung etwas den Wind aus den Segeln nahm. Nun war ich dran, mit wütenden Gesten klarzumachen, dass ich keinen Schimmer hatte, wo das verdammte Ding war, und nach einer halben Stunde Schikane ließen sie uns endlich in Ruhe.

Am frühen Nachmittag hatten wir schließlich den Mechaniker gefunden, ihm die unglaubliche Summe von zwanzig Pfund aus unserer Notfallkasse ausgehändigt und waren startklar für die Rückfahrt zur Grenze. Das Einzige, was uns fehlte, war, den Tank wieder mit *gazole* aufzufüllen.

Die Tankstelle, an der wir am Vortag gewesen waren, befand sich ganz in der Nähe, aber der Begleitschutz wollte davon nichts wissen. Uns blieben genau zwei Möglichkeiten: Die schon sehr ungeduldigen Cops einfach stehen zu lassen und zur Tankstelle zu fahren oder wieder stundenlang herumzusitzen und wahrscheinlich wieder die Schließzeit des Grenzpostens zu verpassen und dabei auch noch zu riskieren, in der Wüste mit leerem Tank stehen zu bleiben. Wir ignorierten also ihre Anweisungen ungeniert und fuhren los. Ein paar Minuten später kam der Polizeiwagen mit Bremsengekreisch und Sirenengeplärre neben uns zum Stehen. Der Fahrer sah aus, als ob er gleich explodieren würde, und sein Gesichtsausdruck erschreckte mich so sehr, dass wir ihnen zurück zum Checkpoint folgten.

Aber ... es gab da eine Abzweigung, über die wir wieder an die Tankstelle kommen könnten. Wenn ich ein bisschen schneller fahren würde, könnte ich es schaffen, bevor sie mich zum zweiten Mal eingeholt hätten. Also bog ich ab und gab Gas Richtung Tankstelle. Wir hatten es fast geschafft, als ihr Wagen neben uns aufholte. Die beiden Polizisten waren auf achtzig; ihr wildes Gefuchtel drehte mir förmlich den Magen um und mir brach der Schweiß aus. Die Jungs waren außer sich, wir konnten uns auf etwas gefasst machen. Nur ein paar Meter entfernt von der Diesel-Zapfsäule fuhren wir rechts ran.

Aber das Glück war auf unserer Seite: Sobald die Wachen ausgestiegen waren, sahen sie einen Bekannten und ein Lächeln ging über ihre Gesichter. Sie umarmten sich und hielten ein Schwätzchen. Als sie sich schließlich daran erinnerten, warum sie eigentlich dort waren, war ihr Ärger verflogen und sie warteten geduldig, während wir tankten. Jetzt wussten wir, wie man im Iran seinen Willen gegen bewaffneten Begleitschutz durchsetzt: Man veranstaltete ein paar Autorennen mit ihnen und wartete, bis sie abgelenkt wurden und aufgaben.

Um viertel vor fünf erreichten wir endlich den letzten Checkpoint, nur ein paar Minuten entfernt von der Grenze, die wir seit zwei Tagen versuchten zu überqueren. Aber uns wurde schnell klar, dass sie uns nicht mehr am selben Abend passieren lassen würden, und der arme Craig flippte völlig aus. Er holte nach dem entsetzten Begleiter aus und ließ eine einzigartige Schimpftirade in allerfeinstem australischem Slang auf ihn los.

Craig ist zwar ein großer Typ, der durchaus etwas einschüchternd wirken kann, aber man sollte meinen, dass ein mit einer Kalaschnikow bewaffneter Polizist, der von einer Horde bewaffneter Kollegen begleitet wird, den wild schreienden Aussie kurzerhand mit einem Schlag des Gewehrkolbens zum Schweigen bringen würde. Einen Moment lang fürchtete ich um mein Leben; ich stellte mir bereits vor, wie sie sich auf uns stürzten und wir in einem Gemenge von abgetragenen Stiefeln, Khaki-Hemden und schlecht sitzenden Baskenmützen untergingen. Aber die Soldaten wichen vor Craigs beleidigendem Wortschwall ängstlich zurück – es beeindruckte sie aber nicht genügend, um uns noch am selben Abend über die Grenze zu lassen.

So verbrachten wir also eine weitere Nacht auf dem improvisierten Camping-Parkplatz, und die nächste Gruppe, die zu unserem Begleitschutz abgestellt wurde, war erstaunlich hilfsbereit. Wir waren im Nu über die Grenze, und es gab praktisch keine Zwischenfälle, nicht einmal, als der Grenzpolizist bemerkte, dass das Taxi auf Paul angemeldet war, in meinem Pass aber Johnathan stand – und das in einem Gebiet, in dem Schmuggel an der Tagesordnung war! Glücklicherweise hatten wir uns darauf vorbereitet, und Paul hatte einen Brief aufgesetzt, in dem er mir die Erlaubnis gab, den Wagen über die Grenze zu fahren.

Der Grenzer linste auf den Brief, zog mit einem verdreckten Finger die komischen Schnörkel des lateinischen Alphabets nach und brabbelte vereinzelte Silben vor sich hin. Als er bei Pauls Namen angekommen war, verglich er ihn zweimal sorgfältig mit dem Namen in den Fahrzeugpapieren und schien zufrieden zu sein; er hatte alle erforderlichen Kästchen ausgefüllt und pflichtgemäß die Dokumente gestempelt und unterschrieben. Dann winkte er den nächsten, erschöpften Reisenden in der Schlange heran.

Mit einem herzlichen »Yala!« – Auf geht's! – entließ uns unser Begleitschutz durch die stacheldrahtbewehrte Sperre. Wir waren frei! Wir hatten es endlich geschafft, den Iran zu verlassen!

Als wir an unserem ersten Checkpoint auf pakistanischer Seite anhielten, öffnete Craig den Dachkoffer und zeigte mit einem verschmitzten Grinsen in die hinterste Ecke.

Was ich dort sah, ließ mir das Blut in den Adern gefrieren. »Was zum Teufel …?«

Teilweise versteckt hinter einem Haufen Taschen und Ersatzteilen lag der Metallhelm des Polizisten, der mich am Vortag am Checkpoint Zahedan so viel Nerven gekostet hatte. Das war einfach furchtbar, und beinahe hätte es uns die Grenzüberschreitung vermasselt, aber ich konnte nicht anders, als in mich hineinzulachen. Zum ersten Mal in der ganzen Woche sah ich Craig lächeln: »Das, mein Lieber, nennt man Karma!«

KAPITEL 27

ENTFÜHRT IN BELUTSCHISTAN

»Hello, how are you? I am fine thank you for asking!«

Die pakistanischen Grenzbeamten sprachen ein charmantes, uriges Englisch und machten auf uns sofort den Eindruck, sehr viel herzlicher und hilfsbereiter als ihre benachbarten Kollegen zu sein. Sie lächelten uns unter borstigen Schnurrbärten freundlich an und bestanden darauf, uns beim Ausfüllen der Zolldokumente zu helfen. Dazu sollten wir es uns unter einem ramponierten Sonnenschirm an einem kleinen Plastiktischchen bequem machen – wir waren am Grenzposten Taftan.

Obwohl man uns gesagt hatte, dass Benzin auf dieser Seite der Grenze wahnsinnig schwer zu beschaffen sei, trafen wir schon bald auf einen total schmutzigen Jungen, der mit einer Handpumpe neben einer Ladung 55-Gallonen-Fässer am Straßenrand stand. Nach kurzen Verhandlungen hatten wir Hannahs Tank plus alle verfügbaren Kanister bis obenhin mit Diesel gefüllt und fuhren parallel zur afghanischen Grenze nach Quetta, dem Taliban-Hauptquartier.

Bis zum Abend hatte unser Begleitschutz viele Male an den sogenannten *Levies* gewechselt – alte britische Armeegebäude aus dem vorigen Jahrhundert, die sogar noch die alten Regimentswappen trugen. Aus den Logbüchern, in die wir uns eintrugen, konnten wir klar ersehen, wie wenig Westler sich in dieses Gebiet wagten. Wir waren durch einen Streifen Niemandsland gefahren, das von einem Band neuem Asphalt durchschnitten wurde. Als wir bei Dalbandin die Hälfte des Weges erreicht hatten, wunderten wir uns schon fast, warum so viel Tamtam darum gemacht wurde.

Währenddessen saßen Leigh und ich in unserem Luxus-Apartment im dreiundvierzigsten Stock fest. Sämtliche Annehmlichkeiten waren uns in diesem Moment total egal, wir waren einzig und allein auf den Computer fixiert. Alle paar Minuten aktualisierten wir den Browser in der Hoffnung auf Nachrichten. Wir ließen den Bildschirm keinen Moment aus den Augen, um keine Nachricht zu verpassen. Wir hatten ohne Erfolg Google, Nachrichtenwebsites und Blogs nach etwaigen Neuigkeiten aus Pakistan durchforstet und checkten ständig unsere E-Mails und SMS.

Dann rief mich Leigh plötzlich und zeigte mir die Seite einer pakistanischen Nachrichten-Website auf seinem Laptop:

Eilmeldung: Zwei Touristen aus dem Westen aus ihrem Auto in Belutschistan entführt

Es waren keine weiteren Einzelheiten bekannt, aber wahrscheinlich gab es nur eine Handvoll Touristen in dieser Ecke der Welt – Belutschistan ist nicht gerade das erkorene Reiseziel des Massentourismus. Das waren mit Sicherheit unsere Freunde. Das war's, die Reise war vorüber. Keine Expedition, kein Weltrekord. Ich müsste mir wohl schon eine Grabrede für Johno zurechtlegen:

Johno Ellison. Alleskönner, Reisender, Schriftsteller. Kostümmeister mit einer ungesunden Vorliebe für Bonnie Tyler und Daisy-Duke-Hotpants ...

Über Craig wussten wir lediglich, dass er aus einem Ort in Australien mit dem komischen Namen Wagga Wagga kam.

Eine Stunde lang aktualisierten wir die Seite, bis endlich eine neue Nachricht auftauchte:

Zwei Schweizer Touristen in Belutschistan gekidnappt

Weder Johno noch Craig kamen aus der Schweiz, es bestand also noch Hoffnung!

Unsere Freude hielt sich in Grenzen, da wir an die armen Schweizer dachten, aber wir waren sehr erleichtert, dass unsere Freunde in Sicherheit waren. Später fanden wir heraus, dass das Paar aus der Schweiz acht Monate lang in Gefangenschaft war, bevor sie wieder freigelassen wurden.

Ich las gerade die letzte einer Serie von immer verzweifelter klingenden Nachrichten, als ich endlich in einem Internetcafé in Quetta online gehen konnte:

An: Johno Ellison
Betreff: !!!!!
Wenn man dich gekidnappt hat, ist unser Weltrekord im Arsch!

Ich verfasste eine gebührend sarkastische Antwort und bedankte mich bei meinen Freunden dafür, dass sie sich solche Sorgen machten.
Wir waren endlich in der Stadt angekommen und fuhren durch den schwarzen Rauch der am Straßenrand notdürftig improvisierten Ziegelbrennereien. Unsere Ein-Mann-Eskorte wurde abgelöst von einem mit Soldaten beladenen Zehntonner, der vor uns herfuhr, und einem mit Polizisten voll besetzten Pick-up, der hinter uns war. Wir fuhren zuerst durch ein Ballungszentrum und dann an einer ausgedehnten Zeltstadt und einer handgemalten Pepsi-Reklametafel auf einer bröckelnden Wand vorbei, deren Farbe schon abblätterte, bis wir schließlich am Hotel Bloom Star ankamen. Der Empfangschef belächelte meine Versuche, um den Preis für das Zimmer zu feilschen, ziemlich gelassen – er wusste ja, dass uns gar nichts anderes übrig blieb, wo sollten wir denn sonst hin?
»Aber natürlich sind Sie hier in Quetta sicher, machen Sie sich keine Sorgen«, versicherte er uns, als er uns durch den Garten führte, eine angenehme Oase inmitten des Staubs und der Hitze. »Sie sollten nur nach Einbruch der Dunkelheit das Hotel nicht verlassen.«
Damit blieb uns nicht mehr allzu viel Zeit, uns umzusehen, und nachdem wir ein Café für das Abendessen ausfindig gemacht hatten, igno-

rierten wir die starrenden Blicke der Leute und besichtigten ein wenig die Stadt, bevor wir uns online nach Paul und Leigh erkundigten.

Das winzige Internetcafé war gerammelt voll mit Jungs im Teenageralter, die sich im Netz die Sachen ansahen, die sich Jungs im Teenageralter auf der ganzen Welt ansehen – und die ganz sicher von der pakistanischen Regierung zensiert waren.

»Ah, Facebook!«, murmelten sie, als wir unsere Accounts auf dem Schirm hatten. Ich sah meinen neu gewonnenen Freunden direkt in die Augen, und sie starrten unbekümmert zurück.

»Kannst du mich als Freund hinzufügen?«, fragte einer von ihnen und lehnte sich nach vorne.

»Schau mal, tut mir echt leid, aber ich muss jetzt unbedingt diese Nachrichten checken, sie sind sehr wichtig! Ich möchte wirklich gerne für einen Moment ungestört sein«, erwiderte ich und fühlte mich so britisch wie noch nie zuvor.

Er sah kurz gedemütigt drein und bellte seine Gang auf Paschtu an. Seine Eskorte rückte tatsächlich einen Zentimeter zurück und glotzte dann wieder. Ihr Anführer sah mich triumphierend an.

Aber es gab gute Nachrichten: Leigh und Paul hatten vorgeschlagen, uns am nächsten Abend in Sukhor zu treffen, die Stadt lag gerade einmal vierhundert Kilometer südlich. Wir machten ein Hotel als Treffpunkt aus, ich meldete mich ab und lief schnell zum *Bloom Star* zurück, bevor die Sonne unterging.

Am nächsten Morgen befanden Leigh und ich uns auf einem Flug der Emirates von Dubai nach Karatschi und flirteten mit einer Stewardess aus Glasgow, um an kostenloses Bier zu kommen, was sich als vergebens herausstellte, denn auf allen Flügen von und nach Pakistan herrschte Alkoholverbot. Am Tage unserer Ankunft in Karatschi hatte es bei Krawallen und Ausschreitungen achtzig Tote gegeben. Wir hatten keine große Lust, uns länger dort aufzuhalten, denn die Stimmung war immer noch sehr angespannt, und gingen direkt zur Busstation. Müllberge häuften sich überall – Karatschi war meilenweit von der feinen

Höflichkeit des Iran oder der aufdringlichen Sauberkeit von Dubai entfernt.

Als wir auf einer der großen Fernstraßen aus der Stadt hinausfuhren, sahen wir einen Mann, der auf dem Mittelstreifen unverhohlen sein Geschäft verrichtete. »Willkommen in Pakistan!«, witzelten wir.

Ich wachte beschwingt auf – heute würde ich mich hoffentlich wieder mit meinen Kumpels vereinen! Die Beruhigung, die von einer Gruppe vertrauenswürdiger Freunde ausgeht (vor allem, wenn einer davon dein Mechaniker ist), sollte niemals unterschätzt werden.

Craig und ich fanden den Weg aus der Stadt heraus und fuhren parallel zu der spektakulären Eisenbahnstrecke Richtung Süden. Alle Brücken trugen Datumsschilder aus dem zwanzigsten Jahrhundert, und Namen wie »Mary Jane« oder »Windy Corner« gaben Hinweise darauf, dass sie von den Briten vor zweihundert Jahren gebaut worden waren.

Als wir bei dem Hotel ankamen, in dem wir uns verabredet hatten, fanden wir heraus, dass die Besitzer Kapital schlagen wollten aus ihrem Ruf, auf Gäste aus dem Westen eingestellt zu – sie hatten ihre Preise um ein Vielfaches erhöht. Da wir jede Menge Hotels gleich in der Nähe gesehen hatten, gingen wir wieder los und suchten uns eines, das unserem Budget mehr entsprach.

Jedes Hotel, das wir betraten, schien leer zu sein, und doch bekamen wir immer wieder dieselbe Antwort: Kein Zimmer frei! Nachdem wir fünf Mal diese Antwort erhalten hatten, wurden wir langsam etwas gereizt.

»Ist es, weil wir Weiße sind?«, fragten wir schlussendlich und fühlten uns ein wenig wie Ali G.

»Also, ähm, ja ....«, kam die überraschende Antwort.

Nachdem wir einen Hotelbesitzer bekniet und ihm versprochen hatten, am nächsten Tag frühmorgens zu verschwinden, gab er schließlich nach. Wir gingen noch kurz im ersten Hotel vorbei und hinterließen eine Nachricht mit der neuen Adresse für Paul und Leigh.

Eine halbe Stunde später saßen wir auf den Betten in dem winzigen Hotelzimmer und fragten uns, ob unsere Nachricht wohl auch angekommen war, als die Tür aufflog und zwei bekannte Gestalten mit einem breiten Grinsen auf dem Gesicht hereinplatzten.

»Na, ihr Schwachköpfe?«

KAPITEL 28

KEIN STRESS!

Ich erwachte total durchnässt auf einer ebenso durchnässten, dünnen Matratze ohne Bettlaken. In dem schmuck- und fensterlosen Raum regte sich kein Lufthauch und der Ventilator lief nicht. Schon wieder ein Stromausfall, dachte ich, als ich mich mühsam von der schweißnassen Matratze loslöste. Es war noch sehr früh. Wir hatten uns um neun Uhr morgens mit dem Polizeichef verabredet, weil er uns erneut seinen langsamen, sinnlosen Begleitschutz auf dem Weg aus der Stadt hinaus aufzwingen wollte – was uns letztendlich jedoch nur zu einer besser sichtbaren Zielscheibe machte. Wir stimmten zu, beschlossen aber, einfach früher aufzubrechen – bis er bei unserem Hotel ankäme, wären wir schon längst über alle Berge.

Also fuhren wir los Richtung Norden, zur indischen Grenze, aber erst nachdem wir, den Anweisungen des Rote-Kreuz-Buches *How to Stay Alive* folgend, unter dem Auto nach Bomben gesucht hatten. Es war schön, wieder hinter dem Steuer zu sitzen, aber die Freude verschwand schlagartig, als die Sonne im Zenit stand. Im Nu war ich wieder klatschnass; mein schwarzes T-Shirt starrte vor Salz und war mit unübersehbaren Schweißrändern übersät. Hannah hatte auch ihre Probleme mit der Hitze, aber nicht so sehr wie Johno, dem der Schweiß aus dem Bart tropfte. Er sah aus wie ein sabbernder Hund, der darauf wartete, dass man ihm den gefüllten Fressnapf vorsetzte.

In dem Versuch, weniger aufzufallen, hatten wir uns alle beachtliche Bärte wachsen lassen. Wie sich aber herausstellte, waren die juckenden, monströsen Schamhaartoupets auf unseren Gesichtern zwecklos, denn Pakistani tragen im Allgemeinen eher Schnurrbärte. Was hatten wir uns bloß dabei gedacht? Wir sahen aus wie Holzfäller an ihrem freien Tag in der Großstadt. Mit oder ohne Bart – wir fuhren in einem mit Aufklebern westlicher Firmen zugekleisterten Black Cab durch Pakistan – nicht unbedingt die unauffälligste Form der Fortbewegung, und das nur einen Monat, nachdem Osama Bin Laden getötet worden war.

Je näher wir der indischen Grenze kamen, desto sicherer wurde unsere Reise. Die Bedrohungsstufe, die das Rote Kreuz für unseren nächsten Stopp, Multan, anlegte, war gerade noch *Sehr hoch*, was um einiges besser war als die Stufe *Kritisch*, die Quetta erhalten hatte.

Unsere Erfahrung bis dato war genau die, die Reisende auf der ganzen Welt schon vorher gemacht hatten: Es ist für gewöhnlich nicht halb so schlimm, wie es die Menschen, die keinerlei unmittelbare persönliche Erfahrungen hatten, uns weismachen wollten. Ein Bürohengst kann noch so viele Reisewarnungen herausgeben; was wirklich in einer Region vor sich geht, weiß man nur, wenn man selbst dort gewesen ist. Dieses Gebiet barg ohne Zweifel extrem große Gefahren, aber es war auch eines mit den unvergesslichsten Eindrücken, die wir je erlebt hatten.

Jetzt, da Paul und Leigh wieder im Taxi mit dabei waren, wurde mir erst klar, wie sehr ich sie in den letzten Tagen vermisst hatte. Geteiltes Leid ist halbes Leid – Schwierigkeiten, einen Schlafplatz für die Nacht zu finden, Probleme mit dem Auto oder der Navigation waren nur noch halb so wild, wenn man sie sich zu dritt teilte.

Auf den Straßen wimmelte es nur so von Menschen, Tieren und Marktständen, und als wir uns im Schritttempo vorwärts bewegten, wurden wir von allen Seiten angegafft.

Schlussendlich fanden wir heraus, wo sich die Hotels befanden, aber unerklärlicherweise wurde uns in jedem einzelnen gesagt, sie hätten keine Zimmer frei, obwohl alles ziemlich verlassen aussah. Verwirrt ging ich zum Auto zurück und sah, wie es von einer Menschenmenge umringt war. Meine Freunde sahen etwas gestresst aus und Craig schien kurz vor dem Ausrasten zu sein. Schon wieder.

»Ihr erregt zu viel Aufmerksamkeit, das bringt euch in Gefahr – man wird nach euch suchen!«, sagte ein seriös aussehender Mann und fuhr fort: »Ihr solltet besser verschwinden.«

Wir wussten, dass er recht hatte. Die Stimmung um uns herum veränderte sich. Aber wohin sollten wir gehen? Unsere Rettung kam in Form eines nervösen jungen Mannes, der versprach, er kenne einen Engländer am Ort, der uns sicher unterbringen könnte. Wir wogen die Situation und die wenigen Möglichkeiten, die wir hatten, mit den verbundenen Risiken ab und beschlossen, ihm zu vertrauen.

Wir hielten vor dem Haus eines netten Pakistani-Mädchens, das perfekt Englisch sprach. Sie sagte uns, dass die Hotels uns nicht aufnahmen, weil wir Zielobjekte für den lokalen Taliban wären. Wenn man uns kidnappte (oder Schlimmeres mit uns anstellte), würden die Hotelbesitzer ihre Lizenz verlieren. Es gab zwar ein schwer bewachtes Holiday Inn für Westler in der nächsten Stadt, aber es war fast dunkel und wir würden es nicht mehr rechtzeitig bis dorthin schaffen, außerdem wäre es viel zu teuer für uns. Sie bombardierte unseren neuen Freund mit Fragen und lieh ihm dann ihr Telefon. Er begann, wie ein Maschinengewehr auf Paschtu in den Hörer zu schreien. Als er auflegte, verkündete er uns, dass er ein Hotel gefunden hätte, das uns aufnehmen würde; der Besitzer sei über unsere Situation informiert. Also nahmen wir das Angebot unseres neuen Freundes an, uns gegen Bezahlung einiger Rupien dorthin zu bringen.

»Geradeaus!«, brüllte er mir ins Ohr. Gehorsam fuhr ich die Straße hinunter, und als wir an eine Abzweigung kamen, brüllte er: »Nach rechts, nach rechts!«

Automatisch stieg ich auf die Bremse, um abzubiegen, und er schnellte nach vorne und knallte mit dem Kopf gegen den Überrollbügel.

»Autsch«, jammerte er, »fahr doch langsamer um die Kurven!«

Wir schlängelten uns durch die Seitenstraßen und er fuhr fort, immer im letzten Moment Anweisungen zu brüllen, die uns immer mehr auf die Nerven gingen.

»Wollt ihr meine Freunde kennenlernen?«

»Nein, danke, wir sind sehr, sehr müde und möchten jetzt bitte ins Hotel.«

»Okay, okay, fahr geradeaus!«

»Alle mal herschauen! Ich sitze bei den verrückten Westlern im Auto!«

Wir hatten das Gefühl, wir würden im Kreis fahren. Und das taten wir auch, wie wir feststellten, als wir das Navi checkten. Es war für ihn sehr wichtig, dass alle seine Freunde dieses großartige Ereignis mitbekamen. Wir hatten schon einen dreißigminütigen Umweg gemacht, damit wir an seinem Gym vorbeifahren konnten (das, ob man es glaubt oder nicht, »The Muslim Jim« hieß), und alle, die wir im Wagen saßen, hatten sein Spielchen so langsam satt. Außerdem machte uns die Fahrt in der Dunkelheit durch die Stadt ziemlich nervös. Auf unsere immer lauter werdenden Proteste antwortete er nur mit »Okay, okay, kein Stress, kein Stress!«. Wir wurden von Minute zu Minute gestresster.

»Fahr geradeaus ... LINKS, LINKS, NACH LINKS!«, brüllte er im letzten Moment Johno ins Ohr.

»Ich glaube nicht, dass unser Auto da unten durchpasst, es ist zu hoch. Bist du sicher?«

»Kein Stress, kein Problem wegen Höhe«, gab er zurück.

Als wir die Straße hinunterfuhren, die gerade eben breit genug für unser Taxi war, gab es aber doch ein großes Problem mit der Höhe unseres Wagens. Unter einer tief hängenden Stange kamen wir nicht hindurch. Hinter uns staute sich bereits der Verkehr und versperrte uns den Rückweg. Wir stiegen aus, um uns zurückzulotsen, aber *Kein Stress* ging dazwischen und wies die anderen Fahrer an, nicht auf uns zu achten und einfach näher an die Wand heranzufahren. Wir hatten auf jeder Seite weniger als einen halben Meter Luft; es war absolut unmöglich, dass unser zwei Meter breites Auto an einem Pick-up vorbeikam, egal wie laut *Kein Stress* den Fahrer anbrüllte.

Irgendwann hatten wir es geschafft, dass die anderen Fahrer nicht mehr auf ihn hörten und so weit zurücksetzten, dass wir vorbei konnten. Wir fuhren zurück und ließen die angestaute Schlange passieren, wobei jeder Fahrer uns Dinge zurief, die ich nur als höfliche Willkommensgrüße in ihrem Land interpretieren möchte, begleitet von Willkommens-Handzeichen, die ich nicht verstand.

Und schon wieder lenkten wir mehr Aufmerksamkeit auf uns, als uns lieb war. Natürlich waren wir dankbar, dass uns jemand vor Ort half, aber die Situation machte uns immer nervöser – es genügte, dass jemand seinen Taliban-Kumpel anrief und ihm von der sich sehr langsam fortbewegenden britischen Cash Cow erzählte, die ihre Runden durch die Stadt (und örtlichen Fitnessstudios) drehte.

Wir machten uns wieder auf den Weg und fuhren dabei zu schnell über eine Bodenwelle; *Kein Stress* schlug sich dabei den Kopf am Überrollbügel an.

»Autsch! Langsam, fahr langsam über die Bodenwellen!«

Wir fuhren über eine neue Bodenwelle und es passierte wieder – ich hätte schwören können, dass Johno etwas Gas gegeben hatte ...

Die Straße ging in einen zerfurchten Sandweg über und wir kamen endlich bei dem Hotel an, das in einem Privathaus mit großen Eingangstoren und einer Hannah-gerechten Garage untergebracht war. Es war genau das, was wir jetzt brauchten, und *Kein Stress* strahlte, als er uns dem Eigentümer vorstellte. Malik war groß gewachsen und sprach ausgezeichnet Englisch – und in diesem ausgezeichneten Englisch machte er uns klar, dass wir auf keinen Fall bleiben könnten.

Wie es schien, wollte Malik – verständlicherweise – kein Risiko eingehen, indem er Ausländer bei sich aufnahm. Craig, Leigh und ich waren mit den Nerven am Ende. Wir waren alle todmüde und hatten Angst; obwohl es niemand ausgesprochen hatte, wussten wir, dass wir uns in der gefährlichsten Situation der ganzen Reise befanden.

»Ich bring dich um, du ...«, ging Craig auf *Kein Stress* los. Paul schloss geistesgegenwärtig das Fenster und der Rest des Satzes blieb somit in der Luft hängen.

Paul war ein Meister der Verhandlungskunst, den wir immer dann einsetzten, wenn es darum ging, hartnäckige Grenzbeamte oder geldgierige Hotelbesitzer zu überzeugen. Bisher hatte er sich heute aus allem rausgehalten; der freundliche, aber bestimmte Hotelbesitzer war nun der ultimative Test seiner Verhandlungskünste.

Wir befanden uns in einer verzweifelten Lage und so versuchte ich jede mir bekannte Überredungskunst. Letztendlich gab er nach und wir parkten eilig unser Auto in seiner Garage, damit es von niemandem gesehen wurde. Es war ein wahrer Akt der Barmherzigkeit; er nahm dafür ein enormes Risiko auf sich, und er wollte nicht einmal mehr Geld dafür.

Als er uns aufs Zimmer begleitete, sagte Malik, wir sollten uns in demselben einschließen und unter keinen Umständen herauskommen – auf der anderen Straßenseite war erst vor einer Woche eine Motorradbombe hochgegangen, und die Anwohner waren dementsprechend nervös. Er sagte uns auch ohne Umschweife, dass wir unserem neuen Freund nicht trauen sollten. Dies bewahrheitete sich fast augenblicklich, denn *Kein Stress* versuchte, sich mein Handy einzustecken, als wir ihn bezahlten. Wir bissen uns auf die Zunge, als er auch noch die Frechheit besaß, Extra-Rupien für die Extra-Touren wie beispielsweise zu seinem Fitnessstudio zu fordern. Dann verabschiedeten wir uns endgültig von ihm – zumindest dachten wir das.

»Ich komme morgen um sieben, ja?«
»Nein, danke, wir kommen allein zurecht.«
»Okay, bis um sieben dann.«
»Nein, wir brauchen dich nicht, und wir stehen nicht vor neun auf.«
»Okay, um sieben.«
Ganz der Diplomat, der er nun einmal war, fuhr Craig dazwischen: »Wenn du hier um sieben auftauchst, reiße ich dir deinen verdammten Kopf ab!«
»Okay, okay, kein Stress! Ich komme um neun, okay.«

Punkt sieben klopfte es an der Tür. Wir mussten Craig festhalten, damit er seine Drohung nicht wahr machte. Seine Laune wurde auch nicht besser, als er bemerkte, dass eine lecke Klimaanlage die ganze Nacht über auf sein Gepäck getropft hatte. Das hatte seine Banknoten-Sammlung, die er in den Ländern zusammengetragen hatte, durch die er gereist war, völlig ruiniert. Gott sei Dank richtete sich sein Wutausbruch hauptsächlich gegen *Kein Stress,* der, schlauer als wir dachten, in diesem Moment die Biege machte.

Wir fanden den Weg aus Multan heraus und fuhren weiter zu unserem letzten Stopp vor der indischen Grenze: Lahore. Wir kamen genau in der Nacht an, in der ein gigantisches religiöses Festival im Gange war. Es herrschte lebhafter Trubel und es wimmelte von Männern und Frauen und als Frauen verkleideten Männern, die zu Live-Musik herumwirbelten und tanzten, während die Umstehenden Banknoten als Glücksbringer auf sie regnen ließen. Unauffällig wie wir waren, wurden wir sofort von den Organisatoren der Sufi-Feier erblickt und auf die Ehrenplätze auf einer Bühne im Stadtzentrum geführt. Die Reisewarnung des britischen Außenministeriums für Pakistan – *Vermeiden Sie große Menschenansammlungen und religiöse Feiern; vermeiden Sie es, Aufmerksamkeit zu erregen!* – schoss mir durch den Kopf, als wir nervös auf der Bühne, die von Tausenden Teilnehmern direkt eingesehen werden konnte, Platz nahmen. Doch diese Gedanken wurden schon bald verdrängt, als wir uns in die Festlichkeiten vertieften. Es lagen Welten zwischen dieser religiösen Feier und den frommen islamischen Riten des Iran.

Nachdem wir die Grenze überschritten hatten und sicher in Indien angekommen waren, verabschiedeten wir uns von Craig und fuhren Richtung Manali weiter, einer Bergstation, in die sich der britische Raj früher zurückzog, wenn es ihm im Sommer zu heiß wurde. Auch wir brauchten eine Abkühlung – und eine Belohnung dafür, dass wir den schwierigsten Teil der Expedition endlich hinter uns hatten – und gönnten uns ein paar Tage im vorderen Himalaja.

Wir waren nicht die Einzigen, die diese Idee hatten: Horden von Hippies mit wallenden Gewändern und unsäglichen Haarschnitten hatten auch ihren Weg nach Manali gefunden. Ihnen ging es aber um das Spirituelle des Vashisht-Tempels und die heilenden Kräfte der Thermalbäder. Das Wetter war ihnen egal und sie waren natürlich auch nicht hier, weil es hier das beste Haschisch der Welt gab, das wild und reichlich in Manali wuchs ...

Die Hippies schlugen bis spät in die Nacht auf ihre Trommeln ein und improvisierten Lieder von Feen und Hymnen über ihre Reisegefährten. Armreifen und Körperhaar ersetzten Körperhygiene – die reine Ironie an einem Ort, der bekannt für seine Thermalbäder war. Chillums wurden herumgereicht, und ein ganz Kühner brachte sogar eine Sitar zum Vorschein, die er erst vor Kurzem erworben, aber noch nicht zu spielen gelernt hatte.

Leigh hatte sich eine böse Darmgrippe eingehandelt, also beschränkte sich sein Aufenthalt auf Trips zur Toilette, in der eine Spinne ihr Netz gewoben hatte, die ihn jedes Mal in Angst und Schrecken versetzte.

Ein glücklicher Zufall wollte es, dass eine sehr gute Freundin von mir sich auch gerade in Manali aufhielt. Ellie absolvierte ein medizinisches Praktikum und hatte es geschafft, die Stelle als Expeditionsärztin für einige Exkursionen einer Oberstufe in der Gegend zu bekommen. Es war schön, sich mit einer alten Bekannten zu unterhalten, und noch schöner, endlich einmal den ganzen Smalltalk, den man mit neuen Bekanntschaften erst mal durchlaufen muss, zu umgehen. Neue Leute kennenzulernen war eines der Dinge, die mir am Reisen am meisten gefielen, aber nach sechs Monaten war es eine Erholung, einfach nur mit jemand Bekanntem zu quatschen, der nicht Johno oder Leigh hieß. Aber bald war unsere Zeit in den Bergen vorüber; wir mussten weiter. Als ich Ellie umarmte, hätte ich im Traum nicht daran gedacht, dass sie mir schon in einer Woche das Leben retten oder zumindest einen furchtbaren Krankenhausaufenthalt ersparen würde.

Das Taj Mahal, eines der berühmtesten Denkmäler der Welt, ließ uns gelinde gesagt unbeeindruckt. Nach all der Schönheit der iranischen

Architektur fanden wir es nicht halb so monumental, wie wir erwartet hatten. Dass wir einem eigentlich umwerfenden Bauwerk so gleichgültig gegenüberstanden, war auch ein Zeichen dafür, wie sehr uns die Fahrt durch Indien bereits ermüdet hatte. Wir hatten erst vor Kurzem in Manali eine Pause von der ununterbrochenen Fahrerei eingelegt, aber wir waren bereits reif für eine weitere. Die Fahrt auf den furchtbaren Straßen durch dieses gigantisch große Land verursachte enormen Stress, vor allem in einem alten Taxi, das inzwischen mehrmals täglich liegenblieb. Einmal, als wir uns unseren Weg durch eine Menge Bettler zurück zum Auto bahnten, brachte wenigstens einer von ihnen mich zum Lachen: »Sir! Sie kaufen Kühlschrankmagnet? Zwanzig Rupies!«

»Ich habe keinen Kühlschrank«, antwortete ich ihm.

»Das ist okay, mein Lieber, Sie kaufen Kühlschrank auch hier!«

Indien steckt voller Kontraste und ist ein unglaublich faszinierendes Land. Man könnte seitenlang über seine Vorzüge schreiben. Aber ebenso viele Seiten könnte man mit dem Thema füllen, das in jeder Unterhaltung mit jemandem, der das Land bereist hat, auftaucht. Das Thema heißt: Wo finde ich eine Toilette?

KAPITEL 29

UNVERMEIDLICHE TATSACHEN ÜBER DAS LEBEN IN INDIEN

Den Morgen verbrachten wir in Jaipur, wo wir die Nachricht vom Tode von Amy Winehouse hörten – sie war nun das jüngste Mitglied des »Klub 27«. Diese Information ist für viele vielleicht unbedeutend, aber nach Tausenden von Kilometern geht einem einfach irgendwann der Gesprächsstoff aus. Ohne Google die Namen aller Klubmitglieder zusammenzutragen – Kurt Cobain, Jimi Hendrix, Janis Joplin, Jim Morrison ... – gab leicht ausreichend Konversationsstoff für einen ganzen Tag her.

Und so war es dann auch.

Als wir weiterfuhren, war das Wetter durch und durch britisch: bewölkt und gewittrig, mit dem einzigen Unterschied, dass einem in Indien sofort der Schweiß von den Augenbrauen tropfte, sobald der Wagen anhielt. Auf dem Weg nach Süden, Richtung Mumbai, rumpelten wir über unbefestigte Straßen und wichen Rikschas, Kühen und grauenhaften Autofahrern aus.

Wir lagen gut in der Zeit und fanden sogar eine Straße, die einiges mit einer Fernstraße gemein hatte, wir konnten also etwas schneller fahren. Inder sind extrem schnell dabei, aus einer Situation Kapital zu schlagen. Wenn man einem westlichen Bauern eine Fernstraße durch sein Land baut, sieht dieser den Sensenmann die Sense schleifen, und das nicht etwa, um bei der Ernte zu helfen. Wenn jedoch ein indischer Bauer sieht, dass eine Fernstraße gebaut wird, lässt er auf dem begrünten Mittelstreifen seine Kühe weiden, völlig ungeachtet der Autos, die mit hundertzwanzig Sachen vorbeirauschen.

Da fuhren wir also in einem flotten Tempo dahin, als ich auf einmal ein Ziehen in der Magengegend spürte. Nur ein leichtes Ziehen zwar, aber eines von denen, bei denen man sofort weiß, dass sie nichts Gutes bedeuten. Mein Magen teilte mir klar und deutlich mit, dass es mit meinen Innereien nicht zum Besten bestellt sei.

Das Autobahnnetz Indiens befindet sich noch in den Kinderschuhen und besteht aus ungefähr neunhundert Kilometer Schnellstraßen, die sich spärlich durch ein Gebiet ziehen, das vierzehn Mal so groß ist wie Großbritannien. Wir hatten Glück und befanden uns auf einem der wenigen Hundert-Stundenkilometer-Abschnitte. Zwar war diese Strecke gut asphaltiert, es fehlten auch die auf dem Mittelstreifen grasenden Kühe nicht; was aber unbedingt fehlte, waren Tankstellen oder Auf- oder Abfahrten. Da ich nirgends anhalten konnte, krampfte ich alle Muskeln meines Körpers zusammen und fuhr weiter. Meine Freunde boten an, mich abzulösen, aber ich wusste, dass bei einem Stopp mein Körper sich dermaßen entspannen würde, dass es furchtbare Konsequenzen für die abgenutzten Ledersitze des Taxis haben würde. Endlich tauchte eine Abfahrt auf, die sich jedoch eine Ewigkeit hinzog, bevor sie im Nichts endete. Es wurde schon ziemlich knapp, als ich endlich an einem Gemüsestand hielt. Ich joggte verkrampft auf den Bauern zu und bat ihn laut rufend, mir den Weg zur Toilette zu zeigen – die er nicht hatte.

Ich hatte das große Glück, Toiletten in aller Herren Länder besucht zu haben, aber soweit ich das beurteilen konnte, hatte Indien ein eher lasches Verhältnis zu sanitären Anlagen. Der Mensch hat, egal in welch ärmlichen Verhältnissen er lebt, Großes vollbracht, wenn es darum geht, Fäkalien loszuwerden. Von den Plumpsklos in Afrika über die Gemeinschaftstoiletten, die wir noch in China zu sehen bekommen würden, bis hin zu den patentierten WCs der westlichen Welt – sie alle schafften es, die unerwünschten Nebenprodukte zu entsorgen. In Indien jedoch – trotz all der Schönheit und Spiritualität des Landes – scheint nur die Oberschicht Spültoiletten zu haben. Alle anderen müssen sich mit dem Straßenrand und einem kleinen Eimer Wasser zufriedengeben – so sieht der Alltag aus.

Ich kann mir wirklich nicht erklären, warum die Leute den Straßenrand der Privatsphäre eines Gebüschs oder gar der halb-sanitären Möglichkeit eines Loches vorzogen, aber seine Notdurft in der Öffentlichkeit zu verrichten ist absolut normal, für Jung und Alt, Männlein und Weiblein. Wenn das Straßennetz zum Abflusskanal wird, werden die Fäkalien irgendwann im Dreck festgetreten oder spritzen auf Autos, Imbiss- und Obststände und gelangen schlussendlich irgendwie ins Wassersystem.

Da ich selbst kein großer Fan des Klos am Straßenrand bin, war für mich der Kuhstall hinter dem Verkaufsstand die nächstbeste Lösung.

Bald darauf fanden wir die einzige Tankstelle auf der brandneuen Strecke und hielten, um den Tank aufzufüllen. Nachdem ich schon dreimal auf die Toilette gerannt war, begann ich mir langsam Sorgen zu machen – das schien kein normaler Dünnpfiff zu sein. Mein Allheilmittel dagegen war Cola, also holte ich mir eine Flasche und hoffte auf die lang erprobte Fähigkeit des Gebräus, die Bakterien in meinem Magen abzutöten. Aber schon bald, nachdem wir wieder unterwegs waren, fühlte sich mein Magen an, als ob jemand einen Knoten hineingemacht hätte und ihn nun auswrang, wobei der Inhalt gleichzeitig nach oben und nach unten drängte. Mir wurde schlecht und ich sagte meinen Kumpels, dass wir anhalten müssten. Dann sagte ich es ihnen nochmals, schon etwas dringender, mit einer etwas anderen Wortwahl und einem lauten JETZT SOFORT!

Wir hielten an einem typisch indischen Straßenrand: Müll aus mehreren Jahren häufte sich um die kleinen Büsche und alles war mit einem öligen Schleim überzogen, der nach Kloake stank.

Ein kleiner Laden war geöffnet; ich fragte sie, ob ich ihre Toilette benutzen dürfte. Oder, vielmehr hüpfte ich mit schmerzverzerrtem Gesicht von einem Bein aufs andere, gestikulierte wild und brüllte dann und wann Wörter, die sich so ähnlich wie »Toilette«, »Klo« und »Auuuuu« anhörten. Sie sahen mich verständnislos an und riefen andere Leute hinzu, um zu sehen, was abging. Ich hatte das schon mehrmals erlebt – es ist einfach Teil der fantastischen indischen Hilfsbereitschaft, die fast allen Einwohnern gegeben war. Normalerweise versuchten dabei drei oder vier Familienmitglieder, alt und jung, mit mir zu kommunizieren, und kamen zu dem Schluss, dass weder ich ihre noch sie meine Sprache sprachen und sie daher nicht verstanden, was ich wollte. Darauf folgte ein entschuldigendes Lächeln und meist ein großzügiges Angebot der Gastfreundschaft, mindestens aber eine Tasse Tee. In der jetzigen Situation hatte ich leider keine Zeit für diese Spielchen.

Ich rannte um die Ecke zu einem Gebüsch und übergab mich.

Cola und Magensäure brannten in meinen Nasenlöchern, als ich den letzten Rest meiner »lang erprobten«, selbst verordneten Medizin aus mir herauswürgte. Aus dem Augenwinkel sah ich vier Rikschafahrer, die lässig auf ihren Wägen saßen und mir zusahen. Ich war kaum fertig, als sich mir erneut der Magen herumdrehte und dieses Mal der Inhalt nach unten befördert wurde, also ließ ich meine Shorts herunter.

Mein Publikum saß nur da und starrte mich an. Aus meiner Hockstellung fing ich den Blick von einem von ihnen auf. Er nickte mir zu, wie ein Mann einem anderen zunickt, wenn ein Heimwerker-Projekt schiefgeht oder er ihn dabei sieht, wie seine Frau ihn von einem Klamotten-Laden in den nächsten schleppt.

»Ich kenne deinen Schmerz«, sagte dieses Nicken, »da mussten wir alle schon einmal durch.«

Es war einer meiner absoluten Tiefpunkte. Aber es wurde noch schlimmer: Was aus mir herauskam, war keine normale Kacke oder flüssige Kacke (wenn man das so nennen kann), sondern grüner Schleim, durchsetzt mit einer beachtlichen Menge Blut.

Wir brauchten ein Hotel – zumindest ich brauchte ein Hotel –, und zwar schnell. Wir fanden eines, aber sie nahmen keine Ausländer auf. Ich war außer mir, benutzte ihre Toilette und wir fuhren zum nächsten Hotel. Es wiederholte sich dieselbe Situation und wir fuhren weiter.

Es gibt massenweise Touristen in Indien, aber das Land ist auch immens groß. In manchen Gebieten, in denen es weniger Sehenswürdigkeiten und weniger öffentliche Transportmittel gibt, sind es die Leute nicht gewohnt, Ausländer zu beherbergen. Nachdem ich die sechste Hoteltoilette aufgesucht hatte, fand ich ihr Vorgehen leicht irritierend. Das Toilettenpapier, das ich beim ersten Hotel mitgenommen hatte, ging natürlich genau im falschen Moment aus. Ich wollte nach Johno und Leigh rufen, brachte aber nur ein armseliges Fiepsen zustande. Mehr ging nicht, also fiepste ich noch ein paar Mal und gab dann auf. Ich lehnte mich gegen die weißen Fliesen, die die Wände des Plumpsklos zierten, und ließ mich langsam zu Boden gleiten. Ich bemitleidete mich selbst unendlich und weinte zum ersten Mal seit vielen Jahren.

Ich beschloss, dass es grundsätzlich die Schuld meiner Kumpels war, dass ich kein Klopapier mehr hatte.

Es war ihre Schuld, dass ich krank war.

Es war ihre Schuld, dass niemand uns ein Zimmer geben wollte.

Es war auch ihre Schuld, dass ich in Scheiß-Indien war.

Irgendwann schaffte ich es, mich von meinem Selbstmitleid loszureißen, und begab mich zurück zum Taxi, um ein Paar Marks-&-Spencer-Boxershorts ärmer. Es war inzwischen dunkel und die vorher so glatte Straße war nun wieder eine typisch indische; jedes Schlagloch und jede Bodenwelle wurden zur Tortur; außerdem hatte ich jetzt auch noch Fieber und zitterte heftig. Wir fanden ein weiteres Hotel, aber es kostete ungefähr fünfzig Mal so viel wie alle anderen. Sie wollten uns zwar ein Zimmer geben, aber es lag weit über unserem Budget. Wir beschlossen also weiterzufahren, nicht

Drei Freunde, die keine Ahnung haben, auf was sie sich da einlassen …

54 Stunden Arbeit ohne Pause – wo bleibt denn da der Arbeitsschutz?

Paris! Was man nicht sieht: die Spitze des Eiffelturms

Auf Abwegen am Polarkreis – eigentlich wollten wir geradeaus …

Der starke Schneefall lässt Autos in St. Petersburg einfach verschwinden

Am Roten Platz, diesmal auf freiem Fuß …

99 Luftballons … auf unserem Weg durch die Türkei

Unser sagenhaft perfekter Campingplatz ... bis zum schlimmsten Unwetter unserer Reise!

Gruppenbild mit Dame: Hannah, wir und ein irakischer Grenzschützer

Hannah auf Shopping-Tour

Pediküre für Hannah im Arbil Auto-Basar – super Typen!

Camping in der Wüste. »Sind das etwa … Artilleriegeschütze?« Ooooops!

Unerwarteter Familienzuwachs in Indien – wir sind die drei Großen

Eine indische Tankstelle mit Selfservice

Wer hat hier was von guten Straßenverhältnissen gesagt?

Everest Basislager – we made it! Man beachte Johnos funktionale Fußbekleidung …

Highest ever taxi – der zweite Weltrekord!

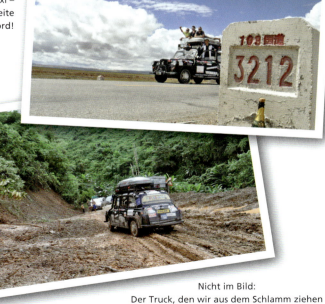

Nicht im Bild:
Der Truck, den wir aus dem Schlamm ziehen

Unsere triumphale Ankunft am ersten Ziel!

Zurück im Pub, wo alles begann – erstes und letztes Pint!

Johno Ellison   –   Paul Archer   –   Leigh Purnell

ohne dass ich der Toilette vorher noch einen Besuch abgestattet hätte. Erst dann erinnerte ich mich daran, dass ich das Klopapier-Problem immer noch nicht gelöst hatte.

Da war es natürlich schon zu spät, aber das interessierte mich zu diesem Zeitpunkt dann auch nicht mehr.

Es sah wirklich nicht gut für mich aus: Ich lag in meiner eigenen Scheiße auf dem Rücksitz des Taxis, zitterte und krümmte mich vor Schmerzen. Ich wünschte mir sehnlichst ein Bett, meine Mami, eine Dusche, Toilettenpapier und jemand, der mich in den Arm nahm und tröstete; ich wollte aus diesem Taxi heraus, koste es, was es wolle; also fuhren wir zum Hotel zurück.

Ich überließ es den Jungs, das Anmeldeformular im Hotel auszufüllen und unsere Notfall-Kasse zu knacken. Ich rannte in das Zimmer. Ich hatte nichts mehr in mir, also duschte ich, legte mich in Embryonalstellung ins Bett und vergaß dabei völlig, dass normale Leute sich nach dem Duschen etwas überziehen. Ich dachte, wenn ich noch einen wimmernden Gang zum Klo machen müsste, wäre es aus mit mir. Leigh und Johno mussten irgendwann hereingekommen sein und mich zugedeckt haben. Ich erinnere mich nur bruchstückhaft an ihre Unterhaltung, als sie überlegten, was sie mit mir machen sollten, während ich dalag und »wie eine Tussi herumstöhnte«.

Als ich klein war, haben uns unsere Eltern nie zum Arzt gebracht, es sei denn, es war etwas wirklich Ernsthaftes, wie zum Beispiel der Verlust eines Arms oder eines Beins. Einmal war ich mir absolut sicher, ich hätte mir das Handgelenk gebrochen, als ich von einem Baum gefallen war. Erst nachdem ich meine Eltern einen Tag lang unter Tränen angefleht hatte, brachten sie mich in ein Krankenhaus, wo Röntgenaufnahmen gemacht wurden. Natürlich war alles in Ordnung mit mir – sie hatten recht behalten, ich hatte unrecht –, und seit diesem Tag hatte ich gelernt, die Zähne zusammenzubeißen und zu grinsen, wenn etwas wehtat.

Bei Leigh ist das ganz anders: Seine Mutter ist Krankenschwester und sein Vater Sanitäter, daher nahm er auch eine Extra-Reisetasche vollgestopft mit Verbänden, Tabletten und Spritzen mit auf die Reise. Beim geringsten Anzeichen, dass etwas nicht stimmen könnte, zog er immer sofort irgendwelche Antibiotika oder Rehydrationssalz hervor, während ich nur die Augen rollte und mir noch eine Tasse Tee eingoß.

Als Paul also anfing, sich über Magenschmerzen zu beklagen, sagte ich ihm nur, er solle die Zähne zusammenbeißen und mehr Wasser trinken, aber als wir im Hotel ankamen, sah er wirklich nicht gut aus. Trotzdem war ich überzeugt, dass es ihm am nächsten Morgen wieder gut gehen würde …

Zum Glück war Leigh davon überzeugt, dass ich die Nacht nicht überleben würde. Er war schon immer der Vorsichtigere gewesen, und ich war froh, dass er Johnos Urteilsspruch ignorierte und mein Handy aus meinen Shorts fischte – obwohl ich mir den Zustand der Shorts (und des Handys) lieber nicht vorstellen wollte …

Er rief Ellie in Manali an und fragte sie um Rat. Sie wollte mit mir sprechen, aber als man ihr sagte, dass ich dazu nicht mehr in der Lage sei, war ihr sofort klar, dass ich krank sein *musste*. Ihre Diagnose war ein schlimmer Fall von Ruhr und sie erklärte, ich müsse schnell rehydrieren und in ein Krankenhaus gebracht werden. Da es in der Umgebung jedoch kein Krankenhaus gab, verschrieb sie mir spezielle Antibiotika. Leigh suchte die ganze Stadt danach ab und bekam sie schließlich eine Stunde später in einer Straßenapotheke. Ellie sagte, dass wenn sich in der Nacht keine Besserung zeigte, wir dringend ein Krankenhaus aufsuchen müssten. Sollte es aber besser werden, sollte ich einfach weiterhin die Pillen nehmen und alles wäre gut.

Ich kannte Ellie seit vielen Jahren, aber ich muss zugeben, ich fand es immer ein wenig beängstigend, dass sie als Ärztin für die Gesundheit anderer Menschen verantwortlich war. An jenem Tag war ich bestimmt fünfundzwanzig Mal zum Klo gerannt, aber nur wenige Stunden, nachdem ich die von ihr verschriebene Medizin eingenommen hatte, sank das Fieber, ich musste nicht mehr so häufig zur

Toilette und konnte endlich schlafen. Die Antibiotika hatten gewirkt und Ellies Telefondiagnose war Gold wert. Ich werde ihr auf immer und ewig einen Drink (oder zwei) schulden.

Am nächsten Morgen wachte ich nackt, in ein Handtuch gewickelt, auf.

Wo ich gelegen hatte, war ein großer, grüner Fleck ins Bettlaken gesickert und der Gestank war unerträglich. Ich fühlte mich wie ein Stück Scheiße, schwitzte und alles tat mir weh ... Außerdem hatte ich offensichtlich in der Nacht ins Bett geschissen. Ich gebe zu, ich hatte schon bessere Tage gehabt.

Für Leigh, der gerade aufwachte, war es noch schlimmer. Er hatte das Schere-Stein-Papier-Spiel gegen Johno verloren und musste das Bett mit mir teilen.

KAPITEL 30

LEIGH – VERZWEIFELT GESUCHT

Meine Erholungszeit war kurz, da wir, wie immer auf der Expedition, weiter mussten. Außerdem war es sehr unwahrscheinlich, dass das einzige Hotel, das uns aufgenommen hatte, uns eine weitere Nacht beherbergen würde, wenn sie erst einmal das Zimmer gesehen hatten. Also packten wir unsere Sachen. Ich wurde von meinen Fahrpflichten enthoben und rollte mich auf dem Rücksitz unter meinem Hadschi-Schal zusammen, trank eine faulig schmeckende Rehydrationslösung der Weltgesundheitsorganisation und schlief danach den ganzen Weg nach Mumbai durch.

Die Kuriositäten, die Schönheit und der Schmutz der ausgedehnten Hauptstadt sind unbeschreiblich. Sie quillt über vor Menschen, sechzig Prozent davon leben in Slums. Unser Ziel war der Touristen-Distrikt Colaba. Wir waren uns sicher, dort ein billiges Zimmer in der ansonsten überraschend teuren Stadt zu finden. Wir hatten vor, den indischen Medien ein paar Interviews zu geben, Hannah eine Rolle in einem Bollywood-Film zu verschaffen und alle Delikatessen der Stadt auszuprobieren.

Die Stimmung im Auto war furchtbar, als wir in der riesigen, emsigen Stadt ankamen. Die Fahrt durch Indien war extrem schwierig und ermüdend für uns alle gewesen und an diesem Tag war Leigh, der sich immer noch nicht ganz von seiner Krankheit in Manali erholt hatte, mit hoher Geschwindigkeit über ein besonders großes Schlagloch gefahren. Dadurch war einer der Scheinwerfer aus der Halterung gesprungen und am Straßenrand zerschellt. Meine nicht sehr taktvolle Aufforderung, er solle besser aufpassen, führte zu einer lauten Streiterei, die damit endete, dass Leigh sich weigerte weiterzufahren und ich den Verkehrskollaps der Innenstadt übernehmen musste.

Sobald wir ein Hotel gefunden hatten, checkten wir in getrennten Zimmern ein. Ich warf meine Taschen in den zwei Quadratmeter großen Raum, der mit Moskitoleichen übersät war, und zog los, um mir ein paar der Touristenattraktionen anzusehen und meiner schlechten Laune davonzulaufen.

Unser Hotel war schlichtweg furchtbar. Ich hatte mir einen Vorrat Toilettenpapier (ich hatte meine Lektion gelernt …) und Schlaftabletten besorgt und bereitete mich auf eine Nacht vor, die ich zwischen meinem zellenartigen Zimmer und der Gemeinschaftstoilette verbringen würde, die wir mit dreißig nigerianischen Tagelöhnern, zwei Familien und einem mürrischen Hippie teilten.

Am nächsten Tag führte ich meine monotone Toiletten-Routine fort und war inzwischen völlig erschöpft. Johno war in der Stadt unterwegs und Leigh saß auf seinem Bett und sah sich Actionfilme auf dem Laptop an; er war immer noch sauer wegen unseres Streits.

Irgendwann stand er von der uralten, fleckigen Matratze auf und steckte den Kopf durch meine Tür. »Ich gehe etwas essen«, sagte er niedergeschlagen.

»Cool, brauchst du Kohle?« Leighs Kreditkarte war gesperrt und Johno und ich hatten ihm so lange ausgeholfen.

»Nö, ich habe noch hundert Rupien in meiner Hosentasche gefunden, das sollte für eine Samosa reichen.«

Eine Stunde verging. Dann noch eine, drei, vier Stunden …

Johno kam zurück.

»Hast du zufällig Leigh gesehen?«, fragte ich.

»Nö.«

»Er wollte kurz etwas essen gehen, aber das war vor fünf Stunden.«

»Er war sauer.«

»Aber er hatte nur hundert Rupien.«

»In seiner Haut möchte ich jetzt nicht stecken!«

Sein Zimmer war nicht abgeschlossen, sein Laptop lag immer noch auf dem Bett, die Episode von *Battlestar Galactica* stand immer noch auf Pause. Ich war etwas beunruhigt, aber dann dachte ich mir, er sei ja schließlich alt genug und würde sicherlich bald auftauchen. Unterbrochen von gelegentlichen Toilettengängen, sah ich mir *Apocalypse Now* an (den langen Director's Cut) – das war unser Standard-Entertainment auf der Reise, wenn wir einfach zu erschöpft waren, um das Hotelzimmer zu verlassen und die Gegend zu erkunden – wir sahen uns Filme an. Filme und TV-Serien wurden von Reisenden in den Herbergen auf der ganzen Welt von Festplatte zu Festplatte getauscht. Man hatte also ein Vermögen dafür ausgegeben, um ans andere Ende der Welt zu reisen und dann im Aufenthaltsraum einer Herberge auf einem winzigen Bildschirm Filme anzusehen. Der Film war ausgezeichnet, nur die Szene, als Martin Sheen mit grünbraunem Schleim bedeckt aus dem Wasser steigt, erinnerte mich zu sehr an meine eigene Situation.

Um Mitternacht hatten wir immer noch nichts von Leigh gehört. Ich machte mir langsam wirklich Sorgen – es war nicht seine Art, einfach so zu verschwinden. Draußen heulte der Monsun und er hatte gerade einmal genügend Geld für eine Tasse Tee, aber nicht, um sich zehn Stunden lang zu vergnügen. Ich verließ also unsere Bruchbude und watete durch die überschwemmten Straßen bis zur nächsten Polizeistation. Dort hinterließ ich meine Handynummer für den Fall, dass ein abgebrannter Brite bei ihnen auftauchte.

Als er am nächsten Morgen immer noch nicht wieder aufgetaucht war, machte sich sogar Johno Sorgen. Wir hatten keine Ahnung, wo wir zu suchen anfangen sollten – wo sucht man nach einer vermissten Person in einer Stadt mit derselben Einwohnerzahl wie Holland? Normalerweise trugen wir immer unsere Pässe bei uns, und nach einer raschen Suche in seinen Sachen sahen wir, dass er seinen dabeihaben musste. Wenn ihm also etwas zugestoßen sein sollte, würde bestimmt das britische Konsulat benachrichtigt. Ich rief auf dem Konsulat an und fragte, ob sie etwas gehört hätten. Hatten sie nicht, aber sie sagten mir, ich solle die Krankenhäuser abtelefonieren; sie schickten mir alle Nummern per E-Mail. Es war jetzt halb elf morgens und er war seit neunzehn Stunden verschwunden.

Ich begann mit dem ersten Krankenhaus.

»Hallo, sprechen Sie Englisch?«

»Ja, ein bisschen ...«

»Wurde gestern Nacht ein westeuropäischer Mann bei Ihnen eingeliefert?«

»Ja, wie lautet der Name?«

»Leigh.«

»Lee?«

»Ja, Leigh.«

»Okay, können Sie das bitte buchstabieren?«

»L-E-I-G-H.«

»L-E-E?«

»Nein, Leigh.«

»Leehe?«

»Nein – Leigh.«

»Ah, Moment, ich sehe nach.«

Es folgten zehn Minuten undefinierbarer Geräusche, obwohl ich ab und zu »*Le-he. Leeeee*« hören konnte.

»Nein, wir haben keinen Mann namens Lehe hier.«

»Sind Sie sicher?«

»Oh ja, Sir.«

»Absolut sicher?«

»Ja, Sir, absolut sicher. Das hier ist die Frauenklinik von Mumbai.«

Inzwischen waren fast vierundzwanzig Stunden ohne ein Lebenszeichen von ihm vergangen und unser Streit längst vergessen. Wir überlegten, dass er ohne Geld bestimmt nicht auf Zechtour gegangen sein konnte, und je mehr Zeit verging, desto nervöser wurden wir. Meine Gedanken rasten – hatte er es vielleicht so satt, dass er nach Hause geflogen war? War er in einen Unfall verwickelt? Oder noch schlimmer – war er vielleicht ausgeraubt oder überfallen worden und lag jetzt irgendwo in der Gosse? Ich versuchte, logisch darüber nachzudenken, wie wir ihn finden könnten, und ging alle möglichen Szenarien durch – könnten oder wollten wir die Reise ohne ihn überhaupt fortsetzen? Was würde ich an seinem Grab sagen?

Leigh Purnell – autodidaktischer Mechaniker und Meister der improvisierten Reparaturen am Straßenrand, der sich bei seiner Reise um die Welt nur von Burgern und Pommes ernährte.
Ein wahrer Freund, der sogar sein Bett mit einem undichten Ruhr-Patienten teilte.

Ich nahm das Telefon und wählte die Nummer des nächsten Krankenhauses.

Es war ungefähr zwei Uhr nachmittags, als Leigh den Flur mit dem abblätternden Anstrich hinuntergeschlendert kam. Er hatte ein dümmliches Grinsen auf dem Gesicht und grüßte uns mit einem lässigen »Haaaa-llooo« – der Streit vom Vortag schien vergessen.

Paul war nicht ganz so lässig.

»WO VERDAMMT NOCH MAL WARST DU, VERDAMMTE SCHEISSE?«
»Ich hab bloß ein bisschen was getrunken, bleib ruhig, Mann!«
»GETRUNKEN? WAS DENN? MIT WELCHER VERDAMMTEN KOHLE EIGENTLICH?«
Ich war – verständlich nach den letzten vierundzwanzig Stunden – ein wenig gereizt.

Einerseits war ich erleichtert, dass er nicht tot in irgendeiner Gosse lag, andererseits aber auch verärgert, weil er so gedankenlos gehandelt hatte – außerdem hatte ich die letzten drei Tage damit verbracht, mein Innerstes nach außen zu kehren, und all dies entlud sich jetzt in einem lauten Schwall von Schimpfwörtern.

»Ich hatte unsere Notfall-Karte bei mir«, erklärte er kleinlaut. Inzwischen steckte eine beachtliche Menge nigerianischer Tagelöhner neugierig ihre Köpfe in den Flur. Unsere Notfall-Kreditkarte war unser gemeinsamer Notfall-Fonds, den wir nur für absolut dringende, unvorhergesehene Ausgaben angreifen wollten – eine Sauftour gehörte nicht dazu. Das schlug dem Fass den Boden aus.

»DIE NOTFALL-KASSE!« Paul explodierte und stürzte sich mit erhobenen Fäusten auf Leigh. Er ließ der aufgestauten Anspannung der letzten schlaflosen Nächte freien Lauf. Leigh war ganz und gar nicht auf diesen Angriff vorbereitet und sah einigermaßen verstört aus, als Paul wild um sich schlagend auf ihn zustürmte. Ich ging dazwischen und konnte die beiden trennen; dann schickte ich Paul in ein anderes Zimmer, damit er sich beruhigte, und erklärte Leigh, wie wir die letzten vierundzwanzig Stunden verbracht hatten. Daraufhin erzählte mir Leigh seine Version der Geschichte: Nachdem er sich wochenlang unwohl gefühlt hatte, die Fahrerei sehr anstrengend gewesen war und wir dann auch noch unseren Riesenkrach hatten, hatte er einfach die Schnauze voll gehabt und war spazieren gegangen, um den Kopf freizubekommen und in Ruhe darüber nachzudenken, warum in letzter Zeit alles schieflief. Er hatte sich nach neuer Gesellschaft gesehnt, außer mir und Paul. Dann hatte er eine Gruppe Backpacker kennengelernt und gerade mit ihnen etwas getrunken, als der Monsun losging. Es war nahezu unmöglich, die überschwemmten Straßen zu überqueren, dann gab es einen Stromausfall in der Hotelbar und sie saßen dort bis zum nächsten Tag fest.

Es war unsere bisher größte Auseinandersetzung auf der Reise und das erste Mal, dass einer von uns Schläge austeilte. Die Fahrt durch Indien war zu einer echten Strapaze geworden.

KAPITEL 31

BOND, HINDI BOND

Das Gute daran, wenn man so lange miteinander reist, ist, dass Auseinandersetzungen wie unter Geschwistern beigelegt werden: eine kurze Entschuldigung, eine halbe Stunde Auszeit und die Sache ist vergessen. In Pauls Fall war der Ärger rechtzeitig verraucht, bevor er eine neue Toilettenpause einlegen musste, die immer noch sehr häufig waren.

Am nächsten Tag fuhren wir an den Flughafen, um meine Freundin Katie abzuholen; sie würde uns ein paar Wochen begleiten. Es war das perfekte Timing, da ich mich nach meiner Durchfallerkrankung endlich wieder wie ein menschliches Wesen zu fühlen begann. Nachdem wir stundenlang in einem feuchtwarmen Wolkenbruch versucht hatten, uns zu orientieren, hatten wir uns wieder einmal verfahren und mussten anhalten, um nach dem Weg zu fragen. Ich hatte die Erfahrung gemacht, dass die meisten Inder unglaublich freundlich waren und Fremden unbedingt weiterhelfen wollten – selbst wenn sie nicht die geringste Ahnung hatten. Wenn man sie nach dem Weg fragte, bekam man meistens ein strahlendes Lächeln und ein Kopfwackeln zur Antwort.

Das Kopfwackeln ist eine sehr indische Sache und schwer zu beschreiben. Manchmal ist es ein klares Hin- und Herwiegen des ganzen Kopfes und manchmal nur ein schier unmerkliches Schräglegen. Ich bin mir nicht hundertprozentig sicher, was die genaue Bedeutung ist, aber bisher habe ich alle Interpretationen kennengelernt von »Ja«, »Nein«, »Okay« »Vielleicht«, »Alles klar« und – die am weitesten verbreitete Variante – »Tut mir wirklich leid, ich habe absolut keine Ahnung, was du gerade gesagt hast, aber das mache ich wett mit einem netten Kopfwackeln!«

Nachdem wir uns zwei Monate nicht gesehen hatten, erwartete ich ein ergreifendes, romantisches Wiedersehen mit meiner Freundin. Als sie aus dem Ankunftsbereich auf uns zukam, überlief mich ein Freudenschauer, sie endlich nach einer gefühlten Ewigkeit wiederzusehen. Ich strahlte sie an.

»Du bist so dünn ...«, sagte sie entsetzt. »Du siehst furchtbar *krank* aus!«

»Ich liebe dich auch«, konnte ich nur murmeln.

Unsere erste Amtshandlung für den neuen Fahrgast war die typische Touri-Falle: westliche Statisten in einem Bollywood-Film. Wir hatten unseren Auftritt in einer Nachtclub-Szene des nächsten Kassenschlagers *Agent Vinod* – nicht so sehr eine Bollywood-Liebesgeschichte mit viel Tanz und Gesang, sondern eher ein Film der Kategorie »Bond, Hindi Bond«.

Man schickte uns in die Garderobe, aus der wir unter hysterischem Gegacker mit unseren neuen Outfits wieder auftauchten: Leigh in Versace mit Hut ohne Krempe; Johno sah ungewohnt smart aus und mir hatten sie Skinny Jeans, eine Samuel-L.-Jackson-Kappe und die grauslichste Imitation eines Ed-Hardy-T-Shirts, komplett mit Strassstein-Tiger, verpasst. Wir sahen aus wie eine schlechte Teenager-Tanzgruppe vor ihrem ersten Auftritt beim Dorffest. Katie kam in einem knackig kurzen Minirock heraus. Nachdem wir dieselbe Szene – wir schwofen im Hintergrund aus dem Bild – ungefähr hundert Mal gedreht hatten, waren wir um zwei Uhr morgens endlich fertig, total erledigt und jeder um ungefähr fünfhundert Rupien reicher – umgerechnet etwa fünf Pfund.

Es war die erste ehrliche Arbeit, die wir in den letzten sechs Monaten geleistet hatten.

Katies Gepäck bestand fast ausschließlich aus Ersatzteilen. Seit der Türkei hatten wir keine mehr erhalten und Hannah brauchte dringend ein neues Kühlgebläse und andere wichtige Teile für die Weiterfahrt durch Indien und den Himalaja.

Die nächste Strecke war eine der härtesten der ganzen Reise. Wir wussten zwar, dass es anstrengend werden würde, die knapp tausendachthundert Kilometer nach Varanasi an der Grenze zu Nepal in fünf Tagen zurückzulegen, aber keiner von uns war darauf vorbereitet, wie schlimm die Straßen tatsächlich waren. Ich hatte vor unserer Abfahrt eine Landkarte studiert, die im Hotel an der Wand hing. Darauf hatte ich eine lange Fernstraße entdeckt, den National Highway 7, der als Nord-Süd-Korridor ausgeschrieben war, also genau die Connection, die wir benötigten. Eine große Verbindungsstraße, die so dick auf der Karte eingezeichnet war, so dachte ich, müsste in relativ gutem Zustand sein.

Ich hatte noch nie so falsch gelegen.

Die Straße wies so ziemlich alle Konstruktionsfehler auf, die man nur machen konnte: Lange Strecken waren mit Schlaglöchern gespickt und riesige Bodenwellen gaben Hannahs bereits angegriffenem Fahrgestell und der Karosserie den Rest. Die Krönung des Ganzen waren die häufig auftauchenden Mauthäuschen, die auch noch Geld für das Befahren der grauenhaften Fernstraße verlangten. Die meiste Zeit krochen wir bei strömendem Regen und in sengender Hitze unter höchster Konzentration über die Straße, um den hundertfachen Gefahren auszuweichen. Dafür gönnten wir uns zum Frühstück, Mittag- und Abendessen eine der besten Erfahrungen Indiens: leckeres, billiges und üppiges Essen in winzigen Cafés am Straßenrand, vor denen reihenweise blubbernde Curry-Pötte standen.

Oft fuhren wir mehr als zwölf Stunden pro Tag, von Sonnenaufgang bis Sonnenuntergang. Straßenschilder – und befestigte Straßen – sahen wir nur sporadisch. Manchmal hatten wir fünfzehn Kilometer oder länger eine brandneue, aalglatte Straße, die aber verebbte, sobald ein Gefälle oder eine Erhebung, eine Kurve oder eine Kreuzung oder der Dschungel auftauchte. Wo die Straße hätte weiterführen müssen, befanden sich nur Lücken im dichten Dschungel, die ins Niemandsland führten.

Wir fuhren mit einer Durchschnittsgeschwindigkeit von 35 Kilometer pro Stunde, und diese fünf Tage wurden zu einigen der unbequemsten der ganzen Reise. Für die Jungs und mich war das halb so schlimm, aber Katie hatte nur ein paar Wochen Ferien; es war ihr letztes Jahr an der Uni, bevor sie ihre Abschlussprüfung als Ärztin machte. Bei Sonnenuntergang kamen wir in Varanasi an und klappten vor einem Teller Butterhühnchen zusammen; wir waren unendlich froh, angekommen zu sein und einen Tag nicht fahren zu müssen.

Dann liefen Katie und ich durch die Straßen Varanasis, die heiligste Stadt der Hindus. Sie liegt am Ufer des Ganges, hier werden die Toten verbrannt und ihre Asche in den Fluss gestreut. Die Stadt ist der Inbegriff der indischen Begabung, einem gleichzeitig das Herz aufgehen zu lassen und den Magen umzudrehen. Inmitten schwelender Scheiterhaufen, aus denen verschmorte Gliedmaßen in grotesken Verrenkungen herausragten, beobachteten wir einen Mann, es war wohl der älteste Sohn, wie er den Körper seines Vaters in hellen, teuren Stoff hüllte und dann sorgfältig ein Feuer um ihn herum legte, dem er in einer traurigen Zeremonie Gewürze und Blumen zugab. Zu beiden Seiten des Flusses standen unglaublich farbenfrohe Tempel in Gold und Orange, in starkem Kontrast zu dem trüben Braun des Flusses. Kinder spielten und schwammen an einem Abwasserabfluss; nur wenige Meter daneben hatte sich der Kadaver eines Schafes in einem Bootsanker verfangen und ein »Baba«, ein heiliger Mann, meditierte am Ufer.

In der Morgendämmerung sprangen wir auf ein Boot und sahen zu, wie die Sonne über der Stadt aufging, während sich ein Pulk von Männern, Frauen und Kindern im heiligen Wasser wusch.

Aber dann mussten wir wieder weiter: Durch die vielen Verzögerungen waren unsere Visa nur noch drei Tage gültig. Wir hatten sie noch in England, vor Expeditionsstart, für Indien bekommen, und nun mussten wir in drei Tagen die mehr als dreihundert Kilometer bis Nepal zurücklegen. Der Zustand der Straßen, auf denen wir den ganzen Tag über fuhren, war derselbe, den wir von den Straßen zuvor kannten. Wir kamen bis zu einem Ort, der nur ein paar Stunden von der Grenze entfernt war, und verkrochen uns in einem moskito- und bettwanzenverseuchten »Hotel«, da es bereits zu dunkel war, um weiterzufahren. Indien war das einzige Land, in dem wir unerschütterlich unsere Regel, nicht bei Nacht zu fahren, einhielten. Wir waren alle körperlich am Ende nach unserer Zeit in Indien, und nachdem man uns ein weiteres Mal für das Essen im Hotel viel zu viel abgeknöpft hatte, waren wir uns einig, dass es Zeit war, das Land zu verlassen. Fairerweise muss gesagt werden, dass wir nicht Indiens beste Seite gesehen hatten, also beschlossen wir, dies bei Gelegenheit nachzuholen.

Bei Sonnenaufgang fuhren wir los. Die Temperatur war angenehm und es regnete nicht mehr. Ein kühler Dunst hing tief zwischen buschigen Felsen und rauen Weiden, auf denen die ersten Rinder des Tages grasten. Das Gezwitscher Hunderter verschiedener Vögel lieferte den natürlichen Soundtrack für das Bild, das sich uns bot: Ganze Familien leisteten ihren Beitrag, um den Straßenrand zu düngen – Mütter mit gelüfteten Saris, alte Männer in für sie knochenbrecherischer Hockstellung und splitterfasernackte Kinder. Wir hatten das zweifelhafte Glück, Zeugen einer ländlichen Morgenroutine in Indien zu werden – auf nur drei Kilometern zählten wir fünfunddreißig Personen, die, jeweils mit einem kleinen Topf Wasser ausgestattet, am Straßenrand ihr Geschäft verrichteten.

Der Grenzübergang verlief ohne bemerkenswerte Hindernisse; sobald wir auf der anderen Seite waren, wanden sich asphaltierte Straßen durch das Vorland des Himalaja. Dann geschah etwas, das uns, seitdem wir Europa hinter uns gelassen hatten, nicht mehr passiert war: Als wir hinter einem langsamen Lastwagen näher auffuhren, fuhr dieser zur Seite, damit wir ihn überholen konnten. Er hatte weder eine Panne noch musste er aus sonst irgendeinem Grund halten, er war einfach nur nett.

Ich dachte bei mir: »In Nepal wird es mir gefallen!«

Umso mehr, als wir an einem Schild vorbeikamen, das dem leidigen Thema, das sich wie ein roter Faden durch ganz Indien zog, ein Ende setzte:

Willkommen in der Region Pokhara, Nepal.
Öffentliches Defäkieren seit 1995 verboten

KAPITEL 32

LEIGHS LISTEN

Wir waren alle überglücklich, in Nepal zu sein. Hier schienen die Uhren anders zu ticken als in Indien: Die Straßen waren gut, Touristen waren willkommen und die Leute waren stolz auf ihre Umwelt. Was am besten war – wir konnten uns endlich die Steaks gönnen, nach denen wir in dem meist rindfleischfreien Indien gelechzt hatten.

Im friedlichen Pokhara aßen wir ein letztes Mal gemeinsam und tranken ein paar Bier, bevor wir eine Woche lang getrennte Wege gingen, um uns eine verdiente Pause voneinander zu gönnen. Leigh wollte ein paar Tage ein Motorrad mieten, Paul und Katie suchten nach einem Hotel mit Zimmerservice und ich wollte in der Annapurna-Region wandern.

Schon fast am Ende unseres Mini-Urlaubs voneinander war ich früh losgezogen, um einen der Berge der Region zu besteigen. Jämmerlich schlecht vorbereitet, litt ich schon bald unter den ersten Symptomen von Höhenkrankheit, während ich mühevoll versuchte, den Berg hochzukraxeln. Also machte ich mich schnell wieder an den Abstieg und nahm den Bus zurück in die Stadt. Als dieser um eine Kurve bog, konnte er gerade noch einem Wagen ausweichen, der sehr einem mir wohlbekannten Taxi ähnelte, das willkürlich am Straßenrand abgestellt war und dem ein Vorderrad fehlte.

Der sehr gestresst aussehende Leigh brauchte einen Moment, um zu erkennen, wer da aus dem rollenden Bus heraussprang, aber dann zeichnete sich die Erleichterung auf seinem Gesicht ab. Er hatte die letzten drei Tage damit verbracht, Hannah neu zu verschweißen, zu säubern und neu zu verkabeln. Doch nun war schon wieder eines der lästigen Führungsgelenke gebrochen, und dadurch hatte sich die ganze Vorderradaufhängung gelöst. In gewisser Hinsicht hatten wir enormes Glück, dass es in der Stadt passiert war und nicht schon früher, auf einer der Bergstraßen, die zu beiden Seiten mehrere hundert Meter in die Tiefe abfielen.

Mithilfe der um den Wagen versammelten Menschenmenge und einigen Soldaten des nahe gelegenen Armeestützpunktes fanden Leigh und ich eine Übergangslösung für Hannah und konnten die kurze Fahrt durch die Hauptstadt wagen, um uns mit Paul zu treffen.

Katie und ich kamen eine Woche vor meinen Kumpels in Kathmandu an und es war meine Aufgabe, ein geeignetes Hotel zu finden. Es musste billig sein und irgendeine Parkmöglichkeit haben, wo wir Hannah – wortwörtlich – wieder einmal zusammenbauen konnten. Katie und ich verbrachten eine wunderbare Woche und ließen es uns in den Teehäusern gut gehen. Es war ein seltsames Gefühl, als ich ihr zum Abschied nachwinkte und mich wieder mit den Jungs traf. Doch dann erzählten wir uns unsere Geschichten der letzten Woche – Johnos Höhenkrankheit, Leighs Zusammentreffen mit der Mafia in Pokhara wegen eines platten Reifens seines Motorrads, und alles war wieder wie zuvor.

Bei der Ankunft in Kathmandu war Hannah in einem furchtbaren Zustand. Zusätzlich zu dem kaputten Vorderrad, das im wahrsten Sinne des Wortes abgefallen war, hatte die Karosserie unseres Black Cabs sich vom Chassis gelöst, eine Halterung der Aufhängung war abgebrochen, wir hatten eine Ameiseninvasion, ein weiteres Führungsgelenk war kurz davor abzubrechen, und wir hatten keine Scheinwerfer. Rost hatte sich überall breitgemacht, was dazu führte, dass die Elektrik größtenteils versagte, und unsere Dachboxen, in die zwar Wasser eindrang, das dann aber nicht mehr ablief, ähnelten immer mehr Wassertanks.

Das Sound-System war noch bestens in Schuss … bis Leigh entdeckte, dass unser Ameisenstaat seine Zelte im Subwoofer aufgeschlagen hatte. Wir beschallten sie bis zum Umfallen mit Dubsteps, aber wie es aussah, konnten diese Tiere nicht nur zwei Wochen unter Wasser überleben (unglaublich, aber wahr!), sondern waren auch gegen Skrillex immun. Wir versuchten es sogar mit Johnos erschreckend umfassender Bonnie-Tyler-Sammlung, aber bei Ameisen haben die Achtziger-Balladen nicht denselben Aufräumeffekt wie auf der Tanzfläche. Der Subwoofer musste weg.

Wir waren nicht überrascht, in Nepal keine Ersatzteile für ein London Black Cab zu finden. Also schweißten wir uns selbst ein paar aus minderwertigen Metallen zusammen. Die Scheinwerfer ersetzte Leigh durch ein paar Motorradscheinwerfer, die eine ähnliche Form hatten und in das alte Gehäuse passten. Johnos Freund Matt stieß zu uns, um uns auf dem nächsten Abschnitt zu begleiten. Er war Kampfpilot der Britischen Luftwaffe gewesen und seit den letzten Etatkürzungen arbeitslos, also flog er kurzerhand nach Nepal, um mit uns weiterzureisen. Zusätzliche Hilfe bekamen wir von Binay Lama, einem Freund von Katie, der gerade in der Gegend war – er war schlichtweg die netteste Person auf der ganzen Welt. Er hatte eine Reiseagentur und benutzte den Gewinn seines Unternehmens, um Schulen zu bauen und seiner Gemeinde in einem abgelegenen Bergdorf unter die Arme zu greifen. Ein oder zwei Tage, nachdem Johno und Leigh wieder da waren, tauchte noch ein weiteres bekanntes Gesicht auf. Wir fanden folgende Notiz an unserer Tür:

Bin auf Zimmer 201
Gruß,
Craig

Unser Lieblings-Australier mit vulgärem Vokabular hatte es auf seiner Mittelasien-Tour bis nach Nepal geschafft! Er musste sich nach unserem letzten Abschied wohl ein neues T-Shirt zugelegt haben, stellten wir fest, aber es hatte nicht den Anschein, dass er es seither jemals gewechselt hatte.

In der Zwischenzeit hatte Leigh eine Liste zusammengestellt. Leighs Listen sind eine sehr ernste Angelegenheit. Sie enthalten alles, was unbedingt am Wagen gemacht werden muss, und noch mehr Dinge, die nicht unbedingt notwendig sind. Leigh ist ein wahnsinnig talentierter Mechaniker und Elektriker – und der Einzige im Team, auf den es wirklich ankommt. Seine Fähigkeit, Prioritäten zu setzen, lässt jedoch sehr zu wünschen übrig. Im Gegensatz dazu taugten Johno und ich zwar überhaupt nichts als Mechaniker, wir hatten aber ein ganz besonderes Talent entwickelt, Leighs Listen nach Prioritäten zu organisieren. Wenn wir zum Beispiel Leigh dabei überraschten, wie er Sticker auf den Dachboxen anbrachte, während eigentlich eine ganze Menge überaus wichtiger, komplizierter Elektronikarbeiten anstanden, versuchten wir, ihn sanft dazu zu überreden. Darauf folgte normalerweise eine Diskussion, bei der Leigh versuchte, uns davon zu überzeugen, dass es wichtiger sei, den Umriss eines Sponsor-Stickers auszuschneiden, um seine Wirkung zu verbessern, als Scheinwerfer anzubringen. Also taten Johno und ich so, als würden wir die Sticker-Arbeit für ihn übernehmen (die wir natürlich sofort liegen ließen, sobald er wegsah), und Leigh konnte sich den lebenswichtigen Scheinwerfern widmen – auf diese Weise wurde seine Liste schrittweise abgearbeitet.

Johno hatte Matt von den berühmt-berüchtigten Listen erzählt, aber der hatte ihm nicht geglaubt – bis zu jenem Tag, als er mit verwirrtem Blick in einem Haufen Einzelteile beim Frühjahrsputz saß und bemerkte, dass die Aufhängung kaputt war, die Lenkung nicht ganz funktionierte und wir keine Scheinwerfer hatten.

»Es gibt so viel zu tun … und Leigh sagt mir, ich soll mit Alufolie den Rost von den Seitenwänden entfernen, damit sie glänzen! Verdammt, wir fahren demnächst durch den Himalaja!«

Der nächste Abschnitt unserer Reise – China – stand kurz bevor. Es war ein unglaublich teurer, aber notwendiger Umweg, da Myanmar für den Verkehr gesperrt war. Wir mussten über viertausend Pfund für Visa, Papierkram und obligatorischen Begleiter ausgeben, um das Land zu passieren. Es war nicht so, dass wir uns nicht auf China freuten, wir waren nur nicht sehr happy darüber, dass wir – zum ersten Mal auf unserer Reise – einen Begleiter brauchten. Da wir uns aber überhaupt nicht mit dem chinesischen Regierungssystem auskannten und keiner von uns Mandarin sprach, wäre es ohne Hilfe wahrscheinlich sowieso ein unmögliches Unterfangen gewesen.

Aus diesem Grund hatten wir auch nicht sehr viel Informationen zu China eingeholt. Der Wahrheit halber müssen wir gestehen, dass wir über den Iran hinaus uns nicht übermäßig informiert hatten, da ein Teil von uns doch stark daran gezweifelt hatte, dass wir überhaupt so weit kommen würden. Aber um nach China zu kommen, mussten wir zuerst Tibet durchqueren, und dazu mussten wir über den *Friendship Highway*.

Für mich war der *Friendship Highway,* der die beiden Hauptstädte Kathmandu in Nepal und Lhasa in Tibet verband, eines der Highlights der ganzen Reise. Der Highway bahnt sich seinen Weg durch die Achttausend-Meter-Gipfel des Himalaja, geht dann über das Hochland von Tibet weiter und endet im relativ üppigen Ackerland vor den Toren der Hauptstadt Lhasa. Und nun, allen Widrigkeiten zum Trotz, waren wir mit Hannah so weit gekommen.

Wir konnten es kaum erwarten, die Reise fortzusetzen.

KAPITEL 33

MOUNT EVEREST

Wieder einmal verabschiedeten wir uns von Craig und folgten der Straße, die aus Kathmandu hinausführte. Sie stieg durch sanfte Hügel an und führte durch kleine Dörfer. Wir hatten umwerfendes Wetter: Es war angenehm sonnig, was uns nach der drückenden Hitze im Iran, in Pakistan und Indien an einen idealen Sommertag in England erinnerte. Wir hatten gehört, dass die Schlammlawinen beinahe vollständig beseitigt worden waren; außerdem sollte es die nächsten paar Tage trocken bleiben. Die Bedingungen waren zwar nicht perfekt, aber wir entschieden uns, die Tour zum Mount Everest trotzdem zu wagen.

Ab und an wurden wir von voll besetzten Bussen und Kleinwagen überholt, ansonsten war die Strecke ruhig und die Umgebung friedlich. Die sanften Hügel führten uns nach und nach in höhere Bergregionen, die durch tiefe Täler geteilt wurden, die schmale Straße schlängelte sich dazwischen hindurch. Man hatte uns gesagt, dass ein Erdrutsch die Straße auf Wochen oder gar Monate unpassierbar machen konnte. In der Regenzeit konnte man sich selbst auf Allradfahrzeuge nicht mehr verlassen, ganz zu schweigen von Zweiradantrieben. Da wir jedoch ohnehin nicht umdrehen konnten, beschlossen wir, dass Hannah es schon schaffen würde, und machten uns auf den Weg – wir hatten keine Ahnung, was auf uns zukommen würde.

Wir überholten ein paar Sattelschlepper, die mit Schlamm bespritzte, übel zugerichtete Planierraupen von der Erdrutsch-Front zurücktransportierten. Als wir den ersten Bergrutsch erreichten, wurde uns klar, warum die Straße manchmal wochenlang gesperrt war – es sah so aus, als ob der halbe Berg herabgestürzt wäre und alles, was ihm im Weg war, mit sich gerissen hätte. Dieser Felssturz war offensichtlich schon vor einiger Zeit passiert, denn die neue »Straße« war bereits in die Böschung geschlagen, wo größere, besser geeignete Fahrzeuge tiefe Furchen hinterlassen hatten. Ich drückte das Gaspedal durch, um mehr Speed zu bekommen, und versuchte, den Wagen auf den Wällen der Fahrspuren zu balancieren; die Hinterräder schlingerten auf der glatten Oberfläche hin und her und meine Mitfahrer feuerten mich mit einem gut gemeinten »Gib Stoff!« an.

Wir drifteten durch einen Bach, und als wir vom Schlamm auf den Schotter gelangten, griffen die Räder wieder und wir waren endlich zurück auf einer relativ festen, asphaltierten Straße voller Schlaglöcher.

Diese Szene wiederholte sich den ganzen Tag über, manchmal kamen uns dabei andere Fahrzeuge entgegen und manchmal blieb Hannah im Schlamm stecken. Dann hieß es aussteigen und schieben, was uns diverse Flip-Flops kostete.

Die Tour über unsicheres, schlammiges Gelände war reine Nervensache.

An einer Kurve verringerte ich die Geschwindigkeit, als uns ein alter, ramponierter Bus entgegenkam. Da er die altbewährte Alternative zur Bremse – die Hupe – benutzte, war klar, dass er unseretwegen nicht anhalten würde. Wir konnten aber auch nicht zurücksetzen, denn dann würden wir den langen Hügel wieder hinunterrutschen, wenn nicht sogar Schlimmeres geschähe.

Wir saßen fest.

Plötzlich schrien alle in den verschiedensten Sprachen durcheinander; jeder versuchte, Herr der Situation zu werden. Hinter dem Bus war die Straße breiter, aber der Fahrer weigerte sich zurückzusetzen. Er rollte langsam vorwärts und uns wurde klar, dass er sich an uns vorbeidrängeln würde, ob wir uns von der Stelle bewegten oder nicht. Ich setzte das Taxi ein paar Meter zurück, gab dann Vollgas und rammte den Wagen mit der Stoßstange in die schlammige Böschung auf der einen Seite, die nicht in den Abgrund führte.

Der Bus schaffte es, an uns vorbeizukommen, seine Räder wühlten durch den Schlamm, nur ein paar Zentimeter vom Abgrund entfernt, dann schlitterte er den Hügel hinunter. Unsere Mini-Räder hingegen saßen absolut fest. Wieder stiegen wir aus und schoben und verfluchten dabei den Monsun, der uns das Leben verdammt schwer machte.

Wir überquerten einen schlammigen Pass nach dem nächsten, einen Erdrutsch nach dem anderen. Es dämmerte bereits und unsere improvisierten Motorradscheinwerfer beleuchteten die Straße nur sehr schlecht. Kurz bevor es rabenschwarze Nacht wurde, ging der Pfad in eine gut ausgebaute Straße über, und ein paar Minuten später konnten wir bereits die Lichter der Grenzstadt Kodari sehen. Unter Triumphgeheul flogen wir auf die Stadt zu; endlich ließen wir die schlammigen Pässe hinter uns – obwohl wir auch jetzt noch ein paar Mal schieben und erneut einige Flip-Flops opfern mussten.

Nachdem wir ein günstiges Hotel gefunden hatten, feierten wir unseren Erfolg mit einem letzten indischen Curry. Das sanfte Tosen des Bhote-Kosi-Flusses wiegte uns in den Schlaf – es war die letzte natürliche Grenze, bevor wir in das bevölkerungsreichste Land der Erde einreisten.

Der Grenzübergang nach China war eine fünfundvierzig Meter lange Brücke, ihre beiden Vorgängerinnen waren Opfer der Fluten geworden. Gelangweilt aussehende Wachen standen auf kleinen, roten Plattformen und beäugten aufmerksam die Handvoll Leute, die die Brücke überquerten. Untersetzte Nepalesinnen, eingehüllt in dicke Mäntel, liefen von einer Seite der Brücke auf die andere; auf dem Rücken trugen sie Bündel, die dreimal so groß wie sie selbst waren. Da es zwischen den Grenzposten keinen Lkw-Verkehr gibt, beförderten Trägerinnen die Handelswaren zwischen den beiden Ländern hin und her. So wurde beispielsweise die Fracht eines nepalesischen Lasters entladen und in Säcke verpackt, die wiederum den Frauen an die Stirn geschnallt wurden. Diese Frauen gingen dann durch einen Scanner, um sicherzustellen, dass sie auch keine Atombomben transportierten, und dann schleppten sie die Säcke zu einem auf der anderen Seite bereitstehenden Lkw. Auf dem Rückweg hatten sie oft billigen Whiskey in ihren Umhängetüchern versteckt, den sie auf dem Schwarzmarkt in Nepal verkaufen konnten.

Wenn man mit einem ausländischen Wagen durch China fährt, ist es gesetzlich vorgeschrieben, stets einen sogenannten Begleiter dabeizuhaben. Der Grund dafür ist etwas unklar, aber China ist nicht unbedingt ein Land, in dem die Dinge einer strikten Logik folgen. Ein Agent hatte bereits alles organisiert, wir würden unseren Begleiter mit den nötigen Dokumenten an der Grenze treffen. Wir hatten keine Ahnung, was uns erwartete; wir wussten nur, dass er Fred hieß und dass wir ihn in den nächsten fünfundzwanzig Tagen hautnah erleben würden.

Vor dem Treffen mit unserem Pflicht-Begleiter waren wir alle ziemlich nervös. Er hatte uns ein kleines Vermögen gekostet und würde Tausende von Kilometern mit uns im Taxi zurücklegen. Meine größte Sorge war zu diesem Zeitpunkt, dass sie uns einen Shuai-Jiao-Ringer ins Auto setzen würden, denn unser Taxi war mit drei strammen Jungs plus Matt schon relativ voll. Ich hoffte inständig, er wäre ein kleiner Bursche.

Wir standen neben einem Haufen Mehlsäcke, die auf ihren Transport über die Brücke warteten, und versuchten, unseren Begleiter durch die automatischen Tore und Reihen von Grenzbeamten auszumachen.

Nach einer Weile entdeckten wir eine zierliche Chinesin mit einem Rucksack und einer Dokumentenmappe, die uns angrinste und wild zuwinkte. Sie sah aus wie eine nette Reisebegleitung, und sie würde definitiv auf den Rücksitz passen, aber konnte sie unser Begleiter namens Fred sein?

Nein, konnte sie nicht.

Nach einer kurzen Unterhaltung stellte sich heraus, dass sie auf jemanden wartete, aber sie bot an, uns auf die andere Seite zu begleiten, um mit uns unseren Guide zu suchen. Es dauerte dann auch nicht lange, bis wir ihn gefunden hatten: Fred Jin, ein Mann mittleren Alters mit Fleece-Jacke, Wanderstiefeln und Schlapphut. Er hielt ein Bündel Papiere an sich gedrückt und war mindestens ein Meter achtzig groß. Er begleitete uns über die Grenze nach Tibet – oder, wie er uns rasch korrigierte, in die Volksrepublik China.

Es gab nur eine Straße, die sich in einer Serpentine hinauf in einer Nebelbank verlor. Umhüllt von Wolken, konnten wir auch schon bald die Grenze nicht mehr sehen, und Hannahs müdes Diesel-Herz hatte mit der immer dünner werdenden Luft zu kämpfen.

Wir waren begeistert, als wir feststellten, dass es auf den zehn Millionen Quadratmetern Gesamtfläche Chinas eine beachtliche Menge guter Jugendherbergen der Youth Hostel Association gab; eine davon befand sich auch gleich in der ersten Stadt, in die wir kamen.

Meine Begeisterung erhielt einen Dämpfer, als ich per Zufall herausfand, dass die Chinesen die seltsame Angewohnheit hatten, keine Türen an den Toiletten anzubringen. Als ich an Freds Tür klopfte, rief er mich herein und wir standen uns plötzlich gegenüber. Er war überrascht, dass ich in sein Zimmer gekommen war, und ich war überrascht, ihn mit heruntergelassener Hose vorzufinden. Wir kannten uns gerade einmal fünf Stunden, aber diese Situation wäre auch peinlich gewesen, wenn wir uns schon ein ganzes Leben lang gekannt hätten.

Am nächsten Morgen erklommen wir die scheinbar nie enden wollenden Haarnadelkurven, die von unserem Hotel, das auf einer Höhe von fast 1.700 Metern lag, ins tibetische Hochland führten. Die Straße war wirklich sagenhaft, ein Wunder des Straßenbaus; sie hatte nichts gemein mit dem durch Erdrutsche unpassierbar gemachten Pfad, vor dem man uns gewarnt hatte. Wir tuckerten immer höher und erfreuten uns an der Aussicht, die man durch Wolkenlücken auf satte Täler hatte – für Hannah war die Fahrt aber leider nicht so angenehm.

Als wir die 3.500-Meter-Grenze überschritten hatten, wurde Hannah immer langsamer und begann, dicke schwarze Rauchwolken auszustoßen. Der höchste Punkt des *Friendship Highway* lag bei 4.800 Metern, und ich fing an, mir Sorgen zu machen. Wir hatten jetzt schon Schwierigkeiten und es lagen noch über 1.200 Meter Höhenunterschied vor uns – der Sauerstoff würde immer knapper werden. Wie sollten wir es jemals über eine der höchstgelegenen Straßen der Welt und durch den Rest Chinas schaffen?

Irgendwie gelang es Hannah doch, die Steigung hinaufzukriechen, und wir erreichten den Gipfel. Die Höhenluft auf fünftausend Metern machte uns allen fünf ein wenig zu schaffen, als wir aus dem Wagen stiegen und die klare Bergluft einatmeten – inmitten von Yak-Knochen und im Wind flatternden Gebetsfahnen.

Tibet ist unglaublich arm, aber die Straße, auf der wir fuhren, war brandneu und gleichmäßiger als jede andere, die wir seit dem Iran befahren hatten. China hatte sie als Zeichen der Überlegenheit des Landes durch einige der unwirtlichsten und abgeschiedensten Gegenden gebaut; sie steht in starkem Kontrast zum Rest des Landes. Tibeter leben in traditionellen Behausungen aus Stein mit roten Dächern. Diese haben eine Umfassungswand, an deren verzierten Enden Yak-Dung zum Trocknen in der Sonne aufgestapelt wird. Wenn er trocken ist, wird er als Brennmaterial zum Heizen und Kochen verwendet.

Die Tibeter, deren warmherzige, wettergegerbte Gesichter gezeichnet sind von ihrem harten Leben, starrten uns nach, wo immer wir langfuhren. Zwischen diesen Menschen mit ihren weisen, heiteren Augen und den meisten Chinesen lagen Welten. Wir begegneten meist pedantischen Grenzbeamten und gelangweilten, jungen Rekruten in viel zu großer Uniform, denen der Helm tief in die jungen, bartlosen Gesichter hing.

Die Straße wand sich in perfekten Bögen durch die Hügellandschaft über dem Plateau, ab und an tauchten kleine Ortschaften auf. Wir erreichten das Hotel, das Fred uns empfohlen hatte, erst nach Einbruch der Dunkelheit; es war der Ausgangspunkt für die Fahrt zum Everest Base Camp. Vor dem Hotel standen acht nagelneue Land Cruiser. Wir traten ein und dachten, wir wären in einem North-Face Outlet gelandet. Der Raum war voll mit gut situierten Männern mittleren Alters, deren Bierbäuche fast ihre Westen sprengten. Einziges Gesprächsthema waren die Wucherpreise, die man ihnen für den Flug und die Fahrt auf das Dach der Welt abgeknöpft hatte. Die Zimmer überstiegen unser Budget um ein Dreifaches, aber es gab weit und breit kein anderes Hotel. Ich handelte einen billigeren Preis für Zimmer in den Unterkünften der Arbeiter aus, was Fred überhaupt nicht gefiel.

Wir unterhielten uns mit ein paar Bierbäuchen über den nächsten Abschnitt unserer Reise; wir wollten mit Hannah zum Everest-Basislager. Sie sahen uns besorgt an und warnten uns einstimmig davor, die über hundert Kilometer lange Strecke mit einem Zweiradantrieb zu versuchen. Aber wir waren jung und dumm und leichtsinnig. Wir hatten es immerhin schon so weit geschafft – was sollte schon schiefgehen?

Lange bevor die Sonne aufging, luden wir Gepäck, Ersatzteile und Campingausrüstung aus dem Auto aus, deponierten alles im Hinterhof des Hotels und fuhren los. In weiter Ferne ging langsam die Sonne über den Gipfeln auf und gab den Blick frei auf ein topfebenes Hochplateau. Wir befanden uns in einer riesigen Schüssel, umringt von den höchsten Bergen der Erde. Die leuchtend gelbe Sonne stand tief am Horizont und durchflutete das Hochland, reflektierte glitzernd in den Gebirgsseen und zeichnete die Umrisse der kleinen tibetanischen Häuser nach.

Die ersten sechzig Kilometer folgten wir noch dem atemberaubenden *Friendship Highway*; der Anblick der tief stehenden Sonne, die sich in den Wasserlachen der Hochweiden widerspiegelte, hielt uns hellwach.

Dann kamen wir an die Abzweigung zum Qomolangma (so wird der Everest in China genannt), und Fred versicherte uns, dass es nur zwei Stunden zum Basislager wären. Die nun sehr zerfurchte, staubige Straße wand sich in trägen Haarnadelkurven durch wiesenbestandene Berghänge nach oben. Wir gingen davon aus, dass der Everest sich auf der anderen Seite des Hügels befand, aber dem war nicht so. Der Höhenmesser kletterte immer weiter nach oben, 4.200 Meter ..., 4800 Meter ... Hannahs Motor schnaufte sich durch die dünne Luft. Johno brachte ihn auf Touren und pumpte mehr und mehr Diesel in die nach Sauerstoff hungernden Zylinder. Der Diesel quoll hinten als dicker, schwarzer Rauch wieder heraus, und wir kamen nur sehr langsam voran.

Nach den von Fred angekündigten zwei Stunden, die außerordentlich holprig verlaufen waren, mussten wir unseren Plan überdenken – denn wir waren gerade mal zwanzig Kilometer vorangekommen. Wenn wir in diesem Tempo weiterkriechen würden, bräuchten wir den ganzen Tag, um bis ins Basislager zu kommen, und dann noch einmal einen Tag für die Rückfahrt. Völlig entmutigt verfluchten wir jeden einzelnen Land Cruiser, der mit doppelter Geschwindigkeit und nur halb so unsicher wie wir an uns vorbeizischte.

Unser Optimismus kehrte zurück, als wir den ersten Gipfel erreichten und die monumentale Bergkette vor uns sahen. Wir hatten nur noch achtzig Kilometer vor uns, also musste der Everest einer der großen Berge sein, die vor uns lagen.

»Ist er das?«, fragte Matt.

»Ähm ... bin mir nicht sicher.«

»Wie sieht er denn aus?«

»Hm ... wie ein großes Dreieck, nehme ich mal an ...«

Im nächsten Tal hielten wir an und ich machte mich auf die Suche nach Wasser. Der Wasserhahn, den ich erspäht hatte, funktionierte aber nicht, und eine ältere Frau (obwohl sie vielleicht auch nur vierzig war, ihr Alter war schwer zu bestimmen) lud mich in ihr Haus ein. Der Eingangsbereich erinnerte mich an ein Bauernhaus – der Boden war aus Lehm und an den Wänden lehnten uralte Ackerbaugerätschaften. Im Wohnzimmer waren alle Wände bedeckt mit dekorativen Malereien. Die groben Holzmöbel waren mit komplexen Schnitzereien verschönert. Die Frau sprach kein Englisch, ich sprach kein Tibetisch, aber die Wasserflaschen in meinen Händen sprachen Bände. Sie führte mich zu einer riesigen Schüssel, die mit Holz zugedeckt war. Dann schöpfte sie frisches, klares Himalaja-Wasser in meine Wasserflaschen und lächelte mich aus einem zahnlosen Mund mütterlich an.

Als wir an den tiefen Ausläufern des Everest ankamen, befand sich die Allradantrieb-Flotte des Hotels schon wieder auf dem Rückweg. Gab es vorher noch vereinzelt Grasbüschel, sah man jetzt nur noch Geröll und hier und da schrecklich kalte Beton- und Steingebäude. Wir erfuhren, dass aus Umweltschutzgründen nur die regierungseigenen Tour-Busse ins Basislager fahren durften. Unsere Versuche, den Beamten umzustimmen ... wir wollen ja nur ein Foto machen ... wir sind extra aus England nur dafür hierhergefahren ... hatten leider keinen Erfolg. Also bezahlten wir die überteuerte Gebühr, stiegen in den Tour-Bus ein und fuhren in einer dicken Abgaswolke davon, um die letzten fünf Kilometer zurückzulegen. Am Basislager angekommen, stellte sich heraus, dass die Umweltschutzregeln wirklich strikt eingehalten wurden, es sei denn, man hatte Beziehungen zur Regierungspartei, denn deren Land Cruiser stießen natürlich keine umweltschädlichen Abgase aus und konnten ohne Weiteres bis ganz nach oben fahren.

Wir hatten es geschafft, mit Hannah, einem dafür völlig ungeeigneten London Black Cab, auf einen der höchsten Punkte der Erde zu fahren. Und sosehr das Basislager auch einer Müllhalde glich – wir mussten umherwirbelndem Klopapier und Damenbinden ausweichen, um unsere Fotos machen zu können – und der Gipfel von Wolken verhüllt war: Wir waren überglücklich!

KAPITEL 34

HALLO - DANKE - DIESEL

Bis wir wieder unten ankamen, waren die neuen Scheinwerfer fast abgefallen, der Tankdeckel war weg, das Rücklicht funktionierte nicht mehr und unsere nepalesischen Hinterhof-Schweißnähte waren fast auf null abgewetzt. Fred schnaubte beleidigt bei jedem Land Cruiser, der in einer Staubwolke an uns vorbeiraste; er konnte es nicht verstehen, dass wir keinen Allradantrieb gemietet hatten. Achtzehn Stunden, nachdem wir das Hotel verlassen hatten, kehrten wir total erledigt dorthin zurück. Wir waren am Ende.

Am nächsten Morgen, sobald er Wantans und Tee gefrühstückt hatte, war Fred deutlich besserer Laune und wir fuhren weiter in die nächste Stadt.

Seit Georgien gab es unter uns dreien einen Running-Gag: Es galt, in jeder Stadt einen McDonald's aufzutreiben, unser heiliger Gral der Internet-Verbindung. Jetzt war es an der Zeit, auch Fred und Matt daran teilnehmen zu lassen.

»Meinst du, es gibt dort einen Macky Ds, Freddyboy?«

»Mehchki-Diiehs?«

»Ja, du weißt schon: McDonald's.«

»Ah, klar! Große Stadt, auf jeden Fall McDonald's.«

Was wir stattdessen vorfanden, war eine kleine Stadt und kein McDonald's weit und breit, aber jetzt waren die beiden eingeweiht.

Nach der Fahrt durch Russland waren wir daran gewöhnt, dass unser Auto Polizeikontrollen geradezu magisch anzog. Wir hatten noch fast sechstausendfünfhundert Kilometer durch China vor uns und keiner von uns hatte große Lust, Zwangsarbeit in der Inneren Mongolei zu verrichten. Wir wollten also wenigstens versuchen, die offizielle chinesische Fahrprüfung zu bestehen und die notwendigen Genehmigungen zu erhalten.

Was wir bis jetzt über die Fahrprüfung gehört hatten, ging von »Vergiss es, mit Schmiergeldern kommst du einfacher weiter« bis hin zu »Die Prüfung dauert zwei Stunden. Sie stellen dir einhundert Fragen auf Mandarin, von denen du neunzig beantworten musst – und zwar ohne Übersetzer!«

Am späten Nachmittag kamen wir an der Polizeistation an. Paul wurde sofort für die Inspektion des Wagens beschlagnahmt, während Leigh und ich nervös auf die gefürchtete Prüfung warteten.

Fred hatte uns natürlich zur Polizeistation begleitet. Wir warteten, während er mit den nudelessenden und teetrinkenden Bürodamen sprach. Dann und wann machte eine von ihnen groteske Würgegeräusche, die sich anhörten, als ob sie versuchten, gleichzeitig die Lungen nach oben und die Nasennebenhöhlen nach unten zu befördern. Nach einem solchen Konzert standen sie auf, gingen zu einem Haufen leerer Nudeltöpfe in einem Karton und spuckten das Ergebnis ihrer Bemühungen hinein – und das waren erst einmal nur die Frauen! Es gab noch so viel zu lernen über die chinesische Kultur – sie war völlig anders als alle anderen, die wir bisher kennengelernt hatten.

Jetzt war die praktische Prüfung im Taxi an der Reihe. Die Jungs blieben in der Wache, während ich mit einer Polizistin zum Wagen ging. Nachdem ich schon einige Tage im Land war, hatte ich ein paar Vokabeln gelernt: *nieh-hau* (hallo), *sche-shie* (danke) und, worauf ich besonders stolz war, *tschaaay-un* (Diesel). Bei Letzterem wurde die Silbe »aaaaayyyy« extrem lang gezogen und endete dann in einem abrupten »un«. Die Polizistin konnte auf Englisch bis sieben zählen. Erstaunlicherweise hielt unser begrenztes Vokabular unsere Kommunikation in der nächsten halben Stunde am Laufen.

Außerdem war die Polizistin wohl so sehr damit beschäftigt, sich zu erinnern, wie man »acht« auf Englisch sagte, dass sie überhaupt nicht bemerkte, wie ich geistesabwesend auf der falschen Straßenseite fuhr.

Der Test zur Fahrtüchtigkeit unseres Wagens bereitete mir einige Sorgen. Unsere Bremsen waren hinüber, unsere Windschutzscheibe war gesprungen und unsere Scheinwerfer, die notdürftig mit Klebeband und Epoxidkleber zehn Minuten vor dem Test angebracht worden waren, zeigten in verschiedene Richtungen. Ich lächelte und gab dem Beamten verschiedene Variationen meines chinesischen Vokabulars. Er sah mich, den Westler, der idiotisch grinste und ab und an »Danke – Hallo – Diesel!« von sich gab, gleichzeitig gelangweilt und verwirrt an und reichte mir ein Blatt Papier.

Hannah und ich hatten den Test erfolgreich absolviert.

Offensichtlich bestand kein Anlass, Johnos und Leighs Fahrkünste zu testen, also gingen wir zurück, um die theoretische Prüfung hinter uns zu bringen. Die ersten beiden Teile der Prüfung waren nicht unbedingt umfassend; es war dieser theoretische Teil, den wir fürchteten.

Der korpulente Polizeibeamte lächelte uns an und bat uns, auf einem langen Sofa Platz zu nehmen. Dann feuerte er eine Salve Mandarin auf uns ab. Wir lächelten, Fred hörte zu und übersetzte.

»In China fahren wir auf der rechten Straßenseite.«

Wir nickten. Der Polizist starrte uns an. Eine peinliche Pause entstand.

Fred griff ein: »In Ordnung?«

Da begriffen wir, dass dies die erste Frage gewesen war und sie auf eine Antwort warteten.

»Ähm – ja!«, riefen wir gleichzeitig aus.

Das breite Grinsen auf dem Gesicht des Polizisten zeigte uns an, dass wir richtig geantwortet hatten. Er fuhr fort, und Fred übersetzte: »Die Höchstgeschwindigkeit ist einhundertundvierzig Stundenkilometer, aber nur vierzig in Wohngebiet ... oder nahe Schule.«

Es entstand wieder eine peinliche Pause, bis wir merkten, dass es eine erneute Testfrage war.

Wir antworteten wieder mit »Ja« und nickten ernsthaft.

»Tibet ist sehr groß, Sie müssen gewissenhaft fahren und nicht Gesetz brechen, weil nicht viel Polizei gibt.«

Jetzt wusste ich, wie die Sache lief, und nickte heftig, schob die Unterlippe vor und zog die Augenbrauen zusammen, um zu unterstreichen, dass ich die Ernsthaftigkeit der Situation verstanden hatte. »Ja.«

Auch Johno und Leigh hatten begriffen, wie der Hase lief.

Der Polizist lächelte und sagte etwas auf Chinesisch.

»Jetzt kommt wohl der schriftliche Test«, meinte Leigh. Die Grundregeln hatte er uns erklärt, jetzt würde es ernst werden. Wir tauschten nervöse Blicke aus.

Fred übersetzte: »Okay. Bestanden! Genehmigung abholen an Schalter in Haupthalle.«

Da sich unser Hotel in dieser Nacht auf etwas geringerer Höhe befand, konnte ich zum ersten Mal, seitdem wir in Tibet waren, richtig schlafen. In derselben Nacht entdeckte ich auch, dass chinesische Männer Mitte fünfzig mit Vorliebe nur mit weißen Doppelripps bekleidet im Hotelzimmer herumliefen. Dabei konnte es vorkommen, dass man mehr sah, als einem lieb war.

Nachdem wir unsere Genehmigungen in der Tasche hatten und Hannah ein brandneues, laminiertes chinesisches Nummernschild besaß, setzten wir die Reise nach Lhasa fort. Es war einer der schönsten Abschnitte unseres Weges – das Plateau ging allmählich in ein großes Tal über, das an beiden Seiten von schneebedeckten Bergen flankiert war. Die Straße wand sich dann um einen unnatürlich blauen See herum und stieg zu einem Pass auf viertausendneunhundert Meter Höhe an. Fisch hing zum Trocknen auf Gestellen im schneidenden Wind.

Manchmal sahen wir Menschen am Straßenrand liegen, die, ausgestattet mit einem dicken Lederschurz und paddelähnlichen Hölzern, sich abwechselnd hinknieten, die Paddel nach vorne bewegten und sich dann ein paar Meter weiter vorne wieder der Länge nach hinlegten. Auf diese Weise gelangten die Gläubigen in einer monatelangen Pilgerreise nach Lhasa, was wörtlich übersetzt »Götterort«

heißt. Ziel der Pilgerreise ist der Jokhang-Tempel, das religiöse Zentrum des tibetischen Buddhismus, sowie die Grabstätten früherer Dalai Lamas, um ihnen Ehre zu erweisen.

Ich wurde den Eindruck nicht los, dass das Tibet-Museum, das sich in einem alten, feudalen Herrenhaus befand und für Touristen zugänglich war, sich vom Rest Tibets ein wenig abhob. Es war ein kleines bisschen zu hindrapiert, zu malerisch. In den alten Quartieren der Bediensteten waren überall Schilder angebracht, auf denen zu lesen war, wie sehr sich das Leben der Bauern doch verbessert hätte seit der »Befreiung« Tibets durch China in den Fünfzigerjahren:

Pintsochuochun bekam früher jährlich nur 16 Kilogramm Getreide. Nachdem sie sich für die Befreiung einsetzte, hat ihre Familie heute sieben Kühe, ein Pferd, einen Wagen, einen Fernseher und einen Pflug. Sie hat jetzt ein sorgenfreies Leben!

Fred sah, wie wir aufmerksam die Tafeln lasen, und sinnierte: »Ah, chinesische Propaganda!«

Ich war über seine Offenheit überrascht, doch dann stellte sich heraus, dass die Übersetzung des Wortes »Propaganda« wörtlich »von der Regierung zur Verfügung gestellte Information« hieß. In der westlichen Interpretation wäre die Vokabel ebenfalls korrekt gewesen.

Der letzte Pass führte in ein tiefes Tal, der letzte Abstieg vor Lhasa. Die sauerstoffreiche Luft gab uns allen einen Energieschub – allen, inklusive Hannah. Nachdem ich eine volle Stunde auf den Bremsen gestanden hatte, wurden diese langsam heiß und wir fürchteten, dass sie irgendwann versagen würden. Wir hielten an, damit die Bremsen abkühlen konnten, und unterhielten uns angeregt darüber, wie Lhasa wohl sein würde. Sogar Fred schien guter Laune zu sein und erzählte uns ein bisschen von der Geschichte der Stadt, als sie vor der »Befreiung« durch China das politische und religiöse Zentrum Tibets gewesen war.

Als wir unten im Tal angekommen waren, umgab uns fruchtbares Ackerland. Mais lag gebündelt zum Abtransport auf den Feldern und Obstwiesen säumten den Straßenrand. Man hätte fast meinen können, wir wären in einem Land am Mittelmeer.

Lhasa, eine weitläufige, sonnige Stadt mit starkem chinesischem Einfluss und Designer-Boutiquen an jeder Straßenecke, war ein starker Kontrast zum Rest des Landes. Wir fanden eine Jugendherberge, parkten Hannah und zogen los auf ein Bier oder zwei.

Wir hatten uns in unsere saubersten Klamotten geschmissen und waren in Partylaune, wurden aber zunächst etwas enttäuscht. In jeder Kneipe, die wir aufsuchten, waren die Preise zu hoch und die Gäste zu spärlich; es sah nach einer kurzen und ruhigen Nacht aus. Also fragten wir die Bedienung, wo die besten Lokale waren, und kurz darauf fanden wir uns mit unbekanntem Ziel in einem Taxi wieder – ein seltsames Gefühl, wenn man an unser Fortbewegungsmittel der letzten Monate dachte.

Zehn Minuten später hielten wir vor dem wahrscheinlich exklusivsten Club, den ich je gesehen hatte. Die Schlange vor der Eingangstür bestand ausschließlich aus hippen Youngsters in teuer aussehenden Designerklamotten. Allradfahrzeuge der Spitzenklasse und Sportwagen parkten davor. Sogar die Türsteher sahen wie Fashionistas aus; der Eingang bestand aus einer Reihe grüner Laser.

Augenblicklich fühlte ich mich in meinen Shorts, Sandalen und T-Shirt völlig fehl am Platz.

Im Club mischten sich dröhnende House-Rhythmen mit Rauchwolken und wilden Lichteffekten. Auf jedem Tisch standen Unmengen von ungeöffneten Bierflaschen; Menschen in den verschiedensten Stadien der Trunkenheit tanzten herum.

Ich konnte nur daran denken, wie unsäglich teuer dieser Schuppen sein musste. Aber – ich hatte einen Plan!

Ich ging zu einem der Tische neben der Bar, der unter zahlreichen Budweiser-Flaschen fast verschwand, und spulte meine beste »Blöder-Touri«-Nummer ab: »'tschuldigung, ähm, wie läuft das hier, bestellen wir das Bier an der Bar oder gibt es einen Kellner?«

Ein Typ, der an dem Tisch saß, lächelte nur, öffnete wortlos eine Flasche Bier und reichte sie mir.
»Vielen Dank! Ähm ... also meine Freunde würden auch ...«
Er öffnete noch drei Flaschen und gab sie weiter.

An diesem Abend lernten wir, dass man in der chinesischen Kultur, wenn man sich zu einem Bier einladen lässt, das Gesicht verliert. Wir lernten aber auch, dass wir nicht allzu sehr an unseren Gesichtern hingen, und begannen sie mit schöner Regelmäßigkeit zu verlieren.

KAPITEL 35

REKORDHÖHEN

Ganz am Anfang, als unsere Idee der Expedition erst so langsam Form annahm, hatte einer unserer Freunde uns im Suff anvertraut, was er für unsere wahren Motive hielt:

»Leigh geht es um den Weltrekord und die Spendenaktion, während du einfach so viel Länder wie möglich auf deiner Liste abhaken willst«, sagte er zu mir, »und Paul – der braucht die Story, um so viele Mädels wie möglich abzuschleppen.«

In einem Punkt hatte er recht: Während für Leigh der Weltrekord bei Weitem das Wichtigste an der Reise war, war er für mich nur Mittel zum Zweck, um Sponsoren an Land zu ziehen, die einen Teil der Tour finanzieren könnten. Als sich unser erster Passagier, Chops, von uns verabschiedete, hatte er gesagt: »Selbst wenn euer Rekord nie in einem Buch auftaucht oder von einer Organisation bestätigt wird – ihr wisst, dass ihr ihn aufgestellt und eine absolut wahnsinnige Zeit erlebt habt« – und das beschrieb exakt, was ich fühlte. Trotzdem kann ich nicht leugnen, dass ich ein wenig aufgeregt war, als wir am Tag Nr. 194 der Reise aufwachten und ich daran dachte, was uns heute erwarten würde.

Zu Beginn der Woche hatten wir unseren bisher höchsten Gipfel erklommen – sage und schreibe 5.230 Meter. Wir hatten uns gerade darüber unterhalten, ob wir uns damit vielleicht auch noch für den Rekord für die Reise auf den höchsten Punkt der Erde, der jemals mit einem Taxi erreicht wurde, qualifizierten, als ich bemerkte, dass wir kurz vor der Rekordmarke für die längste Taxifahrt standen. Wir hatten unter Aufsicht von Craig eine Münze geworfen, ehe wir uns in Nepal von ihm verabschiedeten, und ich hatte gewonnen: Ich würde am Steuer sitzen in dem Moment, in dem wir den Rekord brachen. Seitdem hatte ich das Navi nicht mehr aus den Augen gelassen.

Nachdem wir ein halbes Jahr lang auf einigen der aufregendsten und malerischsten Straßen der Welt gefahren waren, befanden wir uns auf einem ganz und gar öden, wenn auch wunderschönen und menschenleeren Autobahnabschnitt in einer obskuren Provinz nördlich von Tibet, als wir die Rekordzahl erreichten. Als der Kilometerzähler auf 34 908 Kilometer, 21 691 Meilen, rückte, brachen Paul, Leigh, Matt und ich in Freudengeheul aus, während Fred, eingeklemmt zwischen den Jungs auf dem Rücksitz, ein wenig verwirrt aussah; ihm war das Konzept eines Weltrekords immer noch nicht ganz klar.

Auf dem China National Highway 109 – hügelige Steppenlandschaft, soweit das Auge reichte, und in der Ferne die Berge – sprangen wir an einem unscheinbaren Meilenstein, der 3 212 Kilometer nach Peking anzeigte, aus dem Auto, klopften uns gegenseitig stolz auf die Schultern und machten Fotos, um den Augenblick festzuhalten. Matt nahm mir die Kamera aus der Hand und sagte: »Ihr drei stellt euch mal auf das Dach, Fred und ich kümmern uns um die Fotos!«

Wir kletterten also auf die Dachbox und Matt stellte Fred in Position, drückte ihm die Kamera in die Hand und flüsterte ihm etwas ins Ohr. Dann ging er um das Auto herum und langte nach unten.

»Glückwunsch!«, brüllte er, rannte wieder vor den Wagen und sprühte eine Flasche Champagner über uns. Er musste den Schampus die ganze Zeit über in seinem Gepäck versteckt haben. Das meiste davon bekam der Wagen ab, aber bei der Höhe, auf der wir uns befanden, war es wahrscheinlich besser für uns, nur ein Schlückchen davon zu trinken.

Als wir uns alle wieder beruhigt hatten, stiegen wir vom Autodach, holten uns die Kamera von Fred und schauten uns erwartungsvoll die Fotos an. Sie waren total verwackelt.

Nach langer Fahrt kamen wir letztendlich an den Rand des immensen Himalaja-Plateaus und fuhren mehrere Hundert Meter hinunter zum Fuß der Bergkette. Die Landschaft änderte sich, gewaltige Gipfel machten wogenden Sanddünen Platz, als wir uns der Wüste Gobi näherten.

Wir waren alle erstaunt über die chinesische Infrastruktur: Seitdem wir Lhasa verlassen hatten, waren wir der scheinbar unendlichen Bahnstrecke gefolgt und ausschließlich auf ebenen, breiten und sehr gut ausgebauten Straßen gefahren. Oft konnte man sehen, dass ein Straßenabschnitt erst vor Kurzem fertiggestellt worden war, bei manchen fehlte sogar noch die Fahrbahnmarkierung, und sie waren menschenleer. All dies war ein beeindruckendes Zeichen der Voraussicht der chinesischen Regierung, denn so wurde Platz geschaffen für die boomende Mittelschicht der nächsten zwanzig Jahre, die sich ja irgendwohin ausbreiten musste.

Das Bild, das wir uns von einigen Ländern auf unserer Reise machen konnten, beschränkte sich oft nur auf die Tankstellen und Fernfahrerkneipen unterwegs, und in China bedeutete dies öffentliche Plumpsklos, die einiges zu wünschen übrig ließen, und kleine Läden am Straßenrand, die sich durch das komplette Fehlen westlicher Lebensmittel auszeichneten, die für uns identifizierbar gewesen wären.

Als wir in Dunhuang ankamen, der Stadt, in der »der weltweit größte Buddha ... in China« stand, waren wir angenehm überrascht: In der attraktiven Kleinstadt gab es einen geschäftigen Nachtmarkt, auf dem man alle möglichen Speisen und Getränke kaufen konnte – nur einen McDonald's suchten wir immer noch vergeblich. Nachdem wir in einer praktisch leeren Jugendherberge eingecheckt hatten, ließen wir Fred zurück, damit er sich erholen konnte, und gingen auf Erkundungstrip über den Markt.

Trotz diverser Meinungsverschiedenheiten, die wir mit Fred gehabt hatten, musste man ihm eines lassen: Er war ohne Zweifel der Beste, wenn es darum ging, örtliche Köstlichkeiten zu Schnäppchenpreisen für uns zu bestellen. Wir fanden schnell heraus, dass die Sache ohne ihn nicht ganz so reibungslos verlaufen würde. Ich sah mich ein wenig an einigen Ständen um und hatte mir, wie ich dachte, eine Art Gemüsepfanne mit Garnelen ausgesucht, nach dem Preis gefragt und dann bestellt. Als man mir das Essen brachte, haute ich rein und versuchte, wie jemand auszusehen, der von Kindesbeinen an mit Stäbchen isst. Ich brauchte nicht lange, um meinen Fehler zu entdecken. »Ähm, warum haben diese Garnelen Krallen?«, wunderte ich mich. Es war eine rein theoretische Frage.

Leigh spähte auf meinen Teller und lachte laut auf – da ich ihn vorher aufgezogen hatte, weil er auf Nummer sicher ging und ein bekanntes westliches Gericht bestellt hatte, war seine Schadenfreude umso größer. »Du hast Hühnerfüße bestellt!«

Ich sah mir die »Garnelen« genauer an und erkannte, dass er recht hatte – es waren fleischige Beine, die in drei langen Krallen endeten. Doch ich war entschlossen, Freds Beispiel zu folgen und nicht mein Gesicht zu verlieren, also würgte ich so viel hinunter, wie ich nur konnte, und erklärte dem selbstgefälligen Leigh, dass sie genau wie Hähnchenflügel schmeckten.

Die Rechnung war ein zweiter Schlag ins Gesicht: Der Preis war nicht mehr fünfzehn Yuan, wie ich mir vor der Bestellung vier Mal hatte bestätigen lassen, sondern fünfzig. Ich war definitiv reif für ein Bier.

An diesem Abend gab es eine Pyjama-Party Chinese Style: Es hatte sich so ergeben, dass wir an die Schlüssel einer Kneipe gekommen waren. Wir kletterten auf die Dachterrasse, starrten in den klaren Wüstenhimmel und unterhielten uns über die verrückte Kette der Ereignisse, die uns dorthin geführt hatten.

Als wir am nächsten Tag aufwachten, fühlten wir uns irgendwie besonders und studierten noch einmal die Route. Es waren ungefähr fünfundneunzig Kilometer bis zur mongolischen Grenze und keiner von uns wusste, warum wir uns so weit im Norden befanden. Es war keine gute Idee gewesen, jemand anderem komplett die Planung der China-Route zu überlassen. Inzwischen waren wir an dem am weitesten entfernten Punkt angelangt und es blieb uns gar nichts anderes übrig, als an dieser Route festzuhalten.

Um unseren Zeitplan einzuhalten, müssten wir sechs Tage die Woche fahren, was hieße, dass wir Chinas Sehenswürdigkeiten hauptsächlich durch die Windschutzscheibe betrachten könnten. In Indien hatten die meisten Leute einen grauenhaften Fahrstil, aber da die Straßen in einem derart schlechten Zustand waren, konnten sie höchstens fünfunddreißig Kilometer pro Stunde fahren. Hier, auf der Straße nach Xi'an, war der Belag so glatt, dass teure BMWs und Land Cruiser mit hundertvierzig Sachen vorbeibretterten – an uns und an den Eselskarren und Fußgängern, die auch weiterhin die Autobahn bevorzugten. Das schien aber kein großes Problem zu sein – bis es zu regnen anfing.

Ein Taifun über dem Südchinesischen Meer hatte eine Schlechtwetterfront hervorgerufen, die zwar schon einigermaßen abgeklungen war, bis sie uns im Inneren des Landes erreichte, aber trotzdem einen viertägigen Dauerregen verursachte, der Felder, Straßen und Black Cabs überflutete.

Ich hatte schon die ganze Zeit befürchtet, jemanden anzufahren. Ständig liefen Leute auf die Straße oder man musste Spurrinnen umkurven, ohne dabei auf vorbeirasende Autos achten zu können. Als der Regen losging, schien ein Unfall unvermeidlich. An jenem Tag sahen wir sechs schwere Unfälle; bei einem davon hatte sich ein brandneuer BMW überschlagen und lag zusammengequetscht wie eine Ziehharmonika im Straßengraben. Der Wagen schien total hinüber, der Fahrgastraum war jedoch intakt geblieben – der Fahrer und seine Familie stiegen aus und hatten gerade einmal ein paar blaue Flecken. Es war der Triumph moderner Sicherheitstechnik – und für uns gleichzeitig eine ernüchternde Erinnerung daran, dass wir in unserem zwanzigjährigen Taxi nicht so viel Glück haben würden. In einem viel zu schwer bepackten Auto, das nicht einmal Airbags hatte, noch dazu mit einem überladenen Dachkoffer und einem Überrollbügel Marke Eigenbau würde die Sache völlig anders für uns ausgehen, wenn wir auch nur ein bisschen ins Schleudern kämen.

Der Regen schien Leighs Entschlossenheit, so schnell wie möglich zur berühmten Terrakottaarmee in Xi'an zu gelangen, in keinster

Weise zu beeinträchtigen. Wir hatten ihn schon zum zweiten Mal an ein und demselben Tag gebeten, etwas langsamer zu fahren. Seine gleichgültige Antwort war nicht unbedingt beruhigend: »Wenn wir mit irgendetwas zusammenstoßen, sind wir so oder so tot, die Geschwindigkeit ist dabei völlig egal.«

KAPITEL 36

DIE ENTFÜHRUNG DES FRED JIN

Xi'an war die erste richtige Stadt nach Mumbai: Hier gab es Starbucks und Kentucky Fried Chicken ... und endlich einen McDonald's! Der McDonald's-Dauerwitz mit Fred hing nun seit Wochen in der Luft, also mussten wir uns einfach einen Big Mac reinziehen, ob wir nun Fans der goldenen Bögen waren oder nicht. Aber als ich schließlich in den lauwarmen Hamburger mit pampigen Pommes biss und das Ganze mit einer verwässerten Cola herunterspülte, wurde mir klar, dass die Kost, die Fred für uns in den letzten Wochen am Straßenrand bestellt hatte, die beste war, die ich jemals gegessen hatte.

Am nächsten Morgen, als Johno, Leigh und Matt loszogen, um einen Egg McMuffin zu frühstücken, verschlangen Fred und ich einen dampfend heißen Teller Wantans mit Chili und Sojasoße.

Nachdem wir uns eine große Dosis Soldaten, Bogenschützen und Reiter aus Terrakotta gegeben hatten, brachen Fred, Leigh und ich auf, um einen Mechaniker aus Fleisch und Blut aufzutreiben. Trotz der bemerkenswerten Infrastruktur der Straßen hatten die viertausend Kilometer, die wir in den letzten vierzehn Tagen in China zurückgelegt hatten, doch dazu geführt, dass eine der schon lange in Mitleidenschaft gezogenen Aufhängungen der Vorderachse abgebrochen war.

Wir hielten vor der ersten der Werkstätten, die sich in einer Straße aneinanderreihten, und zeigten ihnen die abgebrochene Scheibe und den verbogenen Stoßdämpfer. Fred sprach mit den Mechanikern, die kaum älter als Teenager waren, und erklärte ihnen das Problem, während er ab und an auf die kaputten Teile zeigte, die Leigh und ich in den Händen hielten.

Eine Viertelstunde später drehte sich Fred zu uns um: »Sie sagen, dass man das nicht reparieren kann.«

Wir waren ziemlich überrascht. »Wieso nicht? Natürlich kann man das reparieren, der Stoßdämpfer muss nur geradegehämmert werden!«

»Nein, nicht möglich«, gab Fred zurück.

»Doch, natürlich ist es möglich, wir brauchen nur einen großen Hammer«, sagten wir und sahen uns um. Wir entdeckten einen: »Können wir den benutzen? Haben Sie auch einen Schraubstock hier?«

Fred sprach noch ein paar Minuten auf die Mechaniker ein. »Nein«, war dann die Antwort, »alle Werkstätten in dieser Straße sind nur auf Radwechsel spezialisiert.«

»Aber ... eine Werkstatt muss doch einen Schraubstock haben!«

»Nein, so etwas haben sie nicht.«

Leigh und ich liefen weiter zur nächsten Werkstatt und sahen sofort einen fetten Schraubstock. Wir fragten den Mechaniker, ob wir ihn kurz benutzen könnten, und nachdem wir zwei Minuten auf dem nicht zu reparierenden Stoßdämpfer herumgehämmert hatten, war er wieder fast wie neu. Die unfreundliche Haltung, mit der man uns hier begegnete, überraschte uns ein wenig, vor allem nach der Freundlichkeit und Hilfsbereitschaft der Inder, die wir erlebt hatten.

Der Fairness halber müssen wir aber auch erwähnen, dass Fred normalerweise außerordentlich geduldig mit unseren ungewöhnlichen und manchmal anstrengenden Anforderungen war, und nach drei Stunden ausführlicher Diskussion hatten wir auch eine brandneue, aus Metallabfällen zusammengeschusterte Halterung für den Stoßdämpfer.

Unser nächster Halt war Chengdu in der Provinz Sichuan, was Fred in freudige Erwartung versetzte, da es dort laut ihm die schönsten Mädchen in ganz China gab.

»Sie haben ganz große Augen, wie Wale, mit Wasser gefüllt«, sagte er.

Einige der beeindruckendsten Meisterwerke des Straßenbaus, die wir auf unserer Reise sahen, waren die enormen hochgelegten Autobahnen, die sich ihren Weg durch steil abfallende Täler in ganz China schnitten und unsere Fahrzeiten dramatisch abkürzten. Leider waren wir einmal in Süd-Yunan sechs Monate zu früh dran, und so krochen wir einen ganzen Tag lang eine Bergstraße hinauf und hinunter, während wir sehnsüchtig auf das unvollendete, sechsspurige Monster hoch über uns blickten.

Der Vorteil war aber, dass wir auf diesen Straßen besser in Kontakt mit den Einheimischen kamen, und wir fanden bald heraus, dass die Chinesen genauso gastfreundlich waren wie die Inder – wenn auch ein bisschen pessimistischer. Wir verbrachten einmal einige amüsante Stunden mit einem Auto voller Jugendlicher, die uns zum Mittagessen einluden. Sie nannten Matt die ganze Zeit über »Big Ham«.

»Meint ihr, die nennen mich Big Ham, weil ich am Kopfende des Tisches sitze?«, fragte er.

»Mann«, gluckste Paul, »die nennen dich Beckham!«

Das schien ihn nicht zu beeindrucken.

Unsere letzte größere Stadt in China war Kunming; hier gab es einen ausgedehnten Markt, auf dem man alles von lebenden Käfern, Vögeln und anderen Tieren bis hin zu handgemachten Steinstempeln kaufen konnte. Es gab sogar einen Stand, der Restbestände von Polizei-Ausrüstungen anbot: Funkgeräte, Waffen und voll ausgerüstete Polizei-Roller. Auf einmal wurde uns klar, dass nun unsere letzten Tage in China angebrochen waren und dass trotz unseres extrem straffen Fahrplans überraschend wenig Probleme aufgetaucht waren. Doch bevor wir China als problemlos einstufen konnten, mussten wir noch die letzten achtundvierzig Stunden hinter uns bringen.

»Stopp!«, brüllte Fred. »Ihr müsst mich sofort ins Krankenhaus bringen!«

Es war Mittagszeit an unserem letzten Tag in China und Fred drehte durch. Vielleicht war er es ja gewohnt, solche Überland-Expeditionen mit reichen Westlern mittleren Alters in geräumigen Allradfahrzeugen mit Klimaanlage zu machen und in Luxushotels abzusteigen, aber nach dreiundzwanzig Tagen mit uns war er am Ende seiner Kräfte. Wir hatten ihm zwar von Anfang an, noch bevor er als unser Begleiter für die Reise angeheuert wurde, erklärt, dass wir mit sehr geringem Budget reisten, aber das hatte er geflissentlich überhört. Er dachte wohl, wir würden ihn absichtlich mit unseren unregelmäßigen, nicht sehr üppigen Essensstopps foltern, und bemerkte dabei gar nicht, dass für uns alle dieselben bescheidenen Bedingungen galten. An diesem Tag hatten wir beschlossen, später zu essen, da wir ein Telefoninterview zu unserer Reise vereinbart hatten, aber Fred nahm es ganz persönlich. Für ihn war klar, dass wir nur später Mittag aßen, um ihn mit ein paar Stunden Nahrungsentzug zu quälen.

Als Leigh ohne anzuhalten an einer Tankstelle vorbeifuhr, war das der Tropfen, der Freds Fass zum Überlaufen brachte.

»Ihr müsst mich sofort in ein Krankenhaus bringen«, verlangte er wieder.

»Krankenhaus?« Wir waren geschockt. »Was ist denn los, geht es dir nicht gut?«

»Nein, ich verhungere!«

Wir waren fassungslos. »Fred, wir haben dir doch gerade erklärt, dass wir wegen dem Interview erst später Pause machen«, stotterten wir.

»Nein«, rief er aus. »Anhalten! Sofort!«

»Ich kann jetzt nicht anhalten«, schrie Leigh wütend. »Wir sind auf der Autobahn.«

»Stopp oder ich sage der Polizei, dass ihr mich entführt habt!«

Ein paar Stunden später konnten wir uns endlich von unserem hysterischen Begleiter verabschieden. Wir waren alle sehr erleichtert.

Und als Hannah die chinesische Grenze passierte, die eine prahlerische Zurschaustellung von Macht und Reichtum war, wussten wir: Wir hatten unsere Freiheit wieder! Ein hoher, glänzender Bogen mit chinesischen Schriftzeichen und der chinesischen Flagge markierte die Stelle, an der die kommunistische Überlegenheit endete und Laos begann ... und die Straße sich unverzüglich in einen Dschungelpfad verwandelte.

KAPITEL 37

VOLLEYBALL-DIPLOMATIE

Ich erwachte mit einem seltsamen Gefühl.

Es kam mir vor, als ob eine Million Staubwedel mich am ganzen Körper kitzelten, nachdem man mir bei lebendigem Leibe die Haut abgezogen hatte. Ein flüchtiger Blick in den Spiegel bestätigte, dass meine Brust über und über mit einem Ausschlag bedeckt war – ein Insektenbataillon (oder vielleicht auch nur ein einziges, sehr, sehr hungriges Insekt) hatte sich die ganze Nacht über an meiner Haut sattgefressen.

Ich rannte los, um mich zu duschen, erinnerte mich dann aber daran, dass wir in einer Hütte im Dschungel ohne fließendes Wasser übernachteten. Alles, was ich finden konnte, um das Jucken und Brennen meiner Haut zu lindern, war ein Eimer mit einer abgestandenen Brühe.

Ich goss ihn mir über den Kopf.

Jetzt hatten wir kein Wasser mehr, aber meine Haut juckte immer noch und ich versuchte etwas – irgendetwas – im Auto zu finden, das mir Erleichterung verschaffen könnte. Ich weckte meine Kumpels auf mit meinem Gejammere, das sich anhören musste wie ein Pferd mit Tourettesyndrom, das sich versehentlich auf einen Pylon gesetzt hatte. Egal, wie sehr ich mich kratzte, der Juckreiz ließ nicht nach, also machte ich meinem Frust Luft:

»Ahhhhhh ... WO VERDAMMTE SCHEISSE IST DAS SCHEISSVERDAMMTE ANTISCHEISSHISTAMIN???«

Klong.

Ich versetzte dem Auto einen Fußtritt, was zwar nicht half, das Jucken zu stoppen, aber dazu führte, dass mir jetzt auch noch der Fuß wehtat.

»Mannomannomann, das juckt ...«

»Schau in den Verbandskasten, Mann.«

»WO VERDAMMT NOCH MAL IST DER SCHEISSVERDAMMTE VERBANDSKASTENNNNN ...?«

»Hier ...«

Er lag genau vor mir.

Ich riss den Kasten auf, verteilte eine ganze Tube Creme auf meinem Körper, pfiff mir die fünffache Dosis Antihistamin-Tabletten ein, machte noch ein paar Geräusche und beschloss dann, dass es an der Zeit sei, mich anzuziehen, da ich nach meiner improvisierten Dusche halb nackt war.

Johno, ganz die Ruhe selbst, blickte zu mir herüber und sagte: »Sieht nach Insektenstichen aus, Mann.«

Wir waren noch nicht einmal vierundzwanzig Stunden in Laos.

Laos heißt amtlich Demokratische Volksrepublik Laos – DVR –, wir hatten aber auch schon die Variante *Doch Verdammt Relaxt* gehört. Und genau auf diesen Südostasien-Relax freuten wir uns. Wir kannten uns inzwischen gut aus mit den fruchtlosen Spielchen an den verschiedenen Grenzen, aber dieses Mal, vor einer sonnigen Dschungelkulisse, sah die Sache gleich viel angenehmer aus als beispielsweise im Dauernieselwetter des Ostblocks.

Wir hatten bereits unsere Visa bezahlt und abgeholt, also dachten wir, dass alles problemlos laufen sollte – bis wir vor dem geschlossenen Schalter der Einwanderungsbehörde standen. Das Büro war leer. Dann sahen wir den zuständigen Beamten mit dem Rest der Grenzmannschaft auf einem tristen Volleyball-Feld herumalbern, das in das Dschungeldickicht geschlagen worden war.

»Es ist vier Uhr nachmittags! Das kostet Überstunden-Zuschlag!«, informierte er uns, als wir es endlich geschafft hatten, ihn vom Spielfeld zu holen. Er zeigte auf eine handschriftliche Notiz, die jemand hastig hinter die Scheibe geklemmt hatte. Da wir uns weigerten, den Zuschlag zu zahlen, ließ er eine Schranke vor Hannahs Nase herunter und brachte zur Sicherheit noch ein Vorhängeschloss an. Er hatte nur ein paar Extradollar verlangt, aber es ging gegen unsere Prinzipien, uns auf diese Art von kleinkalibriger Bestechung einzulassen.

Jetzt nahm Paul die Sache in die Hand und forderte die Grenzer zu einem Volleyball-Match heraus. Paul hat diese fantastische Begabung, die Dinge ein kleines bisschen weiter zu treiben, als den meisten Menschen lieb ist – manchmal etwas peinlich, meistens unnütz.

»Also«, forderte er sie heraus, »wir machen es so: Ich spiele gegen euch alle, und wenn ich gewinne, lasst ihr uns mit dem Auto durch!«

Die Laoten begaben sich langsam auf die andere Seite des ausgefransten Netzes, während Paul den Ball auf Armeslänge von sich hielt, bereit für seinen ersten Aufschlag. Als der Ball geradewegs ins Netz segelte, erinnerte ich mich daran, dass Paul sportlich absolut unbegabt war.

Die Laoten gewannen mit links, aber Paul wollte so schnell nicht aufgeben. Er bestand auf einer Revanche und drosch den ersten Ball über die Köpfe der gegnerischen Mannschaft weit in den Dschungel hinein. Das Lächeln des Grenzers erstarrte zu einer Grimasse, dann ging er ins Gebüsch, um nach dem Ball zu suchen. Als er ihn endlich gefunden hatte und das Spiel weiterging, passierte genau dasselbe noch einmal. Es sah fast so aus, als ob Paul es darauf angelegt hätte, den Ball so weit wie möglich aus dem Spielfeld zu schlagen.

Irgendwann brachte seine Strategie den gewünschten Erfolg – seine Volleyball-Fähigkeiten, oder besser gesagt seine Volleyball-Unfähigkeiten, brachen den Willen der Grenzer. Sie ließen uns ziehen, damit sie in Ruhe ihr Spiel fortsetzen konnten, ohne ständig in die Büsche geschickt zu werden.

Es war fast schon dunkel, als wir an der ersten Ortschaft ankamen. Da es laut Wettervorhersage sintflutartige Regenstürme geben sollte, hatten wir keine große Lust auf Campen; unsere einfachen Zelte würden dem nicht standhalten. Mehr als eine Ortschaft war dies eine Kreuzung, an der ein paar Häuser standen. Wir bestellten unser Essen nach dem Zufallsprinzip, indem wir einfach auf ein paar Dinge auf der Speisekarte zeigten, und fanden Unterkunft in einer Art Pension. Es war schön, dass wir Fred los waren; es war ein ähnliches Gefühl wie das, was man als Kind hat, wenn die Eltern ausgegangen sind. Wir waren wieder unterwegs, nur wir drei und Matt, wir hatten Probleme und Problemchen zu lösen und alles war einfach besser – zumindest, bis wir unser Essen von einer unidentifizierbaren Speisekarte bestellen mussten; da merkten wir, wie wichtig ein Übersetzer doch sein kann.

Auf mir lag immer noch eine dicke Schicht Creme gegen den Juckreiz, und ich beschloss, dass ich diesen Morgen das Fahren übernehmen würde, um mich ein wenig abzulenken; am liebsten hätte ich mich eine ganze Schotterpiste hinuntergewälzt, nur um das Jucken auf meinem von Insektenbissen geplagten Oberkörper zu lindern. Die Strecke von China nach Laos wurde immer mehr zu dem, was man gemeinhin unter einer Straße versteht – die Chinesen hatten diese im Tausch gegen laotisches Nutzholz gebaut. Jetzt mussten wir zwar nicht mehr auf Schlammstraßen fahren, aber unser aktuelles Problem war, dass wir durch den mächtigen, dichten Dschungel fuhren.

Der asiatische Monsun wanderte langsam vom Indischen Ozean ostwärts; zwei Tage bevor wir Richtung Indien loszogen, ging er auf Mumbai nieder und zog weiter über das Land mit ungefähr derselben Geschwindigkeit wie ein Black Cab. Wir hatten ihn schlussendlich hinter uns gelassen, als wir auf den Himalaja fuhren, wurden aber in China wieder von ihm eingeholt. Er kam kurz vor uns in Laos an und tat immer noch sein Bestes, um den halben indischen Ozean über dem Dschungel loszuwerden, der sich seltsamerweise an die Hügel von Laos schmiegt. Büsche und Bäume wachsen hier aus fast vertikal abfallenden Hängen und bilden eine wunderschöne, eindrucksvolle, wenn auch ein wenig bedrohlich wirkende Landschaft – bis der Monsun kommt. Dann wird ihre unhaltbare Stellung höchst bedenklich, denn die Erde wird lose und ganze Abhänge rutschen davon, manchmal begraben sie dabei Straßen unter sich, manchmal reißen sie sie gleich mit. Riesige Planierraupen hatten versucht, die

Erdrutsche entweder wegzutransportieren oder sie zu ebnen, aber es gab immer noch riesige Schlammhügel, die wir umfahren mussten. Alle Fahrzeuge außer den Allradantrieben blieben stecken, und selbst nach sieben Monaten Fahrertraining auf den unmöglichsten Straßen kamen wir an den gefährlichen Abhängen immer noch ins Schleudern, bis wir endlich wieder festen Boden unter den Reifen hatten und weiterfahren konnten, doch diese Szene wiederholte sich alle paar Kilometer.

Immerhin kamen wir hier endlich dazu, unsere Winde einzusetzen. Die Winde, die uns unsägliche Kopfschmerzen bereitet, wochenlange Verzögerungen beschert und über fünfhundert Pfund gekostet hatte – ganz zu schweigen davon, was uns das Extra-Gewicht wohl an Extra-Sprit gekostet hatte –, kam endlich zum Einsatz, als wir einen kleinen Laster aus einem der größeren Erdrutsche befreiten. Er war ins Schleudern gekommen, quer über die Straße in einem halben Meter Schlamm stecken geblieben und blockierte so den ganzen Verkehr. Leigh und ich verkeilten das Taxi in einem riesigen Schlammklumpen und fixierten es mit ein paar Steinen, damit es sich nicht bewegte, und klemmten dann die Winde an die Hinterachse des Lasters. Wir zogen ihn zurück in Fahrposition auf die Straße, die Räder griffen wieder und er konnte weiterfahren.

Wir waren von Kopf bis Fuß mit Schlamm bespritzt und hatten einen neuen Satz Flip-Flops eingebüßt – aber wir waren überglücklich, dass wir die Winde letztendlich doch noch zum Einsatz bringen konnten. Johno, der selbst ernannte Expeditionsfotograf, kletterte ohne einen Dreckspritzer in den Wagen, er hatte einen winzigen schlammfreien Fleck auf der Straße gefunden.

Bevor wir losfuhren, sprang ich kurz in die Büsche, um zu pinkeln. Es fühlte sich etwas komisch an, und als ich nach unten sah, entdeckte ich zu meinem Entsetzen, dass nicht nur mein Oberkörper den Insekten zum Opfer gefallen war …

Ein Idiot raste in einem uralten Schlitten auf unser Taxi zu und hupte wie wild. Als wir langsam rechts ranfuhren, um den Irren vorbeizulassen, sahen wir, dass es nicht irgendein altes Auto war, sondern nicht mehr und nicht weniger als ein Graham Paige aus dem Jahr 1928.

Da kam uns also mitten im Dschungel von Laos ein Auto aus den Zeiten der Weltwirtschaftskrise entgegen, doch damit nicht genug: Aus dem Inneren des Fahrzeugs sprang nach und nach die ganze Waltons-Familie, wie die Orgelpfeifen vom größten bis zum kleinsten Mitglied. Unsere Verblüffung darüber war nicht geringer als ihre, ein London Black Cab zu sehen. Also tauschten wir unsere Geschichten aus und machten Fotos.

Die argentinische Familie war seit zwölf Jahren mit diesem Auto unterwegs, kreuz und quer über den amerikanischen Kontinent – inzwischen waren sie bereits auf dem Rückweg von Australien. Ihre drei Kinder waren alle unterwegs geboren worden und kannten kein Zuhause. Als das dritte Kind kam, ging ihnen langsam der Platz aus. Also heuerten sie einen Karosseriebauer an, der die Fahrerkabine verlängerte. Wir hätten uns noch stundenlang mit dieser faszinierenden Familie unterhalten können, aber leider mussten sie noch am selben Tag die chinesische Grenze erreichen, wo ihr Begleiter auf sie wartete. Als wir ihnen von den Erdrutschen erzählten, nahmen ihre Gesichter einen besorgten Ausdruck an – verglichen mit ihrem Steinzeitwagen war unser Taxi ein Monster-Geländewagen. Der Vater verabschiedete sich mit einem festen, kräftigen Handschlag; mit seinem Dauerlächeln und dem zwanglosen, ruhigen Auftreten schien er für uns der glücklichste Mann der Welt zu sein.

Entweder das oder er war nach zwölf Jahren in einem Auto total verrückt geworden.

Wir hatten uns gerade an die Schlammfahrt gewöhnt, als wir ein widerlich kratzendes Geräusch hörten und der Wagen nach links zog. Wir ließen ihn ausrollen und sahen nach, wo das Problem lag: Es waren mal wieder die Bremsen.

Dschungelstraßen waren entweder unglaublich schlecht oder unglaublich gut: entweder voller Schlaglöcher oder glatt wie ein Babypopo. Wir entdeckten, dass sich in Laos die besten Straßenabschnitte mitten im Niemandsland befanden, weit entfernt von der täglichen Abnutzung. Die Straße, auf der wir jetzt festsaßen, war glatter als eine Eislaufbahn.

Von der vorderen linken Bremse waren zwei kleine Teile abgesprungen und hatten sich irgendwann an diesem Vormittag in den Dschungel verabschiedet. Das hieß, dass sich die Bremsbeläge langsam herausgedreht und nun in die vorderen Bremsscheiben verkeilt hatten. Wir nahmen das Rad ab und kamen nach einigem Überlegen zu dem Schluss, dass wir die fehlenden Teile ersetzen mussten. Aber wo sollten wir mitten im Dschungel von Laos Haltezapfen und -klammern für einen 1992er Fairway Driver auftreiben?

»Schaut mal, was ihr hier ausrichten könnt, und wir sehen nach, was wir in der Nähe finden können«, sagte ich zu Leigh und Matt. Dann gingen Paul und ich die Straße hinunter.

Nach ungefähr zwei Kilometern kamen wir an ein Dorf und am Ende des Dorfes fanden wir sogar, sehr zu unserer Erleichterung, eine schmuddelige Hütte, neben der ein ausgeschlachtetes Auto stand – das musste die örtliche Autowerkstatt sein! Die Mechaniker waren von unserem Anblick ziemlich überrascht: ein dünner, weißer Typ mit abgeschnittenen Jeans und hellblauen Plastik-Sandalen und ein großer Mann oben-ohne voller Pusteln, der ein großes Stück rostigen Metalls schleppte. Ich ging auf den älteren der beiden zu und versuchte, ihm mit Handzeichen und Pantomimenshow zu erklären, was wir brauchten, da sagte er:

»Nein.«

»Nein? Was soll das heißen? Sie haben keine? Verdammt! Können Sie sie herstellen?«

Er zuckte die Schultern. »Nein.«

»Ähm, kann ich vielleicht ...«, ich sah mich in der Werkstatt nach einer Inspiration um, »... kann ich sie vielleicht herstellen?«

Er winkte ab und ging davon.

Auf dem Boden waren Metallstücke und uraltes Werkzeug verstreut. Wir fanden eine alte Kaffeebüchse, die ungefähr die richtige Stärke hatte, und schnitten die Teile, die wir brauchten, so gut es ging von Hand zu. Gegen Ende der Operation halfen uns die Mechaniker, sie schlugen verschiedene Werkzeuge vor, die wir benutzen könnten, und brachten uns Tee in abgeschlagenen, fleckigen Tassen.

Als wir wieder zum Auto zurückkamen, lag Leigh darunter und fummelte daran herum. In sicherer Entfernung saß eine kleine Bande Kinder in der Hocke und sah ihm schweigend zu.

Unser Ersatzteil funktionierte genau so, wie wir es erwartet hatten, und bald schon waren wir wieder unterwegs. Wir fuhren an der Werkstatt vorbei, um den Mechanikern ein Dankeschön zuzuwinken. Zigaretten hingen ihnen aus den offenen Mündern, als ein London Cab an ihnen vorbeikam und im Dschungel verschwand.

KAPITEL 38

TUBEN IN VANG VIENG

Von den fünfundzwanzig Tagen in China hatten wir dreiundzwanzig zu fünft – vier schwitzende Jungs und ein flatulenter chinesischer Begleiter – im Auto verbracht. Oft waren wir von Tagesanbruch bis nach Einbruch der Dämmerung unterwegs gewesen. Obwohl wir keinerlei Streitereien oder Ähnliches ausgefochten hatten, hatten wir an diesem Punkt doch ein bisschen genug voneinander, und Matt bestand darauf, dass wir nach Vang Vieng fuhren, um uns beim »Tuben« zu erholen.

»Das ist ein winziges Kaff mit einer einzigen Straße und ein paar Pensionen und Restaurants, in denen *Friends* auf Endlosschleife wiederholt wird. Ein super Platz zum Chillen, man kann mit einem Tuk-Tuk flussaufwärts fahren und dann einen Lkw-Schlauch mieten, um relaxt den Fluss runterzuschippern, dabei kann man an ein paar kleinen Bars am Ufer Rast machen.«

Das hörte sich doch wie der perfekte Ort an, um ein paar Tage zu relaxen und auf andere Gedanken zu kommen. Meine beiden Schwestern wollten sich mit uns in Laos treffen, also machten wir das Dorf als Treffpunkt aus.

Wie vorhergesehen wurde die Straße immer grauenhafter, je näher wir der Ortschaft kamen. Sie war übersät mit Schlaglöchern, die groß genug waren, um das Fahrwerk in Stücke zu reißen, wenn man zu schnell darüberfuhr. Dann ging der Nachmittags-Monsun los und verwandelte die Straße in einen reißenden Fluss. Schlammwasser füllte die Schlaglöcher, die nun alle gleich aussahen; ein anscheinend nur zentimetertiefes Schlagloch machte einem mit einem furchtbaren Krachen klar, dass das Vorderrad darin stecken geblieben war.

Alle Black Cabs aus ungefähr demselben Baujahr wie das unsere hatten eines gemeinsam: Vom Armaturenbrett tropft unablässig Wasser auf die Elektrik und auf den rechten Fuß des Fahrers. Das hat zweierlei Auswirkungen: Erstens quält es den Fahrer wie eine chinesische Wasserfolter und zweitens verursacht es Kurzschlüsse in den Scheinwerfern. Gott sei Dank hatten wir noch ein paar Ersatz-Scheinwerfer dabei, aber deren Leistung war so minimal, dass wir ebenso gut beim Schein einer Fackel hätten fahren können. Auch die winzigen Scheibenwischer, die gegen den Monsun kaum etwas ausrichten konnten, halfen nicht gerade dabei, die Fahrt komfortabler zu gestalten. Auf einer der schlimmsten Strecken der ganzen Reise, als wir wieder einmal das ungeschriebene Gesetz brachen, nicht bei Nacht zu fahren, wurden aus den geplanten zwanzig Minuten mal eben zwei Stunden. Wir trösteten uns damit, dass wir kaum großen Schaden anrichten würden, sollten wir bei einer Geschwindigkeit von vier bis fünf Stundenkilometer in eines der zwei Fahrzeuge krachen, die uns im Schnitt pro Stunde entgegenkamen. Es war sehr viel wahrscheinlicher, dass wir über eine Klippe stürzten oder in einen der reißenden Sturzbäche fuhren und nie wieder auftauchten, aber über diese Möglichkeit sprachen wir erst gar nicht. Außerdem befanden wir uns bereits auf halber Strecke zwischen der letzten Pension und unserem Zielort, und es war genauso riskant umzukehren – also rumpelte Hannah weiter.

Ein breiter Fluss tauchte zur einen Seite auf; ab und an, wenn wir eine Biegung nahmen, beleuchteten die Taxi-Scheinwerfer gigantische, brodelnde Wassermassen, die gegen die Ufer schwappten.

Das musste der Nam Song sein, der »Tubing-Fluss«.

»Also, *diesen* Fluss wollen wir runter …?«

Ich fuhr schon seit Jahren Kajak – ein toller Wassersport, den ich sehr genoss, natürlich mit gebührendem Respekt seinem Element gegenüber und unter Einhaltung der entsprechenden Sicherheitsvorkehrungen. Wenn ich in Wildwasser Kajak fahre, trage ich einen Helm, eine Schwimmweste und bin in Begleitung von vertrauenswürdigen und erfahrenen Freunden; wir alle haben natürlich Rettungsseile dabei und sind ausgebildet in komplexen Rettungstechniken und Erster Hilfe.

»... sturzbetrunken ...«

Die Scheinwerfer erhellten erneut den Fluss, ich konnte einen Baum ausmachen, der auf dem Wasser trieb und manchmal von den gewaltigen Strudeln und Wirbeln erfasst wurde und unterging.

»... auf Lkw-Schläuchen!?«

»Genau! Der helle Wahnsinn!«, versicherte mir Matt. »Aber ... als ich das letzte Mal hier war, war der Fluss nicht so gewaltig.«

Es wurde nicht besser, als wir weiter nach Süden kamen. Gegen sieben Uhr war es bereits dunkel – stockdunkel! Der Regen fiel wie ein Wasserfall herunter und füllte die Schlaglöcher; unsere vorigen Ausweichmanöver nutzten uns nicht mehr viel, und wir wurden ständig aus unseren Sitzen geschleudert. Die dürftigen Scheinwerfer kamen gegen die Finsternis nicht an, während wir gegen die reißenden Fluten der Straße ankämpften.

»Diese Schlaglöcher werden immer schlimmer«, schrie jemand, um den Regen zu übertönen, »wir müssen in der Nähe einer Ortschaft sein!«

Und tatsächlich brach auf einmal helles Neonlicht durch die Dunkelheit – wir hatten es geschafft! Uns überkam eine unendliche Erleichterung, dass die Fahrerei zu Ende war und wir endlich aus dem Regen kamen, als plötzlich ein Mann auf der Straße direkt vor uns auftauchte. Der Mann mit nacktem Oberkörper – bemalt mit fluoreszierender Farbe – taumelte zum Fenster und grinste. Sein Akzent kam uns furchtbar bekannt vor ...

»Maaaaann, ist das ein London Cab?« Er starrte ins Taxi hinein, und nicht nur sein betrunkenes Verhalten, sondern auch sein starker Cockney-Akzent wiesen ihn unweigerlich als Briten aus.

»Genau.«

»Der Hammer! Wie'sn das hierhergekommen?"

»Wir haben es hergefahren ...«, sagte Leigh und sparte sich wohlweislich die Information über die genaue Entfernung.

»Ah, klar, ihr habt es in Bangkok gekauft und seid dann von dort hierhergefahren?«

»Nein, wir sind den ganzen Weg damit gefahren.«

»Oh, wow, von Singapur? Das ist echt weit!«

»Nein, von London ... Wir sind von London hierhergefahren«, grinste Leigh.

Der Unterkiefer des Typen malmte unaufhörlich, um die angestaute Spannung von was auch immer er sich letzte Nacht gegeben hatte zu entladen; wäre er damit nicht so sehr beschäftigt gewesen, wäre ihm der Kiefer wahrscheinlich vor Überraschung auf den Boden geknallt. Seine weit geöffneten Augen blinzelten kein einziges Mal und bestanden fast nur aus Pupillen.

»Neeeiiiinnnnn, Mannnnn ... Das ist der Hammer!«

»Danke!«

Wir waren ziemlich stolz auf uns. Als wir durch Indien fuhren, hatten wir ein paar Europäer getroffen, aber nach Indien konnte ja jeder kommen. Schließlich war es ein Hippie-Land, und fast jeder dort hatte einen Elternteil, der in den Siebzigern in einer Haschischwolke über Afghanistan mit einem VW-Bus nach Indien gefahren war. Aber jetzt waren wir in Südostasien, in Laos, das war eine ganz andere Welt.

Als wir tiefer nach Vang Vieng hineinfuhren, wurde klar, dass aus dem Dörfchen schon lange ein Dorf geworden war. Aus geräumigen Kneipen dröhnten Top-10-Hits über den Köpfen von Hunderten halbnackter, klatschnasser Westler, die den strömenden Regen gar nicht mehr wahrnahmen. Alle Kneipen hatten auffallend ähnliche Speisekarten, auf denen es von harmlosen Milkshakes und Pizza bis hin zu Opiumtütchen und Haschischplätzchen für die etwas Abenteuerlustigeren alles gab.

Wir hatten uns von Laos Relaxen erwartet, keiner von uns war auf so etwas vorbereitet.

Nachdem wir uns mit Pauls Schwestern getroffen hatten, fanden wir eine Pension unter der Fuchtel einer mürrischen laotischen Großmutter, in der wir alle sechs unterkamen, und schliefen uns erst einmal aus.

Am nächsten Morgen folgten wir gerade dem schlammigen Trampelpfad zum Ufer hinunter, als eine Stimme uns mit »Die Jungs mit dem Taxi!« begrüßte. Es war der Typ vom Vorabend; er war Animateur in einer Kneipe. Er machte uns mit »Schlangenwein« bekannt, einer lokalen Delikatesse – Reiswein, dem eine tote Schlange ein besonderes Aroma gab, gemischt mit Whiskey –, und wir begutachteten die Partymeile. Der schnell fließende Fluss war gesäumt mit lärmenden Kneipen aus Bambus und Palmblättern. Aus jeder Kneipe ergossen sich dröhnende Musik und Horden von jungen, attraktiven Backpackern.

»Ihr seid also die Jungs mit dem Taxi?«, schrie ein anderer Animateur herüber und schwenkte eine weitere Flasche Hochprozentiges. »Kommt rüber – ihr seid hier schon richtige Legenden!«

Und so begann der Tag.

Außer einer Nacht in Nepal und ein paar seltsamen Nächten in China hatten wir seit Georgien nicht mehr so richtig gefeiert, und das war immerhin schon vier Monate her. Und jetzt befanden wir drei kernigen Männer uns auf einmal mitten in der Backpacker-Partyszene. Die Sechzig-Pence-Flaschen Whiskey, hämmernde Chart-Hits – die uns zwar völlig unbekannt, in England aber anscheinend vor sechs Monaten der Renner waren – und Englisch sprechende Verrückte waren ein echter Kulturschock für uns ... zumindest die ersten fünf Minuten. Danach hatten wir uns akklimatisiert. Vor allem, als wir herausfanden, dass wir quasi berühmt waren – es machte die Runde in dem kleinen Dorf, dass wir die Jungs mit dem Taxi waren, und ein paar Leute hatten sogar etwas über uns in der Zeitung gelesen oder hatten im Radio das Interview gehört, das Fred dazu gebracht hatte, uns der Entführung zu bezichtigen.

Wir waren uns einig: Wir würden uns voll und ganz in dieses vergnügungssüchtige Wildwest-Abenteuer stürzen, wo Kids vor Uni-Beginn noch einmal die Sau rausließen und sich total besoffen in Badekleidung mit Seilschwingen in den Fluss beförderten, während die Einheimischen dem Treiben skeptisch von ihren wackligen, alten Hütten am Ufer aus zusahen. Die einzige Alternative dazu wäre gewesen, *Friends* in Endlosschleife anzusehen.

Ein klappriges Boot brachte uns auf die andere Seite des Flusses zu unserer ersten Kneipe, wo die Party schon in vollem Gang war. Leigh hatte eine Flasche Whiskey ergattert von einer Backpackerin, die ihre Reisekasse mit Kellnern aufpeppte; man hatte mit Autolack ihren ganzen Körper mit obszönen Sprüchen besprüht. Matt und ich sprangen in den tosenden Fluss; wir wollten das Tubing ausprobieren, bevor es zu überfüllt war oder wir zu besoffen waren.

Ich paddelte mit aller Kraft, und gerade, als ich dachte, ich hätte die nächste Kneipe verpasst und würde bis ins Meer weitertreiben, stieß ein unfassbar muskulöser präpubertärer Junge aus dem Dorf einen Pfiff aus. Er warf mir eine halbvolle Coca-Cola-Flasche an einem Seil zu. Ich griff nach ihr und er zog mich mühelos ans Ufer.

Wir schafften es nur in die dritte Kneipe, bevor die Party zurück ins Dorf verlegt wurde. Es war noch früh am Nachmittag, aber das Letzte, an das ich mich erinnern konnte, war, wie Leigh, der sich nach seinem Whiskey-Exzess kaum noch auf den Beinen halten konnte, zu der Straße zog, in der sich die meisten Kneipen befanden.

»Junge, du musst echt ins Bett«, lallte ich.

Er versuchte, mich zu fokussieren, und musste sich sichtlich Mühe geben, seine Antwort zu formulieren. »DU«, betonte er mit einem seligen Grinsen, zeigte auf mich und schwankte herum, »DU musst ins Bett!«

Obwohl wir jede Menge Spaß gehabt hatten in Vang Vieng, überraschte es uns überhaupt nicht, dass ein Jahr nach unserem Besuch die Regierung bei den Tubing-Unternehmen am Fluss rigoros durchgriff. Bei dem Versuch, betrunken im Fluss zu schwimmen, waren zahlreiche Touristen ums Leben gekommen. Ein Blick auf die braunen, sprudelnden Wassermassen genügte, um zu wissen, dass die Schließung die einzig richtige Entscheidung war.

Es schien so gut wie unmöglich, mit dem eigenen Auto durch Vietnam zu fahren. Da es aber eines der Länder war, die Leigh, Johno und auch Matt unbedingt besuchen wollten, einigten wir uns darauf, dass wir getrennte Wege gehen würden. Die drei Jungs würden nach Vietnam reisen, während meine Schwestern und ich mit Hannah durch Thailand fahren würden, um die Bedingungen für den Weltrekord einzuhalten. Dann würden wir uns alle in Kambodscha wiedertreffen.

Nach zwei durchzechten Tagen und Nächten kletterten meine Kumpels in angeschlagenem Zustand zusammen mit anderen Zombies in den Morgenbus. Sie waren alle ausnahmslos mit fluoreszierendem Autolack – oder Schlimmerem – bemalt.

KAPITEL 39

LAOS KRANKENHAUS-CHAOS

Meine Schwestern und ich fuhren früh am nächsten Morgen von Vang Vieng in die Hauptstadt von Laos, Vientiane. Obwohl Vientiane relativ unspektakulär ist – es gibt nur eine Handvoll hübscher Gebäude, Geschäfte und Restaurants aus der französischen Kolonialzeit –, hat die Stadt doch eine sehr einladende und freundliche Atmosphäre. Das ist umso verblüffender, wenn man bedenkt, dass Laos das am meisten bombardierte Land der Erde ist. Während des Vietnamkriegs, an dem Laos eigentlich gar nicht beteiligt war, fielen mehr Bomben auf das Land als während des Zweiten Weltkriegs auf Deutschland und Japan zusammen.

Ich bekam Probleme beim Autofahren. Ein kleiner Splitter, vermutlich von einer Beerlao-Flasche, versteckt in den schlammigen Ufern des Nam Song, hatte sich tief in die Ferse meines rechten Fußes gebohrt, und der Schmerz wurde immer stärker. Ich musste ihn entfernen lassen, bevor es zu einer Entzündung kam, was in tropischem Klima außerordentlich schnell passieren konnte. Ich hatte im Hotelzimmer versucht, den Splitter mit einer Pinzette und einem Skalpell aus dem Erste-Hilfe-Kasten zu entfernen; leider ohne Erfolg – er saß zu tief. Also humpelte ich zum städtischen Krankenhaus.

Ein starker Chlorgeruch hing in der Luft. An den Wänden waren Betten aufgereiht, manche von ihnen waren durch Vorhänge abgeteilt; hinter dem dünnen Stoff konnte man vereinzelt Würgegeräusche und Stöhnen hören. Vorsintflutliche Geräte lagen überall herum und blaue Farbe blätterte von den Wänden, darunter kam bereits der rohe Beton und an manchen Stellen verrostetes Metall zum Vorschein.

Man führte mich zu einem Bett, oder besser gesagt einer grünen Kunststoffmatte, und sagte mir, ich sollte mich hinlegen. Leider war sie für die Größe laotischer Patienten gemacht und nicht für meine eins fünfundneunzig. Meine Füße ragten über das Bettende hinaus, gerade weit genug, damit eine geistesabwesende Krankenschwester dagegenlaufen konnte. Es entlockte mir einen Schmerzensschrei, der sich in das Stöhnkonzert um mich herum nahtlos einfügte. Einer der Ärzte sah mich mit einem breiten Grinsen an – er fand das wohl lustig – und nickte mir zu, wie um zu sagen, dass er gleich bei mir wäre. Dann kümmerte er sich wieder um den Patienten neben mir. Der Mann war mittleren Alters, übergewichtig und hatte, außer einem sehr gesunden Schnurrbart, ein rotes, knollenartiges Geschwür auf dem unteren Rücken. Er lag nur einen Meter von mir entfernt. Der Arzt spritzte ihm ein Narkosemittel in den Klumpen, nahm dann das Skalpell und grub tief damit hinein. Die Wirkung des Narkosemittels hatte offensichtlich noch nicht eingesetzt; der Mann stöhnte laut auf. Der Arzt entfernte etwas mehr als eine Teetasse voll blutigem Eiter aus seinem Rücken. Diesen warf er in einen Behälter, der nur ein paar Zentimeter von meiner Nase entfernt stand, da auch mein Kopf aus dem viel zu kleinen Bett ragte.

Ich drehte den Kopf weg und starrte an die Decke bei dem verzweifelten Versuch, das Würgen in meiner Kehle zu unterdrücken. Als ich die Ereignisse Revue passieren ließ, die mich in diese Situation gebracht hatten, kam ich zu dem Entschluss, nie wieder Schlangenwein zu trinken.

Der Geruch des Eiters in der Schale neben mir und der desolate Zustand des Krankenhauses an sich machten mich fertig; ich wollte nur noch weg. Ich versuchte aufzustehen, landete dabei ausgerechnet auf meinem kranken Fuß und presste den Splitter noch tiefer hinein.

»Oh, ja«, schoss es mir durch den Kopf, »*deswegen* bin ich hier.«

Es war das beste Krankenhaus des Landes (oder zumindest das einzige, das ich kannte). Ich schimpfte mit mir selbst, dass ich so ein Angsthase war, und setzte mich wieder hin. Sobald der Doktor mit dem anderen Patienten fertig war, wusch er sich die Hände (Gott sei Dank!), brachte eine neue Nierenschale, zog sich frische Handschuhe an, betäubte meinen Fuß mit einer neuen Spritze und setzte einen Schnitt mit einem nagelneuen Skalpell. Ich überzeugte mich selbst davon, dass jedes Päckchen ordnungsgemäß versiegelt war, was ihn sehr amüsierte. Nachdem er meine Ferse etwa zwei Zentimeter tief aufgeschnitten hatte, wühlte er fünf Minuten darin herum, während ich mich an die Bettkante klammerte und die Zähne zusammenbiss.

»Ahh-haaa«, rief er triumphierend aus. Er stand auf und zeigte mir seinen Fund: »Möchten Sie ...?«

»Möchte ich was?« Ich sah nur eine blutige Zange.

»Das Glas ... sehen Sie?« Ich konnte nur einen Minisplitter von höchstens zwei Millimeter ausmachen.

»Nein, ähm, vielen Dank ...«, erwiderte ich. Ich wusste weder, wie ich das Ding aufbewahren sollte oder wie ich meinen Kumpels erklären sollte, warum ich einen Mini-Glassplitter mit mir herumschleppte, noch warum ich das Ding überhaupt behalten sollte.

»Ich glaube, da ist noch mehr drin. Ich bin mir ziemlich sicher, dass sich eine halbe Bierflasche in meinen Fuß gegraben hat«, sagte ich ihm. »So ein kleines Stück Glas kann doch nicht so sehr wehtun ...«

Er wühlte noch ein Weilchen in meiner Ferse herum, während ich mich weiterhin an der Bettkante festklammerte. Aber da war nichts mehr – schließlich und endlich war ich eben doch nur ein Weichei.

Man gab mir Antibiotika, Verbandszeug und Paracetamol und schickte mich, nachdem ich einen Fünfer abgedrückt hatte, nach Hause. Meine Vorurteile bereiteten mir Gewissensbisse – die Ärzte waren wirklich fantastisch und hatten dabei immer ein Lächeln für ihre Patienten übrig.

Jetzt fuhren wir weiter nach Süden, zu wunderschönen Stränden und Inseln. Zeitgleich mit unserer Ankunft an der thailändischen Grenze verlor das Narkosemittel seine Wirkung. Ich hinkte von

Schalter zu Schalter, bekam meine Stempel und bezahlte die Standard-Grenzübergangsgebühren. Mein Fuß wurde immer schlimmer. Ich konnte nicht mehr fahren, denn nur das Gaspedal zu treten war schon eine Qual, also musste meine Schwester übernehmen.

Ich war glücklich.

Die Sonne schien, ich hatte ein paar Tage Ruhe vor meinen Kumpels und konnte Zeit mit meinen Schwestern verbringen. Völlig relaxt saß ich auf dem Beifahrersitz und streckte meinen bandagierten Fuß aus dem Fenster, ohne zu bemerken, wie unsäglich beleidigend so ein Verhalten in Thailand sein musste. Ich kommentierte, wie schön doch die Fahrt war, wie gut die Straßen waren und wie zivilisiert hier alle fuhren. Meine Schwester war offensichtlich völlig anderer Meinung, sie schwitzte und fluchte jedes Mal, wenn ein Lkw sie auf der Kriechspur überholte. Gerade erst aus England angekommen, war die Fahrt durch Thailand für sie unglaublich hektisch und die schlimmste Fahrerfahrung, die sie je gemacht hatte. Für mich und Hannah hingegen war es das zivilisierteste Straßensystem seit der Türkei. Das sagte ich meiner Schwester auch, im typischen Tonfall geschwisterlichen Verständnisses.

»Schnauze, Paul! Ist mir alles scheißegal, und deine Scheiß-Bremsen funktionieren auch nicht!«

»Ach ja, stimmt ... bevor es gefährlich wird, musst du einfach einen Gang runterschalten, um zu bremsen ... Habe ich dir schon erzählt, dass wir die Bremsen aus einer alten Kaffeedose im Dschungel zusammengebastelt haben? Ziemlich cool, oder?«

»Nein, gar nicht cool. Das ist furchtb– WENN MICH JETZT NOCH EINER auf der Kriechspur ÜBERHOLT, FLIPP ICH AUS!«

Ich ließ sie besser in Ruhe und legte mich schlafen.

Selbst auf den besten Straßen gibt es immer irgendein Problem mit Hannah. Nach zwei Tagen Fahrt vernahm ich wieder einmal das bekannte »Klong« und musste erneut ein Führungsgelenk reparieren. Gott sei Dank hatten die Mädels jede Menge Ersatzteile und -teilchen mitgebracht, und da ich schon mal dabei war, montierte ich auch gleich einen neuen Lenkhebel sowie einen brandneuen Stoßdämpfer und tauschte ein Aufhängeblech aus. Die Scheinwerfer waren seit Laos kaputt, aber damit kannte ich mich überhaupt nicht aus – die komplizierte Elektrik stammte aus der Steinzeit und Leigh hatte sie schon einige Male auf seine ganz eigene Art und Weise umgebaut. Selbst wenn ich Ahnung von Automobil-Elektronik gehabt hätte (hatte ich aber nicht), müsste ich trotzdem warten, bis Meister Leigh es in einer Woche in Ordnung bringen konnte.

Ich musste einfach vermeiden, bei Nacht zu fahren.

In den letzten acht Monaten hatten wir uns daran gewöhnt, an kleinen Ständen am Straßenrand zu essen, es war bequem und extrem billig. Inzwischen war mir diese Kost sogar lieber als Restaurants mit Michelin-Sternen. Wenn es für die Einheimischen gut genug war, dann sollte es auch für uns gut genug sein. Viele Reisende mieden die Essensstände oft aus Angst vor einer Lebensmittelvergiftung, aber außer meiner Ruhr und Leighs Lebensmittelvergiftung in Manali hatten wir bisher keinerlei Probleme gehabt, da wir uns strikt an unsere vier goldenen Regeln hielten:

Niemals Wasser aus dem Hahn trinken. Das scheint ziemlich offensichtlich, aber man darf nicht vergessen, dass auch Eiswürfel und alles, was mit diesem Wasser gewaschen wird, dazugehört.

Niemals Salat essen! Wenn man über einen Markt schlendert, sieht man oft, wie Kopfsalat und Gemüse auf dem Boden aufgestapelt ist, und es fehlt auch nie eine Ziege oder anderes Getier, das darüberpinkelt. Außerdem wird der Salat oft in schmutzigem Wasser gewaschen.

Niemals Ungekochtes essen! Regel Nummer drei hebt die Regeln eins und zwei auf – wenn es dampfend heiß und durchgekocht ist, kann man es essen. Manche Leute vermeiden Fleisch an Straßenständen, aber wenn es zu Tode gekocht wurde, wurden auch sämtliche Bakterien zu Tode gekocht.

Regeln eins bis drei sind in betrunkenem Zustand aufgehoben.

Wir hatten während unserer Reise ein wahres gastronomisches Abenteuer erlebt und frische, authentische Speisen jedes Landes probiert. Das Bestellen lief normalerweise so ab, dass wir wahllos mit einem dümmlichen Grinsen auf irgendwelche Dinge auf der Speisekarte zeigten. Meiner Meinung nach ist Thailand weltweiter Spitzenreiter, wenn es um Street Food geht. Von Grillspezialitäten über Currys bis hin zur einfachen, aber immer perfekten Nudelsuppe kann man sich dreimal täglich gutes, gesundes Essen für wenig Geld leisten. Es zaubert einem oft ein glückliches Lächeln auf das Gesicht – oder treibt einem den Schweiß aus den Poren, wenn es sehr scharf ist.

China war auf seine ganz eigene, chinesische Art und Weise modern, während Thailand auf die amerikanische Starbucks-MTV-Art-und-Weise modern war; an jeder Straßenecke gab es Hot Dogs und Iced Coffee. Wir suchten eine kleine, ruhige Insel, weit weg von dem urbanen Umtrieb, damit die Mädels ihre letzten paar Ferientage genießen konnten.

Diese fanden wir letztendlich auf Ko Chang, einer Insel im Süden. Eines Tages hielt uns ein Pärchen auf der Straße an; sie kamen aus England und waren fasziniert, ein ihnen so vertrautes Gefährt so weit weg von zu Hause zu sehen. Sie sagten, sie würden uns einen tollen Platz verraten, wenn wir sie im Taxi dahin mitnehmen würden. »Und sobald wir dort ankommen, laden wir euch auf ein Bier ein«, verkündeten sie.

Sie brachten uns zu einem schönen, von Palmen gesäumten Strand mit einem exzellenten Restaurant und einer Bar. Außerdem gab es kleine Holzhütten, in denen die Übernachtung so gut wie nichts kostete. Man versicherte uns, dass die Aussicht überwältigend sei, aber im Moment prasselte lediglich der Monsun vor unseren Augen nieder. Um dem Regen zu entkommen, setzten wir uns an den Tresen, den weißen Sand unter unseren Füßen, und tranken ein Bier, dann noch eins, schließlich waren es drei oder vier. Wir erfuhren, was für ein faszinierendes Leben Ian und Mish führten. Ian hatte, bevor sie nach Kambodscha gezogen waren, mit ein paar meiner Lieblingsbands gespielt: The Prodigy, Massive Attack und den Smashing Pumpkins. Heute arbeiteten beide als Freiwillige für einen lokalen Wohltätigkeitsverein, der versuchte, der Kinderprostitution ein Ende zu bereiten. Sie holten Kinder und Jugendliche aus den Fängen der Prostitution und kümmerten sich darum, dass sie eine Schulbildung erhielten.

Ganz besonders Ians Job schockierte mich. Er beschrieb sich selbst als »zwielichtig aussehenden Typ« – fettiges, schwarzes Haar fiel ihm ins gerötete Gesicht; die braunen Zähne ließen auf einen Mann schließen, der zwei Schachteln Zigaretten am Tag rauchte und Wodka-Orange zum Frühstück trank. Er hatte also genau das richtige Aussehen für seine Undercover-Einsätze als »John«, bei denen er Frauen überführte, die ihre minderjährigen Kinder für Sex anboten. Außerdem begleitete er die kambodschanische Polizei, wenn sie Westler in flagranti erwischten und verhafteten, und stellte sicher, dass sie nicht nur mit einem Bestechungsgeld davonkamen. Scheinbar waren eintausenddreihundert Pfund genug, damit die Polizei und die Familie den Mund hielten. Das war alles ziemlich entsetzlich.

Dann erzählte er mir eine interessante Story, die sich ereignete, als er vor zehn oder fünfzehn Jahren mit einem berühmten Musiker Kambodscha besuchte. Das Land hatte sich damals immer noch nicht ganz von der Schreckensherrschaft der Roten Khmer erholt und war so gut wie gesetzlos. Ian und sein Bekannter wurden eingeladen, mit Kalaschnikows herumzuballern und im Dschungel Granaten unter Autos zu werfen – wie es schien, war das damals ein beliebter Zeitvertreib für Touristen. Also schossen Ian und sein Begleiter, gegen Zahlung einer Handvoll Dollar, mit dreißig Jahre alter Munition aus dem Vietnamkrieg auf Bäume, obwohl sie ein wenig besorgt über den Zustand der uralten Waffen waren. Danach fragte sie ihr Reiseführer mit unverhohlenem Zwinkern, ob sie vielleicht auch Lust hätten, eine Kuh mit einem Raketenwerfer abzuschießen, aber Ian lehnte ab.

»Sind Sie sicher?«, hakte der Guide nach, mit erneutem Zwinkern. Ian lehnte wieder ab – und erfuhr erst später, was er *wirklich* damit gemeint hatte.

Allem Anschein nach ging es darum, einen Menschen – einen echten, lebendigen Menschen – zu erschießen. Es gab wohl einen kleinen Kundenstamm (interessant zu wissen, dass es sich dabei hauptsächlich um US-Amerikaner handelte), die den Wunsch hegten, gegen Bezahlung einen Menschen zu töten. Ältere kambodschanische Männer stellten sich dafür zur Verfügung (man bedenke, dass »älter« circa fünfzig Jahre alt hieß!); mit dem Geld konnten ihre Familien Essen auf den Tisch bringen. Ian war deutlich schockiert, fragte den Reiseführer aber aus Neugierde, was es denn kosten sollte. Die Antwort war zwischen drei- und viertausend Pfund. Für dreitausend Pfund stand das Opfer still, für viertausend Pfund lief es herum, damit die Sache sportlicher wurde.

KAPITEL 40

EINMAL HIN ... UND ZURÜCK?

Ein paar Tage später war ich wieder mit Ian und Mish unterwegs. Ich hatte mit meinen Kumpels ausgemacht, uns in Phnom Penh zu treffen, aber zuerst hatte ich Ian und Mish versprochen, sie in Kambodscha abzusetzen.

Die Straße schlängelte sich an der Küste entlang, vorbei an wunderschönen Resorts und winzigen Dörfern. Je näher wir der Grenze kamen, desto dichter wurde der Dschungel; die Schwüle und Luftfeuchtigkeit waren dank der frischen Meeresbrise kaum spürbar: Wir hatten perfekte Fahrbedingungen.

Als wir an die Grenze kamen, überfiel mich eine leichte Panikattacke – schließlich kannte ich Ian und Mish erst seit ein paar Tagen und hatte keine Ahnung, ob ihre Geschichten wahr waren. Wie konnte ich sicher sein, dass ihre Koffer nicht bis oben hin voller Drogen waren? Nach ein paar Verzögerungen, wobei ich praktisch den Job des Grenzers übernahm (ich hatte nach monatelangen Grenzüberquerungen offensichtlich mehr über die Einfuhr von Autos gelernt als er in seiner ganzen Ausbildung), reisten wir endlich in Kambodscha ein.

Es wurde bereits dunkel, aber wir waren immer noch fast einhundert Kilometer von unserem Ziel entfernt, steckten irgendwo im Niemandsland fest. Wir hatten kaum Licht und es gab kein Hotel und keinen Mechaniker weit und breit. Also *mussten* wir einfach weiter. Glücklicherweise funktionierten wenigstens die Scheinwerfer, die in der Mitte des Kotflügels angebracht waren, sodass ich zumindest einen Teil der Straße, die vor uns lag, ausmachen konnte. Das Problem dabei war, dass wir so für den entgegenkommenden Verkehr wie ein Motorrad aussahen. Ich hatte eine Riesenangst und musste einen Weg finden, um entgegenkommenden Lkws zu zeigen, dass wir ein zwei Meter breites Taxi waren und nicht ein Motorrad, das jederzeit nach rechts ausweichen konnte. Ich suchte das ganze Auto nach einer Lösung ab und befestigte schließlich alle Taschenlampen und alles, was irgendwie reflektierte, an Hannahs Vorderteil. Das Taxi sah ziemlich seltsam aus, aber es funktionierte.

So brachte ich es auch fertig, keinen abwegigen Fußgänger, streunende Hunde oder sprechende Papageien zu überfahren. Drei nervenaufreibende Stunden später, in denen wir qualvoll langsam vorankamen, hielten wir triumphalen Einzug in dem Städtchen und man stellte mir die Bewohner von Ians Hostel vor. Es herrschte ein bisschen Wildwest-Stimmung: eine Mischung aus der Vergnügungssucht der Touristen und der unglaublichen Armut und zügellosen Korruption Kambodschas. Kombiniert mit einer gut bestückten Apotheke ohne Verschreibungspflicht und Bier, das nur ein paar Pence kostete, wurde jedem bald klar, warum Sihanoukville irgendwie ein Party-Städtchen war. Ich blieb ein paar Tage und erinnerte mich dann daran, dass meine Kumpels ja auf mich warteten, also fuhr ich weiter.

Unser Langzeit-Passagier Matt hatte letztendlich den Rückflug angetreten und so traf ich mich mit Johno und Leigh in Phnom Penh, der Hauptstadt. Wir wollten ein wenig mehr über die niederschmetternde Geschichte des Landes erfahren, und mehrere Freunde hatten uns bereits empfohlen, das Tuol-Sleng-Genozid-Museum zu besuchen. Kambodscha wurde zwischen 1975 und 1979 von einem der brutalsten Regimes des zwanzigsten Jahrhunderts kaputtregiert. Pol Pot und seine Roten Khmer hatten fast ein Viertel der Bevölkerung getötet oder verhungern lassen, oft aus keinem ersichtlichen Grund. Sie brachten einfach alle um, die ihrer Meinung nach möglicherweise eine Bedrohung darstellen könnten, wie beispielsweise Brillenträger, denn Brillen waren ein Zeichen von Intelligenz.

Das Museum war in einer alten Schule untergebracht, in der man siebzehntausend Menschen verhört und gefangen gehalten hatte. Es waren nur sieben Überlebende bekannt. Diese düstere und ernüchternde Erfahrung stand im krassen Gegensatz zur Dekadenz der großen Südostasien-Backpacker-Community. Es war ein verstörender Gedanke, dass all dies vor nicht allzu langer Zeit, nur ein paar Jahre vor unserer Geburt, passiert war.

Unser nächstes Ziel: Angkor Wat, das achte Weltwunder. Leider hatten wir keine Karte, da wir, wie ich bereits einmal erwähnte, totale Idioten waren, und so brauchten wir viel länger als erwartet. Zudem regnete es noch immer und das gesamte Land schien unter Wasser zu stehen. Aus Straßen wurden Flüsse, alle Felder waren überflutet und von den Dächern rauschten Sturzbäche.

Um dem Regen zu entkommen, verkrochen wir uns in einem superbilligen Hotel in Weiß-der-Himmel-wo und informierten uns online über das Weltgeschehen. Johno hatte endlich einmal gute Nachrichten:

»Ähm, Jungs ... Ich glaube, ich habe eine Lösung für all unsere Probleme!«

All unsere Probleme ließen sich tatsächlich auf ein einziges zurückführen: Geld – oder vielmehr kein Geld. Unsere Reserven waren schnell erschöpft. Bei unserer Abfahrt aus England hatten wir genügend Cash, um für unsere Visa, Benzin, Fähren für Hannah und uns selbst und dann und wann ein paar Bier zu bezahlen. Außerdem hatten wir ein kleines Polster für unerwartete Ausgaben angelegt. Das Problem war aber, dass wir drei Monate verspätet waren. Verzögerungen, Pannen und ein Anstieg der Benzinpreise hatten dazu geführt, dass unsere Reserven zu Ende gingen, und drei Extramonate Lebenshaltungskosten mal drei hatten die Notfallkasse leergeräumt. Unsere Meinungsverschiedenheiten drehten sich meistens direkt oder indirekt ums Geld und es hing ständig die unausgesprochene Sorge im Raum, dass einer von uns seinen Notgroschen vor den anderen aufgebraucht hatte und wir ihm dann aus der Klemme helfen müssten.

»Was soll das heißen?«

»Also, so ein Typ wollte sich mit mir auf Facebook anfreunden. Er heißt Nimrod, ist aus Tel Aviv und trägt einen weißen Anzug wie so ein Mafia-Typ ... also dachte ich natürlich zuerst, es wäre Spam, und habe ihn ignoriert. Aber dann hat er mir eine Nachricht geschickt ...«

Wir rückten zusammen, sodass wir alle die Nachricht auf dem Bildschirm lesen konnten:

An: Johno Ellison
Lieber Johno, Glückwunsch zu eurer inspirierenden Reise, um den Weltrekord zu brechen! Ich würde dir und deinem Team gerne einen Sponsorenvertrag anbieten, der es euch ermöglichen würde, das Ziel eurer Spendeneinnahmen zu erreichen oder vielleicht sogar zu übertreffen. Sag mir Bescheid, ob ihr an meinem Angebot interessiert seid!

»Das ist Spam!«, sagte ich.

»Sollen wir ihm einfach unsere Bankverbindung geben, damit er uns das kleine Vermögen überweisen kann, das ihm ein Prinz aus Nigeria hinterlassen hat?«, fragte Leigh sarkastisch.

»Das dachte ich auch zuerst, aber dann habe ich mich ein wenig mit ihm unterhalten. Sie wollen die Reise mit Hannah zurück nach London bezahlen. Ich habe ihn im Web gecheckt, und wie es aussieht, ist die Firma echt«, grinste Johno. »Das ist ein Start-up-Unternehmen für eine Taxi-App, sie haben vor Kurzem erst Millionen Pfund in Risikokapital zusammengetragen ... Ich glaube, wir haben hier ein echtes Angebot, Jungs!«

Die darauffolgende Unterhaltung verlief ungefähr so:

»Fuck.«

»Fuck.«

»Soll das ein Witz sein?«
»Nein!«
»Fuck.«
»Fuck.«
»Aber echt!«
»Shit.«
»Fuck.«
»Und – wollt ihr zurückfahren?«
Die Antwort kam einstimmig: »Um Gottes willen, NEIN!«
Wenn man bedenkt, dass es sich hierbei eigentlich um ein fantastisches Angebot handelte, war der darauffolgende Streit wirklich seltsam. Leigh und Johno lagen sich in den Haaren. Obwohl er es nie erwähnt hatte, denke ich, dass Leigh äußerst vorsichtig damit war, Leute ins Boot zu holen, die aus unserem Weltrekord Nutzen ziehen wollten. Johno war wie immer etwas begriffsstutzig und wollte vor allem die Suche nach einem echten Job so lange wie möglich hinausschieben – zu Hause wartete sowieso niemand auf ihn.

Ich persönlich hatte auch keine große Lust darauf, die ganze Strecke zurückzufahren. Wir fürchteten alle, dass weder wir noch Hannah den langen Weg durch Asien nochmals überleben würden, aber andererseits hatte dieses Unternehmen offensichtlich etwas Geld übrig und wollte an der Expedition teilhaben. Es gab noch eine andere Möglichkeit, und die würde uns allen einen Traum erfüllen.

»Wir könnten sie fragen, was sie davon halten, wenn wir über die USA zurückfahren und so eine volle Weltumrundung nach London hinlegen ...«, schlug ich zaghaft vor.

Jetzt waren die Verhandlungen in vollem Gange. Durch den Zeitunterschied Kambodscha–Israel wurden es lange Nächte für uns. *GetTaxi* vermittelt online Fahrdienstleistungen via Smartphone-App in London und Israel. Für sie und ihr enormes Marketingbudget waren wir perfekt. Zunächst waren sie ein wenig zurückhaltend bei unserem Vorschlag, durch die USA zu fahren, da Amerika noch nicht in ihrem Angebot enthalten war. Als wir ihnen aber die Möglichkeiten für großartige Fotomotive schmackhaft machten – unser Taxi im

GetTaxi-Look unter dem Hollywood-Schriftzug oder vor der Golden Gate Bridge –, hatten wir sie überzeugt.

Es gab nur ein Problem: Nimrod wollte alles bis zum Ende der Woche unter Dach und Fach bringen, denn dann begannen seine Flitterwochen. Wir beglückwünschten ihn und fragten, wohin es denn gehen solle.

»Ko Pha Ngan, eine Insel in Thailand.«

Auf der Insel fand die berühmt-berüchtigte Full Moon Party statt; eine Party, die man auf jeden Fall mitnehmen sollte, wenn man durch Thailand fuhr.

»Dieses Wochenende?«

»Ja, das wird der Hammer!«

»Krass. Wir werden auch in Ko Pha Ngan sein … und zwar genau an dem Wochenende!«

Das war schlicht Schicksal! Wir einigten uns darauf, uns auf der Insel zu treffen und dort alles Weitere zu besprechen.

KAPITEL 41

SO NAGELT MAN EINEN BUSINESS-DEAL FEST

Ich stand in der Eingangstür des Hotels, wartete auf Leigh und Paul, die gerade auscheckten, und sah so lange dem Monsun zu, wie er vom Himmel fiel – seit Indien verfolgte er uns gnadenlos. Den ganzen Weg über von der Hauptstadt bis zu den beeindruckenden antiken Tempelanlagen von Angkor Wat im Dschungel hatte es wie aus Eimern geschüttet und es sah so aus, als stünde der Großteil des Landes unter Wasser.

»Ich wollte eigentlich nach Siem Reap und mir Angkor Wat ansehen, aber bei dem Regen ...«, sagte eine Stimme neben mir.

»Wenn du möchtest, kannst du gerne bei uns mitfahren«, antwortete ich dem braungebrannten Franzosen, dessen Lockenpracht fast sein ganzes Gesicht bedeckte. »Wir haben ein Auto und fahren demnächst los.«

»Hmmm ... fahrt ihr jetzt gleich los?«

»Ja, so in zehn Minuten.«

Wir schauten noch ein paar Minuten zu, wie das Wasser auf die Straße prasselte, dann sprach er weiter: »Okay, dann checke ich aus dem Hotel aus und fahre bei euch mit.«

Kevin, der Franzose, hatte eine Gitarre dabei und war sogar noch cooler als Anders, der Schwede. Er hatte ein paar Monate in Australien gearbeitet und konnte nun, dank der starken Währung, durch ganz Asien reisen; außerdem konnte er mit seinem französischen Charme so viele Backpacker-Touristinnen herumkriegen, wie er nur wollte. Als ich erwähnte, dass unser Ziel Darwin in Australien war, lächelte er in sich hinein.

»Oh ja, in Darwin hatte ich jede Menge Spaß ...«, begann er, ließ den Satz dann aber in der Luft hängen und starrte wehmütig in die Ferne.
»Ach ja? Erzähl mal ...«
Das tat er dann auch ... Ich kann seinen sehr anschaulichen Bericht hier unmöglich wiedergeben. Ich kann nur so viel sagen, dass es dabei um seine »Beziehung« zu einer Lady aus Darwin, einen Einkaufswagen und einen LSD-Trip ging. Seine farbenfrohe Schilderung brachte etwas Licht in den düsteren Tag; danach bewunderten wir die atemberaubenden Tempel von Angkor Wat, die sich in den Dschungel schmiegten, inmitten von dicken Bäumen, Ranken und Schlingpflanzen.

Als wir die Tempelanlage gerade verlassen wollten, lauerte mir ein kleiner Junge von ungefähr sieben Jahren auf; er wollte mir unbedingt ein paar Armbänder verkaufen.
»Du kaufen Armbänder!«
»Nein, danke, ich habe schon welche.«
»Du kaufen Armbänder für Freundin!«
»Ich habe keine Freundin ...«
»Du wissen, warum du keine Freundin? Weil du nicht kaufen Armbänder für sie!«

Unser nächster Halt war Bangkok, die Hauptstadt der Backpacker-Community. Schon allein der Name rief filmreife Bilder in uns wach. In unseren Köpfen sahen wir geschäftige Nebenstraßen, durch die der Dampf gerösteter Insekten kroch, die alte Frauen auf hölzernen Spießen brieten. In den rauchgeschwängerten Zimmern darüber würden Leute fragwürdigen Geschlechts noch fragwürdigere Dinge mit Ping-Pong-Bällen tun und Horden von kleinen, dicken Männern würden bündelweise Geld auf Boxer setzen, die mit bloßen Händen bis zum Tod miteinander rangen.

Die Fahrt in die weitläufige Stadt nahm kein Ende. Man hatte uns eine vage Wegbeschreibung zum Haus eines Freundes gegeben, die sich an einer Autobahn und einem hohen Gebäude orientierte, aber von beiden gab es in Bangkok viel zu viele. Also fuhren wir dieselbe Autobahnstrecke fast eine Stunde lang hinauf und hinunter.

Wir hatten vor, uns in der Khaosan Road, dem Backpacker-Zentrum Südostasiens, mit ein paar Leuten zu treffen, die wir vorher in Asien kennengelernt hatten. Die in Neon gebadete Straße war proppenvoll; sie schien Westler im Umkreis von Kilometern anzuziehen, und in nur drei Stunden liefen uns drei weitere Gruppen über den Weg, die wir aus den letzten beiden Wochen kannten.

Auf unserem Weg an der Küste entlang zur Full Moon Party dachten wir über diverse Möglichkeiten nach, nur um festzustellen, dass wir eigentlich keine hatten – während der ganzen Reise hatten wir alle drei mit Geldproblemen zu kämpfen. Wir hatten so hart gearbeitet – und jeder Penny, den wir für die Reise gespart hatten, bedeutete sehr viel für uns. Es war wirklich eine beachtliche Leistung, dass wir damit statt der geplanten sechs Monate bereits neun überlebt hatten.

Und dann blieb da noch die Frage, wie wir mit Hannah von Australien aus zurück nach Hause kämen. Zum derzeitigen Stand mussten wir wirklich einen Sommer lang in Queensland bei der Mangoernte aushelfen, damit wir wenigstens in der Holzklasse zurück in unsere Heimat fliegen könnten.

Auch Hannah machte Probleme – abgesehen davon, was uns bisher Reparaturen und die Einfuhr nach China gekostet hatten, wurden die Gebühren, um sie auf dem Seeweg nach Australien zu schicken, jede Woche teurer. Sie einfach *Down Under* zurückzulassen war auch keine Option, denn dann müssten wir unglaubliche Fahrzeug-Einfuhrgebühren löhnen. Also mussten wir sie entweder 18 000 Kilometer über den Ozean schicken oder sie im Outback komplett vernichten – ganz aus Versehen natürlich. Wir hatten sogar schon mit dem Gedanken gespielt, uns ein bisschen Dynamit zuzulegen, das in Australien für den Bergbau verwendet wurde, und unser Baby damit in die ewigen Jagdgründe zu befördern, um die Gebühren zu umgehen, die wir uns nicht leisten konnten. Angesichts all dieser Schwierigkeiten würden wir uns Nimrods Sponsor-Angebot doch sehr gerne anhören, obwohl wir immer noch dachten, es hörte sich zu gut an, um wahr zu sein.

»Leigh, so kannst du nicht zu einem Business-Meeting gehen«, belehrte ihn Paul – der Diplomkaufmann –, und zeigte auf dessen abwechselnd neon-pink und hellbraun lackierte Fußnägel.

»Pfft! Keine Sorge!«, gab Leigh – der Diplomdesigner – zurück und so knatterten wir durch das üppige Inselinnere und schritten durch die Eingangstür des Nobelhotels.

Als Nimrod an der Seite seiner wunderschönen, frischgebackenen Ehefrau im Designer-Bikini auf uns zukam und uns an einen kunstvoll gedeckten Tisch führte, fühlte ich mich augenblicklich etwas schmuddelig. Dieses Wine-and-Dine-Treffen war ein bisschen zu viel für uns, und wir taten unser Bestes, um seriös zu erscheinen und ihm nur die etwas gesetzteren Geschichten der Reise zu erzählen. Dann unterbreitete er uns das Angebot von *GetTaxi*.

Nimrod erzählte uns, dass auch er die Idee gehabt hatte, den derzeitigen Weltrekord zu brechen, dann aber bei einer Internet-Recherche herausgefunden hatte, dass wir das bereits im August in Tibet geschafft hatten. Zunächst sei er enttäuscht gewesen, hätte sich dann aber gedacht: »Wenn du sie nicht schlagen kannst, verbünde dich mit ihnen!« Die Tatsache, dass wir zur gleichen Zeit zur gleichen thailändischen Insel reisten, ließ die Sache wie einen kosmischen Wink des Schicksals erscheinen – entweder das oder ein richtig übler Schwindel. Aber warum sollte man gerade uns übers Ohr hauen wollen, drei arbeitslose Briten, die bald völlig abgebrannt in einem fernen, sandigen Land mit der weltweit giftigsten Tierwelt stranden würden?

Bis zum Nachtisch hatten wir eine vorläufige Vereinbarung: *GetTaxi* würde uns einen unglaublichen Haufen Kohle geben und im Gegenzug dazu würden wir um die Welt fahren und Werbung für sie machen. Damit hätten wir eine gute Entschuldigung, das Erwachsenwerden auf unbestimmte Zeit zu verschieben und unsere Erdumrundung noch eine Weile fortzusetzen, mit dem einzigen Unterschied, dass jetzt andere Sticker unser Auto zieren würden und wir keine Geldsorgen mehr hätten.

Uns allen dreien schlackerten die Knie, als wir nach dem abschließenden Händedruck zum Auto zurückgingen. Es fiel uns schwer, unserer Freude nicht allzu offensichtlich freien Lauf zu lassen und ein einigermaßen professionelles Äußeres zu wahren – wir hatten tatsächlich jemanden gefunden, der unsere Fahrt um die Welt bezahlen würde! Es hörte sich immer noch nach einem Traum an. Doch damit nicht genug; heute war die Full Moon Party angesagt, die größte Party in ganz Südostasien! Ich wollte nur noch ins Auto, einmal um die Ecke fahren und dann endlich meine Freude in die Welt hinausschreien.

»Ach ja, ein wichtiger Punkt noch ...«, rief uns Nimrod hinterher, plötzlich sehr ernst.

»O je«, dachte ich, »jetzt kommt's, der Deal-Breaker. Sie werden uns zwingen, unsere Erstgeborenen der Taxi-Mafia zu vermachen und uns *GetTaxi* auf die Stirn zu tätowieren.«

»Leigh ... dein Nagellack hat meiner Frau wirklich gut gefallen!«

Jetzt gab es kein Halten mehr: Unsere aufgestaute Erregung platzte aus uns heraus in einem wilden Gelächter, das in keinem Verhältnis zu Nimrods Witz stand ... und noch bevor wir Gefahr liefen, den Deal unseres Lebens zu verpatzen, machten wir uns schnell vom Acker.

KAPITEL 42

DAS SWANSEA-STEROID-MONSTER

Die Full Moon Party ist *das* Strandparty-Event für die Generation Y: Sonne, Sand, Meer und Rihanna. Seit Vang Vieng hatten wir in jeder einzelnen Kneipe die Top Ten des Pop rauf und runter gehört, und Ko Pha Ngan war da keine Ausnahme. Als wir von unserem Treffen mit Nimrod zurückkamen, bedeutete uns auf einmal ein Engländer auf einem Scooter, rechts ranzufahren. Woody sagte uns, dass er einen Club in der Stadt hätte und wir die ganze Nacht umsonst trinken könnten, wenn wir unser Taxi davor parken würden. Der Tag wurde von Minute zu Minute besser!

Am späten Abend war Leigh so high von dem örtlichen Mix aus Energiedrinks und Alkohol, dass er vor einer Boxenwand alleine vor sich hin ravte. Johno und ich übernahmen die Aufgabe, uns auf Hannahs Motorhaube vor Woodys *Club 9* mit kostenlosem Alk zuzudröhnen und huldvoll Komplimente entgegenzunehmen.

»Oh Maaaannnn .... Ich liebe euer Taxi!«

»Das ist nett, danke.«

Das kam von einem Waliser mit monumentalen Ausmaßen – ein breites, von Kopf bis Fuß tätowiertes Steroid-Monster aus Swansea. Er sah uns fest in die Augen und sagte, giftig und einschüchternd zugleich, wobei er jedes einzelne Wort betonte:

»Nein, ich meine, ich LIEBE euer Taxi!«

»Ähm ... Cheers?«

»Ich meine, ich LIEBE es wirklich ... Darf ich es bumsen?«

»Bumsen?«

»Ja, bumsen ... Darf ich euer Taxi bumsen?«

Da wir nicht das walisische Ungeheuer in ihm wecken wollten (und da wir – zugegebenermaßen – neugierig waren, was er tun würde), sagten wir nur: »Na klar!«

Ein breites Grinsen ging über sein Gesicht und die Stimmung schlug von einem Moment zum anderen um.

»Echt? Ooch, danke, Jungs!«

Mit diesen Worten kniete er sich neben den Auspuff, ließ seine Schwimmshorts fallen und begann sich einen runterzuholen. Eine Menschentraube bildete sich um ihn herum und Johno und ich mussten so lachen, dass wir vom Taxi fielen.

Wir hatten schon einiges auf der Reise gesehen, aber das schlug dem Fass den Boden aus. Wahrscheinlich hatte er ein paar Eimer Thai Whiskey zu viel intus. Nach zwei Minuten vergeblicher Liebesmüh bestand eher die Gefahr, dass er sich bei der Rubbelei verletzte, also zog er die Shorts wieder hoch und gab auf.

»Tut mir leid, Jungs, ich kann einfach nicht, zu viel Alk, wisst ihr ... vielleicht nächstes Mal, ja?« Er sah uns fragend an; er wollte wirklich wissen, ob er seine einzige Chance vertan hätte, es mit einem London Black Cab in Thailand zu treiben.

»Ähm, ja, sicher ...«

»Danke euch, Jungs«, sagte er und verschwand in der Nacht.

Leigh und ich hatten uns in Thailand beim Schwimmen an den Beinen an Korallen geschnitten. Diese Wunden konnten sich schnell entzünden, und die unhygienischen Bedingungen eines Zusammenlebens in einem London Black Cab und das Schwimmen auf Ko Pha Ngan, wo das Meer nach der Full Moon Party zu gleichen Teilen aus Urin und Erbrochenem bestand, trugen nicht gerade zu einer schnellen Heilung bei. Leigh hatte sogar vierundzwanzig Stunden in einem Hostel in Kuala Lumpur damit verbracht, sein Fieber he-

rauszuschwitzen. Unsere eitergefüllten Schnitte behandelten wir hauptsächlich mit dunkelrotem Jod, von dem wir eine Flasche im Erste-Hilfe-Kasten gefunden hatten. Eines Abends, als wir auf der Veranda saßen und ich mein Bein verband, griff ich nach der Flasche mit der dunklen Flüssigkeit.
»Leigh, ist das die neue Flasche Jod?«
»Nein, das ist Soja-Soße.«
»Ha-ha, sehr witzig«, sagte ich und goss mir die Flüssigkeit großzügig in die Wunde. Ungefähr zur gleichen Zeit, als ich aufsah und in eine Runde schockierter Gesichter blickte, begann mein Bein auf die Behandlung zu reagieren und ich brüllte vor Schmerzen.
»Und ich hab's dir noch gesagt, Mann ...«

Thailand lag hinter uns und vor uns möglicherweise nur noch drei Länder – alles schien auf einmal viel zu schnell zu gehen. Theoretisch wäre in einem Monat schon alles vorbei, gerade jetzt, als wir – anstatt vor korrupten Polizisten davonzurennen – unser Auto stolz einer Horde Schulkinder zeigten. Wir übernachteten zu der Zeit bei einem Freund von Paul, der als Lehrer in Malaysia arbeitete.

Selbst Malaysias perfekte Straßen hielten noch ein paar Überraschungen für uns bereit: Wir hatten unseren ersten geplatzten Reifen, als wir über eine Autobahn donnerten. Unsere Laune stieg aber sofort wieder, weil ein Pärchen hinter uns hielt, während wir den Ersatzreifen anbrachten, und uns zum Mittagessen an der nächsten Tankstelle einlud.

Nach den üblichen Fragen, wie wir auf diese Idee gekommen wären und welches unser Lieblingsland sei, wurde die Sache auf einmal viel tiefgreifender.

»Und welche spirituelle Selbsterfüllung habt ihr auf dieser Reise erfahren?«

Ich fühlte mich unbehaglich. War das womöglich der Auftakt zu unserer *Rettung* durch ein paar verrückte Sektenführer oder kam jetzt ein Vortrag über persönliche soziale Verantwortung? Gott sei Dank war es keines von beidem – das Paar war auf dem Weg zu einer Konferenz nach Singapur, und sie wollten unsere Story in ihren Vortrag über Leute, die sich einen Traum erfüllten, aufnehmen. Wir fanden es klasse, dass wir ein paar Fremde dazu inspiriert hatten, unsere Story mit anderen zu teilen.

Hannah sollte von Singapur aus zu unserem lang ersehnten Ziel verschifft werden: Australien. Aber da dort wirklich alles unglaublich teuer war, beschlossen wir, uns zuerst ein wenig in Johor Bahru, einer Stadt am Südzipfel der Malaiischen Halbinsel, umzusehen. Unsere Pension, die gleich an der Bucht zur »Straße von Singapur« lag, wurde von einem temperamentvollen Pärchen geführt, die den Großteil ihres Lebens gereist waren.

Tom, Ende sechzig, hatte immer noch den wilden Look eines Filmstars und war ein begnadeter Geschichtenerzähler. Er erfreute uns mit seinen Berichten darüber, wie er in den Sechzigern in England verhaftet wurde, da er mit dem Whiskey seines Arbeitgebers allzu großzügig umgegangen war. Seine derzeitige Begleiterin war eine quirlige Spanierin namens Emma; sie hatten beide ihre vorherigen Partner verlassen, um gemeinsam die Welt zu bereisen.

Während unseres Aufenthalts wurden sie fast so etwas wie Ersatzeltern für uns – sie kümmerten sich um Leighs und Pauls Full-Moon-Wunden und halfen uns bei der Vorbereitung für Hannahs Schiffsreise. Wenn sie jedoch dachten, wir wären außer Hörweite – zum Beispiel, wenn wir versuchten, auf den papierdünnen Matratzen, die auf steinharten Betonplatten lagen, zu schlafen –, hörten wir oft, wie sie sich wie ein altes Ehepaar stritten. Anscheinend war selbst im Paradies nicht alles in Ordnung.

Hannah wurde bald schon in einen Frachtcontainer verladen und ich steckte mitten in Singapurs gigantischem Hafen fest; dabei musste ich meinen Flug zum Inselparadies Bali erwischen. Wie sich herausgestellt hatte, war es sehr viel billiger, über Bali nach Darwin zu fliegen. Außerdem würde Hannah mindestens sieben Tage auf dem Meer unterwegs sein, also konnte ich mir die Gelegenheit nicht entgehen lassen.

Leigh wollte auch nach Bali, aber wir waren beide reif für etwas Zeit alleine, also reiste ich zwei Tage früher ab und fuhr nach Kuta Beach – das indonesische Gegenstück zu Arenal auf Mallorca. Es wimmelte von »Bogans« – einer Art Aussie-Prol, normalerweise sonnengebräunt und mit einem gut definierten Sixpack; er trägt vorzugsweise ausgeleierte, ärmellose Unterhemden, damit man seine tätowierten Arme bewundern kann. Es war nicht unbedingt meine Szene. Dann bekam ich erfreulicherweise Wind von einer wunderschönen, kleinen Insel nur einen halben Tag mit dem Boot entfernt, die größtenteils Bogan-freies Territorium war und auf der es keine motorisierten Transportmittel gab. Das hörte sich gut an und war der perfekte Ort für ein wenig Ruhe und Frieden.

Als ich mich so in der Sonne aalte und den Blick auf den makellos weißen, von Palmen gesäumten Strand und die gesamte weibliche Bevölkerung Schwedens genoss, die braungebrannt in Bikinis Volleyball spielte, fühlte ich mich so richtig wie im Paradies. Plötzlich wurde ich rüde in die Wirklichkeit zurückgeholt, als eine liebliche Stimme in bestem Midland-Akzent hinter mir sagte:

»Was geht, Arschgeige?«

Das war das Ende von Ruhe und Frieden ...

KAPITEL 43

QUARANTÄNE

Für mich war Australien schon immer eine Ansammlung von Stereotypen gewesen, und in der ersten Viertelstunde, nachdem ich aus dem Flugzeug ausgestiegen war, hatten sich bereits fünfzehn davon bewahrheitet. Zuerst sah ich einen verknitterten, alten Mann, der »Criiiiikey!« brüllte, dann eine Gruppe erwachsener Männer, die umgedrehte Basecaps trugen und in der Eingangshalle an Spielautomaten der Achtzigerjahre spielten.

Über den blitzblanken Parkplatz flitzten Kinder mit sonnengebleichten Vokuhilafrisuren und ein Aborigine mit weißem Wallebart latschte benebelt an mir vorbei. Jetzt fehlte nur noch ein Typ, dem Korken vom Hut baumelten, ein boxendes Känguru und ein liebenswerter Gauner, der mir »das ist doch kein Messer« zuraunte.

Während Leigh und Paul sich weiterhin mit dem schwedischen Volleyball-Team im Strandparadies Bali vergnügten, hatte ich einen Direktflug nach Darwin genommen. Eigentlich sollte unser altes Mädchen hier startbereit auf uns warten, doch obwohl die Schifffahrtsgesellschaft die Kosten mehrfach erhöht hatte, hatte ihr Schiff fast eine Woche Verspätung. Paul und Leigh schwebten weiter auf der schwedischen Wolke, während ich versuchte, aus dem Import-Wirrwarr schlau zu werden und alles für ihre Ankunft startklar zu machen.

Ich ging zum Schifffahrtsamt im Hafen von Darwin und man sagte mir: »Ja, klar, mach dir keine Sorgen, das Schiff läuft am Mittwoch ein, komm dann einfach vorbei.«

Das war zufälligerweise auch der Tag, an dem der Rest unserer Crew ankam, und so schlenderten wir am Mittwoch zum Hafen. Wir hatten unsere Rucksäcke gleich dabei, da wir naiverweise dachten, wir würden am selben Nachmittag weiterfahren. Leider mussten wir aber bald lernen, dass die Information eines Schifffahrtsbeamten und das tatsächliche Geschehen zwei grundverschiedene Dinge waren. Das Schiff hatte bereits eine Woche Verspätung und nun teilte man uns nüchtern und sachlich mit, dass Hannah zuerst entladen und dann inspiziert werden müsste. Den Wagen könnten wir wahrscheinlich »irgendwann nächste Woche« abholen.

Es war eine Katastrophe! Darwin, ein nettes Städtchen mit ungefähr einhundertdreißigtausend Einwohnern, war durchaus ein relaxter, wohlgeordneter Ort – besonders nach dem Wahnsinn auf den Straßen in Asien. Das Problem war aber, dass Darwin leider in Australien lag, wo der Mindestlohn zwölf Pfund pro Stunde beträgt, was bedeutet, dass alles unglaublich teuer ist. Im Norden war es sogar noch heftiger. In dem Hostel, in dem ich untergebracht war, gab es zwar einen Whirlpool, aber eine Nacht im Schlafsaal kostete mehr als eine Woche in einem Einzelzimmer in Asien.

Wir zerbrachen uns den Kopf, was wir nun tun könnten, und kamen dabei nur auf eine Lösung: Auf meinem Hinflug hatte ich eine Lehrerin der örtlichen Schule kennengelernt. Ich hatte ihr von unserem Projekt erzählt und sie hatte uns alle zum Abendessen eingeladen. Nun dachten wir, vielleicht könnten wir sie einfach ganz dreist fragen, ob wir ein paar Tage bei ihr im Garten zelten durften.

Im Bus auf dem Weg zu ihr fiel uns dann auf halber Strecke ein, dass unsere Zelte im Auto waren, und das Auto war immer noch auf dem Schiff. Seit fast drei Wochen hatten wir nur unser Handgepäck bei uns.

Bernadette hatte ein tolles Essen für uns gekocht und wir erzählten ihr von der Sache mit dem Auto. Ohne lange zu überlegen, lud sie uns ein, bei ihr zu bleiben, bis die Sache geklärt wäre. Wir waren nicht einmal dazu gekommen, ihr das Zelten im Garten vorzuschlagen – ein weiteres Beispiel für die unglaubliche Gastfreundschaft, die wir während der ganzen Reise erfahren hatten. Wir wussten jetzt, dass diese Art von Großzügigkeit und herzlicher Aufnahme nicht nur auf bestimmte Länder beschränkt, sondern scheinbar ein weltweites Phänomen war.

Australien ist im Grunde eine riesige Insel, auf der eine Menge tödlicher und wundersamer Kreaturen leben. Es ist daher also nur verständlich, dass die Australier auf ihr einzigartiges, isoliertes Ökosystem achten – Quarantäne ist also eine ernst zu nehmende Angelegenheit. Wir hatten schon Horrorstorys gehört von Touristen, die Hunderte von Dollar Strafe zahlen mussten, weil sie eine Banane in ihrem Gepäck vergessen hatten. In unserem Fall wäre der Stein des Anstoßes vermutlich etwas größer und wir machten uns zu Recht Sorgen über Hannahs schmutziges Innenleben, als sie an jenem Freitag endlich vom Schiff lief.

Schon in der ersten Minute während der Inspektion wurde uns klar, dass weder die Desinfektion im Container noch unsere stundenlange Putzaktion in Malaysia ausgereicht hatten. Der Beamte steuerte geradewegs auf die hinteren Felgen zu und tastete in ihnen herum. Als er die Hand wieder herauszog, hing daran Schmutz aus ganz Asien, Indien, dem Mittleren Osten, Russland und womöglich sogar noch aus London. Jetzt müsste das Auto also »professionell« gereinigt werden, zu fünfzig Pfund pro Stunde. Aber das war noch nicht alles – die Nachfolgeinspektion würde erst am nächsten Dienstag stattfinden, also überbrachten wir Bern die Hiobsbotschaft, dass sie uns noch eine Weile länger ertragen müsste.

In den nächsten Tagen organisierten wir ein paar Vorträge an ihrer Schule, kochten ein paar Mal für sie und versuchten, ihr allgemein keine allzu große Last zu sein. Dann kam unser D-Day und wir latschten wieder an den Hafen, um den Urteilsspruch des Quarantäne-Beamten entgegenzunehmen.

Dieses Mal hatte Hannah, dank der Barmherzigkeit des Beamten, den Test bestanden. Das Prozedere hatte aber andere Dinge ans Licht gebracht, die uns etwas irritierten. Erstens hatten sie, anstatt Hannah in einem geschlossenen Raum mit einem Hochdruckreiniger zu säubern – wie wir uns das vorgestellt hatten –, den ganzen Dreck, Grünzeug und was sich sonst noch so an »sensitivem ökologischem

Material« über die letzten 48.000 und ein paar zerquetschte Kilometer angesammelt hatte, einfach ins Meer gspült. Teilweise floss es auch schon wieder zurück in den Hafen. Und als wir gegenüber dem heiligen Umwelthüter Australiens erwähnten, dass wir einen Ölwechsel machen mussten, riet er uns, wir sollten einfach ins Outback fahren und das Öl dort ablassen.

Aber manchmal hatten wir auch Glück bei der ganzen Sache.
»Ich habe schon auf euch gewartet.«
Das hörte sich nicht gut an. Wir kannten diesen Knaben aus der Einfuhrabteilung überhaupt nicht, aber wenn ein hochoffizieller Beamter sagt, dass er auf dich gewartet hat, darf man sich Sorgen machen.
»Ich habe den Artikel über euch im *Practical Classics* gelesen. Das ist ja eine tolle Reise! Ich wusste, dass ihr bei mir vorbeikommen würdet, sobald ihr in Darwin ankommt, und habe mich schon gefreut, euch kennenzulernen.«
Wir hatten gar nicht gewusst, dass in dieser Zeitschrift ein Artikel über uns erschienen war, aber dank unseres neuen Fans war unser Papierkram an einem Tag erledigt und lag am nächsten Morgen zur Unterschrift bereit. Jetzt musste nur noch die Fahrzeugprüfung zur Straßenzulassung problemlos über die Bühne gehen und dann wären wir weg – wenn sie dort nur halb so nett wie dieser Typ waren, wäre die Sache gegessen!

»Ich sollte euch wohl besser nicht mit dem Auto da rausfahren lassen.«
Wir waren bei fast allen Tests durchgefallen. Als das Auto ohne Saft für die Lenkung aus dem Container geholt wurde, wurden dabei die Lenkstangen aus der Spur gerissen. Die Bremsen hielten den Wagen zwar an, aber nur drei von ihnen funktionierten, als man

Hannah auf den Prüfstand stellte. Die Windschutzscheibe hatte ein paar riesige Sprünge, denen der übereifrige Hochdruckreiniger auch nicht gerade gut getan hatte. Bei einem Blick auf die Karosserie wurde chronischer Rost festgestellt (obwohl das bombensichere Fahrwerk immer noch in Ordnung war), und die Blinker hatten – wieder einmal – komplett den Geist aufgegeben.

Ein großer Typ im Overall des *Northern Territories Vehicle Testing Centre* händigte uns nach der Überprüfung ein Blatt Papier aus, auf dem so gut wie jeder einzelne Punkt rot angestrichen war. Er wies uns an, dass wir vom Gesetz her nur von der Zulassungsstelle bis zur Werkstatt und zurück fahren dürften. Ich war froh, dass er keine Probefahrt gemacht hatte, denn dann hätte er festgestellt, dass das Getriebe auch so gut wie am Ende war. Die in Coventry für den Londoner Stadtverkehr hergestellten Bremsen und das größte Bergmassiv der Welt passten einfach nicht gut zusammen und wir benutzten die Motorbremse, wann immer es ging. Das Getriebe hatte am meisten davon abbekommen und beklagte sich mit einem ätzenden, kontinuierlichen Knirschen, es sei denn, man beschleunigte im zweiten oder dritten Gang.

Als wir die Werkstatt verließen, dankte ich dem Mechaniker und verabschiedete mich bis zum nächsten Dienstag; ich würde ihn vier Tage später noch mal zur Nachprüfung treffen.

»Das hoffe ich!«

»Was meinen Sie damit? Etwas anderes bleibt mir ja wohl kaum übrig.«

»Na ja, vor ein paar Monaten kam dieses deutsche Ehepaar vorbei mit ihrem Campingbus. Als die hörten, dass in Queensland keine Fahrzeugprüfungen vorgeschrieben waren, sind sie einfach verschwunden.«

Zu diesem Zeitpunkt steckte der Deal mit *GetTaxi* noch in der Anfangsphase. Obwohl Nimrod grünes Licht gegeben hatte, mussten immer noch die Chefetage und die Investoren zustimmen, es war also noch keineswegs beschlossene Sache. Wir mussten uns darauf einstellen, dass die Reise eventuell in Sydney zu Ende war, denn wir konnten es uns nicht leisten, Tausende von Dollar in die Reparatur eines Wagens zu stecken, der nach dem Gesetz in einem Monat verschrottet werden müsste. Doch damit nicht genug: Leighs Freundin kam in sechs Tagen in Cairns an – mit dem Auto waren es bis dorthin mindestens fünf bis sechs Tage Fahrt. Außerdem hatten wir unsere Ankunft in Sydney geplant; ein paar Leute aus England würden einfliegen, um bei dem großen Ereignis dabei zu sein. All das ließ uns nur sehr wenig Spielraum. Es sah nicht gut aus, aber wir hatten noch eine Chance. Ich erzählte den Jungs, was ich über das deutsche Ehepaar gehört hatte, und wir begannen einen Plan auszuhecken.

Wir versuchten, völlig unbeteiligt auszusehen, als wir mit unserem technisch gesehen nicht fahrbereiten Taxi, dessen Windschutzscheibe einem gigantischen Spinnennetz glich, langsam durch Darwin rollten.

Selbst mit unserer Autoversicherung, die Drittschäden in Australien deckte, war es uns ohne die Plakette der Straßenzulassung vom Gesetz her nur erlaubt, zwischen der Prüfstelle und einer Werkstatt hin und her zu fahren. Also meldeten wir uns bei einer Werkstatt an und machten uns auf den Weg.

Vor uns lag das berühmte Outback, unsäglich heiß und unwirtlich. Immer wieder tauchten Geschichten über Touristen auf, die im Outback verloren gingen. Die Automatenstimme des SatNav wies uns den Weg: »Fahren Sie neunhundert Kilometer geradeaus und biegen Sie dann links ab ...«

Es war nie die Rede davon gewesen, dass der Mechaniker in Darwin sein müsste.

KAPITEL 44

MIT SEINEM MECHANIKER SOLLTE MAN AUF GUTEM FUSS STEHEN

Die Straße war gut, die Landschaft unerwartet grün und buschig und der Motor schnurrte (wenn auch im fünften Gang, aber was macht das schon?). Wir hatten Vorräte für drei Tage dabei und zelteten in einem Nationalpark, der berühmt war für seine Wasserlöcher. Bei Sonnenaufgang standen wir auf und sprangen in das klare Wasser. Dabei achteten wir aus Angst vor Krokodilen darauf, die tiefen, dunklen Stellen zu meiden. Es gab anscheinend keine Krokodile in der Gegend. Wenn aber jemand das Tier auch nur erwähnte, wurde man schon nervös und suchte nach einer Entschuldigung, um im seichten Wasser zu sitzen.

Australische Vögel sind dumm. Ich kann guten Gewissens sagen, dass ich über internationales Vogelverhalten Bescheid weiß, vor allem, wenn ein 1992er Black Cab auf sie zufährt. Leider wird dieses Wissen wohl nie in einer TV-Quizsendung abgefragt werden. Während die Vögel der meisten Länder einfach wegfliegen, fliegen australische Vögel direkt auf den Wagen zu und flattern dann so lange um die Windschutzscheibe herum, bis sie dagegenknallen. Leigh hatte das Pech, der Fahrer zu sein, als auf dem Weg zum Campingplatz einen kleinen Vogel dieses Schicksal auf unserer Windschutzscheibe ereilte. Der Vorfall sorgte für abendfüllende Vogelmörder-Witze seitens seiner gefühllosen Mitfahrer.

Auf der Rückfahrt vom Campingplatz saß Johno hinterm Steuer. Ein sehr viel größerer Vogel wagte die Mutprobe mit unserem Taxi. Die Bremsen quietschten (oder vielmehr, sie *hätten* gequietscht, wenn sie funktioniert hätten) und mit einem lauten *Rumms* war sein Schicksal besiegelt. Johno und ich saßen vorne und hatten uns instinktiv unter das Armaturenbrett geduckt. Als wir wieder auftauchten, konnten wir durch die ohnehin schon angeschlagene Windschutzscheibe nun gar nicht mehr hindurchsehen. Leigh auf dem Rücksitz bekam sich nicht mehr ein vor Lachen. Für ihn war das ein klarer Fall von Karma – für unsere blöden Vogelmörder-Witze. Der Busch-Fasan, Verursacher und Opfer zugleich– er war ungefähr so groß wie ein herkömmlicher Fasan –, lag ziemlich tot am Straßenrand. Die Fahrerseite der Windschutzscheibe war glücklicherweise nicht betroffen. Die nächste Siedlung war ungefähr neunzig Kilometer entfernt, und die Chance, dass wir dort eine Ersatz-Windschutzscheibe für ein Londoner Taxi auftreiben könnten, war mehr als winzig. Wir mussten also in einem noch schlechteren Zustand nach Cairns weiterfahren.

Wer nicht selbst schon einmal das Outback durchquert hat, kann diese totale Trostlosigkeit nicht richtig erfassen. Das Land ist so unendlich groß; kerzengerade Straßen führen in die Ferne, soweit das Auge reicht, bis sie in einer flimmernden Fata Morgana mit dem Himmel verschmelzen. Tote Wallabys und Kängurus liegen alle paar Kilometer am Straßenrand, Opfer der enormen Frontschutzbügel der Busse und Lastzüge. Gigantische Termitenhügel türmen sich neben der Straße auf, und ab und an sieht man vereinzelt windbetriebene Wasserpumpen-Relikte aus der Zeit längst vergessener Viehstationen. Wir fuhren täglich zwölf Stunden in sengender Hitze.

Fahren – anhalten – im Zelt übernachten – weiter geht's. Jeden Tag.

Diese Monotonie wurde nur von den sogenannten »Road Trains« unterbrochen, die alle paar Stunden mit hundertzehn Sachen an uns vorbeibretterten. *Road Trains* sind ungefähr fünfzig Meter lang und bestehen aus drei durch Bolzen verbundene Sattelzüge. Diese Monster sind schlichtweg furchteinflößend, vor allem, da sie unsere Höchstgeschwindigkeit bei Weitem überbieten können und uns auf Straßen überholten, die gerade einmal breit genug für sie selbst waren. Bei jedem Überholmanöver wurden wir gezwungen, in einer nervenaufreibenden Aktion halb auf, halb neben der Fahrbahn die Spur zu halten.

Jeden Tag fuhren wir durch verbranntes Buschland; jede Nacht wütete ein furchtbares Gewitter. Was waren wir doch für Glückspilze: Regen in der Wüste! Und wieder einmal verfluchten wir unsere verdammten einlagigen Zelte. Wir hatten es ziemlich satt, ständig im Feuchten zu übernachten.

Irgendwann kamen wir in Cairns an und wir wussten, dass das Gröbste hinter uns lag. Jetzt mussten wir nur noch nach Sydney fahren. Wir waren auf der Zielgeraden und gut gelaunt. Und wir hatten fast einen neuen Sponsor-Vertrag in der Tasche, der unsere Reise über Sydney hinaus verlängern würde.

Als wir in Cairns ankamen, sah man uns nicht nur an, dass wir eine lange Fahrt durch die Wildnis hinter uns hatten, man roch es auch. Die Interviews, die wir auf der Reise durch Asien den australischen Fernsehsendern gegeben hatten, hatten uns unerwarteterweise etwas Gutes beschert: Die Hostelkette *Base* bot uns kostenlose Unterkunft an, und zwar in allen Hostels den ganzen Weg an der Küste entlang. Es kam noch besser: »Wir haben oft *Wet-T-Shirt-Contests* – wie wäre es, wenn ihr als *Gießer* mitmacht?«

Wenn wir sie richtig verstanden hatten, war das ein geniales Angebot für drei Jungs im besten Alter – bis auf Leigh natürlich, dessen Freundin gerade aus England herübergeflogen war, um ihn auf der letzten Strecke der Reise zu begleiten.

Da wir Hannah sicher in den Händen eines, wie wir dachten, freundlichen Mechanikers wähnten, widmeten wir uns dem Nachtleben. Einer unserer Kumpel aus England war gerade zufällig vor Ort, und bevor wir uns versahen, uferte unser Wiedersehen in eine jener erinnerungswürdigen Nächte aus wie zum Beispiel die, in der die Taxi-Idee entstanden war. Paul sprang auf den Tisch und tanzte ungefähr acht Sekunden, bis der Rausschmeißer kam.

»Geh sofort da runter, Junge! Was denkst du denn, wo du bist? Im verdammten Woolshed, oder was?«

»Woolshed? Was ist denn das Woolshed?«

»Das ist der Pub, wo alle auf den Tischen tanzen, Mann!«

»Und wo ist der?«, riefen wir wie aus einem Munde.

Wie sich herausstellte, war das Woolshed nur ein paar Straßen entfernt. Sie hatten dort sogar kleine Regale ganz oben an der Wand angebracht, damit man seinen Drink abstellen konnte, während man auf dem Tisch tanzte.

Der Deal mit *GetTaxi* war inzwischen so gut wie bombensicher, und Hannah musste es weiter als die zweitausendeinhundert Kilometer schaffen, die noch bis Sydney fehlten. Also machten wir dem Mechaniker Brando Beine, sie wieder in Schuss zu bringen. Als Zeichen unserer Dankbarkeit brachten wir ihm ein paar Kästen feinstes Castlemaine XXXX Bier vorbei.

Sechs Monate später erhielten wir einen Anruf von der Polizei Queensland. Wie sich herausstellte, hatte unser hilfsbereiter Mechaniker zwei seiner Kunden um die Ecke gebracht. Sie hatten ihm ihr Oldtimer-Wohnmobil zur Reparatur überlassen. Die Einzelheiten des Falles waren noch ein wenig vage, wir wussten aber, dass sie Brando festgenommen hatten und er sich weigerte, der Polizei das Versteck der Leichen mitzuteilen. Ein Hacker hatte unseren Blog-Eintrag des besagten Nachmittags gefunden und die Polizei darüber informiert. Jetzt wollten sie alles über die Fotos wissen, die Brando uns von seiner zweijährigen Tochter mit einer Pistole des Kalibers 22 gezeigt hatte.

Später stellte sich heraus, dass das Pärchen Brando Tausende von Dollar im Voraus gegeben hatte, um ihr geliebtes Wohnmobil restaurieren zu lassen, doch er hatte das Geld anderweitig verwendet. Als sie ihn zur Rede stellten, hatte er sie umgebracht. Zuerst schoss er dem Mann in den Hinterkopf, dann stach er die Frau nieder. Danach hatte er ihre Leichen am Rande eines Regenwaldes entsorgt. Eineinhalb Jahre später wurde er zu zweimal lebenslänglich mit einer Mindesthaftstrafe von dreißig Jahren verurteilt. Was für ein Glück, dass *wir* ihn nicht in einem schlechten Moment erwischt hatten ...

Weiter ging es Richtung Süden, ein Treffen mit alten Freunden jagte das nächste. Lila, eine Freundin aus der Uni, und Leighs Freundin Char fuhren ein paar Tage bei uns im Taxi mit. Meine Eltern waren nach Australien gekommen, um uns zu treffen, noch bevor wir nach Sydney kamen. In Brisbane hatte der Dekan der Queensland University of Technology, Partner-Universität unserer Aston University, eine Pressekonferenz für uns organisiert. Wir hatten ihn am letzten Tag auf dem Campus getroffen. Obwohl vor neuneinhalb Monaten noch alles in den Sternen stand, hatte er uns damals eine große Feier mit Tee und Scones und allem Drum und Dran versprochen, wenn wir es schaffen sollten.

Unsere gute Laune wurde noch besser, als wir die E-Mail mit dem unterschriebenen Vertrag von *GetTaxi* erhielten – Sydney war nicht das Ende der Reise, wir würden tatsächlich einmal die Welt umrunden!

KAPITEL 45

KEIN ENDE IN SICHT

Inzwischen waren wir alle ziemlich fertig von der Reise. Und wir waren kurz davor, einen Zweiundzwanzig-Stunden-Flug anzutreten. Der höllische Kater, den wir uns verdient hatten, weil wir auch noch das Letzte aus den freien Drinks im Hostel herausholen wollten, machte die Sache auch nicht gerade besser.

Es war ein seltsames Gefühl, vom sonnigen Bondi Beach direkt in die eisige Kälte des winterlichen Manchester transportiert zu werden. Trotzdem kam ich aus dem Grinsen gar nicht mehr heraus, während ich all die kleinen, vertrauten Dinge genoss, die ich in den letzten zehn Monaten vermisst hatte.

Hannah ruhte wieder einmal sicher in einem Frachtcontainer, diesmal auf ihrem langen Weg über den Pazifik von Sydney nach San Francisco. Wenn sie in einem Monat oder so dort ankäme, würden wir sie abholen und dann die USA von Küste zu Küste durchqueren.

Von New York aus würden wir Hannah dann per Luftfracht nach Israel schicken und von dort letztendlich zurück nach London fahren – damit wäre die Erdumrundung komplett.

Weihnachten ging vorbei wie im Flug: Familienfeiern, bis mittags ausschlafen und Truthahn-Sandwiches bis zum Abwinken. Sämtliche Familienmitglieder stellten in verschiedenen Variationen eine der beiden folgenden Fragen, sobald wir ihnen von der USA-Verlängerung erzählten:

»Seid ihr sicher, dass diese GetTaxi-Firma legal ist? Was, wenn sie euch nur benutzen, um Drogen zu schmuggeln?« Diese Frage kam für gewöhnlich von den Müttern, Großmüttern und Tanten.

»Wann sucht ihr euch endlich einen *richtigen* Job?« Das war die Frage der Väter und Onkel. Unter dem halb scherzhaften Ton schwang meist echte Besorgnis mit.

Ab Mitte Januar juckte es uns in den Fingern, endlich wieder an die Arbeit zu gehen und Hannah weitere einundzwanzigtausend Kilometer zu fahren.

»Diese Tasche wiegt dreimal so viel wie das erlaubte Höchstgewicht, das kann ich nicht durchgehen lassen!«

Die Morgensonne strahlte durch das Glasdach des Flughafens Heathrow und wir drei mussten uns erst einmal klarmachen, wo wir waren. Wer hätte gedacht, dass wir exakt ein Jahr, nachdem wir uns wegen ein paar Taxi-Ersatzteilen im Keller der Aston University gestritten hatten, wegen derselben Sache auf dem Flughafen Heathrow wieder diskutieren mussten?

Es war Zeit für unsere Charme-Offensive; wenn wir die chinesische Fahrprüfung bestehen konnten, sollte es ein Kinderspiel sein, das Mädchen am Schalter der Fluggesellschaft herumzukriegen.

Leigh erzählte ihr unsere Story, lächelte süß und wickelte sie um den Finger. Das Mädchen ging darauf ein.

»Da kann ich leider nichts machen ... Oh, warten Sie, Sie haben also medizinisches Gerät einer Wohlfahrtseinrichtung im Gepäck?«

»Äh, nein, wir haben Teile für die Bremsen und die Lenkung eines 1992er Londoner Taxis im Gepäck, das habe ich Ihnen doch gerade gesagt ...«

»Okay, also, me-di-zi-ni-sches Gerät für ...« Sie begann, in den Computer zu tippen und zwinkerte uns zu.

»Genau! Medizinisches Zeug. Hauptsächlich für Kinder ... Leben retten und so!«

»Also – es fallen keine Gebühren für Übergepäck an, da es sich um medizinisches Gerät handelt«, strahlte sie und wünschte uns einen guten Flug.

Wir hievten die Tasche auf das Gepäckband, passierten die Sicherheitskontrolle und gingen in den nächsten Pub.

Im Laufe des letzten Jahres hatten wir an den unmöglichsten Orten übernachtet: an russischen Crack-Buden, auf Grünstreifen in Industrieanlagen oder auf Artilleriefeldern im Iran – aber all das war nichts gegen den Flug von Heathrow nach Baltimore. In der Kabine herrschten frostige Temperaturen, der Kaffee war kalt, und das Essen und die Drinks (für die man bezahlen musste!) wurden mit der Finesse einer Suppenküche serviert. Was soll's? Einen Flug später waren wir in San Francisco und mampften echte amerikanische Pizza.

Hannahs Schiff war noch nicht eingetroffen, also nutzten wir die Zeit, um uns auf den Trip durch die Staaten vorzubereiten. Wir kauften SIM-Karten und suchten eine Werkstatt, die das Mammut-Projekt Hannah in Angriff nehmen könnte.

Es gibt wirklich schlimmere Orte auf dieser Welt, um festzustecken. Die hügeligen Straßen von San Francisco, das ständig wechselnde Wetter und die netten Leute hielten uns davon ab, Taxi-bezogenen Papierkram zu erledigen. Wir besuchten Alcatraz, schlenderten durch Fisherman's Wharf und probierten das exzellente lokale Bier, Anchor Steam, während wir in einer richtigen Sportsbar den Super Bowl schauten.

Es vergingen Tage, ohne dass wir von unserem Spediteur hörten, wann wir Hannah abholen könnten. Als er uns dann doch anrief, teilte er uns mit, dass unser Taxi für eine spezielle Zoll-Inspektion ausgewählt worden war und dass *wir* für die Kosten aufkommen müssten, den Container dorthin zu transportieren. Am Schluss mussten wir also für die Inspektion *und* für die Lagerung *und* eventuell anfallende Strafen – für was auch immer sie finden würden – zahlen. Hannahs Verschiffung von Australien in die USA hatte bereits viermal so viel wie der eigentliche Anschaffungspreis gekostet – und all das für ein Fahrzeug, das eigentlich nur noch verschrottet werden konnte und mit Sicherheit nirgendwo jemals wieder eine Straßenzulassung bekommen würde.

»Aber das sind doch nur zehn Stunden Fahrt von hier«, rief er flehend ins Telefon. »Okay, ich fahre sofort los. Bitte NICHT verkaufen! Ich werde extra dafür aus San Francisco kommen!«

Jon machte sein 1990er-Klapphandy zu. »Ähm ... hat jemand Lust, nach LA zu fahren?«

Jon war ein amerikanischer Student, den wir während des Sufi-Festivals in Lahore, Pakistan, kennengelernt hatten. Er hatte sich mit uns in San Francisco getroffen und bettelte uns an, ihn auf unserem Trip durch die USA mitzunehmen. Ich hatte ihm damals im Scherz geantwortet, dass wir keinen Platz hätten und dass wir nur mit Taxis reisten, also wenn er ein New Yorker Yellow Cab auftreiben könnte ... Ein paar Wochen später stand er da und versuchte, den Deal für ein Yellow Cab, das er auf Craigslist gesehen hatte, festzumachen. Doch obwohl er bereits eine Anzahlung überwiesen hatte, hatte Jon gerade erfahren, dass das Taxi anderweitig verkauft werden sollte, wenn er es nicht heute noch abholen würde.

Leigh lag auf dem Bett und sah sich Actionfilme auf dem Laptop an. Er hatte Kopfhörer auf. Johno war in ein Buch vertieft.

»Tja ... klar!«, antwortete ich. Es klang danach, als könnte das ein Abenteuer innerhalb eines Abenteuers werden.

»Leigh, ich bin dann mal kurz weg – muss nach LA, um ein paar Gangstern ein New-York-Taxi abzukaufen, bin morgen wieder da!«

Er blickte kurz von *Zombie Brain Robots 7* auf.

»Cool.«

Jon und ich holten sein Auto in Oakland, auf der anderen Seite der Bay Bridge, ab. Ich nahm mir vor, niemals nach Oakland zurückzukehren, denn hier gab es wirklich sonderbare Gestalten. Sein Auto war ein Jeep Cherokee aus den Neunzigern; der Wagen war bis obenhin zugemüllt.

»Ach du Scheiße, die Karre sieht aus, als ob du darin gewohnt hättest«, sagte ich.

»Ich, ähm ... ja, habe ich eine Weile«, gab er verlegen zurück.

»Mannomann, das muss ja mindestens ein Jahr gewesen sein!«

Alte Lebensmittelverpackungen und Werkzeug sowie jede Menge Zigarrenasche bedeckten den Boden, und im hinteren Teil des Autos stapelten sich Taschen und Koffer.

»Ja, stimmt, fast das ganze Jahr.«

Mir wurde klar, dass es vieles gab, das wir nicht über Jon wussten. Wie zum Beispiel, dass er unglaublich sparsam war. Wir hielten an einem In-N-Out Burger, eine Fast-Food-Kette, von der er so geschwärmt hatte, aber als ich gerade den besten Burger mit Pommes meines Lebens verspeiste, sah ich, dass er nur an einer Cola nippte.

»Möchtest du denn nichts essen?«

»Doch, aber ich versuche gerade, etwas zu sparen.«

Jon war so abgebrannt, dass Johno – das geizigste Nordlicht aller Zeiten – neben ihm wie ein Verschwender aussah. Er hatte nur ein sehr beschränktes Budget für den Trip durch die Staaten, In-N-Outs und Bier waren für ihn nicht drin.

Ich wusste, wie er sich fühlte: Wir waren von England nach Australien gefahren mit einem Budget, bei dem ein Hamburger in einem In-N-Out uns das Budget von drei Tagen gekostet hätte. Im ersten Teil unserer Reise hatten wir gezeltet, wir hatten oft das Mittagessen ausfallen lassen, waren inzwischen Meister im Couchsurfing und nahmen jede Gratis-Mahlzeit mit, die sich uns bot. Wir waren zwar ausgegangen und hatten uns des Öfteren die Kante gegeben, aber das fand nur alle paar Wochen statt und nur, wenn es Alkohol zu lächerlich niedrigen Preisen oder ganz umsonst gab.

Aber jetzt, auf dem USA-Teil der Reise, hatten wir einen neuen Sponsor und ein annehmbares Taschengeld, also war Geld nicht mehr unsere größte Sorge.

Wir fuhren nach Südosten durch hügelige, mit Windturbinen dekorierte Landschaften. Die Sonne ging hinter uns unter und badete die Interstate 5 in einem üppigen Orange. Überlebensgroße Reklametafeln warben für Tankstellen, Diner warben für Burger und Motel-Ketten warben für billige Unterkünfte – willkommen im wahren Amerika.

Die Uhr tickte weiter, und Jon rief in regelmäßigen Abständen den Verkäufer an, um sicherzustellen, dass er das Auto noch nicht anderweitig vergeben hatte und um ihm unseren Reisefortschritt zu melden. Wenn man mich gefragt hätte – ich fand das alles sehr suspekt. Wir wechselten uns hinterm Steuer ab und ich hatte mein erstes Fahrerlebnis auf amerikanischen Fernstraßen. Mir wurde schnell klar, dass Amerikaner miserable Fahrer sind. Das war eine kühne Behauptung meinerseits – ich bin beim besten Willen selbst nicht der weltbeste Fahrer –, aber da ich einmal fast um die Erde gefahren war, hatte ich doch etwas mitzureden bei diesem Thema und konnte es mir erlauben, Verallgemeinerungen zum nationalen Fahrkönnen zu äußern.

Wie es schien, gab es absolut keine Regeln, was die Fahrspuren betrifft – man konnte sie einfach wechseln, wie es einem passte, je nachdem, auf welcher der Verkehr am zügigsten vorankam. Die Laster waren gigantisch groß und hatten keinerlei Geschwindigkeitsbegrenzungen; monströse Allrad-Pick-ups schienen das Recht zu haben, straffrei alle anderen Verkehrsteilnehmer von der Fahrbahn zu fegen.

Der Taxi-Verkäufer rief an, er drohte schon wieder, den Wagen zu verkaufen. Wir sagten ihm, dass wir gegen zwei Uhr morgens ankommen würden und hofften, dass das okay wäre. Vor meinem geistigen Auge sah ich einen alten, pensionierten Taxifahrer, der wegen uns gezwungen wäre, bis in die grauen Morgenstunden wach zu bleiben.

»Ähm, nein … Das ist wohl kaum der Fall. Der Typ hört sich eher wie ein Gangster an. Er ist Armenier und wohnt in Pasadena.« Keine Ahnung, wo Pasadena lag.

»Ach so! Der Typ hört sich an wie ein Gangster und wir kreuzen dort um zwei Uhr morgens mit zweitausend Dollar Bargeld auf?«

Während der nächsten paar Minuten war es ganz still im Wagen, wir überdachten die Situation. Die Wahrscheinlichkeit, von einer Meute Mafiosi verprügelt zu werden, war groß. Kurz bevor wir am Ziel ankamen, fuhr ich rechts ran, öffnete den Werkzeugkasten und nahm den Wagenheber heraus. Nur für den Fall.

Und da stand es vor uns – ein knallgelbes New Yorker Taxi, mit einer Leuchtreklame für »Skinny Margaritas – kalorienarmer, eisgekühlter Margarita-Mix« auf dem Dach. Wir hielten an und Jon stieg aus, um das Geschäft zu besiegeln. Ich hielt den Wagenheber fest in der Hand. Vier Männer standen neben dem Taxi; in ihren Jogginganzügen wirkten sie etwas bedrohlich, dennoch wirkte alles ruhig. Ich stieg aus und sagte Hallo. Sie schienen ziemlich angespannt, als sie uns den Wagen vorführten, und ich fühlte mich ein wenig unwohl in ihrer Gegenwart. Jon machte eine Probefahrt, während ich als Sicherheitspfand dableiben musste. Ich versuchte, mit etwas Smalltalk meine Nervosität zu überspielen, als Antwort bekam ich aber nur ein Grunzen. Dann erwähnte ich nebenbei, dass ich im Vorjahr in Jerewan gewesen war.

»Du warst in Armenien?«, riefen sie aus, und ein ungläubiges Lächeln ging über ihre Gesichter. »ECHT? Wir sind alle aus Armenien, wie hat dir unser Land gefallen?«

Ich kann mir Jons Überraschung bildlich vorstellen, als er von der Probefahrt zurückkam und sah, wie ich mich mit vier taffen Gangstern unterhielt, als wären wir alte Freunde.

Jons neuer Wagen war ein Ford Crown Victoria und hatte zehn Jahre lang als Polizeiauto gedient, bevor es zum Taxi umfunktioniert wurde. Auf dem Rückweg entdeckte ich schnell einige seiner Besonderheiten: Die Rücksitze waren vom vorderen Teil durch eine dicke, ganovensichere PVC-Scheibe abgetrennt, das Funkgerät war immer noch installiert und es gab eine Vorrichtung für eine Schrotflinte. Ebenso musste ich feststellen, dass die Scheinwerfer an die alte Polizeisirene gekoppelt waren – wir bemerkten dies, als wir an einer Tankstelle hielten, um eine Scheinwerferbirne auszuwechseln. Ich ging zum Wagen zurück und wollte versuchen, das Martinshorn auszuschalten; dabei bemerkte ich, dass der Wagen eine Verriegelungsautomatik hatte und wir uns aus Jons neuester Errungenschaft ausgesperrt hatten.

Nach fünfzehn Minuten erfolgloser Versuche waren wir kurz davor, ein Fenster einzuschlagen. Da kam ein Mann herüber und fragte, ob er etwas für uns tun könnte. Er war zufällig bei der Pannenhilfe, und sein Wagen mitsamt Werkzeug stand nicht weit von uns entfernt. In kürzester Zeit hatten wir unseren Wagen wieder.

Er fragte uns, was es mit dem Yellow Cab auf sich hätte, also erzählten wir es ihm.

»Ach, *ihr* seid das? Mann!«

Er rief nach seiner Freundin, die sich im Verkaufsraum der Tankstelle befand.

»Kannst du dich noch an die Typen erinnern, die wir in den Nachrichten gesehen haben? Die ein Taxi einmal rund um die Erde fahren? Das sind die Jungs!«

Er beschloss, den Wucherpreis, den er den Leuten, die sich aus ihren Autos ausgeschlossen hatten, normalerweise abknöpfte, als Gegenleistung für eine Freundschaftsannahme auf Facebook unter den Tisch fallen zu lassen.

Ungefähr dreißig Stunden, nachdem ich nach LA aufgebrochen war, betrat ich erneut den Schlafsaal des Hostels in San Francisco.

»Da bin ich wieder.«

Leigh sah von seinem Laptop auf.

»Habt ihr die Karre?«

»Yep!«

Er wandte sich wieder *Zombie Brain Smashers in Space 4* zu.

»Cool.«

KAPITEL 46

CHIMICHANGAS UND VIERZIGER

Fast zwei Wochen, nachdem wir in San Francisco angekommen waren, bekamen wir endlich die Nachricht, wir könnten Hannah auf einer Werft in Oakland abholen. Obwohl es niemand für möglich gehalten hatte, teilte der Zoll uns tatsächlich mit, dass mit unseren Papieren »ungewöhnlicherweise« alles in Ordnung war. Zu diesem Zeitpunkt hatten wir Hannah bereits über vierzig Grenzstationen gebracht – wir waren vielleicht komplette Idioten in anderen Angelegenheiten, aber nicht in Grenzformalitäten. Trotzdem war es frustrierend zu wissen, dass wir kostbare Zeit und mehrere Tausend Dollar verschwendet hatten, nur damit man uns sagte, dass alles in Ordnung sei. Das Geld kam zwar aus der Kasse von *GetTaxi,* aber sie hatten unserem Budget ein Limit gesetzt, und der Einfuhrprozess hatte bereits den Großteil unseres Notgroschens aufgefressen.

Während Leigh gemeinsam mit ein paar Mechanikern versuchte, unser altes Mädchen mit einem Gabelstapler anzuschieben, füllte ich die restlichen Formulare im Büro aus. Man gab mir ein Stück Papier, auf dem klipp und klar stand: »Zu bezahlender Betrag: 0.00 $«. Ich blinzelte ein paar Mal, versicherte mich, dass das Papier auch wirklich Hannahs Daten enthielt, und starrte wieder auf den Betrag. Eine neue Glückssträhne! Ich unterzeichnete schnell die Papiere, warf Leigh einen verschwörerischen *Nix-wie-raus-hier-Blick* zu; dann verließen wir mit Metallgescheppers triumphierend die Halle.

Wie sich später herausstellte, war es natürlich ein Fehler gewesen, und wir hätten eigentlich ein paar Tausend Dollar zahlen müssen.

Aber wenn sie schon so einen Fehler gemacht hatten, brauchten sie das Geld wohl doch nicht so dringend.

Bevor wir quer durch die Staaten düsen konnten, musste Hannah erst einmal komplett runderneuert werden. Ein Freund erzählte uns von einem Spezialisten für britische Oldtimer; das Unternehmen mit dem Namen *On the Road Again* befand sich eine knappe Stunde südlich von San Francisco. Der Besitzer war so freundlich, uns seine Werkstatt nach den regulären Geschäftszeiten zur Verfügung zu stellen, und Dane, einer seiner Mechaniker, ließ uns bei sich auf der Couch übernachten. In der Werkstatt standen die schönsten Oldtimer, die ich je gesehen hatte: MGs, Austin-Healeys, E-Types … und Hannah.

In den nächsten Tagen arbeiteten wir wie verrückt, um Hannah wieder fit für die Straße zu machen; bald hatte sie ein neues Getriebegehäuse und funktionierende Bremsen und war bereit, die Hügel von San Francisco und alles, was dahinter lag, zu meistern. An unserem letzten Abend luden uns Dane und seine Frau zu einem echten amerikanischen Abendessen ein. Wie wir bereits herausgefunden hatten, war dies weit entfernt von den stereotypen Steaks und Doppeldecker-Cheeseburgern – das beste Essen in Kalifornien war eher mexikanisch angehaucht, aber mit mehr Fleisch und Käse.

Man drückte uns ein paar »40er« in die Hand – vierzig Unzen Bier, also über ein Liter pro Flasche. Dann begann das Festmahl mit einer völlig neuen kulinarischen Erfahrung für uns: Chimichangas, eine Art frittierter Burrito gefüllt mit Fleisch, das zuvor in einer Mischung Sunny Delight und Dr Pepper mariniert wurde. Es hört sich widerlich an, ist aber absolut lecker. Wir erlebten das wahre Amerika!

KAPITEL 47

GEHT SCHON IN ORDNUNG – IHR SEID JA BRITEN!

Es war immer ein tolles Gefühl, die Reise fortsetzen zu können, und speziell dieses Mal, nachdem wir zwei Wochen lang aufgehalten worden waren. Wir waren nun zu sechst: die ursprünglichen drei plus die Texaner Jon und sein Freund Drew und unser Langzeitmitfahrer aus China-Zeiten, Matt. Er war in den Staaten, um seine Freundin zu besuchen, die er ein paar Monate vorher in Laos beim Tuben kennengelernt hatte. Der Taxi-Konvoi des schmuddeligen Yellow Cab und der noch schmuddeligeren Hannah, jetzt in neuem *GetTaxi*-Outfit, musste ein seltsames Bild abgeben auf dem umwerfend schönen Highway One, der die Küste Kaliforniens entlangführt. Die Truppe ungewaschener Tramper, die wir auf halber Strecke auflasen, ließ der Anblick eines Londoner Taxis aber völlig kalt. Ich hielt, weil ich einen Typen am Straßenrand neben einem, wie ich dachte, Müllhaufen stehen sah. Bei genauerem Hinsehen wurde allerdings klar, dass es sich bei dem »Müllhaufen« um zwei weitere Männer handelte. Sie hatten unter einer vor Dreck starrenden Decke geschlafen, außerdem hatten sie einen räudigen Hund dabei. Da wir ihnen nun schon einmal Hoffnungen gemacht hatten, wollten wir sie nicht so einfach stehen lassen. Wir nahmen sie also mit und es entstand eine zähe Unterhaltung auf dem Weg nach Süden.

Unsere neuen Tramper-Freunde rochen ziemlich schlecht, sogar so schlecht, dass im Vergleich zu ihnen Hannah frisch wie der Frühling duftete – und das nach achtundvierzigtausend Kilometern und einem Jahr mit drei schwitzenden Jungs an Bord; plus ihrem vorherigen Leben, in dem sie betrunkene und Kebab-essende Fahrgäste in London befördert hatte. Wir setzten unsere Fahrgäste ab, sobald wir konnten.

In dieser Nacht peilten wir Santa Barbara an, ein College-Städtchen an der Küste, rund einhundertsechzig Kilometer vor Los Angeles. Matt war in jungen Jahren bereits einmal hier gewesen und hatte eine vage Bekanntschaft, die wiederum Connections zu einem der Verbindungshäuser hatte. Also klopften wir unterwürfig bei ihnen an und fragten, ob wir dort auf dem Boden schlafen könnten.

Man führte uns in der riesigen Villa herum, die eher an einen heruntergekommenen Nachtclub erinnerte. Das Mobiliar in den Gemeinschaftsräumen im Erdgeschoss bestand aus einer Stripper-Stange auf einer kleinen Bühne und einem zerschlissenen Billardtisch. Die ganze Villa strotzte vor Dreck und die übel riechende Toilette war mit getrocknetem Erbrochenen verkrustet.

Wir öffneten trotzdem ein paar Bier und machten uns mit unseren Gastgebern bekannt. Alles, was wir bisher über Studentenverbindungen in den USA wussten, hatten wir aus Hollywood-Filmen; und wenn man diesen Jungs glauben durfte, war das auch recht nah an der Wirklichkeit.

Männliche Studenten bewerben sich in der sogenannten *Rush Week* zur Aufnahme in die *Fraternity*, wo sie verschiedene Initiationsrituale, oft fragwürdiger Natur, durchlaufen. Ist man erst einmal in einer Burschenschaft aufgenommen, wird von einem erwartet, dass man gesellschaftlich nur mit Studenten aus den eigenen Reihen verkehrt. Es gibt dabei große Rivalitäten, und der Umgang mit den Mitgliedern anderer Burschenschaften wird nicht gerne gesehen. Jede Burschenschaft hat auch eine entsprechende Schwesternschaft mit ihrem *Sorority House*, sozusagen ihr femininer Ableger, mit dem sie Partys feierten – es hatte irgendwie etwas Inzestuöses.

»Hey, Jungs, ist das euer Taxi da draußen?«, sprudelte es aus dem quirligen Valley-Girl, das eben durch die Tür kam, heraus. »Das ist ja arschgeil! Wollte ihr unsere *Sorority* kennenlernen?«

Sie führte uns über die Straße in eine andere Villa und erklärte uns, dass das normalerweise nicht erlaubt sei, aber es wäre schon in Ordnung, da wir ja Briten wären. Wir traten ein und der Unterschied zur vorigen Villa warf uns um – hier sah es aus wie in Beverly Hills. Alles war lupenrein sauber und mit übergroßen Sofas ausgestattet; es gab genügend flauschige Läufer, Decken und Sofakissen, um eine kleine chinesische Polsterfabrik für ein ganzes Jahr zu beschäftigen. Studentinnen, die aussahen wie Models, liefen in den verschiedensten Styles, von voller Catwalk-Montur bis hin zu denen, die sich in Handtücher so groß wie Bettücher gewickelt hatten, herum. Ich konnte nur ungläubig blinzeln.

»Hellooo«, rief Matt mit theatralisch übertriebenem Akzent, »wir sind Briten!«

Wir wurden durch die stattliche Villa geführt und einem Haufen kichernder College-Girls vorgestellt. Bald waren wir auch schon zu einer *Frat Party* eingeladen: unser ultimatives Ziel!

»Eigentlich dürft ihr da nicht hin, denn ihr seid ja nicht in der Burschenschaft«, erklärte die selbsternannte Frontfrau, »aber das geht schon in Ordnung, ihr seid ja Briten.«

Alle denken immer, diese typischen amerikanischen Jugendfilme mit Szenen verrückter College-Partys sind den Hirnen irgendwelcher Hollywood-Schreiberlinge entsprungen. Szenen, in denen riesige Wohnhäuser von Horden betrunkener College-Kids bei üblen Trinkspielen verwüstet werden, während ein supercooler DJ ein unsäglich lautes Soundsystem bedient. In allen Ecken geht es heiß her, Alk wird in roten Solo-Cups herumgereicht, als ob es Trinkwasser wäre, und überall laufen unermesslich heiße, spärlich bekleidete Girls herum. Die Wahrheit ist: Diese Partys existieren, und wir waren auf einer von ihnen!

Wir hatten schon von der Power des britischen Akzents gehört, aber jetzt wurde uns klar, dass dem tatsächlich so war. Selbst wenn wir nur jemanden nach der Toilette fragten, wurden wir augenblicklich von einem jubelnden Mädchenchor umringt.

»Moment mal«, sagte plötzlich eines der entzückten Mädchen und spielte uns kokettes Misstrauen vor, »du bist gar kein Brite – du tust nur so, damit du Mädels aufreißen kannst!«

Wir wachten an unterschiedlichen, kuriosen Plätzen auf: Leigh auf dem Rücksitz des Taxis; Paul farbbeschmiert und in eine Abdeckplane gewickelt unter dem Billardtisch. Als wir wieder alle zusammen waren, liefen wir an den herrlichen Strand gleich hinter dem College.

»Ich kann's immer noch nicht glauben, dass das ihre Uni ist.«

»Geht mir genauso, Mann – wir haben uns mit dem schäbigen Birmingham abgegeben und die leben an der Pazifikküste von Südkalifornien.«

»Wir sollten noch eine Nacht bleiben.«

Wir kamen am Tag der Oscar-Verleihung nach Los Angeles, was paradoxerweise hieß, dass die Stadt ausgestorben war. Wir cruisten trotzdem durch die Straßen und fühlten uns wie Brad Pitt, schossen ein Foto von den beiden Taxis unter dem Hollywood-Schriftzug in der Dämmerung und fuhren dann weiter.

Wir waren bis spät in die Nacht unterwegs und hielten schließlich in einem kleinen Städtchen an den Ausläufern des Mount Whitney. Leigh, Matt und Johno teilten sich das einzige verfügbare Zimmer und Drew, Jon und ich fuhren ein paar Kilometer weiter durch die Dunkelheit in die Wüste, parkten und schlugen unsere Zelte auf. Als wir in der kalten Morgenluft aufwachten, lagen vor uns die wunderschönen Hügel und die in Wolken gehüllten Gipfel der Sierra

Nevada, die darunter sanft in staubiger Wüste auslief. Aber vor allem: Es waren nirgends Polizeibeamte in Sicht! Seit unserem Zusammentreffen mit der Geheimpolizei in der iranischen Wüste war dies ein bemerkenswertes Detail. Zum Frühstück aßen wir ein Stück Kuchen, das wir zuvor in irgendeinem Diner mitgenommen hatten, und fuhren weiter gen Osten.

Am Rande des Death Valley National Park hielten wir kurz an einem kleinen Tante-Emma-Laden, weil ich etwas zu trinken kaufen wollte. Ich rannte hinein und sah in den Regalen nur Hunderte von Flaschen knallbunter, überzuckerter Getränke, aber keine einzige Flasche gewöhnliches Mineralwasser.

Ich nahm das Nächstbeste, was ich finden konnte – eine Flasche eines blutroten Vitamingetränks –, und brachte es an die Kasse. Der Kassierer verlangte einen völlig anderen Preis von mir als den, der auf dem Preisschild angegeben war. Wir hatten uns noch nicht daran gewöhnt, dass die meisten amerikanischen Läden die verwirrende Angewohnheit hatten, die Mehrwertsteuer, die noch dazu in jedem Bundesstaat unterschiedlich hoch war, erst an der Kasse dazuzurechnen; man wusste also immer erst im letzten Moment, was ein Produkt wirklich kostete.

Verwirrt glotzte ich auf den Haufen Kleingeld in meiner Hand und versuchte, mich zwischen Quarters, Dimes und Nickels zurechtzufinden. Ich entschuldigte mich bei dem Kassierer dafür, dass ich so lange brauchte, aber er sagte nur: »Keine Ursache!« Er sah sich in seinem menschenleeren Laden um und grinste gelassen: »Ich habe alle Zeit der Welt!«

KAPITEL 48

PORNOSTARS UND HAMBURGER

»Jungs, wacht auf, ich wurde beklaut!«
Wir kamen langsam zu uns. Leigh suchte hektisch das ganze Zimmer ab.
»Jemand hat mein Handy geklaut!«
Ich musste lachen: »Leigh, du warst letzte Nacht hackedicht. Um fünf Uhr morgens hast du mir eine SMS geschickt, weil du wolltest, dass ich dich begleite, um noch eine Flasche Rum zu kaufen. Du musst das Handy irgendwann danach verloren haben.«

Am Tag zuvor hatten wir uns mit – nennen wir ihn mal *John* – vom Ferrari Club of America, Ortsverband Las Vegas, getroffen, um mit ihm den Vegas Strip hinunterzufahren. Als Treffpunkt hatte er Sheri's Ranch ausgemacht – ein voll funktionierendes, legales Bordell. Keiner von uns hatte vor, die angebotenen Dienstleistungen in Anspruch zu nehmen, aber neugierig waren wir schon. John sagte uns, wir könnten uns bei einer Tour die Einrichtung ansehen »oder auch mehr ... wenn ihr wisst, was ich meine.«

Es war ein bisschen komisch – es sollte eigentlich offensichtlich sein, dass wir nicht zu der Sorte Mann gehörten, die zu einer Prostituierten gehen, aber John hörte einfach nicht auf mit seinen Anspielungen. Er machte so lange weiter, bis wir ihm sagten, er solle sich durch uns nicht aufhalten lassen, wir würden gerne auf ihn an der Bar warten.

»Oh, nein, um mich braucht ihr euch keine Sorgen zu machen, ich bin schon seit drei Stunden hier. Ich bin also, wie soll ich sagen, wunschlos glücklich ... wenn ihr wisst, was ich meine.«

Wir wussten, was er meinte.

Die Damen, die uns herumführten, schwankten auf übertrieben hohen Stöckelschuhen vor uns her: eine freundliche Brünette mit einer Figur, die nicht ganz in ihr Korsett passte, und eine Blondine, die wohl bald in Pension gehen würde.

»Gentlemen, mein Name ist JR und das hier ist unser Menü.«

Sie zeigte auf eine Tafel im Atrium. Pseudo-antike Chaiselonguen und Kunstdrucke barocker Meister in überladen verzierten Rahmen sollten dem Raum den Touch einer Hotelhalle aus vergangener Zeit geben. Nur dass die Tafel nicht die Frühstückszeiten, sondern verschiedene Sex-Praktiken im Goldrahmen auflistete.

»Dieser Bereich hier ist die Ranch. Hier haben wir ein paar Privaträume, die man pro Nacht mieten kann. Im Preis inbegriffen sind Champagner, Steaks, Hummer und Sex – soviel der Gast will. Und hier ist der Pool, für die, naja, für die Pool Partys ...«

Ihr Publikum – peinlich berührte Texaner und Engländer – nickte und murmelte verstehend. Das Ganze glich eher einer Hausbesichtigung mit einem Immobilienmakler als einer geführten Tour durch ein Sex-Establishment. Noch mehr barocke Einrichtung gab es in einem Zimmer mit einem Tisch, der elegant für zwei gedeckt war: gebügelte Servietten und strahlend sauberes Besteck. Das Einzige, was einen daran erinnerte, dass man nicht in einem 5-Sterne-Restaurant war, war der nette Hinweis »Bitte Kondome benutzen«.

Als wir in den nächsten Raum kamen, flüsterte Johno uns zu: »Die Blonde, die kenne ich. Ich glaube, sie ist ein Pornostar. Ich meine, ich habe sie gesehen ... also, ihr Gesicht kommt mir irgendwie bekannt vor ...«

»Und hier haben wir unseren Budweiser Jacuzzi-Raum!«

»Budweiser ist der Sponsor für ein Zimmer in einem Bordell?«

»Oh ja, wir haben alle möglichen Firmenkunden. Unser Name ist ja total normal, also können sie es ganz einfach von der Steuer unter ›Bewirtung‹ absetzen. Hier werden auch viele Scheidungspartys gefeiert.«

»Scheidungspartys?«

»Yeah – das ist wie ein Junggesellenabschied, bloß dass man hier seine wiedergewonnene Freiheit feiert.«

Als den beiden Frauen klar wurde, dass wir uns wirklich nur umsehen wollten, wie wir von Anfang an gesagt hatten, wurden sie etwas ungeduldig.

Die zwölf Stunden, die wir in Las Vegas verbrachten, waren eine einzigartige Erfahrung. Wir waren alle zum ersten Mal hier, und man sollte annehmen, dass es eine überwältigende, glamouröse Erfahrung für uns sein würde. Aber da keiner von uns passionierter Spieler war und man mit einem Budget von fünfundzwanzig Pfund am Tag nicht sehr weit kam in Vegas, verlor die Stadt bald ihren Reiz. Die Casinos waren voller Youngsters in T-Shirts, die ihren hartverdienten Monatslohn für eine Flasche Schampus ausgaben, um sich wenigstens eine Nacht lang wie Jay Z zu fühlen. Hypothekenzahlungen wurden auf Roulette-Tischen präsentiert, um geldgierige junge Frauen in Miniröcken zu beeindrucken. Man bestellte teuren Alkohol, um die Illusion von Wohlstand und Niveau zu erwecken, obwohl dadurch nur das Gegenteil erreicht wurde.

In der Ecke eines Casinos fanden wir eine Karaoke-Bar, bei der die Namen verschiedener Drinks auf ein Glücksrad geschrieben waren. Alle halbe Stunde wurde das Rad gedreht, und der Drink, bei dem es anhielt, kostete die nächste halbe Stunde nur einen Dollar. Der Einzige von uns, der ein wenig dem Glücksspiel frönte, war Johno. Das aber auch nur, weil er mitbekam, dass er, solange er vor dem Blackjack-Automaten sitzen blieb und Geld hineinsteckte, kostenlose Drinks bekam. Für seine Investition von acht Dollar trank er Bier für ungefähr fünfzehn Dollar.

Wir wollten unseren Kater im Las-Vegas-Style loswerden: mit zügelloser Völlerei.

Der Heart Attack Grill ist ein Hamburger-Restaurant in einem etwas zwielichtigeren Teil der Stadt, das sich dadurch auszeichnet, besonders ungesundes Essen zu servieren. Die Pommes werden in Schweineschmalz gebacken, Salat ist verpönt und Light-Getränke gibt es nicht. Die Köche tragen Ärztekittel und die (auffallend schlanken) Kellnerinnen Schwesternuniformen; obwohl sie schwören, dass sie regelmäßig die Spezial-Burger des Hauses essen, fällt es außerordentlich schwer, ihnen das zu glauben. Doch damit nicht genug – wer mehr als einhundertsechzig Kilogramm wiegt, isst umsonst; eine Industrie-Waage steht dazu mitten im Restaurant.

Nachdem wir uns das obligatorische Krankenhaushemd angezogen hatten, war ich doch sehr enttäuscht, dass ich nicht einmal die Hälfte des vorgeschriebenen Gewichts auf die Waage brachte. Wir applaudierten jedoch einem klotzigen Typen, der sich kurz nach mir wog und es auf stattliche einhundertneunundsechzig Kilogramm brachte.

Wir fühlten uns ein wenig angeschlagen, also entschieden wir uns alle für die leichtere Version, den »Doppelten Bypass« – zwei Hamburger in einem, ohne Extra-Speck. Alle außer Leigh, der sich tatsächlich an den »Vierfachen Bypass« heranwagte, komplett mit zwanzig Extra-Speckscheiben und kolossalen achttausend Kalorien.

Bei jedem Biss in den Burger-Giganten tropfte Fett in rauen Mengen auf den Tisch. Bald hatte sich auch schon eine Traube Touristen vor dem Fenster versammelt, die sich köstlich beim Zusehen amüsierten und Fotos schossen. Eine halbe Stunde später warf Leigh das Handtuch, es war nur noch ein Viertel des letzten Burgers übrig. Eine weitere halbe Stunde später landeten die anderen drei Viertel davon auf einem Gehsteig – es war der letzte Hamburger, den er während des Aufenthalts in den Staaten aß.

Der nächste Stopp auf unserem Kurztrip war der Grand Canyon. Wir hatten zwar die südliche Route durch die USA gewählt, aber uns wurde schnell klar, dass es viel zu kalt war, um direkt am Canyon-Rand zu zelten. Die nächstbeste Lösung wäre, uns alle in ein billiges Motelzimmer zu quetschen und früh am Morgen aufzustehen, um noch vor Sonnenaufgang beim Canyon zu sein. In Anbetracht dieses Plans war es sogar eine gute Sache, dass wir Drew zum Flughafen brachten und uns von ihm verabschiedeten, denn so mussten wir einen weniger unterbringen.

Eine Eiskruste bedeckte am nächsten Morgen den Parkplatz unseres Motels, als wir vorsichtig und verschlafen zu den Autos liefen. Es war furchtbar kalt und ich war furchtbar müde, also konzentrierte ich mich darauf, durch eine freigekratzte Stelle auf der Windschutzscheibe zu starren, um *Skinny Marge*, das Yellow Cab, das vor uns herfuhr, nicht aus den Augen zu verlieren. Plötzlich bemerkte Leigh, dass die Nadel der Temperaturanzeige bis zum Anschlag nach oben geschossen war. Wir hielten sofort an und öffneten die eiskalte Motorhaube; sofort umhüllte uns eine Dampfwolke – ein seltsames Zusammenspiel extremer Temperaturen. Wahrscheinlich war das Kühlwasser im Kühler gefroren und ich verfluchte mich selbst, dass ich gerade jetzt nicht daran gedacht hatte.

Es war immer noch dunkel, die Temperaturen lagen unter Null. Wir parkten am Straßenrand und kritzelten schnell eine Notiz, die wir an der Windschutzscheibe befestigten. Dann quetschten wir uns alle in die *Skinny Margarita* für unsere morgendliche Spazierfahrt den kalten, rutschigen Südrand des Grand Canyon entlang. Um Hannah würden wir uns kümmern, wenn die Sonne alles ein wenig aufgewärmt hätte.

KAPITEL 49

DIE BESTBEWAFFNETE REDAKTION DER WELT

Bevor wir unseren Trip starteten – und zugegebenermaßen auch noch die meiste Zeit während unserer Reise –, wussten wir nicht so genau, auf was wir uns eingelassen hatten oder wie wir es angehen sollten. Wir hatten keine Ahnung, wie man Sponsoren an Land zog, ein Fahrzeug über die Weltmeere verschickte, es an den unmöglichsten Flecken der Erde notdürftig reparierte oder mit den Medien umging. Aber unterwegs hatten wir dazugelernt, und je länger wir unsere Reise um den Globus fortsetzten, desto mehr Leute folgten uns; manche wollten sogar Tipps für ihre eigene Reise. Eines Tages lud uns das *Overland Journal*, eine Zeitschrift für die immer größer werdende Fangemeinde von Überland-Abenteuerreisen, in ihre Hauptgeschäftsstelle ein. Wir sahen uns bei ihnen um und gaben ein bisschen mit Hannah an. Dann bewunderten wir ihren Fuhrpark, der weitaus beeindruckender und für Reisen geeigneter war als unser Taxi. Erst als ich mich mit diesen Typen unterhielt, wurde mir langsam bewusst, was wir bislang erreicht hatten.

»Wusstet ihr eigentlich, dass ihr berühmt seid? Ihr habt wahrscheinlich mehr zum *overlanding* beigetragen als sonst jemand in den letzten zehn Jahren.«

Vielleicht wollten sie uns nur schmeicheln, aber im Grunde ahnte ich, dass sie recht hatten. Jetzt, da wir drei Viertel der Erde umrundet hatten in einem dafür gänzlich ungeeigneten Fahrzeug, noch dazu ohne große finanzielle Unterstützung, wurde man langsam auf uns aufmerksam. Die Tatsache, dass ab sofort jemand dafür bezahlte, dass wir unsere Reise fortsetzten, und dass größere Zeitungen und das Fernsehen über uns berichteten, zeigte, dass wir etwas Bemerkenswertes auf die Beine gestellt hatten – wenn es auch für uns nur ein Vorwand dafür war, mit ein paar Freunden auf einen verlängerten Roadtrip zu gehen und dabei einen draufzumachen.

Im Moment drehten sich unsere Gedanken nur um eine Bemerkung, die der Online-Redakteur, Matt, in einem Gespräch losgelassen hatte, noch bevor wir ankamen. Wir hatten ihn Folgendes gefragt: »Wir haben gehört, dass man bei euch in Arizona auf Waffen steht, stimmt das?«

»Machst du Witze?«, antwortete er. »Wir sind wahrscheinlich die am besten bewaffnete Redaktion in Amerika – ach, was sage ich, in der Welt!«

Nach unserer Ankunft erinnerten wir ihn daran, und er führte uns zu einem riesengroßen Safe, der hinter den iMacs und Ablageschränken stand.

Er öffnete die Tür und wir bekamen große Augen.

»Ist das ...«, Paul japste nach Luft, »... ein Granatwerfer?«

»Aber hallo! Na klar ist das ein Granatwerfer, nur kann man leider keine Granaten dafür bekommen.«

»Wozu hat man Granatwerfer, wenn man keine Granaten dafür bekommt?«

»Ich lege einfach Golfbälle ein und schieße damit ... so spielen wir Golf hier in AMERIKA.«

Wir beluden einen gigantischen Pick-up-Truck, einen Dodge Power Wagon, den das *Overland Journal* gerade testete, sprangen auf die Ladefläche und fuhren in die Wüste. Eine Kalaschnikow, eine Walther PPK (James Bonds Lieblingswaffe), ein Repetiergewehr aus dem Ersten Weltkrieg und kistenweise Munition reichten aus, um uns wie Super-Machos, wie echte Männer zu fühlen.

Keiner von uns war ein ausgesprochener Waffen-Fan. Tatsächlich waren wir ziemlich geschockt, als wir Anfang der Woche einen ganzen

Gang mit Waffen in einem völlig normalen amerikanischen Supermarkt entdeckten. Natürlich waren wir mit Action Man und Arnie-Filmen groß geworden, aber trotzdem fanden wir die stereotypische Waffenbesessenheit der Amerikaner ziemlich befremdlich. Trotz alledem – wenn man plötzlich im Wilden Westen mit einem ganzen Waffenarsenal in der Wüste herumballern darf, ist die Versuchung groß.

Matt und ich hatten durch unsere Zeit bei der Royal Air Force bereits Erfahrung im Umgang mit Schusswaffen.

Es ist aber eine Sache, auf Befehl eines Stabsfeldwebels geordnet einzelne Schüsse auf einem Militärschießplatz abzufeuern. Eine ganz andere Sache ist es, mitten in der Wüste wilde AK-47-Salven auf leere Bierbüchsen zu ballern.

»Wie es aussieht, habt ihr bald keine Munition mehr, Jungs«, verkündete unser De-facto-Schießanlagen-Aufseher nach ein paar Stunden. »Ihr solltet die letzten paar Ladungen des 303-Kalibers für euren Wagen aufheben.«

Es entstand eine Pause.

»Für unseren Wagen ... Wir sollen auf Hannah schießen?« Leigh sah besorgt aus.

»Yeah, zielt einfach irgendwohin, wo es keinen Schaden anrichtet. Ist ja nicht gerade so, dass sie fabrikneu ist, oder?«

Wir mussten grinsen ... alle, bis auf einen.

»Das könnte eigentlich ein echt gutes Bil...«

»Wir werden NICHT auf Hannah schießen!«, platzte Leigh heraus und starrte uns wütend an.

»... aber es wäre doch eine gute Story für ...«

»Jungs! Wir werden auf keinen Fall auf unseren eigenen Wagen schießen«, flehte er und sah sich verzweifelt nach einer vernünftigen Seele um. Vergeblich.

»Jetzt komm schon, wir schießen nur durch die Motorhaube, vielleicht funktioniert dann sogar die Kühlung besser!«

Er dachte kurz nach, stöhnte auf und griff sich das letzte Kugelmagazin. »Also gut!«, schnaubte er und marschierte auf unser Baby zu. »Aber ich werde derjenige sein, der schießt!«

Wir ballerten also ein paar Kühlungslöcher in die Motorhaube unseres alten Mädchens und verabschiedeten uns von unseren neu gewonnenen Freunden. Dann traten wir die Weiterreise Richtung Süden, nach Tucson an.

Wir hatten mit *GetTaxi* einen Spesensatz ausgemacht. Leider war das zu einer Zeit geschehen, als wir noch eine völlig andere Vorstellung vom benötigten Budget hatten, nämlich als wir in Asien mit fünf Pfund pro Tag auskamen. Nun mussten wir also, trotz millionenschwerer Sponsoren, immer noch sehr aufs Geld achten. Jon hatte schlicht und einfach keinen Cent und meine Sparsamkeit schien auf die anderen abgefärbt zu haben. Das Ergebnis war, dass wir für gewöhnlich um ein Motelzimmer für zwanzig Dollar feilschten und dann alle fünf aufs Zimmer schlichen, sobald der Mensch an der Rezeption nicht hinsah. Wir hatten zwischenzeitlich öfter das Bett geteilt, als uns lieb war.

Nach Tucson begann die, wie wir sie getauft hatten, »Megastrecke«: eintausendfünfhundert Kilometer durch texanisches Farmland bis nach Houston, Jons Heimatstadt. Wir hatten vor, die Strecke durchzufahren und nur zum Tanken und zum Essen zu halten. Bevor wir uns auf diesen Interstate-Marathon aufmachten, sahen wir uns noch kurz etwas Interessantes an.

Da das Verteidigungsbudget der US-Regierung größer ist als das zwanzig anderer Länder zusammen, gibt es in Amerika eine unglaubliche Menge überschüssiger Flugzeuge und Helikopter – sogar so viele, dass sie nicht mehr wissen, was sie mit ihnen tun sollen. In der trockenen Wüstenluft von Tucson, auf einer Fläche von über eintausendfünfhundert Fußballfeldern, stehen, fein säuberlich aufgereiht, über viertausend Flugzeuge – von B52 aus dem Vietnamkrieg bis hin zu versiegelten Kampfhubschraubern ohne Rotoren. Einige davon wurden einfach stillgelegt und warten auf ihren nächsten Einsatz. Andere werden ausgeschlachtet für Einzelteile oder Altmetall. Dieser »Friedhof« war quasi ein gigantisches Open-Air-Museum. An der Hauptstraße gab es sogar eine »Hall of Fame«, wo man die gesamte Geschichte der US Air Force bewundern konnte. Witzigerweise waren hinter dem Schild für den »F-117 Tarnkappen-Kampfjet« nur drei einsame Reifen und eine Gangway, die ins Nichts führte, zu sehen.

Es gab so viel zu sehen in den Staaten! Da aber das Datum für Hannahs Verschiffung von New York aus bereits feststand, hatten wir eine neue Fahrtechnik entwickelt, um uns tagsüber möglichst viel anzuschauen: Wir fuhren einfach nachts durch und schliefen im Auto.

Fast eintausend kerzengerade amerikanische Meilen später erreichten wir an einem Samstag im Morgengrauen San Antonio. Je näher wir Texas kamen, desto aufgeregter wurde Jon. Als endlich ein Schild anzeigte, dass wir uns nun auf texanischem Boden befänden, war er vor Freude ganz aus dem Häuschen und konnte sich auch einen Cowboy-Schrei nicht verkneifen. Dann erzählte er uns vom Texas Independence Day.

Jon und ich fuhren mit dem schnelleren NY-Taxi und kamen ein paar Stunden vor den anderen an. Wir gönnten uns ein wunderbares Frühstück in einem bekannten mexikanischen Schnellrestaurant mit altersschwachen Resopaltischen und einem rundlichen, schwitzenden Koch, der kein Wort Englisch sprach. Der Independence Day ist gleichzeitig der Tag, an dem das Ende der Schlacht von Alamo gefeiert wird. Der örtliche Reenactment Club gab später eine Aufführung auf dem Grundstück des alten Gebäudes. Jon erklärte mir die Geschichte, während künstliche Pistolen- und Kanonenschüsse zu hören waren und die Kordit-Wolke während der Schlacht immer dichter wurde.

Ein Texaner, der das hier liest, wird wahrscheinlich nicht mit mir einer Meinung sein, aber ich habe die Geschichte folgendermaßen verstanden: Ein paar Weiße wollten Sklaven halten, aber man sagte ihnen, sie könnten keine haben. Also gingen sie mit ihren Sklaven nach Texas, das damals noch zu Mexiko gehörte. Die Mexikaner distanzierten sich davon, denn Sklaverei war bei ihnen verboten (und es war ja immer noch ihr Land). Sie griffen »Das Alamo« an, ein kleines Fort, in dem die Sklavenhalter wohnten. Sie boten den Texanern ein akzeptables Abkommen an, diese lehnten jedoch ab, und dann kamen alle um.

Vielleicht hat Jon es mir falsch erklärt, aber auf jeden Fall ist es eine große Sache in Texas. Und wenn es eine große Sache in Texas ist – in Texas ist ALLES ein bisschen größer –, dann würde es aus diesem Anlass auch große Partys geben. Und wo konnte man in Texas besser Party machen als in Austin, der Welthauptstadt der Live-Musik?

Wir fuhren zu Jons Cousin, bei dem wir übernachten durften, und fragten ihn über das Nachtleben aus. Er war gerade erst zwanzig und frisch auf der Uni – nach den lächerlichen amerikanischen Gesetzen durfte er also noch kein Bier trinken. Deswegen waren auch seine Kenntnisse über die Partyszene der berühmten Sixth Street gleich null.

Gutherzig und selbstlos, wie wir nun mal sind, fühlten wir uns bemüßigt, dies zu ändern. Wir gaben ihm eine Fünf-Minuten-Einführung, wie ein echter Brite zu sprechen und dem Türsteher geradewegs in die Augen zu blicken. Außerdem überließ ich ihm meinen englischen Führerschein, falls man ihn nach einem Ausweis fragte. So gerüstet, brachen wir auf zur Sixth Street.

Für ihn war das wie Ostern und Weihnachten zusammen. Vor allem, als gleich in der ersten Bar, in die wir hineingingen, plötzlich Jubel ausbrach und alle Mädchen auf den Tresen kletterten und dort tanzten und anfingen, sich auszuziehen. Das ist tatsächlich so passiert – wir wissen zwar nicht, warum, aber deswegen war es nicht weniger fantastisch ... In der nächsten Kneipe brachte er die Superpower des britischen Akzents zum Einsatz, um Amerikanerinnen anzubaggern, und in der dritten Kneipe war er schon mutig genug, an den Tresen zu gehen und Bier für alle zu bestellen. Er fand das so klasse, dass er von da an den ganzen Abend darauf bestand, Bier für uns zu bestellen und zu bezahlen.

Am nächsten Morgen machten wir nur einen kurzen Kater-Stopp in der Stadt, in der Jon aufs College ging. Die Stadt trug den fantasievollen Namen »College Station« und wir besuchten einen von Jons Freunden auf seiner Ranch. Begleitet wurden wir von einem seiner Kommilitonen, einem Marine-Offizier, der demnächst dem FBI beitreten würde. Im Kofferraum seines Mustang, aus dem Tom Petty in voller Lautstärke dröhnte, transportierte er ein ganzes Waffenarsenal.

»Ihr Briten habt doch keine Knarren, da dachte ich mir, vielleicht wollt ihr ja ein bisschen auf der Ranch rumballern. Ich habe auch ein paar Zombie-Pappfiguren als Zielscheiben mitgebracht.«

Am selben Abend schafften wir es noch bis Houston, wo wir ein paar Tage blieben; das absolute Highlight war ohne Zweifel das Houston Rodeo.

Ein paar Wochen während des Sommers ist die enorme Arena mit siebzigtausend Sitzplätzen jeden Abend voll besetzt. Die gesamte Bevölkerung, herausgeputzt im besten Cowboy-Outfit, geht runter zur Arena, isst ein bisschen Tex-Mex und sieht sich die Shows an. Als wir ankamen, war gerade Bullenreiten dran, danach gab es einige wirklich beeindruckende Geschwindigkeits- und Hindernisparcours und dann wurde es so *richtig* Texas-Style.

Die nächste Aufführung wurde *Calf Scramble* genannt, so eine Art Balgerei mit Kälbern. Die Regeln sind einfach: Man nehme fünfzig Kinder und stelle sie, zusammen mit ein paar Kälbern, in einen abgeteilten Bereich in die Mitte der Arena. Die Kinder müssen ein Kalb mit dem Lasso einfangen, an einem Halfter anseilen und dann in diesen Bereich schleifen. Das hört sich einfacher an, als es ist – besonders für zarte fünfzehnjährige Mädchen, die sich verzweifelt an den langen Schweif des Kalbs klammern und dann von dem Tier quer durch die Arena geschleift werden. Wir wussten nicht, wen wir eher bemitleiden sollten, die Kälber oder die Teenager, die sich krampfhaft an ihnen festhielten. Wie ich aber von einem gewichtigen Texaner neben mir erfuhr, bekamen die Jugendlichen, die es schafften, ein Kalb in die Mitte zu zerren, ihre gesamte College-Ausbildung bezahlt. Da die meisten der Jugendlichen aus unterprivilegierten Vierteln der Innenstadt kamen, fanden wir, es sei eigentlich ein klasse Preis. Offensichtlich hat ein Stipendium in Texas nichts mit Noten zu tun, sondern damit, wie gut man eine Kuh vor siebzigtausend Zuschauern an die Leine legt.

Aber das war noch lange nicht die beste Vorführung. Nach zwanzig Minuten *Calf Scrambling* wurde die Arena geräumt und ein kleiner Schafpferch wurde herausgebracht.

»Ladys und Gentlemen, das Spektakel, auf das Sie alle gewartet haben ... MUTTONNNNNN BUSSSSSSTINNNN!!!«

Ich hatte mein Leben lang auf dieses glorreiche Spektakel gewartet! Die Wettstreiter betraten die Arena: Kinder im Alter von drei bis vier Jahren, in Hockey-Montur komplett mit Helm und Protektoren, wurden auf ihre flauschigen Rösser gesetzt. Ohne Witz – bei dem Wettstreit ging es darum, welches Kind am weitesten auf seinem Schaf reiten konnte.

Das war der Hammer!

Nach dem Wettlauf wurden die »Reiter« vor den Kameras aufgereiht, die meisten von ihnen heulten Rotz und Wasser. Der Gewinner erhielt einen großen Pokal, was die Tränen unverzüglich zum Versiegen brachte, und der stolze Gewinner mit seiner noch stolzeren Familie posierte für die Kameras.

Danach trat ein furchtbarer (aber offensichtlich sehr bekannter) Country- und Western-Sänger auf, also gingen wir in den Pub. Wenn man erst einmal Mutton Bustin' gesehen hatte, können einen selbst die Beatles auf der Bühne wiedervereint nicht mehr vom Stuhl reißen.

KAPITEL 50

RINGKAMPF MIT KRAUTSALAT

Spät in der Nacht fuhren wir durch das Sumpf- und Moorgebiet am Stadtrand von New Orleans und erreichten das Herz des amerikanischen Voodoo-Landes. Die einzige Beleuchtung kam von der Interstate mit schwerem Lkw-Verkehr, während sich auf beiden Straßenseiten auf gespenstische Weise abgestorbene Bäume abzeichneten – eine gruselige Szenerie für unsere Ankunft! Wir übernachteten in einem heruntergekommenen Motel, die Gebäude in der Nachbarschaft wiesen hier und da ein paar Details der französischen Architektur auf, die man von New Orleans erwartete.

Am nächsten Tag besichtigten wir die Stadt und ich traf mich mit meinem Großonkel, der vor dreißig Jahren hierher ausgewandert war. Er beglückte mich bei ein paar Po'Boy Sandwiches – eine Spezialität Louisianas – mit Storys aus alten Zeiten, als er noch bei der Royal Air Force war oder als er sich bei einem Mafioso als Organisator von Party-Flügen verdingte, bevor er solide wurde und sich schließlich als Lehrer niederließ.

New Orleans am Tage ist nicht halb so interessant wie in der Nacht – schweißgetränkte, whiskeygeschwängerte Nächte. Am Abend sahen wir uns eine Comedyshow an und landeten hinterher irgendwie mit den Künstlern im French Quarter; wir tranken Whiskey und machten eine Runde durch die zahlreichen Bars mit Live-Musik. In einer Bar spielte ein Blues-Trio, in einer anderen ein Jazz-Quintett und in der nächsten sogar eine Big Band wie aus den Dreißigerjahren und ein unglaublicher Blues Man mit einer Lap-Steel-Gitarre –

und das alles gab es in einem Umkreis von fünfzig Metern. Natürlich waren unsere Comedy-Begleiter urkomisch, und es war schade, dass wir so früh aufbrechen mussten – aber die Uhr tickte, und wir konnten es uns nicht leisten, den Zeitplan nicht einzuhalten.

Nach Memphis ist es ziemlich weit, und unsere Benzinpumpe löste sich auf halbem Weg, weswegen wir eine sechzig Kilometer lange Dieselspur hinter uns her zogen. Es kostete uns über eine Stunde, die Sache am Straßenrand zu beheben, und wieder einmal kamen wir erst bei Nacht an. Wir gingen direkt zur Beale Street, der Straße, in der sich alles um Musik dreht, und auf dem kürzesten Weg in eine Flatrate-Bar, in der eine Rockabilly-Band sich auf der Bühne verausgabte. In dieser Bar trafen wir auch einen von Jons Uni-Freunden – unschwer zu erkennen an seinem Siegelring –, was uns sehr gelegen kam, da wir noch keine Übernachtungsmöglichkeit gefunden hatten.

Als wir auf einer Karte der USA unsere Route von Stadt zu Stadt festlegten, hatten wir die unglaublichen Entfernungen von einem Punkt zum anderen nicht wirklich begriffen. Nach unserer Fahrt durch Australien, das Land der unendlichen Fernstraßen, hätten wir es besser wissen müssen.

Daher entschieden wir uns, von New Orleans nach Florida über Memphis und Birmingham, Alabama, zu fahren: ein Umweg von über achthundert Kilometern und durch zwei Bundesstaaten. Aber dafür bekamen wir noch das Haus von Elvis zu sehen und ein paar wirklich tiefe Südstaaten-Akzente zu hören. Der einzige Grund, warum wir nach Birmingham fuhren, war der, dass die Idee für die Reise mit dem Taxi in einer Stadt mit demselben Namen entstanden war. Als wir dort ankamen, waren wir angenehm überrascht, einen gut gehenden Hipster-Pub zu entdecken. Ein schnurrbärtiger Mann trug eine Holzgans unter dem Arm herum und die meisten Gäste hatten ihre

Hunde seltener Rasse auf ein Bier mitgebracht. Sagen wir mal so, es war nicht ganz so wie das Birmingham, das wir kannten ...

Die nächste längere Strecke führte uns nach Florida – wir hatten gehört, dass dort in Kürze der Spring Break anlaufen würde. Vor unserem geistigen Auge sahen wir reihenweise hübsche College-Girls am Strand von Daytona tanzen. Wir stellten uns Ringkämpfe von Jungs vor, die mit Steroiden vollgepumpt waren und kistenweise Bud Light exten; außerdem waren wir sicher, dass Hannah für Furore sorgen würde. Wir kamen den warmen Atlantikstränden langsam näher und wurden immer aufgekratzter – es war mal wieder Zeit für ein paar Tage Party! Aber als wir in Daytona ankamen und den Strand hinunterfuhren, sahen wir überraschend wenig Bierstände und Collegegirls. Da war nur Sand. Jede Menge Sand und noch mehr Verkehr.

Doch diesmal waren es nicht die allgegenwärtigen amerikanischen Pick-up-Trucks oder Mittelklasse-Autos, sondern Hunderte schwerer Motorräder, die die Straßen verstopften. Gefahren wurden sie von Männern mittleren Alters mit Schnurrbärten, beträchtlichen Bierbäuchen und Lederjacken mit kleinen Bommeln. Breitbeinig saßen sie wie auf Gynäkologenstühlen auf ihren Maschinen. Oft wurden sie begleitet von tätowierten Frauen, deren blasses, faltiges Hüftgold über die Lederhosen quoll. Der Verkehr bewegte sich keinen Meter, und damit auch jeder mitbekam, dass sie da waren, ließen Hunderte von Bikern andauernd den Motor aufheulen.

Wir parkten am menschenleeren Strand, nichts als Sand weit und breit. Dann überprüften wir noch einmal das Datum – es war korrekt. Wir vermuteten, dass die Spring-Breakers vor den Bikern geflüchtet waren. Traurig und enttäuscht beschlossen wir, das Beste daraus zu machen und uns die Bike Week anzusehen. Dann gingen wir zu einem Interview bei einem örtlichen Fernsehsender.

Der Kameramann erzählte uns, was Sache war. »Yeah, der beste Event diese Woche ist das *Coleslaw Wrestling*.« Unsere Gesichter sprachen Bände.

»Yeah, die Biker-Frauen liefern sich Ringkämpfe in riesigen Behältern, die mit Krautsalat gefüllt sind.«

»Aber sind die Biker-Frauen nicht ein bissschen, ähm, wie soll ich sagen ...?«

Er wusste genau, was ich sagen wollte. »Da hast du vollkommen recht! Die Mädels sind echte Maschinen, die reißen dich glatt in Stücke – sie sind sogar noch schlimmer als ihre Jungs. Da wir gerade von den Jungs sprechen: Wenn ihr irgendwelche Abzeichen oder farbige Bandanas seht – geht den Typen am besten aus dem Weg. Diese Jungs gehören Banden an, sind alle bewaffnet, und die überlegen es sich nicht zweimal, euch abzuknallen!«

Er beschrieb uns den Weg zu einer ein paar Kilometer entfernten Kneipe, auf halbem Weg zwischen Orlando und Daytona Beach. Wir mussten also aufpassen, nicht zwischen die Fronten der rivalisierenden Biker-Gangs zu kommen. Es war seltsam – da waren wir durch einige der angeblich gefährlichsten Orte der Welt gefahren, aber hier, im angeblich zivilisierten Amerika, schien die Gefahr am größten, erschossen zu werden. Nach einer Stunde Fahrt fanden wir die Kneipe und erfuhren, dass das *Coleslaw Wrestling* erst in zwei Tagen stattfinden sollte.

KAPITEL 51

FAHRPREIS: 100.000 $

Wir hatten nur noch zwei Tage, um nach Pittsburgh zu Jons Onkel und Tante zu gelangen. Es war die anstrengendste Strecke, die wir seit Langem gefahren waren. Wir hielten nur für ein kurzes Drei-Stunden-Schläfchen und rotierenden Fahrerwechsel der beiden Autos am Straßenrand, sodass wir gerade rechtzeitig zum Abendessen bei Jons Verwandten ankamen.

Jon hatte uns bereits gewarnt, dass sein Onkel und seine Tante politisch sehr rechts angesiedelt waren (»militante Katholiken und Wähler von einschlägigen Parteien« – das waren seine Worte). Ich hatte mir die Anhänger der amerikanischen Rechten immer als dumme, starrköpfige, rassistische Idioten vorgestellt und wappnete mich für einen Abend, an dem ich mir andauernd auf die Zunge beißen würde. Was ich vorfand, war jedoch eine nette, liebenswürdige Familie, die ihre politischen Ansichten nicht zu ihrem Lebensinhalt gemacht hatte. Ich fühlte mich erleichtert und bemerkte, dass ich mit meinem Urteil zu voreilig gewesen war. Trotzdem erschreckten mich die Anti-Abtreibungs-Protestschilder, die sie im Bad aufbewahrten, doch ein wenig. Am nächsten Morgen verabschiedeten wir uns von Margarita, dem Yellow Cab, hauptsächlich, damit wir in Manhattan nicht für zwei Autos Parkplätze suchen (und bezahlen) mussten. Sie würde so lange bei Jons Verwandten bleiben, und wir machten uns auf den Weg in das nächste Land auf unserer Liste: Kanada.

Dichter Nebel lag über dem Eriesee; wir konnten nur im Schritttempo weiterfahren und mussten in einem Indianerreservat im Zelt übernachten. Der Nebel hing tief über dem taufeuchten Gras, als wir das Taxi parkten. Im Morgengrauen hatte er sich immer noch nicht verzogen und wir krochen im Schneckentempo nach Buffalo, der Grenzstadt im Bundesstaat New York. Wir standen vor einem Dilemma: Nachdem es uns solche Mühe gekostet hatte, Hannah in die USA einzuführen, konnten wir es nicht riskieren, sie außer Landes zu bringen. Andererseits aber waren die Parkgebühren unglaublich teuer, vor allem, wenn man das Auto über Nacht parkte. Aber wir hatten einen Plan ...

Wir fuhren zu einem der riesigen Casinos von Buffalo und gaben dem Typen vom Valet Parking die Autoschlüssel und Anweisungen zu Hannahs Eigenarten. Wir betraten das Casino und gingen durch einen Nebeneingang wieder hinaus; dann überquerten wir zu Fuß den Fluss, der die USA und Kanada trennte. Dort nahmen wir den Bus nach Toronto – es fühlte sich seltsam an, nach einem Jahr mit Hannah wieder in einem öffentlichen Transportmittel zu sitzen. In der Stadt trafen wir uns mit meinem Vetter, seiner Freundin und ihren irischen Freunden, um St. Patrick's Day zu feiern. Wie es schien, war nach der Rezession die gesamte Jugend der Grünen Insel entweder nach Kanada oder nach Australien ausgewandert. Ich bin mir ziemlich sicher, dass ich außer mit dem Barkeeper mit keinem einzigen Kanadier gesprochen habe, solange wir dort waren. Die Iren konnte man sehr gut daran erkennen, dass sie die Einzigen waren, die sich *nicht* in ein ätzend grünes Outfit mit oranger Perücke geworfen hatten. Alle anderen Narren dachten wohl, wenn sie nur irgendetwas mit dem »Guinness«-Logo an sich trugen, wären sie schon irisch genug.

Sogar einen Kurztrip an die Niagarafälle schafften wir. Das Wetter meinte es gut mit uns; der Nebel hatte sich endlich gelichtet und wir konnten das Spektakel der Wasserfälle genießen. Es waren noch nicht ganz vierundzwanzig Stunden vergangen, als wir wieder in die USA zurückkehrten. Wir schlichen uns durch einen Nebeneingang in das Casino und händigten dem Valet-Typen unseren Beleg aus. Er dachte bestimmt, wir hätten eine bombastische Nacht an den Spieltischen hinter uns – er konnte ja nicht ahnen, dass wir inzwischen sogar in einem anderen Land gewesen waren.

Teil unseres Sponsorenvertrags mit *GetTaxi* war es, in New York so viel Werbung wie möglich für sie zu machen. Wir verabschiedeten uns von Jon, fuhren die neun Stunden bis Manhattan, parkten den Wagen und legten uns erst einmal schlafen. Die nächsten Tage würde ein Interview das andere jagen.

Zu diesem Zeitpunkt hatten wir schon Unmengen von Interviews gegeben, die meisten wiederholten ein und dieselben Fragen. Bei Angus Loten, der uns für das *Wall Street Journal* interviewte, war das jedoch völlig anders. Zu Beginn war er überzeugt davon, dass wir das Ganze nur der Publicity wegen machten. Nachdem wir ihm aber ein paar von unseren Abenteuern mit Hannah erzählt hatten, änderte er schnell seinen Ton und wollte mehr erfahren.

»Wie viel zeigt denn das Taxameter im Moment an?«

Es stand bei ungefähr sechzigtausend Pfund.

»Das sind also circa einhunderttausend Dollar ... Es ist wichtig, dass meine Zahlen stimmen«, sagte er und kritzelte schnell etwas in sein Notizbuch.

»Warum, wo soll denn deine Story kommen?«, fragte ich.

»Auf der Titelseite!«

Am nächsten Morgen waren unsere Inboxen gespickt voll mit neuen Kontakten, Interview-Anfragen und umwerfend netten Glückwünschen. Was in einer durchzechten Nacht in einem Pub angefangen hatte, machte auf einmal Schlagzeilen auf der Titelseite einer der größten Zeitungen der USA – wir konnten es kaum glauben! Als wir später durch Manhattan fuhren, winkten uns viele Menschen zu, zeigten auf die Zeitung in ihrer Hand, und einige versuchten sogar, uns zu überreden, sie ein Stück mitzunehmen. Wir schafften es, noch ein Interview bei der Spätnachrichtensendung *Nightline* auf ABC unterzubringen, bevor wir uns ein letztes Stück echter New Yorker Pizza gönnten. Ich musste Hannah am Nachmittag bei der Lufthansa Cargo am John F. Kennedy Airport abliefern, für ihre nächste Ozeanüberquerung, dieses Mal in den Nahen Osten.

Es gab nur ein Problem: Als wir Hannah damals in Oakland abgeholt hatten und wegen eines Fehlers um die Zollgebühren herumkamen, hatten sie uns natürlich auch nicht das Importdokument ausgehändigt – und ohne Import kein Export! Allerdings hatten wir es hier mit einem ganz anderen Kaliber von Leuten zu tun im Gegensatz zu den Blödmännern an den Oakland Docks. Unser Schiffsmakler in New York war es gewohnt, Lamborghinis für Ölscheiche und millionenschwere Sportwagen für die Mille Miglia zu verschiffen (ich gebe zu, sie waren ein wenig schockiert, als sie unser ramponiertes Taxi sahen), und löste das Problem ohne großen Firlefanz mit einem Anruf bei einem großen Tier in der Chefetage.

»Hallo, Joe, ich habe ein kleines Problem hier«, hörten wir, wie er ins Telefon sagte, »der Wagen hat keine Importdokumente, alles andere ist in Ordnung ... Ja, der Fahrzeugschein ist in Ordnung ... wir haben es hier übrigens mit einer kleinen Berühmtheit zu tun ... hast du zufällig das *WSJ* vor dir? Genau, schau mal auf die Titelseite, siehst du den Artikel *Eine Taxifahrt für 100.000 $*? Genau, das ist unser Auto!«

Und das war's, die Sache war erledigt.

Ein paar Stunden später saßen wir in einem Flugzeug zurück nach London, wo wir ein paar Tage mit unseren Familien verbringen und neue Teile für Hannah besorgen wollten, denn bald schon würden wir uns mit ihr in Israel wiedertreffen.

Der letzte Teil der Reise sollte demnächst beginnen: Wir würden Hannah nach Hause bringen – auf dem längstmöglichen Weg natürlich!

KAPITEL 52

EIN STÄDTCHEN NAMENS BETHLEHEM

»Welche Länder haben Sie in den letzten zehn Jahren besucht?«
Das hatte mir gerade noch gefehlt.
»Eine ganze Menge«, warnte ich ihn. »Soll ich sie wirklich alle aufzählen?«
Noch bevor ich einen Fuß auf israelischen Boden setzen konnte, wurde ich bereits beiseitegenommen und intensiv befragt. Zunächst zu Kleinigkeiten wie der Dauer meines Studiums und den Namen meiner früheren Mitbewohner; dann wollten sie natürlich den genauen Grund für meinen Aufenthalt in Israel wissen.

Die Augen der Beamtin der Einwanderungsbehörde wurden immer größer, als ich die über vierzig Länder herunterspulte, in denen Hannah im letzten Jahr gewesen war. Als ich zu den arabischen Staaten kam, schien sie kurz vor einem Herzinfarkt zu stehen.

»... Türkei, Irak, Iran, Pakistan ...«
Sie unterbrach mich. In Israel wird man schnell unruhig, wenn Leute einreisen wollen, die zuvor Länder der gegnerischen Seite besucht hatten; umgekehrt ist es natürlich genauso. Aus diesem Grund hatten wir auch im Jahr davor die Route geändert und Israel bisher gemieden. Doch dann trat *GetTaxi* auf den Plan und hatte uns vorgeschlagen, für den Transport von Hannah und unsere Unterkunft aufzukommen; das Angebot war einfach zu gut, um es abzulehnen. Nimrod hatte ein Loblied auf die Vorzüge Israels gesungen – sein Nachtleben, seine Strände, sein Essen und seine Frauen.

»Und was genau haben Sie in Israel vor?«

Ich holte tief Luft.

»Wir fahren einmal um die Welt, um Geld für eine Wohltätigkeitsorganisation zu sammeln. Unser Sponsor ist ein israelisches Unternehmen, und unser Auto steht bereits in Tel Aviv.«

»Ach, ihr seid also mehrere?«, fragte sie. »Warum reist ihr denn nicht zusammen?«

»Sehen Sie sich doch bitte einfach das an.«

Ich zog ein Exemplar einer der größten israelischen Zeitungen heraus, in der ein Artikel auf Hebräisch über uns mitsamt Fotos erschienen war, und gab sie ihr.

Sie las eine Weile in dem Artikel.

»Warten Sie hier.«

Irgendwann tauchte sie wieder mit meinen Papieren auf und schickte mich zu einer Gruppe von »verdächtigen« Reisenden, die für eine ausgiebige Inspektion Schlange standen. Nach einer Weile hatte ich sie davon überzeugt, dass ich ihnen die Wahrheit sagte. Später erfuhr ich, dass Leigh und Paul auf ihren Ankunftsflughäfen die exakt gleiche überzogene Prozedur durchlaufen hatten. Es bestätigte uns, dass wir recht gehabt hatten, als wir anfangs dachten, die ganze Bürokratie sei die Sache nicht wert.

In puncto Essen hatte Nimrod nicht zu viel versprochen – es war wirklich unglaublich gut. In allen anderen Punkten hatte er jedoch leicht übertrieben: Die Strände waren felsig, die Frauen distanziert und irgendwie immun gegen den Charme des britischen Akzents; das Nachtleben war unverschämt teuer. Auf der anderen Seite unterschieden sich die schlechten Manieren der Autofahrer hier nicht allzu sehr vom Rest des Nahen Ostens. Nach unserem Aufenthalt in den USA mussten wir uns auf eine harte Landung gefasst machen. Trotzdem waren wir froh, einen so einzigartigen Ort erleben zu dürfen: Die Mischung aus antiker Nahostkulisse und -tradition und moderner, westlicher Kultur und deren Werten faszinierte und beeindruckte uns gleichzeitig.

Seitdem *GetTaxi* mit an Bord war, hatte sich der Grundtenor unserer Expedition etwas geändert. Jetzt waren wir nicht mehr drei Kumpels auf einem Abenteuertrip, die bei irgendwelchen Leuten auf dem Fußboden übernachteten und ihre Pläne kurzerhand umschmissen, nur um einen Abstecher irgendwohin einzubauen; jetzt waren wir in einem Hotel untergebracht und Teil einer PR-Maschinerie. Das war der Preis, den wir für die Weltumrundung bezahlen mussten. Wir hatten das eingesehen und waren durchaus dankbar für die Chance. Trotzdem – das Taxi für nur zwei Wochen einfliegen zu lassen, um es dann erneut auf ein Schiff zu verfrachten, schien dem Charakter unserer eigentlichen Expedition völlig zu widersprechen. Schon allein die Luftfracht hatte mehr gekostet als das, was wir für das Benzin bis Australien ausgegeben hatten.

Eins unserer Interviews wurde abgesagt – das war unsere Chance, ein wenig aus dem festgesetzten Zeitplan auszubrechen. Wir luden die Zelte ins Taxi und fuhren ans Tote Meer. Hannah schaukelte entlang der sanft geschwungenen Hügel und Obstfelder von Tel Aviv, an Jerusalem und verschiedenen Checkpoints vorbei. Wir schlugen irgendwo in der Pampa unsere Zelte auf und kochten uns etwas am Lagerfeuer. Wir hatten das Gefühl, wieder zu den guten, alten Zeiten zurückgekehrt zu sein; gleichzeitig wurde uns aber langsam bewusst, dass das Ende der Expedition immer näher rückte.

Am nächsten Morgen gönnten wir uns einen Sprung ins Tote Meer, der ziemlich kurz und schmerzhaft ausfiel, denn wir hatten die Schilder »Kopf NICHT unter Wasser tauchen« erst gesehen, als wir wieder herauskamen. Jetzt wussten wir, wie es sich anfühlt, wenn man eine geballte Ladung Salz in die Augen bekommt. Vor unserer Weiterfahrt führten Johno und Leigh eine hitzige Diskussion darüber, ob wir uns noch einen nahe gelegenen Wasserfall ansehen oder direkt zu einem PR-Telefongespräch zurückfahren sollten, das – wenn man Johno glauben wollte – sowieso abgesagt werden würde. Leigh und ich duschten, um uns das Salz abzuwaschen, aber Johno schmollte im Taxi und träumte von Wasserfällen, deren Besuch man ihm verwehrt hatte. Wir fuhren zurück in die Heilige Stadt; die kühle Brise, die durch die geöffneten Fenster in den Wagen drang, trocknete das klebrige Meerwasser auf Johnos Haut und hinterließ eine dicke Salzschicht. Bis wir an die Klagemauer kamen, hatte er Dreadlocks und auf seiner Haut hatten sich Schuppen gebildet – jeder, der das Pech hatte, hinter ihm zu laufen, bekam eine Ladung krustiges Meersalz ins Gesicht, wenn er sich durch die Haare fuhr.

Die Stadt an sich ist unglaublich – verwinkelte Sträßchen im Kultur- und Religionswirrwarr. Wir wanderten durch die Gassen und genossen kühle Drinks in der sengenden Hitze, bevor wir wieder zu Hannah zurückkehrten, die im jüdischen Stadtviertel auf uns wartete. Als wir dort ankamen, sahen wir eine Gruppe von Jungs in dunklen *Rekels* und mit schwarzen Hüten, unter denen lange Schläfenlocken herausbaumelten. Sie standen um Hannah herum, lachten und schossen Fotos.

Unzählige Umbauten und notdürftige Reparaturen am Straßenrand hatten Hannah viele Macken beschert, eine davon war, dass die Alarmanlage nun mit der Hupe verkabelt war. Die Hupe war so laut, dass wir es noch vier Straßen entfernt hören würden, wenn Hannah in Schwierigkeiten wäre. Aus unbekanntem Grund ging die Hupe aber auch jedes Mal los, wenn wir das Auto ab- oder aufschlossen.

Wir schlichen uns an, versteckten uns hinter einem Mäuerchen und drückten »Entriegeln« auf dem Schlüsselanhänger. Daraufhin röhrte Hannahs Hupe zweimal laut auf und die Jungs, die sich eben noch für ein Foto in Pose gestellt hatten, machten einen meterhohen Satz; Schläfenlocken und Hüte wirbelten durch die Luft. Sie schauten sich ratlos um, und in diesem Augenblick schlossen wir Hannah – die sie inzwischen bestimmt für Herbie hielten – per Fernbedienung wieder zu; der verdatterte Ausdruck auf ihren Gesichtern war unbezahlbar.

Wir überquerten die Sperranlage, die berühmte Mauer, die Palästina und Israel trennt. Der Unterschied zwischen den beiden Ländern war krass – auf israelischer Seite war alles picobello, während auf der palästinensischen Seite alles voller Müll und Trümmer lag; außerdem war diese Seite der Mauer mit unzähligen Graffiti besprüht – hauptsächlich politischer Natur, aber auch ein paar künstlerische. Wir fotografierten Hannah vor einigen der interessantesten Stücke (es waren sogar ein paar Banksys dabei) und fuhren dann nach Bethlehem – wir wollten unbedingt noch den Geburtsort Jesu sehen, bevor wir ins Hotel zurückkehrten.

Zwischen uns und unserem gemütlichen Hotelzimmer in Tel Aviv lag nur eine kurze Autofahrt von achtzig Kilometern – und natürlich die acht Meter hohe Betonmauer. Auf dem Hinweg hatten wir keinerlei Schwierigkeiten gehabt, aber nun, auf dem Rückweg, tauchte plötzlich ein Problem auf.

Als wir in der Schlange der sich langsam vorwärts bewegenden Autos an den zwanzig Meter hohen Wachtürmen und Stacheldrahtzäunen entlangrollten, kramte ich nach Hannahs Zulassungspapieren, die ich den müden Rekruten, die am Checkpoint Dienst taten, zeigen musste.

»Ähm, Jungs, wo ist der *machina passporta*?«, fragte ich Paul und Leigh, als ich in den Bergen Papier blätterte, aber nichts finden konnte.

»Die V5? Die muss in der Dokumentenmappe sein«, antwortete Leigh. »Da, wo sie immer ist!«

»Äh ... Nein, da ist sie nicht. Hast du eine Ahnung, Paul?«

»Doch, da sollte sie sein«, meinte auch er. »Lass mich mal schauen ... das ist der einzige Ort, an dem wir sie logischerweise aufbewahren würden.«

Leigh und ich hatten gelernt, dass Paul niemals etwas »verlor«, sondern die Dinge nur an Orten, die ihm logisch erschienen, aufbewahrte – obwohl sie für uns sehr oft jeder Logik entbehrten.

Wir kamen dem Checkpoint immer näher, und er ging eilig einen Stapel Strafzettel (unbezahlt und hoffentlich nicht rückverfolgbar) und Kurzzeit-Versicherungspolicen eines ganzen Jahres durch.

»Du hast recht, die Idioten bei der Luftfracht müssen sie verbummelt haben«, schlussfolgerte er, gerade rechtzeitig, als wir neben den Soldaten ranfuhren. »Bleibt einfach cool!«

Glücklicherweise reichten unser freundliches Lächeln und unsere Pässe aus, um uns wieder über die Grenze nach Israel zu bringen. Dort trafen wir uns mit Eyal; er hatte uns eine Mail mit einem etwas ungewöhnlichen Anliegen geschickt.

Die Sache war folgende: Eyal war Student in Israel und hatte die letzten Sommerferien in Belgien verbracht, um Französisch zu lernen. Dort hatte er eine Austauschschülerin aus Lettland kennengelernt, und die beiden hatten eine stürmische Romanze. Dann besuchte sie ihn in Jerusalem und ließ dort bei der Abreise aus Versehen ihren Lieblingsstrohhut liegen. Er hatte in der Zeitung über unsere Reise gelesen und hatte uns eine nette Mail geschickt. Er fragte uns, ob wir wohl den Hut in unserem Taxi mitnehmen könnten und ihn bei seiner Liebsten, Laila, in Lettland abliefern könnten. Wer könnte schon eine solch romantische Bitte abschlagen?

Als Hannah schon mitsamt Lailas Strohhut auf dem Schiff von Haifa Richtung Athen schipperte, war die V5 immer noch nicht wieder aufgetaucht. Das war ein wirklich wichtiges Fahrzeugdokument, das wir für die internationalen Grenzüberschreitungen mit Hannah brauchten. Das bevorstehende Passahfest würde Israel für einige Tage lahmlegen; also konnten wir nichts ausrichten. Wir konnten nur darauf warten, dass Hannah in Griechenland ankam, und sie dann nach Europa schmuggeln.

Ich hatte mich als Freiwilliger gemeldet, um noch vor Leigh und Johno nach Athen zu fliegen und mich um die Einfuhr des Wagens zu kümmern. Es war vier Uhr morgens und ich hatte noch jede Menge Zeit vor meinem Flug. Der junge Wehrpflichtige, der die undankbare Aufgabe hatte, um diese Zeit Ausländer bei der Ausreise zu befragen, ging die üblichen Fragen durch. »Sind Sie jemals im Nahen Osten gewesen?«

»Ja.«

»Wann?«

»Also ... erstens bin ich in Bahrain geboren. Und ich bin sehr oft im Nahen Osten gewesen, am besten sehen Sie sich meinen Pass an.«

Ich hatte ihm meinen britischen Pass gegeben, den ich normalerweise in den westlichen Ländern, wie zum Beispiel den USA und Australien, benutzte. Er sah den Pass aufmerksam durch, konnte aber den Stempel, den er suchte, nicht finden.

»Ich kann den Stempel nicht finden ... haben Sie vielleicht einen zweiten Pass?«, fragte er.

Ich hatte meinen irischen Pass in der Hosentasche; er enthielt Stempel und Visa von Israels schlimmsten Feinden. Aber es war sowieso zwecklos, ihm etwas vorzumachen – der Mossad wusste wahrscheinlich, was ich zum Frühstück gegessen hatte. Widerwillig gab ich ihm den Pass. Er schlug ihn auf, und der Zufall wollte es, dass er ihn ausgerechnet auf dieser Seite öffnete:

VISA: ISLAMISCHE REPUBLIK IRAN

Ihm fiel die Kinnlade herunter, und auf seinem Gesicht stand zu lesen: »Das übersteigt meine Gehaltsklasse!« Er brachte keinen zusammenhängenden Satz mehr heraus, stotterte nur noch *Ähms* und *Öhms,* machte sich schnell davon und verschwand im hinteren Teil.

Zehn Minuten später stand ich mit erhobenen Händen an der Wand in einem nur durch einen Vorhang abgetrennten Teil des Büros.

Ich hatte nur noch meine schäbigen, zerrissenen Boxershorts an und eine behandschuhte Hand fingerte an meiner Männlichkeit herum.

Als ich mich wieder anzog, ermahnte ich mich, ruhig zu bleiben. Natürlich fand ich eine Leibesvisitation um vier Uhr morgens am Flughafen von Tel Aviv alles andere als angenehm. Ich war mir aber sicher, dass es auch nicht der Traumjob des Typen war, der mich untersucht hatte, mitten in der Nacht einem fremden Kerl in den

Weichteilen herumzuwühlen. Als ich gehen konnte, griff ich mir die Handvoll Münzen, die ich zuvor aus meinen Hosentaschen geleert hatte, und grinste ihn verschmitzt an: »Wie wäre es mit einem Trinkgeld?«

Er sah mir geradewegs in die Augen und antwortete ohne den leisesten Anflug von Humor: »Tut mir leid, aber das ist gegen die Vorschriften.« Dann wandte er sich wieder seinem Formular zu.

KAPITEL 53

ÄRGER AN DER GRENZE

Leigh und ich trampten zum Flughafen und warteten auf unseren Flug nach Athen. Als Warteraum hatten wir McDonald's – dank seines zuverlässigen und kostenlosen WLAN – ausgewählt. Wehrpflichtige im Teenageralter alberten herum; ihre Sturmgewehre lagen so lange seelenruhig bei den Trinkhalmspendern und Ketchup-Päckchen.

Einmal in Griechenland angekommen, bestand unsere nächste Aufgabe darin, das Auto im Hafen auszulösen, und zwar ohne Zulassungspapiere, ohne Versicherungspapiere und, was am schwersten wog, ohne den dazugehörigen Halter, denn unser Treffen mit Paul war leider nicht planmäßig verlaufen.

Wir hatten lediglich eine Farbkopie des fehlenden V5-Dokuments, die Leigh am Flughafen ausgedruckt hatte. Auf wundersame Weise war das, zusammen mit unserem dubiosen britischen Charme, für die relaxten griechischen Zollbeamten genug, um uns Hannah auszuhändigen. Wir waren von der Lässigkeit der griechischen Behörden begeistert.

Die rumänischen und bulgarischen Grenzer hatten auch keine Probleme mit unserem kopierten V5, und wir fragten uns schon, warum wir uns so viel Sorgen gemacht hatten. Auf dem Weg nach Bukarest zischten wir an unzähligen Straßenprostituierten vorbei. Wie hatten wir die schrulligen Eigenarten Osteuropas vermisst! Das herzhafte, fettige Essen steckte das amerikanische zehn Mal in die Tasche und das leckere, billige Bier schmeckte um Klassen besser als alles, was wir je in einer israelischen Bar probiert hatten. Wir hatten nur noch vier Länder vor uns – was sollte da schon schiefgehen?

»Das ist Kopie!«

»Nein, ist es nicht.«

»Doch, das ist Fotokopie, sieht man an Streifen. Das ist Fälschung.«

Der Beamte an der moldawischen Grenze mit der übergroßen Uschanka auf dem Kopf hatte natürlich recht.

Die Rumänen, die uns gerade noch hatten ausreisen lassen, hatten diese kleine Unregelmäßigkeit inzwischen auch bemerkt und ließen uns nun nicht mehr hinein. Wir steckten, im wahrsten Sinne des Wortes, im Niemandsland zwischen zwei Nationen fest.

Die Israelis schworen Stein und Bein, dass die Amerikaner den Original-V5 verloren hätten. Die Amerikaner sagten, sie hätten das Dokument weitergereicht. Da ich beide live erlebt hatte – die Amerikaner, die routinemäßig millionenschwere Oldtimer-Sportwagen verschifften, und die chaotischen Israelis, neigte ich eher dazu, den Ersteren zu glauben.

Ich hatte bereits einen brandneuen V5 in England angefordert, aber dieser war noch nicht einmal gedruckt, geschweige denn auf dem Weg zu uns. Und wohin hätten sie ihn auch schicken sollen? Bis wir das Ding bekamen, konnten wir nirgendwo hin, und unsere derzeitige Adresse sah ungefähr so aus:

Drei ungewaschene Idioten
Pinkfarbenes, undichtes Zelt
Neben einem London Black Cab
Irgendwo zwischen Rumänien und Moldawien

Unsere Vorräte beschränkten sich auf eine Packung Chips und einen kalten Hot Dog. Und dabei waren wir bei einer alten Uni-Freundin aus Moldawien eingeladen! Besser gesagt, ihre Mutter hatte uns eingeladen, denn Nelly bastelte in Birmingham immer noch an ihren Abschlussprüfungen. Ihre Mutter hatte darauf bestanden, dass wir bei ihr zu Abend aßen und auch übernachteten. Sie wollte eine Cousine an die Grenze schicken, um uns abzuholen – genau die Grenze, die wir wegen fehlender Papiere nicht überschreiten durften. Wir waren einmal um den Globus gefahren, aber nach Moldawien kamen wir nicht hinein. Leigh rief Nelly an, um ihr abzusagen.

»Ach, Jungs, nicht aufgeben – ich telefoniere mal ein bisschen herum und sehe, was ich tun kann.«

»Ich glaube nicht, dass du da ohne dieses Papier viel ausrichten kannst. Das ist fast so, als ob man die Grenze ohne Pass überqueren will. Da musst du schon die Queen sein ... oder ein Präsident oder so was. Außerdem haben wir versucht, mit einem kopierten Dokument über die Grenze zu kommen, also ... wir haben da schon ein paar Probleme am Hals ...«

»Okay, ich verstehe. Aber wartet einfach, bis ich ein paar Anrufe gemacht habe, ja? Bleibt, wo ihr seid!«

Wo sollten wir auch hin?

Zwölf Stunden später – Leigh gingen langsam die Actionfilme aus, mit denen er sich die Wartezeit vertreiben konnte, und wir hatten inzwischen alle versäumten Blog-Einträge nachgeholt – kam die Chefin herüber.

Sie war nicht nur die Chefin der Wachen, nein, sondern die Ober-Chefin des gesamten Grenzpostens. Die Effizienz in Person, schritt sie auf unsere blecherne Bruchbude zu.

»Pässe, Papiere?« Wir gaben sie ihr.

»Wir ... ähm, also wir haben keine ... *njet machina passporta*«, sagte ich entschuldigend.

»Das weiß ich. Außerdem spreche ich Englisch. Ich komme gleich wieder. Bleiben Sie, wo Sie sind!«

Von unserer Seite aus bestand immer noch keine Fluchtgefahr.

Sie kam eine Viertelstunde später mit unseren Pässen zurück und geleitete uns zur Warteschlange.

»Hey – das ist ein Visum-Stempel!« Johno machte endlich wieder den Mund auf, nachdem er in seinen Pass geschaut hatte.

Die Autos vor uns in der Warteschlange wurden kurzerhand auf die Seite gewunken, um uns durchzulassen – also entweder lief die Sache wie am Schnürchen oder wir saßen noch viel tiefer in der Patsche, als wir dachten.

Die Grenzbeamtin schnappte sich wieder unsere Pässe und verpasste ihnen die Ausreisestempel. Dann gab sie sie uns mit einer überschwänglichen Geste, einem netten Lächeln und einem simplen »Okay« wieder zurück und winkte uns über die Grenze.

Auf der anderen Seite wartete ein brandneuer Mercedes auf uns. Dem entstieg eine langbeinige Blondine, die sich als Lena, Cousine von Nelly und Host der moldawischen Version von *Top Gear*, vorstellte.

Wir waren schlicht baff. »Hallo! Schön, dich kennenzulernen!«, riefen wir begeistert aus. »Also dir haben wir es zu verdanken, dass wir über die Grenze konnten?«

»Oh nein ... das war Nellys Mutter. Sie hat den Präsidenten angerufen.«

»Den Präsidenten?«

»Ja, er hat eine Begnadigung für euch ausgestellt – aber jetzt müssen wir los, das Abendessen wird kalt!«

Nellys Mutter war ein Engel. Sie gab uns ein Dach über dem Kopf und hatte es sich zur Aufgabe gemacht, uns zu mästen. Ihr Essen war köstlich. Als Gegenleistung feierten wir mit ihr das Osterfest – wir waren quasi ihre Ersatzkinder, da ihre eigenen noch im Ausland studierten.

Trotzdem hatten wir – selbst mit der Begnadigung des Präsidenten – immer noch ein Problem. Ohne den V5 saßen wir in Moldawien fest, und zwar auf unbestimmte Zeit; wir würden in keine anderen Länder einreisen können. Es würde Wochen dauern, bis die Beamten der guten, alten Zulassungsstelle in Swansea unseren Antrag bearbeitet hätten (vielleicht waren sie ja zu sehr mit One-Night-Stands mit den Auspuffrohren von Black Cabs während einer Full Moon Party beschäftigt, wer weiß ...), und aus Israel hatten wir auch nichts mehr gehört. Ich startete einen letzten Versuch bei den Israelis und bestand kategorisch darauf, dass sie diejenigen waren, die den Fahrzeugschein verschlampt hatten. Ich machte sie auf mögliche Schadensersatzforderungen aufmerksam in der Hoffnung, es würde sie dazu bewegen, die Füße vom Tisch zu nehmen und endlich in ihrem Büro nach dem Papier zu suchen.

»Okay, okay, wir schauen noch einmal nach ...«

Und – oh Wunder, oh Wunder, das Dokument tauchte auf! Ich vermute, sie hatten sich zuvor nicht einmal die Mühe gemacht, danach zu suchen. Aber damit waren unsere Probleme noch lange nicht zu Ende; jetzt ging es darum, das Dokument von Israel nach Moldawien zu bringen – wohl kaum die meistgeflogene Strecke von DHL. Außerdem war in Israel das Passahfest noch in vollem Gang, also waren alle Kurierdienste geschlossen. Es würde Wochen dauern, bis wir das Dokument erhielten, wir sollten aber bereits in ein paar Tagen in Moskau sein, wo *GetTaxi* uns als Ehrengäste auf einer Technikmesse angemeldet hatte. Daran anschließend waren diverse Flüge gebucht, haufenweise Interviews und Meetings angesetzt. Außerdem galt es, Visa-Beschränkungen einzuhalten, und dann war da noch unsere Rückkehr nach London.

Aber es gab noch eine Lösung, die völlig unserem unkomplizierten Lebensstil entsprach: Fini, die völlig überlastete Chefsekretärin bei *GetTaxi*, die ständig irgendwelche Kastanien aus dem Feuer holte und die undankbare Aufgabe gehabt hatte, meine unaufhörlichen Anfragen an den Schiffsmakler, »*doch noch einmal richtig zu suchen*« zu übersetzen, hatte eine Idee. Ihr Vater ging am nächsten Morgen nach Rumänien auf Geschäftsreise. Ein paar Telefonate später war unser V5 auf einer etwas ungewöhnlichen Route auf dem Weg zu uns: Fini fuhr vom Schiffsmakler zu ihrem Vater und gab ihm das Dokument. Dieser flog nach Bukarest und gab es dort an seine Sekretärin weiter, bevor er in einer Besprechung verschwand. Ein Kurier holte das Papier bei der Sekretärin ab, brachte es an die Busstation und gab es an einen Busfahrer weiter. Dieser fuhr von Bukarest bis zur moldawischen Grenze, wo seine Passagiere ausstiegen und er das Dokument an einen anderen Busfahrer weitergab. Dieser fuhr dann nach Kischinau, der moldawischen Hauptstadt, wo er sich mit einem Angestellten von Nellys Mutter traf (wir durften unser Dokument nicht selbst abholen, denn es war Essenszeit), und dieser kam dann zu Nellys Wohnung, wo er es uns gerade rechtzeitig zum Nachmittagstee aushändigte.

Die moldawischen Grenzbeamten kriegten sich vor Lachen nicht mehr ein, als sie unsere Schrottkiste sahen, verteilten ihre Stempel und wir waren über die Grenze. Die ukrainischen Beamten waren leider nicht so heiter; sie fragten uns geradeheraus, ob wir Waffen oder Narkotika dabeihätten, und führten ihre Spürhunde um Hannah herum.

Eine Polizeikontrolle später waren wir wieder in Kiew, zurück in Joannas Hostel, wo wir damals unseren ersten Monat on the road gefeiert hatten, und unterhielten uns mit alten Freunden und tranken Wodka. Es war alles wie damals, nur dass diesmal das Geburtstagskind Leigh und nicht Paul hieß.

»Ich möchte nicht in genau die gleichen Bars wie damals gehen und exakt dasselbe wie Paul an seinem Geburtstag unternehmen, ich will etwas anderes machen«, verkündete er.

Aber binnen Kurzem waren wir doch wieder in derselben Underground-Bar, sahen genauso lädiert wie damals aus, und dieselben Bardamen wie damals flambierten Shots für einen rundum glücklichen Leigh.

KAPITEL 54

DER VERSIFFTE RAVE CLUB - ZWEITER VERSUCH

Bei unserem letzten Besuch in Moskau hatten wir außer dem Verhörraum einer Polizeiwache und ein paar schummrigen Clubs nicht allzu viel gesehen. Das sollte dieses Mal anders werden, aber zunächst einmal zelteten wir eine Nacht in der unendlichen russischen Steppe. Die Fahrt durch Russland hatte lebhafte Erinnerungen wachgerufen: entsetzliche Straßen und furchtbare Autofahrer; aber auch die *Russian tradityyshon*, zu der man uns auch kurze Zeit später gleich wieder einlud.

Am Morgen kamen drei Riesen in einem aufgemotzten BMW vorbei. Sie waren bester Laune, hielten ein Schwätzchen und schossen Bilder mit uns und Hannah. Dann fragte einer von ihnen:

»Was meint ihr – ist es noch zu früh?«

»Zu früh? Für was?«

»Wodka! *Russian tradityyshon*!«

Wir teilten ihnen mit, dass neun Uhr morgens tatsächlich ein wenig zu früh für uns sei, woraufhin sie mit quietschenden Reifen abfuhren.

Unsere Zeit in Russland verging wie im Flug – ein Interview jagte das nächste, wir hatten Besprechungen und Presseverpflichtungen mit *GetTaxi* und der Crew ihres Moskauer Büros. Wir lernten ein ganz anderes Russland kennen als das vor einem Jahr. Doch einen Trost gab es: Wir würden einen alten Bekannten treffen. Dreizehn Monate zuvor hatten wir in der Ukraine einen Fotografen namens Rob kennengelernt. Heute verdiente er sich sein Geld damit, Millionärskindern in Moskau Englisch beizubringen, und freute sich, dass er noch einmal die Gelegenheit bekam, einen Auslands-Trip mit Hannah zu machen.

Im alten China gab es ein Längenmaß, das *Li,* das anstatt der tatsächlichen Entfernung den Schwierigkeitsgrad einer Reise maß. Zwei Orte könnten also auf der Hinreise einhundert Li voneinander entfernt sein, wenn es aber auf der Rückreise meist bergauf ging, könnten es zweihundert Li sein. Bei unserer Reise durch Russland wäre das *Li* für uns wirklich nützlich gewesen, denn die Straßenverhältnisse änderten sich ständig. War man gerade noch auf einer schnurgeraden Autobahn dahingeflogen, rumpelte man im nächsten Augenblick schon auf Trampelpfaden, wie wir sie aus Indien kannten.

Wir hatten nur einen Tag und dreihundertzwanzig Kilometer, um Russland hinter uns zu lassen. Den Großteil des Tages hatten wir das Glück, auf leeren, kerzengeraden und überraschend gut ausgebauten Straßen zu fahren. Wir gönnten uns sogar ein paar Pausen. In einem verschlafenen Nest sahen wir ein gut gepflegtes Kriegsmahnmal neben ein paar baufälligen Häusern. Lenin schaute väterlich auf das Ganze herunter, während eine Taube es sich auf seinem Kopf bequem machte. Die lange Namensliste des Mahnmals veranschaulichte die Zerstörung dieses Gebiets in Westrussland durch den Krieg. Jeder eingefallene Schuppen, jedes verlassene Haus war Zeuge der zerstörten Zukunft eines Menschen. Jeder Haufen verrottetes Bauholz war einmal jemandes Traum gewesen, an dem er lange Zeit gewissenhaft gearbeitet hatte und zu dem er nie wieder zurückkehren würde. Es war ein bedrückender Anblick, aber mit jedem Kilometer, den wir der estnischen Grenze näherkamen, fühlte ich, wie diese Beklemmung von mir abfiel und ich mich entspannte. Wir würden es rechtzeitig schaffen, es sei denn, eine Katastrophe lauerte uns auf – eine Katastrophe in Form einer zwei-Tage-langen Autoschlange vor der Grenze zum Beispiel.

Wie die, die uns hinter der nächsten Kurve erwartete.

Wir zuckten alle gleichzeitig zusammen.

»Fahr einfach drumherum, vielleicht ist diese Schlange nur für Lkws oder nur für russische Autos«, meinte ich hoffnungsvoll. Aber als wir langsam auf die andere Straßenseite rollten, sahen wir, dass sie tatsächlich für alle Fahrzeuge galt. Sie war mindestens drei bis vier Kilometer lang.

Wir kamen im Schneckentempo voran; als die Grenze schon in Sicht war, lichteten sich ein wenig die Reihen. Wir drängelten uns hinein und fuhren mit der ganzen britischen Arroganz, die wir aufbringen konnten, und Robs passablen Russischkenntnissen an Hunderten von wartenden Fahrzeugen vorbei.

Auf die ärgerlichen Blicke, die man uns bei Überschreitung des russischen Checkpoints zuwarf, reagierten wir mit der einzig logischen Erklärung: »Wir sind gerade einmal um die Erde gefahren!«

Erste Frühlingsknospen blühten und mir wurde klar, warum ich den Balkan so sehr mochte. Rob beschrieb ihn folgendermaßen: »Wie Russland, aber freundlicher und mit Jägermeister.« Es tat so gut, wieder in Europa zu sein!

Wir kamen nach Lettland und trafen uns mit Laila, die sehr überrascht ihren Strohhut entgegennahm. Dann fuhren wir zu unserer nächsten Couchsurfing-Gastgeberin. Ance lebte mit ihren Eltern in einem wunderschönen Haus im Wald, komplett mit Sauna, in der wir es uns auch schon bald gut gehen ließen. Es war wie damals, als wir in Finnland eine Verschnaufpause eingelegt hatten, nur dieses Mal ohne Schnee. Außerdem hatten wir alle ein eigenes Zimmer – genau das, was wir nach der Holperfahrt durch Russland brauchten.

Den ganzen Weg durch Lettland, Litauen, Polen und Deutschland fuhren wir tagsüber durch und übernachteten entweder mit den Zelten im Freien oder auf Couchsurfer-Sofas. Typisch europäische

Landschaften flogen an uns vorbei. Sie waren ein wohltuender Anblick nach so langer Zeit auf der anderen Seite der Welt. Wir genossen das Gefühl von Vertrautheit, das die Nähe der Heimat mit sich bringt. Leigh nutzte unsere einzige Pause dazu, unser neues Maskottchen an einer polnischen Tankstelle zu kaufen: ein fragwürdiges Ding aus Gummi, das einem Phallus nicht unähnlich sah ...

Am späten Nachmittag kamen wir in Berlin an. Wir hofften, wenigstens diesmal das Nachtleben genießen zu können, das wir letztes Mal verpasst hatten – wenn möglich, ohne dabei gleich wieder unser Taxi zu verlieren.

Es war Freitagabend, und wir waren wieder bei Anne. Da wir aus unseren Fehlern gelernt hatten, zogen wir uns so »hip« wie möglich an, bevor wir ausgingen. Wir feierten durch und begannen den nächsten Tag in einem Ruderboot auf einem Piratenschiff, das im Garten eines ehemaligen Bordells und heutigem Electro-Nachtclub zwischen zwei Bäumen hing. Wir waren vollauf zufrieden, dass wir es dieses Mal geschafft hatten, das Berliner Nachtleben mitzunehmen.

Am nächsten Tag fuhren wir los und hielten nur kurz, um in gewohnter Manier auf der Motorhaube des Wagens unsere Sandwiches vorzubereiten und die Route Richtung Westen zu planen, als plötzlich jemand brüllte:

»Hey! Hallo, Taxi-Boys!«

Vor uns stand Felix, der Deutsche, den wir von Georgien nach Armenien mitgenommen hatten. Es stellte sich heraus, dass wir gerade in seiner Heimatstadt waren. Wir unterhielten uns eine Weile und fuhren dann weiter. Was für ein Zufall, jemanden wiederzutreffen, den man eine halbe Weltreise von hier entfernt kennengelernt hatte!

Ein Freund von uns wohnte zu der Zeit auf einem Armeestützpunkt außerhalb Hamburgs; er hatte uns zum Abendessen ins Offizierskasino eingeladen. Alles lief bestens und wir rauschten die Autobahn hinunter – wir waren sogar pünktlich, völlig untypisch für uns –, als wir auf einmal einen bekannten Knall und dann ein Knirschen hörten: schon wieder ein kaputtes Kugelgelenk! Dank einer behelfsmäßigen Reparatur am Straßenrand gelangten wir wenigstens bis zum Armeestützpunkt, wo die Offiziere Ihrer Majestät bei Gin Tonic auf uns warteten – natürlich kamen wir viel zu spät.

Wie sich herausstellte, war der Schaden weitaus größer, als wir angenommen hatten. Nach dem Abendessen arbeiteten Leigh und Johno am Taxi und Captain Martyn Fulford und ich versuchten, in einem der riesigen Panzer einen Bolzen zu finden, der in Länge und Durchmesser passte.

Da wir keinen entdecken konnten, gingen wir am nächsten Morgen zur Werkstatt auf der anderen Seite des Stützpunkts, die gemeinsam von britischen Soldaten und deutschen Mechanikern geführt wurde. Sie untersuchten Hannah sorgfältig und bemühten sich, das zerschmetterte Kugelgelenk zu entfernen. Die Briten konnten sich einige scherzhafte Zweiter-Weltkrieg-Sprüche nicht verkneifen:

»Kein Wunder, dass ihr den Krieg verloren habt, ihr könnt ja noch nicht einmal ein einfaches Kugelgelenk entfernen!«

Der deutsche Mechaniker versuchte es noch ein paar Mal mit einem gewaltigen Schraubenschlüssel, bis das Teil endlich auf den Boden fiel.

»Wir haben vielleicht den Krieg verloren«, sagte er, stand auf und wischte sich die Hände ab, »aber dafür ist bei uns alles besser: die Frauen, das Bier, die Autos und die Wirtschaft. Und jetzt«, feixte er und warf seinem britischen Kollegen das zerschmetterte Teil zu, »sei bitte so nett und bring dieses Kugelgelenk in Ordnung, damit deine Landsmänner sich auf den Weg machen können.«

KAPITEL 55

AUF DEM HEIMWEG

Es war so weit: die letzten paar Kilometer, bevor Hannah wieder auf heimatlichem Asphalt rollen würde. Zu diesem Zeitpunkt konnte ich es kaum noch erwarten, den Trip endlich abzuschließen. Leigh musste es genauso gehen, er trieb Hannah mit einer bis dato nie erreichten Geschwindigkeit die französische Autobahn entlang: schlappe 135 Stundenkilometer!

Der Eurotunnel verschluckte uns irgendwo bei Calais und spuckte uns vierzig Minuten später am anderen Ende wieder aus – wir waren in unserer schmerzlich vermissten Heimat angekommen!

Nicht einmal die Stacheldrahtzäune um die Eurotunnel-Ausfahrt oder der unvermeidliche Regen konnten unsere Euphorie dämpfen. Endlich, nach einem Jahr und drei Monaten, waren wir wieder zu Hause! Selbst die vertrauten Straßenschilder zauberten ein Lächeln auf mein Gesicht.

Was jetzt aber am wichtigsten war: Wir brauchten ein echtes englisches Pint! Also fuhren wir zum White Horse in Dover, dem kleinen Pub, in dem wir an einem kalten Februartag vor fast anderthalb Jahren unsere Abschieds-Pints getrunken hatten. Hinter dem Tresen hing, neben anderen Kritzeleien, eine Postkarte mit einem Taxi, das uns sehr bekannt vorkam: Hannah vor dem Opernhaus in Sydney; wir hatten die Karte vor sechs Monaten geschickt.

So gestärkt machten wir uns auf den Weg nach London.

Es trennten uns nur noch hundertdreißig Kilometer von unserem endgültigen Ziel. Verglichen mit der Durchquerung der USA oder Indiens war dies eine unbedeutend kleine Strecke. England erschien uns auf einmal winzig.

Die Guinness-Regeln für den Weltrekord schrieben unter anderem vor, dass das Taxi als solches im Ausgangsland registriert war. Vor unserer Abreise wollten jedoch weder *Transport for London* noch sonst irgendeine Behörde für Taxi-Lizenzen Hannah diese Bescheinigung geben. Ich hatte so gut wie alle Lizenzbehörden des Landes angerufen und war dabei gegen jede nur mögliche Bürokratiewand gelaufen.

»Hallo, ich möchte gerne ein Taxi anmelden, das an einer Expedition teilnimmt, um Spendengelder für das Rote Kreuz zu sammeln. Der Wagen wird also nie wirklich als Taxi genutzt, es werden nie Passagiere aufgenommen.«

»Haben Sie kinderfreundliche Sicherheitsgurte?«

»Ähm ... wie gesagt, wir werden den Wagen nie als Taxi benutzen, ergo werden wir keine Kinder befördern.«

»Kinderfreundliche Sicherheitsgurte sind leider vorgeschrieben nach dem Gesetz zum Betrieb von Droschken aus dem Jahre 1831. Hat das betreffende Fahrzeug wenigstens Kindersicherheitsgurte, die der EU-Norm Abschnitt 17 Paragraf D aus dem Jahre 2001 entsprechen?«

»Na ja, nicht ganz ... aber das Taxi hat eine Winde und ein wirklich klasse Soundsystem!«

So ging das immer weiter, und ungefähr zwei Wochen vor unserer Abfahrt konnte ich die Stadtverwaltung von Gloucester dazu bewegen, die Zulassungsbedingungen aufzuheben – zu diesem Zeitpunkt hatten wir noch nicht einmal die Sicherheitsgurte montiert! Im Gegenzug klebten wir ihr Logo auf unser Taxi.

Als ich hinging, um die Taxi-Plakette abzuholen, erinnerte sich die Beamtin leider daran, dass sie vergessen hatte, mir eine wirklich wichtige Frage zu stellen: »Sie sind als Taxifahrer registriert, nicht wahr?«

»Ähm ... nicht genau, warum?«

»Sie wissen sicher, dass es unzulässig ist, ein registriertes Taxi zu fahren, wenn Sie nicht im Besitz einer Zulassung als Taxifahrer sind, gemäß dem EU-Mandat Blablabla, Abschnitt 192738 Paragraf C?«

Damals schien das eine unüberwindbare Hürde zu sein. Ohne Zulassung kein Weltrekord. Aber dafür mussten wir erst einmal die Taxifahrerprüfung bestehen – was unmöglich in zwei Wochen zu schaffen war.

Wir hatten letztendlich dann doch einen ziemlich ausgeklügelten Plan entworfen. Am Abend vor der Abfahrt parkten wir das Taxi (zu diesem Zeitpunkt immer noch ein Privatfahrzeug) in der Nähe von Covent Garden; exakt um Mitternacht trat die Taxi-Zulassung in Kraft. Am nächsten Tag – ich saß am Steuer – winkten wir der Menge zum Abschied zu und fuhren außer Sichtweite der Kameras. Wir fuhren um die Ecke und hielten an, bevor wir auf eine öffentliche Straße kamen.

Ich sprang aus dem Auto und tauschte mit Steve – dem Direktor des Taxifahrerverbands von Gloucester und zugelassener, qualifizierter Taxifahrer. Sobald wir auf der Fähre waren, unterlag das Taxi nicht mehr den Gesetzen, denen zufolge es von einem zugelassenen Taxifahrer gefahren werden muss, aber es war weiterhin in Großbritannien zugelassen und erfüllte daher die Anforderungen für den Weltrekordversuch. Das war nur die erste in einer langen Reihe skurriler Behelfslösungen, die wir uns im Laufe der Expedition einfallen lassen mussten.

Nun waren wir zurück in der guten, alten Heimat, und wir hatten genau dasselbe Problem. Wir ignorierten der Einfachheit halber die Tatsache, dass Hannah die Fahrzeugzulassung nicht bestehen würde, ebenso wie die Tatsache, dass wir keine offiziell zugelassenen Taxifahrer waren. Was zu Anfang ein solch wichtiger technischer

Aspekt gewesen war, schien auf einmal eine unbedeutende Regel, die man sich nach Laune zurechtbiegen konnte.

Als wir auf unser finales Ziel zufuhren, wurde ich von allen möglichen Gefühlen überwältigt. Wir waren froh, dass es vorbei war, und es schien der geeignete Zeitpunkt, um die Expedition zu beenden. Nach fünfzehn Monaten auf Tour waren wir ziemlich ausgelaugt. Immer aus dem Rucksack zu leben, nie richtig sauber zu sein und fast jeden Tag an einem anderen Ort zu übernachten, dabei ständig neue Leute kennenzulernen, von denen man sich einen Tag später schon wieder verabschieden musste – all das hatte definitiv seine Spuren hinterlassen. Wir waren körperlich und seelisch erschöpft. Keiner von uns wusste so richtig, wohin wir im Leben wollten – die Erkenntnis übermannte uns ohne Vorwarnung. Wie könnten wir nach all dem, was wir erlebt hatten, wieder in ein normales Leben zurückkehren? Mein Vorhaben, wieder nach London zu gehen, schien auf einmal lächerlich; meinen Kumpels ging es genauso. Wir hatten kein Geld, wollten nichts mehr mit dem Taxi anstellen, aber das Leben ging weiter.

Bevor wir uns überlegten, was wir damit anfangen wollten, hatten wir noch eine letzte kurze Fahrt vor uns.

London war grau, regnerisch und wunderschön. Wir fuhren zum Trafalgar Square, wo fünfzehn Black Cabs auf uns warteten; gemeinsam defilierten wir die Mall hinunter; die Fotografen von *Get-Taxi* standen bereit.

Am 11. Mai 2012 um ungefähr zehn Uhr morgens kamen wir in Covent Garden an, wo wir vierhundertfünfzig Tage vorher zu unserer Reise aufgebrochen waren. Als wir das Taxameter abstellten, zeigte es 79 006,80 Pfund an – Leigh war so gnädig, uns den Fahrpreis zu erlassen.

Wir hatten zwanzigtausend Pfund für das Rote Kreuz gesammelt und übergaben ihnen die Summe in Form eines Mega-Schecks. Dann kam ein Vertreter der Guinness-Weltrekorde auf uns zu und überreichte uns nicht nur einen, sondern tatsächlich gleich zwei Weltrekorde:

Guinness-Weltrekord für die längste Taxifahrt

Guinness-Weltrekord für den höchsten Punkt der Erde, der je mit einem Taxi befahren wurde

Wir hatten also sogar zweimal einen Rekord gebrochen – einmal für eine echt lächerliche und zwecklose Reise und den zweiten unbeabsichtigterweise in Tibet, als wir den Gebirgspass überquerten.

Unsere Familien und Freunde rannten auf uns zu und begrüßten uns stürmisch. Ich kann guten Gewissens sagen, dass keiner von uns dreien auch nur einen weiteren Kilometer fahren wollte. Wir waren total erschöpft – aber wir hatten unseren Traum verwirklicht.

Doch es war nicht der einzige Traum, der in Erfüllung gehen sollte. Während einer unserer Planungs-Sessions vor mehr als fünf Jahren – die natürlich alle im Pub stattfanden – hatten wir uns überlegt, was für jeden von uns ein Zeichen wäre, dass die Expedition ein Erfolg gewesen war. Ich sagte damals, für mich wäre es das Größte, wenn BBC News über uns berichten würde.

Als wir vor dem Sender vorfuhren, war ich so nervös wie noch nie. Leigh sah das klar und deutlich daran, dass ich immer blasser um die Nase wurde, während wir warteten. Wir hatten noch ungefähr dreißig Sekunden, bevor wir auf Sendung gingen. Wie immer war Leigh das personifizierte Verständnis und Mitgefühl.

»Sagen Sie, wie viele Leute werden das wohl sehen?«, fragte er den Assistenten mit einem breiten Grinsen und zwinkerte mir zu.

»Zu dieser Tageszeit ... so um die siebzig bis achtzig Millionen!«

Wenn ich bis dahin noch ein bisschen Farbe im Gesicht gehabt hatte, war diese jetzt definitiv verschwunden, als wir uns zum Set begaben. Vielen Dank, Leigh!

Nach diesem Interview trudelten die seltsamsten Anfragen bei uns ein. In einer sehr netten E-Mail wurden wir gefragt, ob wir nicht bei der Abschlusszeremonie der Olympischen Spiele 2012 in London dabeisein wollten. Leider war nur Platz für einen Fahrer, und wir waren zu dritt. Wie bei allem, was mit der Expedition zu tun hatte, trafen wir die Entscheidung in aller Fairness: Schere, Stein, Papier. Und wie es das Glück so wollte, war ich derjenige, der mit den Spice Girls an achtzigtausend kreischenden Fans vorbeifuhr. Zig-a-zig-ah!

Einige Zeit später, als Hannah schon im verdienten Ruhestand im Londoner Fuhrpark von *GetTaxi* vor sich hin rostete, fragte mich ein Journalist, was ich von all den Leuten auf der ganzen Welt, denen ich unterwegs begegnet wäre, gelernt hätte.

Ich dachte, dass man eine so allgemein gehaltene Frage am besten mit einer massiven Verallgemeinerung konterte. Ich sagte also, dass ich herausgefunden hätte, dass die Menschen auf der ganzen Welt im Allgemeinen nett sind und ein und dasselbe wollten im Leben: die Möglichkeit, in Ruhe und Frieden ein kleines Fleckchen Erde mit den Menschen, die sie liebten, zu teilen.

»Das interessiert unsere Leser nicht«, gab er zurück. »Wozu sollten sie Ihre Story lesen, wenn Sie nur sagen, dass alle Menschen gleich sind?«

Ich dachte kurz darüber nach und kam zu dem Schluss, dass ein Abenteuer nur so viel wert ist, wie jeder Einzelne daraus macht. Ich sagte ihm, dass seine Leser sich vielleicht besser selbst aufraffen und die Welt erkunden sollten. Menschen waren sehr unterschiedlich, Konflikte waren daher unvermeidlich. Vielleicht würde, wenn mehr Leute versuchten, diese Unterschiede zu verstehen, alles auf der Welt ein wenig glatter laufen.

Aber war es das, was wir wollten? Dass alles »glatter läuft«? Auf deutschen Autobahnen läuft alles glatt und reibungslos, sie sind vorhersehbar; aber sie sind auch fade und monoton. Auf Trampelpfaden im Hinterland hingegen muss man langsam fahren, sie schütteln dich durch – aber sie bescheren dir auch Abenteuer, von denen du nie geträumt hättest. Wie langweilig und öde wäre unser Leben, wenn uns alles bekannt und vertraut wäre und alles immer glatt liefe?

Ein Abstecher in den örtlichen Pub am Freitagabend ist sicher nicht zu verachten, aber spannend wird es erst, wenn man entdeckt, dass man einen Zwei-Meter-Wikinger lieber nicht zu einem Trinkspiel herausfordert oder dass Dina und Sasha ihren Wodka nicht mit Cola, sondern mit Essiggurken runterspülen, dass man von Cha-Cha nicht wirklich (oder zumindest nicht langfristig) blind wird und dass im alkoholfreien Iran ein ganz spezielles Bier gebraut wird.

Wir hätten weiterhin auf unseren sicheren, ordentlichen, britischen Straßen fahren können, aber dann hätten wir nie herausgefunden, wie man Schlaglöcher so groß wie Wassermelonen umfährt, wie man ein Auto birgt, das unter zwei Metern Schnee begraben wurde, oder dass es die Berliner Polizei gar nicht mag, wenn man montagmorgens sein Auto mitten auf der Straße parkt.

Ich habe den Großteil meines bisherigen Erwachsenenlebens damit verbracht, Maschinenbau zu studieren, habe aber sehr viel mehr über Mechanik gelernt, als uns der Kühler in der Wüste um die Ohren flog, als unsere Kugellager in den Bergen Nepals heraussprangen oder als ich mit Brando, dem Mechaniker, ein paar Bier getrunken habe – selbst wenn er sich später als mehrfacher Mörder entpuppte.

Solange ich denken kann, gehören Bobbies und gelegentliche Verkehrskontrollen zum Straßenbild Englands, was aber in keinem Vergleich zu unseren Reiseerfahrungen mit Hannah steht: sich den Weg aus einer russischen Polizeistation herauszubestechen, die persische Geheimpolizei abzuwimmeln, bewaffneten Begleitschutz im gesetzlosen Belutschistan abzuhängen oder mit der Arroganz der Jugend und Beziehungen zu großen Tieren an einer Grenze durchgewunken zu werden.

Selbst wenn wir alle Reiseführer der Welt gelesen hätten, wäre das kein Ersatz dafür, dreckige Witze direkt von einem Russen in Russland zu hören oder im Hinterland der USA mit ein paar Einheimischen in der Wüste rumzuballern. Keine Natur-Doku der Welt könnte jemals den Anblick der Nordlichter am arktischen Himmel ersetzen oder das Erlebnis, seinen Fuß auf das Basislager des höchsten Berges der Erde zu setzen, oder sich auf einer vier Tage langen Fahrt mit der unendlichen Weite des australischen Outbacks zurechtzufinden und sie so wirklich zu begreifen.

Man sagt oft, dass Menschen in Zeiten von Stress und Konflikt ihr wahres Gesicht zeigen. Wenn man sich erst einmal mit knarrenschwingenden Wachen, Begleitern und unzähligen Grenzern auseinandersetzen musste, lernt man sich selbst und seine Mitstreiter besser kennen als je zuvor. Nachdem ich fünfzehn Monate mit Leigh und Paul in einem Auto eingepfercht war, wurde mir klar, warum wir so gute Freunde sind, und ich habe viel über mich selbst gelernt. Es ist wirklich eine Ehre für mich, dass sie mich so lange begleitet haben und meine Freunde sind.

Jetzt, da unsere Story zu Ende geht, hoffe ich, wir konnten dir, lieber Leser, ein wenig Geschmack auf Abenteuer machen. Unsere Expedition entstand aus einer albernen Idee in einem Pub – und genau deswegen haben wir sie so genossen. Ein Roadtrip von drei besten Freunden, voller Partys, Fehler, Unsinn, Pannen, Witzen und was sonst noch so zum Repertoire von drei Jungs in ihren Zwanzigern gehört. Nur dass unser Roadtrip eben eineinhalb Jahre dauerte, in denen wir Hunderte der erstaunlichsten, liebenswertesten und einmaligsten Menschen getroffen haben, die es auf diesem Planeten gibt.

Jasper, der Holländer mit der rolligen Katze, hatte uns einmal gesagt: »Solange alles nach Plan läuft, bekommst du keine guten Storys.«

Bei uns lief nichts nach Plan, wir trafen zahllose Fehlentscheidungen und machten ebenso viele dumme Fehler, aber die beste Entscheidung von allen war immer noch, dass wir es einfach versucht haben.

Wir, drei unerschrockene Idioten, die sich ihren Weg um die Welt blufften und viel dabei gelernt haben, haben es fertiggebracht, ein Black Cab, das wir auf eBay erstanden hatten, einmal um die Welt zu fahren. Also – auf was wartest du? Kauf dir den Wagen oder das Flugticket oder welches Abenteuer dir auch immer vorschwebt – es wird das Beste sein, was du je getan hast, glaub uns.

Denn wenn *wir* es geschafft haben, kannst *du* es schon lange!

NACHWORT

Von Leigh Purnell

Dieses Buch ist all denen gewidmet, die dachten, wir seien völlig durchgeknallt, uns aber trotzdem unterstützt haben – ihr habt uns gefüttert und habt uns bei euch übernachten lassen. Manche haben Geldmittel beigesteuert, manche Ersatzteile für Hannah. Alle habt ihr uns eure Freundschaft gegeben.

Wenn ich mich so zurücklehne und darüber nachdenke – es hat sich einiges geändert in den fünfzehn Monaten, seitdem wir von Covent Garden losgefahren sind. Unser Taxi war damals nicht ganz betriebsbereit, nicht einmal die Scheibenwischer funktionierten richtig. Als wir uns von Familie, Freunden und Sponsoren verabschiedeten, dachten viele von ihnen bestimmt, wir würden es nicht einmal durch Europa schaffen, geschweige denn, einmal die Welt zu umrunden.

Ich erinnere mich an einen Tag, an dem ich bereits fünfzig Stunden ununterbrochen in den Tiefen der Aston University an Hannah gearbeitet hatte, kurz vor dem Start unserer Reise. Ich dachte darüber nach, was noch alles zu tun sei, damit die Expedition nicht zum Scheitern verurteilt wäre, bevor sie begonnen hätte. Da saß ich nun, mit einem Schweißgerät in der Hand, das ich gerade eben erst zu bedienen gelernt hatte, und dachte, dass die Leute, die uns für verrückt erklärt hatten, vielleicht sogar recht hatten ...

Auf eBay ein Auto zu kaufen birgt so seine Risiken, aber auf eBay ein Auto zu kaufen, das dich einmal um die ganze Welt bringen soll, ist purer Wahnsinn. Als wir uns überlegten, welches Fahrzeug wir für die Expedition benutzen wollten, kam uns sofort das Londoner Kult-Taxi, das Black Cab, in den Sinn. Wir suchten uns eines mit

Schaltgetriebe, denn die Straßen, auf denen wir fahren würden, wären weitaus rauer als die geschäftigen Straßen der Londoner Innenstadt. Dann begannen wir, Hannah in ein edles Ross zu verwandeln, das den Bedingungen, denen wir es aussetzen würden, auch gewachsen war. Das ideale Spenderauto dafür war ein Land Rover Defender; fast alle Teile, die wir in Hannah einbauten, kamen aus diesem Auto, und sie haben uns gute Dienste getan. Hier ist die komplette Liste von Hannahs Makeover: Wir

- montierten einen Dachgepäckträger mit Dachkoffer
- fügten eine justierbare Aufhängung und maßgeschneiderte Federn hinzu, der Wagen wurde sechzig Millimeter höher
- ersetzten alle Kugelgelenke an den Radsätzen
- ersetzten die Kupplungs- und Kraftstoffsensoren
- zogen Winterreifen auf und verbesserten die Bremsen
- montierten eine Winde und einen Rammschutzbügel für die Fahrzeugbergung
- schweißten einen neuen Fahrersitz und bauten einen Beifahrersitz ein
- installierten ein Luftansaugrohr für verbesserte Luftfilterung und um eine Überflutung des Motors zu vermeiden
- schweißten einen neuen Boden in den Kofferraum, da der Originalboden fast völlig durchgerostet war
- bauten neue Silikonschläuche mit hoher Temperaturbelastbarkeit ein
- erhöhten die Kapazität des Standardkühlers und ergänzten ihn um zusätzliche, elektrische Ventilatoren für eine bessere Kühlung
- installierten eine maßgefertigte Hochleistungs-Drehstromlichtmaschine und einen zusätzlichen Verteilerkasten für zusätzliche Elektronik
- schweißten einen selbst entworfenen Überrollbügel anstelle der üblichen Taxi-Trennscheibe an
- installierten eine selbst entworfene Aufbewahrungsbox (die »Bar«) für eine Back-up-Batterie und einen Wechselrichter

- setzten neue Elektrospulen und hochintensive Scheinwerfer für Nachtfahrten ein
- installierten eine Alarmanlage und eine Wegfahrsperre
- montierten Isolierung für Geräuschdämpfung und Wärmeschutz
- säuberten den Unterboden und brachten Rostschutzmittel an
- und zum Schluss das Beste: ein nettes Soundsystem!

Wenn ich heute an all das, was wir erreicht haben, zurückdenke, würde ich es gegen nichts in der Welt eintauschen. Aus ein paar Studenten, die ein kleines bisschen über Autos wussten, ein paar Events veranstaltet hatten und ein paar Mal gereist waren, wurden erfahrene Reisende, die fünfzig Länder mit einigen der rauesten Wetterbedingungen, die ein Mensch ertragen kann, durchquert hatten – und wir hatten es geschafft, uns dabei nicht gegenseitig umzubringen. Für mich war es eine Erfahrung, die mein Leben verändert hat. Ich habe heute noch größeren Respekt für Johno und Paul als zuvor, ebenso wie für all die unglaublichen Leute, die wir unterwegs getroffen haben.

Der bisherige Rekord für die längste Taxifahrt wurde 1994 von Jeremy Levine, Mark Aylett und Carlos Arrese aufgestellt bei einer 34 908 Kilometer (21 691 Meilen) langen Taxifahrt von London nach Kapstadt in Südafrika und zurück. Das Taxameter zeigte damals 64 645 Dollar (ungefähr 40 000 Pfund) an. Als wir uns vor Jahren diese Zahlen ansahen und dabei mit dem Finger über die Weltkarte wanderten, schien es uns eine relativ einfache Sache zu sein: einmal nach Südafrika und zurück, na und?

Aber nach fast fünfzehn Monaten und 69 716 Kilometern (43 319,5 Meilen), achttausend Litern Diesel, fünfzig Ländern und vier Kontinenten habe ich heute einen ganz anderen Respekt vor Leuten, die es wagen, einen solchen Rekord aufzustellen; die etwas riskieren, an das sich noch niemand vor ihnen herangetraut hat; Leute, die sich bis an die Grenzen pushen, immer ihr Bestes geben. An Jeremy, Mark und Carlos: Glückwunsch für euren Rekord im Jahr 1994; es war bestimmt nicht einfach, und ich habe den allergrößten Respekt vor euch!

Hier sind ein paar Fakten und Daten zu unserer Reise. Ich hoffe, dass sie auch den einen oder anderen unter euch dazu anspornen, etwas Einzigartiges zu leisten:

- Fahrpreis gesamt: 79 006,80 Pfund
- Zurückgelegte Entfernung: 69 715,98 Kilometer (43 319,5 Meilen)
- Erzielter Spendenbetrag für das Britische Rote Kreuz: 20 000 Pfund
- Verbrauchter Diesel in Litern: 8 000
- Kosten für Visa gesamt: 3 345 Pfund
- Höchster erreichter Punkt über dem Meeresspiegel: 5 225,4 Meter (17 143 Fuß)
- Niedrigster erreichter Punkt unter dem Meeresspiegel: −423 Meter (−1 237 Fuß)
- Mitfahrer: 102
- Reparaturen an Hannah während der Reise: 97
- Höchste Temperatur im Taxi: 60,4 °C (140,72 °F) − Zahedan, Iran
- Niedrigste Temperatur im Taxi: −19,4 °C (−2,92 °F) − Rovaniemi, Finnland
- Bereiste Länder: 50
- Erlebte Fremdsprachen: 46
- Sponsoren: 27
- Schweißarbeiten an Hannah: 24
- Erhaltene Strafzettel: 6
- Einsatz der Winde: 3
- Einschusslöcher in Hannah: 2
- Verhaftungen: 2
- Situationen, in denen Hannah ein Rad verlor: 1
- Motorversagen: 0
- Menschen, die morgens ein Foto von Hannah auf der Titelseite des *Wall Street Journal* gesehen haben: 2,1 Millionen.

ANHANG

DER CHEERS-GUIDE – EIN SPRACHFÜHRER ZUM ZUPROSTEN

England: *Cheers!*
Frankreich: *Santé!*
Belgien: *Santé!/Proost!/Prost!*
Niederlande: *Proost!*
Deutschland: *Prost!*
Dänemark: *Skål!*
Schweden: *Skål!*
Finnland: *Kippis!*
Russland: *Na zdorovie!*
Weißrussland: *Ŭra!*
Ukraine: *Boodmo!*
Polen: *Na zdrowie!*
Tschechien: *Na zdravi!*
Österreich: *Prost!*
Liechtenstein: *Prost!*
Schweiz: *Prost!/Salute!/Santé!*
Monaco: *Santé!*
Italien: *Salute!*
San Marino: *Salute!*
Slowenien: *Na zdravje!*
Kroatien: *Nazdravlje!*
Bosnien und Herzegowina: *Živjeli!*
Montenegro: *Živjeli!*
Kosovo: *Gëzuar!*
Mazedonien: *Na zdravje!*
Griechenland: *Yamas!*
Türkei: *Şerefe!*
Georgien: *Galmajuice!*
Armenien: *Genatzt!*
Irak: *Noş!*
Iran: *Salâmati!*
Pakistan: *Kha sehat walary!*
Indien: *A la sature!*
Nepal: *Subhakamana!*
Tibet: *Tashi deleg!*
China: *Gān Bēi!*
Laos: *Cap-ey!*
Singapur: *Sihat selalu!/Cheers!*
Australien: *Cheers!*
USA: *Cheers!*
Israel: *L'chaim!*
Bulgarien: *Nazdravey!*
Rumänien: *Noroc!*
Moldawien: *Noroc!*
Lettland: *Uz veselibu!*
Litauen: *Į sveikatą!*
Luxemburg: *Prost!*

DANKE!

Zuallererst sollte sich natürlich jeder von uns bei seinen Reisekumpanen bedanken – Leigh, Paul und Johno. Es ist nicht leicht, sich fünfzehn Monate lang in einer engen, heißen, lauten und übel riechenden Metallkiste zu ertragen.

Wir danken auch unseren Familien sowie Char, Katie und Lindsay für ihr Verständnis und ihre Unterstützung.

Ein großes Dankeschön geht an unseren Verlag in England, Summersdale and Co., vor allem an Debbie, Sophie und Emily für ihre Hilfe im Lektorat. Danke auch dir, Jennifer; du hast von Anfang an an uns geglaubt.

Wir danken unseren Freunden für ihre Unterstützung bei der Planung und der Ausführung der Reise: Ein ganz spezieller Dank geht an Pete, der uns geholfen hat, den Wagen auf Vordermann zu bringen; außerdem hat er uns beigebracht, wie man Pizzen »faltet«, an Chops, unseren ersten und unvergleichlichen Passagier; wir danken ihm für seine Ratschläge im Allgemeinen und im Speziellen, was die Stiftung angeht; an Sam dafür, dass wir so lange bei ihr auf dem Fußboden übernachten durften; an Sarah L. für ihre Unterstützung und die Bereitstellung ihres Büros; an Dave P. für seine exzellenten China-Ratschläge; an Nick, Katy und James W. für ihre unendliche Geduld, uns beim Taxi-Gequatsche zuzuhören; an Rachel bei UK2Oz; und an alle anderen – ihr wisst, wenn ihr gemeint seid!

Ein Dankeschön an alle unsere Sponsoren, ganz speziell an Matthew, Rob, Matt und Duncan bei *Performance Direct* sowie Nimrod, Fini, Sofia und alle anderen bei *GetTaxi* (heute *Gett*). Weitere wichtige Sponsoren: Aston University und Aston Business School, CabCard Services, Queensland University of Technology, Modis, WOSP, NGK Spark Plugs, Bloc Eyewear, der Stadtrat von Gloucester, Gloucester Taxi Drivers Association (besonderer Dank an Steve),

Gaz Shocks (Gazzmatic International), Fenchurch, Synthotech, Cygnus Automotive, MaxSport, Flip Video, JBL, Sat Nav Warehouse, Samco Sport, Hotcourses Abroad, Skrapbook, The Roof Box Company, Club 9, Mac Tools, Base hostels und UKHost4u.

Dank geht an Ranulph Fiennes, Boris Johnson, Suzanne McTaggart, Ron Miller, Danny Wallace, Bill Bryson, Frank Turner, Peggy Fok, Colleen Sollars, das *Overland Journal* und alle anderen Medien-Leute, die unseren Trip unterstützt und über ihn berichtet haben.

Ein riesiges Dankeschön an alle Couchsurfer und alle anderen großzügigen Menschen, die uns mit Rat und Tat zur Seite standen, uns ihre Stadt gezeigt und uns verköstigt haben, uns auf ihren Fußböden schlafen ließen oder uns sonst in irgendeiner Weise ihr Heim geöffnet haben – ohne euch wäre diese Reise unmöglich gewesen! Dank geht an alle (außer die Bauern in Georgien), die uns den Weg gewiesen haben, uns mit Essen und Trinkwasser versorgt haben und uns auf dem Weg durch Hupen und Winken angefeuert haben, Fotos von uns machten und somit dafür sorgten, dass sich Hannahs Story in ihrem jeweiligen Land herumsprach.

Großer Dank an alle Mechaniker, Profis wie Amateure, die uns mit unserem Rosthaufen geholfen haben, ganz speziell die Techniker und Studenten der Aston University, die in ihrer Freizeit mitgearbeitet haben; die netten Leute bei Erbil Auto Bazaar; Brando in Australien, obwohl nachher herauskam, dass er ein Mörder war; die Jungs von *Back on the Road Again* in Kalifornien und ihre Familien sowie die Mechaniker des Militärstützpunkts in Deutschland.

Vielen Dank an alle Beifahrer und Tramper; ganz besonderer Dank an Craig, der immer für Unterhaltung sorgte, uns davon abhielt, uns gegenseitig an die Gurgel zu gehen, und entscheidend bei der Durchquerung Pakistans war; an Matt für seinen endlosen Vorrat an Comedy-Sprüchen und Hässliches-Entlein-Anekdoten und an Rob, weil er einfach ein klasse Typ und super Fotograf ist.

Vielen Dank an alle, die Interesse an unserer Reise gezeigt haben, anderen davon erzählt haben und für das Rote Kreuz gespendet haben.

Und: vielen Dank an euch, die ihr dieses Buch gelesen habt!

Weitere Reiseabenteuer bei DuMont ...

PAPERBACK, 408 SEITEN
ISBN 978-3-7701-8268-8
PREIS 14,99 € [D]/15,50 € [A]
AUCH ALS E-BOOK ERHÄLTLICH

Dschungelfieber und Wüstenkoller

Abenteuer
West- und Zentralafrika

von Wolf-Ulrich Cropp

Als kleiner Junge hatte Wolf-Ulrich Cropp bei seinem Großvater den »Urwalddoktor« Albert Schweitzer kennengelernt. Der Wunsch, dessen Hospital in Lambaréné zu besuchen, ist der Anlass für eine große Reise durch West- und Zentralafrika. Cropp reist von Gabun in den Urwald des Kongobeckens, geht mit Pygmäen sammeln und jagen, beobachtet Elefanten und Gorillas aus nächster Nähe und erfährt Erstaunliches über unsere nächsten Verwandten, die Bonobos. Eine Pirogenfahrt auf dem Kongo bringt ihn ins dunkle Herz Afrikas, wo er mit Kindersoldaten konfrontiert wird. In N'Djamena schließt er sich einer Expedition in die kaum erforschte Wüste des Nord-Tschad an.

Hier brodelnde Metropolen, in denen die Menschen bis heute einer Geister- und Dämonenwelt ergeben sind, dort fiebriger Dschungel mit unberechenbarer Urnatur oder die Einsamkeit der Wüste: Stets geht es dem Autor darum, das Afrika hinter den Kulissen zu entdecken. Es bringt Faszinierendes und Überraschendes, bisweilen auch Groteskes und Erschreckendes zum Vorschein und ist für den Autor nicht immer ganz ungefährlich ...

PAPERBACK, 336 SEITEN
ISBN 978-3-7701-8250-3
PREIS 14,99 € [D]/15,50 € [A]
AUCH ALS E-BOOK ERHÄLTLICH

Die Suche nach Indien

Eine Reise in die Geheimnisse Bharat Matas

von Dennis Freischlad

Über viele Jahre hinweg hat der Dichter und Künstler Dennis Freischlad in Indien gelebt, er hat sich als Übersetzer und Bibliothekar, Farmer, Koch und Hostelmanager verdingt. Nun begibt er sich auf einen weiteren Roadtrip durch *Bharat Mata,* Mutter Indien, um jenen indischen Geheimnissen nahezukommen, die zwischen Mensch und Mythologie einen einzigartigen Zugang zur Welt bilden. Auf der Suche nach Indien reist Dennis Freischlad auf abenteuerlicher Route mit seinem Motorrad vom tempelreichen Süden des Landes über das paradiesische Kerala und das schillernd-zerstörerische Mumbai bis in die Steppe des romantischen Rajasthan. Weiter geht es mit dem Zug in den Punjab, um schließlich an den Ufern des Ganges im mystischen Varanasi anzukommen, der heiligsten Stadt der Hindus.
Hinsichtlich Erfahrungen, Begegnungen und Intensität wird es eine Reise durch das »reichste Land der Welt«. Der Indienkenner schildert den Alltag, die Geschichte und Gegenwart der Inder in spannenden, poetischen und oft skurrilen Begegnungen und erzählt aus erster Hand von ihren Träumen und Realitäten, immerwährenden Katastrophen und Hoffnungen.

PAPERBACK, 384 SEITEN
ISBN 978-3-7701-8258-9
PREIS 14,99 € [D]/15,50 € [A]

»*Ein spektakuläres
Reportage-Buch*«
Stern

Mein russisches Abenteuer

*Auf der Suche nach der wahren
russischen Seele*

von Jens Mühling

Als der Journalist Jens Mühling in Berlin den russischen Fernsehproduzenten Juri kennenlernt, verändert sich sein Leben. Juri, der deutschen Sendern erfundene Geschichten über Russland verkauft, sagt: »Die wahren Geschichten sind viel unglaublicher als alles, was ich mir ausdenken könnte.« Seitdem reist Jens Mühling immer wieder nach Russland, getrieben von der Idee, diese wahren Geschichten zu finden.
Die Menschen, denen er unterwegs begegnet, sind das echte Russland. Eine Einsiedlerin in der Taiga, die erst als Erwachsene erfahren hat, dass es jenseits der Wälder eine Welt gibt. Ein Mathematiker, der tausend Jahre der russischen Geschichte für erfunden hält. Ein Priester, der in der atomar verseuchten Sperrzone von Tschernobyl predigt. »Mein russisches Abenteuer« ist eine Reiseerzählung, die durch das heutige Russland führt. Aus ganz persönlicher Perspektive porträtiert Jens Mühling eine Gesellschaft, deren Lebensgewohnheiten, Widersprüche, Absurditäten und Reize hierzulande nach wie vor wenigen vertraut sind.

PAPERBACK, 488 SEITEN
ISBN 978-3-7701-8277-0
PREIS 16,99 € [D]/17,50 € [A]
AUCH ALS E-BOOK ERHÄLTLICH

Indonesien und so weiter

Die Erkundung einer unglaublichen Nation

von Elizabeth Pisani

Hund zum Abendessen? Tee mit dem Sultan? Bei einem Hochzeitszug mitmachen? Mit einer Nomadenfamilie unter einem Baum nächtigen? Während ihrer Indonesienreise hat Elizabeth Pisani nur eine Regel und die lautet: »Sag einfach Ja.« Sie zieht von Insel zu Insel, lässt sich treiben, schlägt aus Prinzip keine Einladung aus und kommt in Orte, von denen sie nie zuvor gehört hat. Viele Frauen, denen sie begegnet, dazu Bauern, Priester, Lehrer oder Busfahrer heißen sie in ihren Häusern willkommen. Insgesamt ein gutes Jahr und zigtausend Kilometer ist die ehemalige Indonesien-Korrespondentin unterwegs, privat und allein, überwiegend mit Schiffen oder altersschwachen, grellbunten Bussen, in denen Indo-Pop plärrt und Spucktüten von der Decke hängen. In dem Sammelsurium von Tausenden Inseln, mehreren Hundert Ethnien, ebenso vielen Sprachen, verschiedenen Religionen und einer allenfalls dem äußeren Anschein nach gemeinsamen Geschichte und Kultur warten immer neue Herausforderungen und ebenso beglückende Momente auf die Autorin. Hautnah erlebt sie eine Nation zwischen Mythen, Mystik und Moderne.

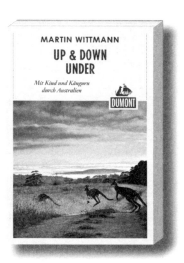

PAPERBACK, 264 SEITEN
ISBN 978-3-7701-8262-6
PREIS 14,99 € [D]/15,50 € [A]
AUCH ALS E-BOOK ERHÄLTLICH

Up & Down Under

Mit Kind und Känguru durch Australien

von Martin Wittmann

Australien gilt als warmer Sehnsuchtsort für Urlauber, die Easy-Going, Strand und Kängurus suchen. Bei genauerem Hinsehen aber zeigt sich das Land als vielschichtiger und widersprüchlicher Kontinent. Martin Wittmanns Reise ist voller besonderer Eindrücke und intensiver Erlebnisse: Er taucht am Great Barrier Reef mit Haien, trifft an der Westküste Aborigines, er spricht am Bondi Beach mit einem dreizehnjährigen Wunderkind und einem neunzigjährigen Rettungsschwimmer. Er wird beim Rafting in Tasmanien fast aufgespießt und auf einer Kreuzfahrt an der Ostküste um einige Kilo schwerer. Und Wittmann fragt sich: Was ist das für ein Land, in dem die Menschen freundlicher und fieser sind als an jedem anderen Ort der westlichen Welt? Wo Probleme wie der Klimawandel mit Ozonloch, Hautkrebs und Buschbränden zur Lebenswirklichkeit gehören? Wittmanns Reise über den südlichen Kontinent ist mehr als ein entspannter Roadtrip mit Familie, er schaut genau hin und entdeckt dabei eine Welt, die der unseren ähnlich und doch ganz anders ist.